"十二五"普通高等教育省级规划教材

21世纪会计专业主干课程教材

Accounting in Different Industries

行业会计比较

（第五版）

傅胜 主 编
梁爽 副主编

东北财经大学出版社
Dongbei University of Finance & Economics Press
大连

图书在版编目（CIP）数据

行业会计比较／傅胜主编．—5版．—大连：东北财经大学出版社，2014.2（2016.6重印）
（21世纪会计专业主干课程教材）
ISBN 978-7-5654-1439-8

Ⅰ．行…　Ⅱ．傅…　Ⅲ．部门经济-会计-对比研究-高等职业教育-教材　Ⅳ．F235-03

中国版本图书馆CIP数据核字（2014）第020439号

东北财经大学出版社出版
（大连市黑石礁尖山街217号　邮政编码　116025）
教学支持：（0411）84710309
营 销 部：（0411）84710711
总 编 室：（0411）84710523
网　　址：http：//www.dufep.cn
读者信箱：dufep@dufe.edu.cn

大连图腾彩色印刷有限公司印刷　　东北财经大学出版社发行

幅面尺寸：185mm×260mm　字数：503千字　印张：21 1/4　插页：1
2014年2月第5版　　2016年6月第26次印刷

责任编辑：包利华　曲以欢　李　丹　　责任校对：伍扬威
封面设计：张智波　　版式设计：钟福建

定价：32.00元

第五版前言

本书主要阐述的是我国经济部门中除工业以外的十大行业会计特点。

各行各业的会计既具有共性又具有特性。2007 年开始实施的企业会计准则，是以工业企业为主，兼顾其他行业制定的一套通用的、统一的会计规范，对各行业会计的确认、计量、记录、报告全过程中的共性部分作出了规定。但是，对各行业因经营特点不同及由此带来的管理上对会计信息的不同要求——各行业特殊业务的会计核算问题，企业会计准则不可能、也没必要作出具体而详细的规定。这就使行业会计无法退出历史舞台。

本书将各行业会计核算中共性的部分作为已知的知识而省略，重点阐述了各行业特殊业务的会计核算方法。这些特殊业务与各行业在国民经济中的地位和作用紧密联系在一起，是各行业之间会计核算的主要区别，亦是各行业会计的特性所在。

从行业会计的系统性考虑，本书主要阐述了商品流通企业、施工企业、房地产开发企业、银行业、证券业、保险业、运输企业、邮电通信企业、旅游餐饮服务企业和村集体经济组织与农民专业合作社会计所涉及的特殊业务，旨在使读者对行业会计有一个较为全面的理解和把握。

本次修订工作主要体现在：

1. 根据近两年国家新颁布的会计和税务法规（如“营改增”）对书中相关部分做了修改。

2. 针对近两年各校教师在使用中提出的问题和建议对相关内容进行了调整。

3. 对书中的“小知识”和“补充阅读资料”进行了更新。

4. 个别章节增加了一些内容。

本书既可作为高等财经院校会计专业的教材，亦可作为多元化经营的企业财会人员的业务参考书。

本书由东北财经大学硕士生导师、教授、研究员级高级会计师傅胜任主编，并由其撰写和修订了第一、二、三、四、五、九、十、十一章；东北财经大学硕士生导师、教授梁爽任副主编，并撰写和修订了第六、七、八章。参加本次修订的还有辽东学院副教授范颖茜、东北财经大学会计学专业硕士研究生杨梦园。此外，辽东学院沈晓慧、佳木斯大学梁春晶和大连职工大学陈广宇为本书部分章节提供了初稿，由傅胜教授对全书进行了修改和总纂。

由于作者水平有限，不足之处在所难免，恳请读者批评指正。

如果你有问题，想与我们讨论与交流，可以扫一扫下面的二维码。

教师扫一扫　　学生扫一扫

编　者

2014 年 1 月

第四版前言

各行各业的会计既具有共性又具有特性。2007 年开始实施的企业会计准则，针对各行业（不对外筹集资金、经营规模较小的企业，以及金融保险企业除外）会计核算的共性部分制定了一套通用的、统一的会计规范，对各行业会计的确认、计量、记录、报告全过程作出了规定。尽管企业会计准则在强调企业会计核算共性要求的同时，适度地照顾到了一些行业特色，但是，对各种行业因经营特点不同及由此带来的管理上对会计信息的不同要求——各行业特殊业务的会计核算问题，企业会计准则不可能也没必要作出具体而详细的规定。

本书将各行业会计核算中共性的部分作为已知的知识而省略，重点阐述了各行业特殊业务的会计核算方法。这些特殊业务与各行业在国民经济中的地位和作用紧密联系在一起，是各行业之间会计核算的主要区别，亦是各行业会计的特性所在。

从行业会计的系统性考虑，本书主要阐述了商品流通企业、施工企业、房地产开发企业、银行业、证券业、保险业、运输企业、邮电通信企业、旅游餐饮服务企业和农村集体经济组织与农民专业合作社会计所涉及的特殊业务，旨在使读者对行业会计有一个较为全面的理解和把握。

本书既可作为高等财经院校会计专业的教材，亦可作为多元化经营的企业财会人员的业务参考书。

本书由东北财经大学硕士生导师、教授、研究员级高级会计师傅胜任主编，并由其撰写和修订了第一、二、九、十、十一章；东北财经大学硕士生导师、教授梁爽任副主编，并撰写和修订了第六、七、八章；东北财经大学职业技术学院副教授李成全撰写和修订了第三、四、五章。此外，辽东学院沈晓慧、佳木斯大学梁春晶和大连职工大学陈广宇为本书部分章节提供了初稿，由傅胜教授对全书进行了修改和总纂。

由于作者水平有限，不足之处在所难免，恳请读者批评指正。

编　者

2011 年 2 月

目 录

第一章

总论

第一节 行业会计比较概述

一、我国行业的划分

随着社会经济的不断发展，出现了不同门类的产业和行业。世界各国把各种产业划分为三大类：第一产业、第二产业和第三产业。第一产业是指提供生产资料的产业，包括种植业、林业、畜牧业、水产养殖业等直接以自然物为对象的生产部门。第二产业是指加工产业，利用基本的生产资料进行加工并出售。第三产业又称服务业，它是指第一、第二产业以外的其他行业。第三产业行业广泛，包括交通运输业、通信业、商业、餐饮业、金融保险业、行政、家庭服务等非物质生产部门。各国划分不完全一致。

我国对各产业的划分如下：

第一产业为农业（包括林业、牧业、渔业等）。第二产业为工业（包括采掘、制造、自来水、电力、蒸汽、热水、煤气）和建筑等行业。第三产业为第一、二产业以外的其他各业。由于第三产业包括的行业多、范围广，根据我国的实际情况，第三产业可分为两大部分：一是流通部门；二是服务部门。具体又分为四个层次：第一层次是流通部门，包括交通运输业、邮电通信业、商业、饮食业、物资供销和仓储等。第二层次是为生产和生活服务的部门，包括金融保险业，地质普查业，房地产开发业，公用事业，居民服务业，咨询服务业和综合技术服务业，农、林、牧、渔、水利服务业和水利业，公路、内河（湖）航道养护业等。第三层次是为提高科学文化水平和居民素质服务的部门，包括教育、文化、广播电视事业，科学研究事业，卫生、体育和社会福利事业等。第四层次是为社会公共需要服务的部门，包括国家机关、政党机关、社会团体及军队和警察等。

行业是指国民经济的各个部门，它包括经济部门和非经济部门。我国经济部门各行业一般分为八类：

（1）工业，指从事工业性产品（或劳务）的生产经营企业，主要包括采掘、制造、自来水、电力、煤气等企业。工业企业在国民经济中起主导作用，它承担着国民经济各部门需要的各种技术装备的制造职能，供应着社会生产及人民生活需要的各种物质，是国民经济生产的物质技术基础。

（2）农业，指从事农业、林业、牧业、渔业等生产经营活动的企业。农业是我国国民经济的基础。它不仅为人类提供赖以生存的农副产品，而且也为经济建设提供工业原料、市场、资金、劳动力和外贸物资等。

（3）商品流通业，指专门负责组织各类商品流通的企业，主要包括商业、粮油、供销、医药及图书发行等。商品流通企业在国民经济中起着十分重要的作用，它是联系生产与分配和消费之间的桥梁和纽带，只有正确地组织商品流通，才能不断地满足社会生产和人民生活的需要。

（4）旅游饮食服务业，指以旅游资源及服务设施为条件，以向消费者提供劳务的服务性企业，主要包括旅游、餐饮、宾馆、娱乐、美发、洗染及照相等。旅游饮食服务业是一个集交通运输、工业、商业等为一体的行业，它的大力发展必然会带动其他行业的发展。通过旅游饮食服务业不仅可以加强我国与世界各国的友好往来，为国家创汇，也可以促进相关行业的发展。

（5）交通运输业，指利用运输工具专门从事运输生产或直接为运输生产服务的企业，主要包括铁路、公路、水路、航空及邮电通信等。交通运输企业是生产在流通领域的继续，是社会再生产的前提和条件。只有通过交通运输企业，生产企业的产品才能进入分配和消费领域，同时生产企业所需原料只有通过交通运输才能保证得到不断的供应。

（6）建筑安装业，指从事土木建筑和设备安装工程的企业，主要包括建筑公司、工程公司、安装公司和装饰公司等。建筑安装业是国民经济中的一个重要支柱产业，它所提供的产品是各工厂、矿井、港口、铁路、桥梁、管线、道路、住宅及其他建筑物、设施等，这些生产与非生产性的固定资产都是国民经济各部门和人民生活的重要物质基础。

（7）房地产开发业，指从事房地产开发、经营、管理和服务的企业。房地产开发业是将生产和流通两个领域紧密联系在一起的一个产业，其生产经营的范畴包括规划设计、土地开发、工程施工、经营销售直到物业管理等各个方面，是国民经济活动中具有综合性的行业。它为人们社会生活中的政治、经济、文化、生活等提供了重要的物质条件。

（8）金融保险业，指专门经营货币和信用业务的企业，主要包括银行业、证券业和保险业。金融保险企业主要是通过信用中介，将社会各方面的闲散资金汇集起来，并提供给企业有偿使用。通过金融保险业的货币信贷业务，可以提高全社会的资金利用率，促进和扩大市场经济的发展，满足我国经济快速发展对资金的需求。

我国的非经济部门包括两大部分：一是为提高科学文化水平和居民素质服务的部分，主要包括教育、文化、广播电视事业，科学研究事业，卫生、体育和社会福利事业等。二是为社会公共需要服务的部分，包括国家机关、政党机关、社会团体以及军队和公安等。

二、行业会计的特点

各行业在国民经济发展中发挥着不同的职能和作用。为反映和监督不同行业的经济活动，便形成了各具特色的各种行业会计。各种行业会计之间既有共性，也有个性。会计作为一种管理活动，要以基本会计准则为共同的基本规范，但由于不同行业有着不同的生产技术特点和经营特点，各行业会计反映和监督的内容也随之不同。因此，行业会计又要结合各行业的特点，对各行业的经济活动中的特殊业务，采用特殊的方法进行核算，只有这样才能充分发挥会计在各行业特殊的经营管理中的重要作用。

根据行业划分的规则，行业会计也相应地划分为两大系统：

（1）企业会计，指从事各种生产经营业务活动的企业所运用的会计，包括工业企业会计、农业企业会计、商品流通企业会计、旅游餐饮服务企业会计、交通运输企业会计、施工企业会计、房地产开发企业会计、金融企业会计、保险企业会计、邮电通信企业会计等。这些企业会计在核算和管理上有许多共性，如企业的货币资金、长短期投资、应收款项、应付款项、固定资产、无形资产、在建工程、流动负债、非流动负债、投入资本、资本公积和盈余公积等，在会计制度、会计核算方法、会计科目和会计报表的格式和编制等方面都有相同之处。但是由于经济活动的不同，客观存在着各自行业的特殊业务，对这些业务的核算与管理则是行业会计的特点所在。例如，商品流通企业的批发、零售及其商品流转业务与其他行业有着明显的区别；金融保险企业的经营资金业务也不同于其他行业；房地产开发企业与施工企业虽相关联，但在成本和收入的核算上各不相同；与铁路、公路、航空等运输企业成本及收入的核算更是相差甚远。因此，对各行业的特殊业务如何进行处理，就是研究行业会计的目的所在。只有了解各行业会计核算与管理的共同点和差异，才能将会计理论与方法真正融会贯通，才能适应企业经济多元化趋势对会计工作者不断提出的新要求。

（2）非企业会计，指从事总预算和事业单位预算会计事务核算与管理的会计。总预算会计的主要工作职责是参与总预算执行、税收征解、国家基建拨款等。事业单位预算会计的主要职责是对教育、科研、文化、卫生等各单位部门的预算资金进行核算与管理。由于非企业单位所从事的业务活动与企业不同，在会计核算与管理上的区别较大。理解和掌握非企业会计的核算方法与管理要求也是十分必要的。

三、行业会计与《企业会计准则》的关系

《企业会计准则》出台以后，许多人认为行业会计也将随之消失。其实这是一种误解，是混淆了“行业会计”与“行业会计制度”的区别。行业会计，是以货币为主要计量单位，采用专门的方法对本行业的经济活动进行核算和监督的一项管理活动。而行业会计制度，则是对行业会计的规范。《企业会计准则》能够取代行业会计制度中各行业会计共性的部分，它针对所有企业（不对外筹集资金、经营规模较小的企业，以及金融保险企业除外）会计核算的共性部分制定了一套通用的、统一的会计准则，对企业会计确认、计量、记录、报告全过程作出了规范，使会计核算与管理工作又增加了新的内容和思想，对加强企业会计核算的管理、整顿会计核算工作秩序、保障企业会计工作依法顺利进行和推进会计国际化有着重要的意义。

但是，《企业会计准则》无法兼顾到所有行业特殊业务的会计核算。尽管《企业会计准则》在强调企业会计核算共性要求的同时，适度地兼顾了一些行业特色，但它无法满足各行各业的特殊经济业务对会计核算的具体要求。且不说被明确排除在《企业会计准则》应用范围之外的金融保险企业，就是商业与运输业的成本核算也相差甚远；运输业与施工企业的存货核算方法也无法相互替代等等。因此，只要国民经济中存在着各行各业的经济实体，行业会计的区别就将随之永远存在。事实上，就行业会计中的特殊业务来说，与《企业会计准则》在内容上并无不必要的重复。《企业会计准则》是对各行业共有的会计业务在确认、计量和信息揭示等方面所作的规范。而行业会计则是在遵循统一的《企业会计准则》前提下，根据本行业的经营特点及强化内部控制的要求，来研究如何对特有的业务进行核算。

第二节 行业会计比较的内容

我国的行业会计比较是在20世纪60年代国外会计比较研究与发展的基础上形成的。比较会计是以世界各国的会计理论与实务为宏观研究对象，运用比较的方法研究两个或两个以上国家会计理论和实务之间的异同和相互影响，以促进各国会计的协调和会计国际化。而行业会计比较只是比较会计的一个分支，它是通过不同行业会计特殊核算内容和特殊核算方法的比较，阐明其相同、相似和相异之处，以提高不同行业特殊业务的会计信息的相关性。行业会计比较就是基于这一点，立足于领会统一会计思想的基础上，拓展更宽的会计领域，以适应企业经营多元化对从事会计理论研究和会计实务工作的更高要求。

一、行业会计核算对象的比较

各行业会计反映与监督的内容即为会计的核算对象。由于各行业的经济活动、业务范围、职责权限不同，会计核算和监督的内容也必然不同。准确地认识和理解不同行业的特殊性，是发挥会计核算、监督作用的基本点。比如，金融业包括银行、信托、租赁、保险、证券等多类，其核算对象也因银行业务、信托投资业务、租赁业务、保险业务和证券业务的不同而不同；保险业按险种分为财产保险业务、人寿保险业务、再保险业务，核算对象也各有侧重；商品流通企业的批发和零售业务有着较大的区别，因此，商品流通企业的会计核算对象分为批发和零售两种类型；旅游餐饮服务企业的经营业务开展往往带有系统性和配套性，旅游业除了组团旅游外，有条件的旅行社同时还经营客房、餐饮、售货、娱乐及其他业务；饮食业除了经营餐饮业务外，还开展娱乐、售货及其他业务；服务业也可同时经营文化娱乐、体育健身、美容美发、桑拿洗浴、照相、修理等多种业务。因此，为了分别提供各项经营业务的会计信息，就形成了会计核算对象的多样性。邮电通信企业是主要从事信息传递等经营活动的经济组织。为了便于管理，邮政和电信各自为政，核算对象因业务的分离而各成一体。而农村集体经济组织既以发展经济为主，同时又负有一部分街道管理职能。因此，在会计核算上不但要完成组织的收入、费用和收益的核算，同时也必须承担起作为基层政府对货币资金的提留、调拨、投放和收回的资金控制与运用职能。

二、行业会计特殊业务的比较

各行业特殊业务的客观存在，是研究比较会计的基础。2007 年开始实施的《企业会计准则》在各行业的共性方面作了统一的规范，如在资产、负债、收入、费用等会计要素的定义上进行了明确的规定，使企业在会计要素的确认方面有了界定的范围，保证提供的会计信息具有了可靠性。这也是我国会计准则在制定思想和定位上的一次突破。但是在具体的核算与管理方法上，各行业的差异还是不可回避的。例如，保险企业是以保险业务的各种保险收入、理赔及保险资金的再运用等经营活动为核算对象的，由于经营活动的特殊性，决定了在损益的计算、保险责任准备金的计提及再保险业务的开展等诸多方面都有其独到之处。商品流通零售企业的售价核算是其内部控制的“实物负责制”所决定的。此外，餐饮业的总成本核算、运输业的轮胎核算、施工企业的周转材料和临时设施核算、房地产业的开发成本核算等，都是其本行业所特有的。此外，由于我国目前在农村地区推行的是以家庭联产承包责任制为主、其他责任制为辅的经济运作方式，所以农村集体经济组织推行了与之相适应的统一核算与分散核算相结合的两级会计核算体制。因此，比较各行业的特殊业务，对在短时间内掌握各行业会计核算技能将起到事半功倍之功效。

三、行业会计相关业务的比较

国民经济各部门是一个有机联系的整体，各行业之间都存在着相互依存的关系，在会计核算方面也必然存在着对相关的经济业务如何处理的问题。例如，对于施工企业与房地产开发企业，施工企业的工程价款就是房地产开发企业的开发成本的重要组成部分，但房地产开发企业的开发成本并不等于施工企业的工程价款，因为房地产开发企业的开发成本中还包括土地开发成本及配套设施成本等。

第三节 行业会计比较的方法

行业会计比较的方法，大都采用横向比较法与纵向比较法。横向比较法是同时对不同行业会计中相同的会计要素进行比较，研究它们在会计核算上的共性与个性，并对个性加以阐述。纵向比较法是将各行业特殊业务的会计核算进行相互比较，找出每个行业会计核算的个性，并对个性部分加以阐述。

本书采用的是纵向比较方法，将各行业会计核算中共性的部分作为已知的知识而省略，省出篇幅重点阐述各行业特殊业务的会计核算方法。这些业务是各行业之间会计核算的主要区别，由此能比较出各行业会计的特性所在。这些特殊业务往往又与企业在国民经济中的地位和作用紧密联系在一起。掌握和理解各行业特殊业务的核算，对研究和学习行业会计具有重要的意义。

从行业会计的系统性考虑，本书主要阐述了商品流通企业、旅游餐饮服务企业、运输企业、施工企业、房地产开发企业、银行业、证券业、保险业和邮电通信企业的会计所涉及的特殊业务，旨在使学生对各行业的会计有一个较为全面的理解和把握。

本章小结

我国经济部门的行业一般分为工业、农业、商品流通业、旅游饮食服务业、交通运输业、建筑安装业、房地产开发业和金融保险业八类。非经济部门包括为提高科学文化水平和居民素质服务及为社会公共需要服务两大部分。

由于各行业在国民经济发展中发挥着不同的职能和作用，各种行业会计既有共性，也有个性。其共性是，行业会计作为一种管理活动，都要以基本会计准则为共同的基本规范；其特性是，不同行业的会计反映和监督的内容与方法不同。

“行业会计”与“行业会计制度”是有区别的。《企业会计准则》的实施，只能取代行业会计制度，却不能取代行业会计。只要国民经济中存在着各行各业，行业会计就将随之永远存在。各行业特殊业务的客观存在，是研究比较会计的基础。

行业会计的比较方法有横向比较法与纵向比较法两种。

第二章

商品流通企业会计

商品流通企业是从事商品购销活动的企业，包括商业、粮食、物资供销、供销合作社、对外贸易、医药、石油、烟草、图书发行等各种所有制形式的企业。在国民经济中，它起着连接生产与消费的桥梁和纽带作用。

第一节　商品流通企业会计的特点

由于商品流通企业的主要业务是商品流转，因此，其会计核算除具有一般企业会计的特征外，还有不同于其他行业的一些特点。

一、核算对象分为批发和零售两种类型

商品流通企业会计核算对象如图 2-1 所示。

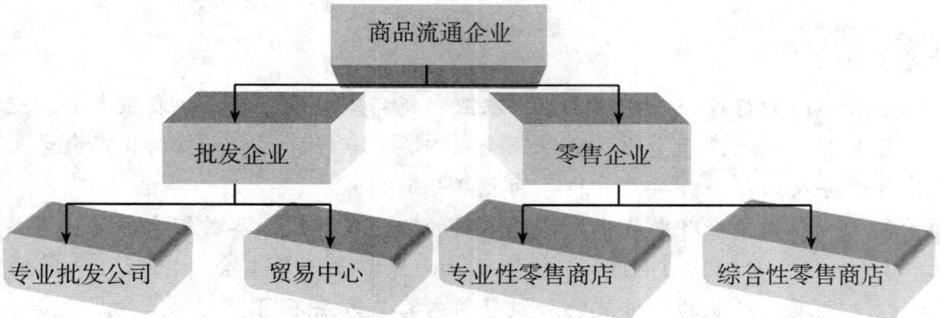

图 2-1　商品流通企业会计核算对象

1. 批发企业

所谓批发企业，是指从生产企业或其他企业购进商品，供应给零售企业或其他批发企业用以转售，或供应给其他企业用以加工的商品流通企业。它处于商品流转的起点或中间环节，是组织城乡之间、地区之间商品流通的桥梁。

我国在城市中有专业批发公司和贸易中心。批发公司是自主经营的经济实体；贸易中心可以是经济联合体，也可以是独立体，实行开放式经营，自由购销，跨区经营，促使货畅其流，提高经济效益。为了扩大批发商品的辐射面，还开设了基层批发企业，积极开展批发和代批业务，以方便边远地区、小型零售企业和个体经营者。

2. 零售企业

所谓零售企业，是指从批发企业或生产企业购进商品，销售给个人消费者，或销售给企事业单位等用于生产和非生产消费的商品流通企业，是直接为人民生活服务的基层商品流通企业。

零售企业按其经营商品种类的多少，可分为专业性零售商店和综合性零售商店。专业性零售商店是指专门经营某一类或几类商品的零售企业，如钟表、眼镜、交通器材、照相

器材、金银首饰等商店。综合性零售商店是指经营商品类别繁多的零售企业，如百货、食品、服装鞋帽、五金、日用杂货等。

由于商品批发和零售业务有着较大的区别，因此，商品流通企业的会计核算也因核算对象类型的不同而有所不同。

二、核算内容以商品流转为核心

商品流转业务主要包括商品购进、商品销售和商品储存三个环节，商品流通企业会计核算内容如图 2-2 所示。

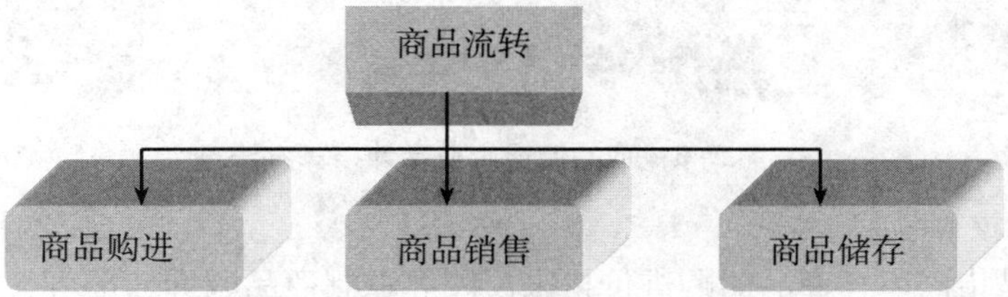

图 2-2 商品流通企业会计核算内容

（1）所谓商品购进，是指商品流通企业为了销售或加工后销售货物，通过货币结算取得商品所有权的交易行为，是商品流转的起点。商品购进过程，也就是货币资金转变为商品资金的过程。

（2）所谓商品销售，是指商品流通企业通过货币结算售出商品的交易行为，是商品流转的终点。商品销售过程，也就是商品资金转变为货币资金的过程。

（3）所谓商品储存，是指商品流通企业购进的商品在销售以前在企业的停留状态。它以商品资金的形态存在于企业之中。商品储存是商品购进和商品销售的中间环节，也是商品流转的重要环节。商品储存包括库存商品、受托代销商品、分期收款发出商品和购货方拒收的代管商品等。

商品流转的三个环节是商品流通企业的主要业务内容，自然也就构成了商品流通企业会计核算的核心内容。

小知识 2-1

凡是不通过货币结算而收入的商品，或者不是为销售而购进的商品，都不属于商品购进的范围，如收回加工的商品、溢余的商品、收回销售退回的商品和购货单位拒收的商品、因财产交接而接受的商品和其他单位赠送的样品、为收取手续费替其他单位代购的商品以及购进专供本单位自用的商品等。

凡是不通过货币结算而发出的商品，则不属于商品销售的范围，如发出加工的商品、损耗和短缺的商品、进货退出的商品和退出拒收的商品、因财产交接而交出的商品和赠送其他单位的样品、采用代收手续费方式替其他单位代销的商品、虽已发出但仍属于本单位所有的委托代销商品和分期收款发出商品等。

三、核算方法以进价核算和售价核算为主

不同类型的商品流通企业根据各自的经营特点和管理的需要，对商品流转的核算采用了各种不同的方法，归纳起来主要分为进价核算和售价核算两种。进价核算和售价核算又各分为金额核算和数量金额核算两种。商品流通企业会计核算方法如图 2-3 所示。

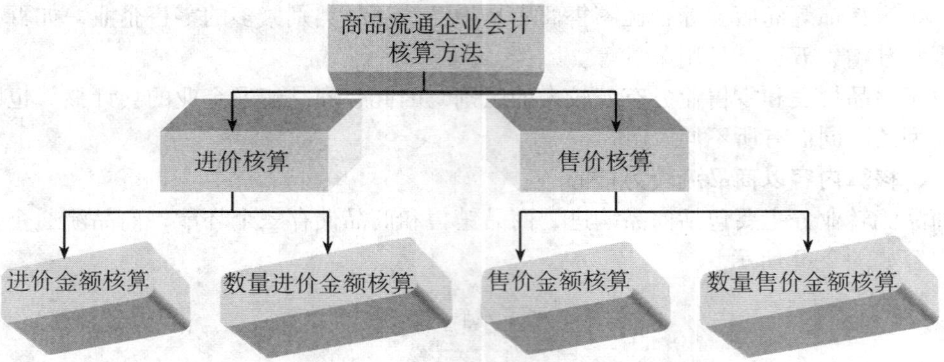

图 2-3 商品流通企业会计核算方法

（一）进价核算

进价核算是指以库存商品的购进价格来反映和控制商品购进、销售和储存的一种核算方法。这种方法又分为进价金额核算和数量进价金额核算两种。

1. 进价金额核算

进价金额核算是指库存商品总分类账和明细分类账都只反映商品进价金额，不反映实物数量的一种核算方法。采用这种方法，由于缺乏实物数量记载，必须通过对库存商品进行实地盘点，计算出期末结存金额后，才能倒挤出主营业务成本，所以也称为“进价记账盘存计销”。

这种核算方法的优点是记账手续最为简便，工作量小。缺点是平时不能反映商品进、销、存的数量，由于月末采用盘存计销的办法，将主营业务成本、商品损耗和责任人的差错混在一起，容易产生弊端，不易发现企业经营管理中存在的问题。因此，这种方法只适用于经营鲜活商品的零售企业。

2. 数量进价金额核算

数量进价金额核算，是指库存商品总分类账和明细分类账除均按商品进价金额反映外，同时明细分类账还必须反映商品实物数量的一种核算方法。采用这种方法，可以根据已销商品的数量按进价结转主营业务成本。

这种核算方法的优点是能够按品名、规格来反映和监督每种商品进、销、存的数量和进价金额的变动情况，有利于加强对库存商品的管理与控制。缺点是每笔销售业务都必须填制销售凭证，并按商品的品名、规格登记商品明细账，记账工作量较大。这种方法适用于工业品批发公司、农副产品收购企业、部分专业性零售商店及贸易中心等企业。

（二）售价核算

售价核算是指以库存商品的销售价格来反映和控制商品购进、销售和储存的一种核算方法。这种方法又分为售价金额核算和数量售价金额核算两种。

1. 售价金额核算

售价金额核算是指库存商品总分类账和明细分类账都只反映商品售价金额，不反映实物数量的一种核算方法。采用这种方法，库存商品的结存数量，只能通过对库存商品进行实地盘点来掌握，营业柜组或门市部对其经营的商品承担经济责任。财会部门通过商品的售价来控制营业柜组或门市部的商品。由于它是建立在实物负责制基础上的，所以也称为

“售价金额核算实物负责制”。

这种方法的优点是控制了商品的售价，一般不必为每笔销售业务填制销售凭证，也不必登记大量的实物数量明细账，记账较为简便。缺点是由于明细分类核算不反映和控制商品的数量，平时不易发现商品短缺，一般要定期盘点时才能发现，难以分清溢缺商品的品种与数量，也难以分析溢缺的原因和责任。这种核算方法适用于综合性零售商店和部分专业性零售商店。

2. 数量售价金额核算

数量售价金额核算是指库存商品总分类账和明细分类账除均按商品售价金额反映外，同时明细分类账还必须反映商品实物数量的一种核算方法。采用这种方法，必须按商品的品名、规格设置明细账，以便能随时掌握各种商品的结存数量。

这种核算方法的优点是能够按品名、规格来反映和监督每种商品进、销、存的数量和售价金额的变动情况，便于加强对库存商品的管理与控制。由于按售价记账，对主营业务收入的管理与控制也较为严密。缺点是在进货时既要复核商品的进价，又要计算商品售价和进价的差价，每笔销售业务都要填制销售凭证或做好销售记录，并按商品的品名、规格登记商品明细账，记账的工作量较大。这种方法适用于基层批发企业和部分专业性零售商店（如金店、珠宝玉器店等）。

小思考 2-1

为什么说“进价金额核算”只适用于经营鲜活商品的零售企业？

第二节　批发企业商品流转的核算

批发企业的主要业务是大宗商品购销，交易次数不像零售业那样频繁，但每次的成交额却比零售业大得多。因此，一般采用数量进价金额核算。

一、商品购进的核算

（一）同城商品购进的业务程序及核算

同城商品购进的业务程序如图 2-4 所示。

同城商品购进，商品的交接方式一般采用“送货制”或“提货制”。

货款的结算方式通常采用转账支票和商业汇票结算，也可以采用银行本票结算。

[例 2-1] 大连百货公司 2013 年 4 月 8 日从大连冰山集团购进容积为 90 升全自动冰箱 50 台，每台 1 450 元，货款总计 72 500 元，增值税税额为 12 325 元。业务部门根据供货单位提供的增值税专用发票填制“收货单”，见表 2-1。

表 2-1　**收货单**

供货单位：大连冰山集团　　2013 年 4 月 8 日　　仓库：A　　编号：690

货号	品名	容积（升）	数量单位	应收数量	实收数量	单价（元/台）	金额（元）
332	全自动冰箱	90	台	50	50	1 450	72 500
商品类别：家用电器							

对上述业务，财会部门首先根据业务部门转来的增值税专用发票审核无误后，签发转账支票支付货款及增值税税额，共计 84 825 元。作商品购进的账务处理：

借：商品采购——大连冰山　　72 500

　　应交税费——应交增值税（进项税额）　　12 325

　贷：银行存款　　84 825

其次，根据仓库转来的“收货单”结转商品采购成本。作商品验收入库的账务处理：

借：库存商品——家用电器（冰箱）　　72 500

　贷：商品采购——大连冰山　　72 500

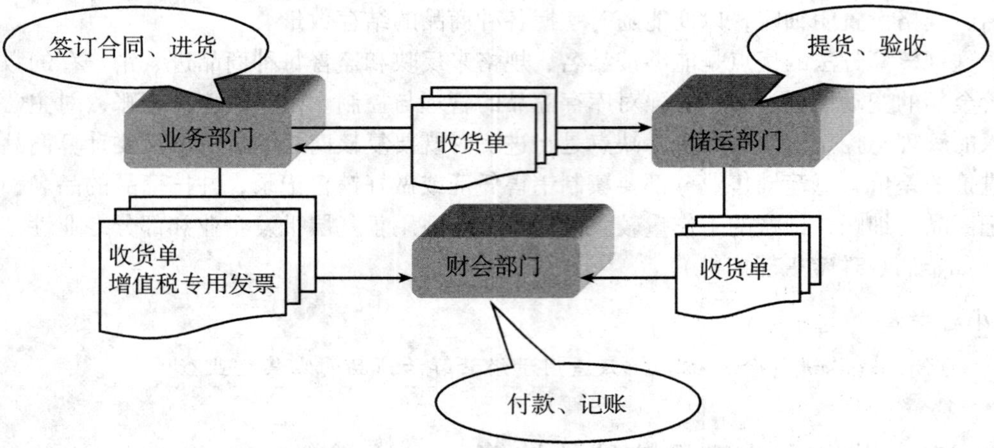

图 2-4　同城商品购进业务程序图

说明：

同城商品购进一般是由业务部门根据事先制订的进货计划，与供货单位签订购销合同组织进货。业务部门根据供货单位开来的增值税专用发票，与合同核对相符后，即填制“收货单”一式数联，将增值税专用发票和“收货单”（结算联）送交财会部门，其余各联收货单送交储运部门。财会部门审核购货凭证无误后，作为付款依据，作商品购进的账务处理：

借：商品采购

　　应交税费——应交增值税（进项税额）

　贷：银行存款

储运部门根据“收货单”提货并验收商品，如商品的数量、质量全部相符，应在“收货单”各联上加盖“收讫”印章，并将其中一联退回业务部门，由其注销合同，储运部门自留一联，登记商品保管账，将“收货单”（入库联）送交财会部门，经审核无误后，据以作商品验收入库的账务处理：

借：库存商品

　贷：商品采购

（二）异地商品购进的业务程序及核算

异地商品购进的业务程序如图 2-5 所示。

异地商品购进的交接方式，一般采用“发货制”。

货款的结算方式，一般采用托收承付结算或委托收款结算。

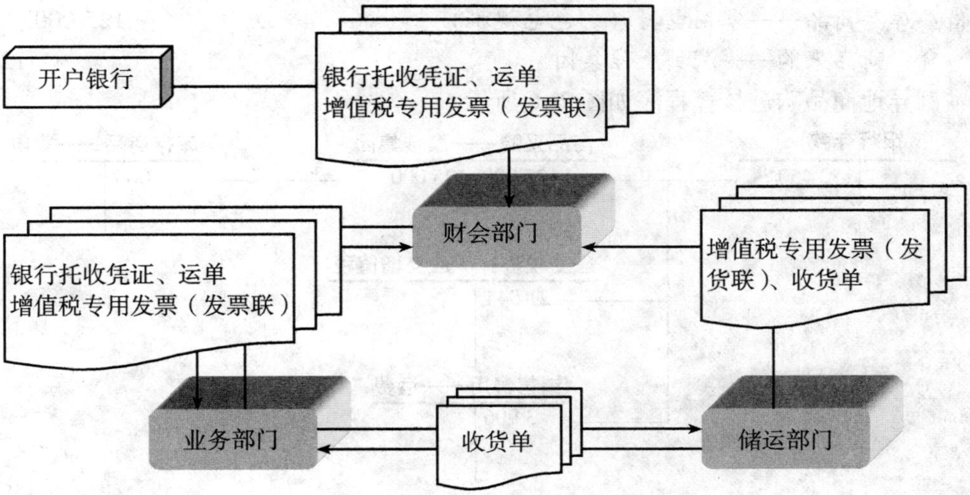

图 2-5 异地商品购进业务程序图

说明：

异地商品购进一般是购货单位的财会部门收到银行转来的"托收凭证"及附来的增值税专用发票（发票联）和"运单"时，应先送交业务部门，经与购销合同查对无误后，由业务部门填制"收货单"一式数联，送交储运部门，并将"托收凭证"及其附件退还财会部门，经审核无误后，即支付货款。当商品到达时，由储运部门根据"收货单"与供货单位随货同行的增值税专用发票（发货联）核对无误后将商品验收入库，并在"收货单"各联上加盖"收讫"印章，自留一联，据以登记商品保管账，一联退回业务部门，由其注销合同，另一联连同增值税专用发票（发货联）送交财会部门，经审核无误后，据以进行库存商品的总分类核算和明细分类核算。

小知识 2-2

供货单位根据购销合同发运商品后，由于商品所有权已经转移，供货单位就可以委托银行向购货单位收取货款。从供货单位所在地到购货单位所在地的商品运费，一般由购货单位负担，供货单位先予垫付，然后同货款一并委托银行收回。

[例 2-2] 大连百货公司从深圳康佳集团购进 29 寸彩色电视机 100 台，每台 1 250 元，货款总计 125 000 元，增值税税额 21 250 元，运费 4 200 元，采用托收承付结算方式结算。对上述业务，财会部门应作如下处理：

（1）收到银行转来的托收凭证和附来的增值税专用发票（发票联）及运费凭证，经审核无误后，承付时：

借：商品采购——深圳康佳集团	125 000	
应交税费——应交增值税（进项税额）	21 544	
销售费用——运费	3 906	
贷：银行存款		150 450

（2）货物运达，仓库验收入库后，送来的"收货单"及随货同行的增值税专用发票（发货联），经审核无误后，结转商品采购成本：

借：库存商品——家用电器（彩色电视机） 125 000

　贷：商品采购——深圳康佳集团 125 000

本例异地商品购进核算程序如图 2-6 所示。

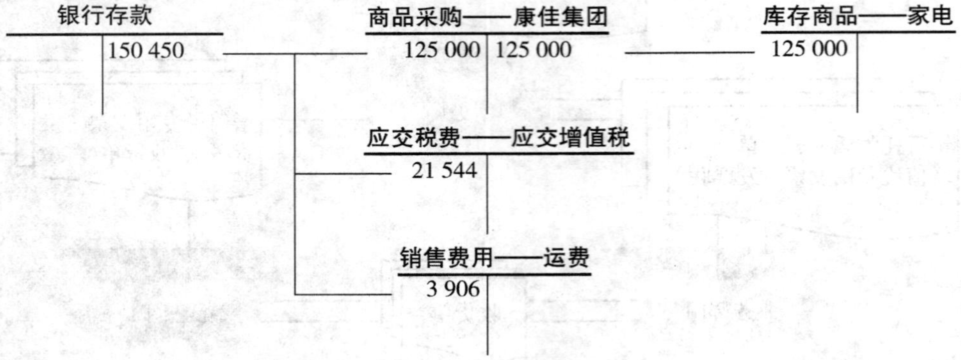

图 2-6 异地商品购进核算程序图（单位：元）

补充阅读资料 2-1

商品流通企业的一般纳税人，接受铁路运输服务，应该按照铁路运输费用结算单据上注明的运输费用金额乘以 7% 的扣除率计算进项税额，进行抵扣。运输费用的金额，是指铁路运输费用结算单据上注明的运输费用、建设基金，不包括装卸费、保险费等其他杂费。

由于陆路运输服务、水路运输服务、航空运输服务、管道运输服务，营改增后属于增值税的应税范围，增值税一般纳税人应按取得的增值税专用发票上注明的增值税税额作为进项税额抵扣。

综合以上两种情况，商品流通企业异地购进商品发生的运费中，可以抵扣的部分记入“应交税费——应交增值税（进项税额）”账户的借方，不能抵扣的部分记入“销售费用”等账户的借方。

（三）商品采购的明细分类核算

为了掌握商品采购的详细情况，加强对商品采购的管理，并促使在途商品尽快验收入库投放市场，就必须对商品采购进行明细分类核算。批发企业商品采购的明细分类核算，主要采用同行登记法和抽单核对法。

1. 同行登记法

同行登记法，又称为平行记账法或横线记账法，就是采用两栏式账页，对于同一批次购进的商品，将支付货款和商品验收入库，分别记入账页同一行次的“借方栏”和“贷方栏”。通过借贷方的相互对照，逐一核销，以反映商品采购的动态，有利于检查和监督购进商品的结算和入库情况。由于同一批次购进的商品可能分批到达，因此，在账页每一行次的贷方，可以根据各单位的具体需要，再增加若干小行，以便反映商品分批到达验收入库的情况。商品采购明细分类账的格式见表 2-2。

同行登记法是根据经济业务发生的顺序，按供货单位分行次进行记载，对商品采购进行明细分类核算的。这在进货业务频繁的企业可能不太适用。因此，这些企业可以按照供

表 2-2　　**商品采购明细分类账**

批次	供货单位	借方 2013 年 月	借方 2013 年 日	借方 凭证号	借方 摘要	借方 金额（元）	贷方 2013 年 月	贷方 2013 年 日	贷方 凭证号	贷方 摘要	贷方 金额（元）	核销号
1	海尔集团	6	5	1	支付海尔冰箱货款	816 000	6	7	2	冰箱入库	408 000	√
							6	9	4	冰箱入库	408 000	
2	厦华有限公司	6	8	3	承付厦华电视机货款	580 000	6	11	5	电视机入库	580 000	√
3	新科集团	6	12	6	支付新科 DVD 影碟机货款	396 000	6	15	7	影碟机入库	132 000	√
							6	20	8	影碟机入库	132 000	
							6	25	9	影碟机入库	132 000	

货单位的户名，分户设置“商品采购”明细分类账进行同行登记，以便反映向每一供货单位购进商品的入库与结算情况。

2. 抽单核对法

抽单核对法就是不设置“商品采购”明细分类账，而是充分利用自制的两联收货单，即“结算联”和“入库联”来代替“商品采购”明细分类账的一种简化的核算方法。

企业在购进商品时，财会部门根据业务部门转来的“收货单”（结算联）支付货款后，在“收货单”（结算联）上加盖付款日期的戳记，以代替“商品采购”明细分类账借方发生额的记录，根据储运部门转来的“收货单”（入库联）作商品入库的核算后，在“收货单”（入库联）上加盖入库日期的戳记，以代替“商品采购”明细分类账贷方发生额的记录。

在收货单中，表示“商品采购”明细分类账借方发生额和贷方发生额的两套凭证应用专门的账夹或账箱分别存放。每日通过核对后，将供货单位名称、凭证号数、商品的数量和金额均相符的“收货单”（结算联）和“收货单”（入库联）从账夹或账箱中抽出，表示这批购进业务已经钱货两清，予以转销，并将抽出的凭证按抽出的日期，分别装订成册，同其他会计账簿一样归入会计档案。期末结账时，检查账夹或账箱，将尚存的“收货单”（结算联）的金额加总，表示“商品采购”明细分类账的借方余额；将尚存的“收货单”（入库联）的金额加总，表示“商品采购”明细分类账的贷方余额。

采用抽单核对法，一定要严格遵守凭证传递的程序，加强凭证的管理和对账工作，以防止凭证散乱丢失，造成核算工作的紊乱。

（四）进货退出的核算

批发企业由于进货量大，一般对于原箱整件包装的商品，在验收时只作抽样检查，因此，在入库后复验商品时，往往发现商品的数量、质量、品种、规格与合同不符。为此，批发企业应及时与供货单位联系，调换或补回商品，或者作进货退出处理。在发生进货退出业务时，由供货单位开出红字增值税专用发票，企业收到后由业务部门据以填制“进货退出单”，通知储运部门发运商品；财会部门根据储运部门转来的“进货退出单”进行核算。

［例2-3］大连百货公司从浙江康健热水器有限公司购进康健牌饮水机30台，每台680元，货款总计20 400元，增值税税额3 468元，运费2 700元，货款和增值税及运费已付。该批商品到货后，发现型号不符，经与供货方联系后，对方同意退货。

对上述业务，财会部门应作如下处理：

（1）收到浙江康健热水器有限公司退货的红字增值税专用发票，开列退货款20 400元，退增值税3 468元，并收到业务部门转来的“进货退出单”（结算联）时：

借：商品采购——浙江康健热水器有限公司　　20 400

　　应交税费——应交增值税（进项税额）　　3 657

　　销售费用——运费　　2 511

　贷：应付账款——浙江康健热水器有限公司　　26 568

（2）收到“进货退出单”（出库联）时：

借：库存商品——饮水机　　20 400

　贷：商品采购——浙江康健热水器有限公司　　20 400

同时，以银行存款垫付退货运费2 700元：

借：应付账款——浙江康健热水器有限公司　　2 700

　贷：银行存款　　2 700

（3）浙江康健热水器有限公司如约退回全部货款和增值税及运费，收到银行转来的收款凭证时：

借：银行存款（26 568+2 700）　　29 268

　贷：应付账款——浙江康健热水器有限公司　　29 268

小知识2-3

在实际工作中，通常对与供货客户发生的往来采用“应付账款”账户核算；对与销售客户发生的往来采用“应收账款”账户核算。如果企业规模较小，也可以只设一个“往来账”，根据账户余额方向来判断是“应收”还是“应付”。

（五）购进商品退补价的核算

批发企业购进商品时，有时由于供货单位疏忽，会发生单价开错或金额计算错误的情况；还有时因商品发货时是试销，按暂定价格结算，后又正式定价，需要调整商品货款。

因此，就发生了商品退补价的核算。在发生商品退补价时，应由供货单位填制更正发票交给购货单位，由业务部门审核后，送交财会部门，经复核无误，据以进行退补价款的核算。

1. 购进商品退价的核算

购进商品退价，是指原结算货款的进价高于实际进价，应由供货单位将高于实际进价的差额退还给购货单位。

[例2–4] 大连百货公司2013年4月6日从大连针织厂购进美达牌男式内衣500套，每套54元，已钱货两清。2013年4月10日收到大连针织厂更正发票，列明每套应为45元，应退货款4 500元，增值税税额765元。

对上述业务，财会部门应作如下处理：

（1）冲减商品采购货款和增值税：

借：商品采购——大连针织厂　　4 500

　　应交税费——应交增值税（进项税额）　　765

　贷：应付账款——大连针织厂　　5 265

（2）冲减库存商品价值：

借：库存商品——男式内衣　　4 500

　贷：商品采购——大连针织厂　　4 500

2. 购进商品补价的核算

购进商品补价，是指原结算货款的进价低于实际进价，应由购货单位将低于实际进价的差额补付给供货单位。

[例2–5] 大连百货公司2013年5月20日从大连针织厂购进美达牌女式内衣500套，每套47元，已钱货两清。5月28日收到大连针织厂更正发票，列明每套应为49元，需补货款1 000元，增值税税额170元。

对上述业务，财会部门应作如下处理：

（1）补增商品采购货款和增值税：

借：商品采购——大连针织厂　　1 000

　　应交税费——应交增值税（进项税额）　　170

　贷：应付账款——大连针织厂　　1 170

（2）补增库存商品价值：

借：库存商品——女式内衣　　1 000

　贷：商品采购——大连针织厂　　1 000

（六）购进商品发生短缺和溢余的核算

批发企业购进的商品，如果发生短缺或溢余情况，除根据实收数量入账外，还应查明原因，及时处理。一般来说，购进商品发生短缺或溢余的主要原因有：在运输途中由于不可抗拒的自然条件和商品性质等因素，使商品发生损耗或溢余；运输单位的失职造成事故或商品丢失；供货单位工作上的疏忽造成少发或多发商品。因此，对于商品的短缺和溢余，要认真调查、具体分析、明确责任、及时处理，以保护企业财产的安全。

储运部门在验收商品时，如发现实收商品与供货单位增值税专用发票（发票联）上所列数量不符时，必须会同运输单位进行核对，作好鉴定证明，以便查明原因后进行处理，并在“收货单”上注明实收数量，填制“商品购进短缺溢余报告单”一式两联。其中，一联连同鉴定证明送业务部门，由其负责处理；另一联送交财会部门，审核后作为记账依据。

1. 购进商品发生短缺的核算

购进商品发生短缺时，在查明原因前，应通过“待处理财产损溢”账户进行核算。查明原因后，如果是供货单位少发商品，经联系后，可由其补发商品或作进货退出处理。如果是运输途中的自然损耗，则应作为“销售费用”列支。如果是责任事故，应由运输单位或责任人承担经济责任的，则作为“其他应收款”处理；如由本企业承担损失的，报经批准后，在“营业外支出”账户列支。

[例2-6] 大连百货公司2013年6月8日从黑龙江农场购进黑木耳1 000千克，每千克22元，货款总计22 000元，增值税税款3 740元，运费850元。采用托收承付结算方式，货款已承付。2013年6月15日该批商品运达后，储运部门验收时发现短缺了50千克，填制“商品购进短缺溢余报告单”，见表2-3。

表2-3 **商品购进短缺溢余报告单**

2013年6月15日　　　金额单位：元

货号	品名	单位	应收数量	实收数量	单价	短缺		溢余	
						数量	金额	数量	金额
2053	黑木耳	千克	1 000	950	22	50	1 100		
合计							1 100		
供货单位：黑龙江农场 增值税专用发票号码：62571			处理意见：			溢余或短缺原因：待查			

对上述业务，财会部门应作如下处理：

(1) 结转已验收入库的和短缺的商品采购成本：

借：库存商品——黑木耳　　20 900

　　待处理财产损溢——待处理流动资产损溢　　1 100

　贷：商品采购——黑龙江农场　　22 000

经查，短缺的黑木耳中有45千克是对方少发，已开来退货发票，列明应退货款990元，增值税税额168.30元，其余5千克是运输途中自然损耗。

(2) 对少发的商品部分，结减商品采购额和增值税税额：

借：商品采购——黑龙江农场　　[990]

　　应交税费——应交增值税（进项税额）　　[168.30]

　贷：应收账款——黑龙江农场　　[1 158.30]

同时，冲转待处理财产损溢：

借：待处理财产损溢——待处理流动资产损溢 990

贷：商品采购——黑龙江省农场 990

（3）对自然损耗部分，经批准予以转账：

借：销售费用——商品损耗 110

贷：待处理财产损溢——待处理流动资产损溢 110

2. 购进商品发生溢余的核算

购进商品发生溢余时，在查明原因前，应通过“待处理财产损溢”账户进行核算。查明原因后，如果是运输途中的自然升溢，应冲减“销售费用”账户；如果是供货单位多发商品，可与对方联系，由其补来增值税专用发票后，作为商品购进处理。

[例2-7] 大连百货公司2013年7月9日从吉林长白山农场购进榛蘑1 500千克，每千克18元，货款总计27 000元，增值税税款4 590元，运费700元。采用托收承付结算方式，货款已承付。2013年7月16日该批商品运达后，储运部门验收时发现溢余了150千克，价值2 700元。财会部门根据储运部门转来的“收货单”和“商品购进短缺溢余报告单”作如下会计处理：

（1）结转已验收入库的和溢余的商品采购成本：

借：库存商品——榛蘑 29 700

贷：商品采购——长白山农场 27 000

待处理财产损溢——待处理流动资产损溢 2 700

经查，溢余的榛蘑中有140千克是对方多发，已补来专用发票，列明应付货款2 520元，增值税税额428.40元。其余10千克是运输途中自然升溢。

（2）对多发的商品部分，增加商品采购额和增值税税额：

借：商品采购——长白山农场 2 520

应交税费——应交增值税（进项税额） 428.40

贷：应付账款——长白山农场 2 948.40

同时，结转待处理财产损溢：

借：待处理财产损溢——待处理流动资产损溢 2 700

贷：商品采购——长白山农场 2 520

销售费用——商品溢余 180

（七）购进商品发生拒付货款和拒收商品的核算

批发企业从异地购进商品时，对于银行转来的托收凭证及其所附的增值税专用发票（发票联）、运费凭证等，必须认真与合同进行核对，如发现与购销合同不符、重复托收以及货款或运费多计等情况，应在银行规定的承付期内填制“拒绝承付理由书”，拒付货款。对于与购货合同不符或重复托收的，应拒付全部托收款；对于部分与购货合同不符的，应拒付不符部分的托收款；对于货款与运费多计的，则应拒付多计的数额。企业提出拒付款项时，应实事求是，不能因供货单位的部分差错而拒付全部货款，更不能借故无理拒付货款，损害供货单位的利益。

对于供货单位发来的商品及随货同行的增值税专用发票（发票联），同样要与购销合同进行核对，并要认真检验商品的品种、规格、数量和质量，如有不符，可以拒收商品。

在拒收商品时，应由业务部门填制“拒收商品通知单”，尽快通知供货单位，并需填制“代管商品收货单”一式数联，其中两联送交储运部门，储运部门验收后，加盖“收讫”戳记，将其数量作账外记录，并将拒收商品妥善保管，与库存商品分别存放，不能动用；一联由储运部门转交财会部门，据以记入“代管商品物资”账户的借方。

小知识 2-4

“代管商品物资”是表外账户，用以核算企业受托代管的各项商品、物资及借入的包装物等。收进时记入借方，发出时记入贷方。该账户可只记数量，不记金额。“代管商品物资”账户不与其他账户发生对应关系，只作单式记录。

异地商品购进，由于托收凭证的传递与商品运送的渠道不同，支付货款与商品验收入库的时间往往也不一致，从而引起拒付货款与拒收商品有先有后，这样会出现三种情况：

（1）先拒付货款，后拒收商品。企业收到银行转来的托收凭证，发现内附的增值税专用发票（发票联）与购销合同不符，拒付货款。等商品到达后，再拒收商品。由于没有发生结算与购销关系，只需在拒收商品时，将拒收商品记入“代管商品物资”账户的借方。

（2）先拒收商品，后拒付货款。企业收到商品时，发现商品与购销合同不符，可拒收商品，将拒收商品记入“代管商品物资”账户的借方，等银行转来托收凭证时，再拒付货款。

（3）先支付货款，后拒收商品。企业收到银行转来的托收凭证，将内附的增值税专用发票（发票联）与购销合同核对相符后，支付了货款。等商品到达验收时，发现商品与购销合同不符，除了将拒收商品记入“代管商品物资”账户的借方外，还应将拒收商品货款、增值税税额及运费，分别从“商品采购”账户、“应交税费”账户和“销售费用”账户一并转入“应收账款”账户。待业务部门与供货单位协商解决后，再进一步作出账务处理。

［例 2-8］大连百货公司 2013 年 8 月 1 日从上海松下微波炉有限公司购进 K580MFS 型微波炉 100 台，每台 1 250 元，货款总计 125 000 元，增值税税额 21 250 元，运费 500 元，采用托收承付结算方式，货款已承付。商品到达后，发现其中有 10 台规格不符，予以拒收。拒收商品暂代为保管，其他商品已验收入库。

对上述业务，财会部门应作如下处理：

（1）结转验收入库的商品成本：

借：库存商品——K580MFS 型微波炉　　112 500

　贷：商品采购——上海松下微波炉有限公司　　112 500

（2）将拒收的 10 台微波炉的货款、增值税税额及该商品应承担的运费转入“应收账款”：

借：商品采购——上海松下微波炉有限公司　　12 500

　　应交税费——应交增值税（进项税额）　　2 128. 50

　　销售费用——运费　　46. 50

　贷：应收账款——上海松下微波炉有限公司　　14 675

同时，在“代管商品物资”账户借记 12 500 元。

经联系，对方同意将拒收的商品退回。

（3）以现金垫付退回商品的运费 50 元：

借：应收账款——上海松下微波炉有限公司　50

　贷：库存现金　50

（4）收到对方汇来退货款、增值税税额及退回商品的运费计 14 725 元：

借：银行存款　14 725

　贷：应收账款——上海松下微波炉有限公司　14 725

同时，在“代管商品物资”账户贷记 12 500 元。

小知识 2-5

对于拒收商品运费中所含的增值税税额，在实际工作中，倘若购进的商品全部拒收，应从进项税额中予以冲转；倘若少量商品拒收，由于冲转的手续麻烦，且进项税额可以从销项税额中抵扣，为了简化手续，一般不予冲转。

二、商品销售的核算

批发企业的商品销售按照地区的不同，可分为同城商品销售和异地商品销售。

（一）同城商品销售的业务程序及核算

同城商品销售业务程序如图 2-7 所示。

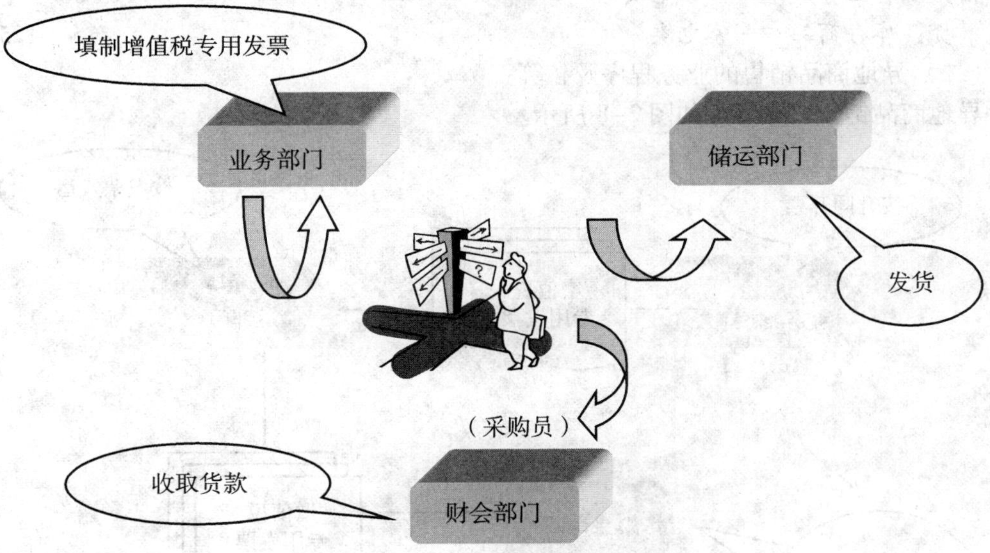

图 2-7　同城商品销售业务程序图

说明：

同城销售一般是由购货单位提出购货计划，派采购员来批发企业看样，由批发企业业务部门根据购货单位选定的商品品种和数量，填制增值税专用发票一式数联，业务部门自留一联，其余各联交给采购员，据以向财会部门办理结算。财会部门根据销售业务的需要，收取转账支票、商业汇票或银行本票，如销售额在银行规定的现金结算限额之内，也可以收取现金。办好结算后，财会部门在增值税专用发票各联上加盖“货款收讫”戳记，留下记账联，将其余各联退还给采购员。采购员凭“提货联”和“出库联”向储运部门提运商品或委托其送货，“发票联”和“抵扣联”由采购员带回入账。储运部门发出商品后，根据“提货联”登记商品保管账，将“出库联”转交财会部门据以登记“库存商品”账户。

批发企业在销售商品后，财会部门应作如下处理：

(1) 确认销售收入的实现：

借：银行存款（或库存现金、应收账款、应收票据）

　贷：主营业务收入

　　　应交税费——应交增值税（销项税额）

(2) 结转销售成本：

借：主营业务成本

　贷：库存商品

[例2-9] 大连百货公司2013年8月15日销售29寸康佳牌彩色电视机100台，每台1 450元，货款总计145 000元，增值税税额24 650元，价税合计169 650元，收到转账支票一张，存入银行。该批商品的进价为每台1 250元。对上述业务，财会部门应作如下处理：

(1) 收到转账支票时：

借：银行存款	169 650	
贷：主营业务收入——家电类		145 000
应交税费——应交增值税（销项税额）		24 650

(2) 结转销售商品成本时：

借：主营业务成本——家电类	125 000	
贷：库存商品——家电类		125 000

（二）异地商品销售的业务程序及核算

异地商品销售业务程序如图2-8所示。

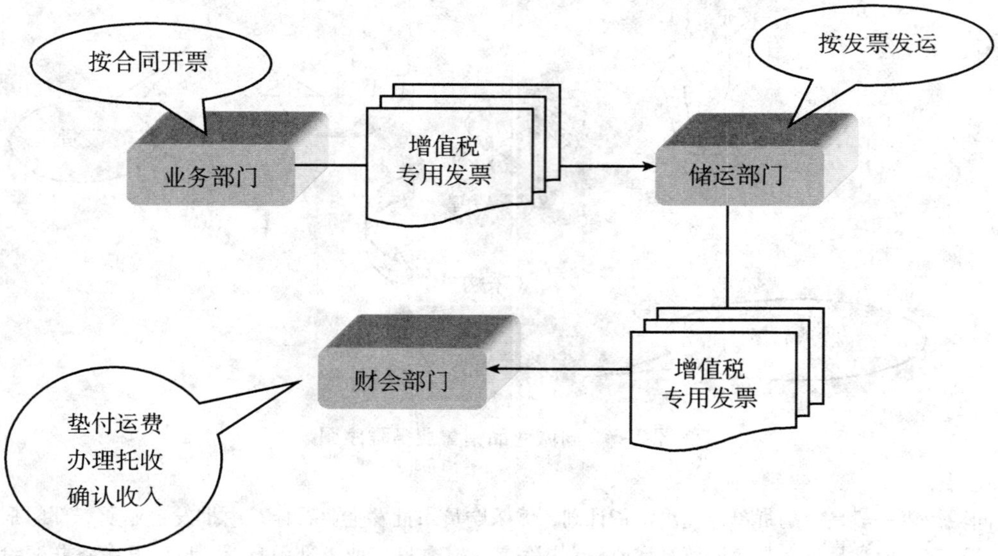

图2-8　异地商品销售业务程序图

说明：

异地销售一般是由业务部门根据购销合同填制增值税专用发票一式数联，业务部门留下存根联备查，将其余各联交与储运部门。储运部门根据发票提货、包装，并委托运输单位发运商品，“发货联”

随货同行，留下“提货联”登记商品保管账，将“发票联”和“出库联”转交财会部门。运输单位在发出商品后，送来运单，向财会部门结算运费。财会部门收到“发票联”、“出库联”及运单后，一方面支付运输单位运费，另一方面填制托收凭证，附上发票和运单，向银行办理托收手续，银行受理后，取回托收回单，据以作商品销售核算，并根据“出库联”登记“库存商品”账户。

异地商品销售的交接方式一般采用“发货制”。

货款的结算方式一般采用托收承付结算或委托收款结算。

小知识2-6

异地商品的销售业务，商品要委托运输单位运往购货单位，至于支付给运输单位的运费，根据购销合同的规定，一般由购货单位负担。销货单位在垫支时，通过“应收账款”账户进行核算，然后连同销货款、增值税税额一并通过银行向购货单位办理托收。

[例2-10] 大连百货公司2013年4月15日销售给烟台五金公司90升冰箱50台，每台1 650元，货款总计82 500元，增值税税额为14 025元，代垫铁路运费2 400元，发票及运单均已交开户行办理托收。2013年4月25日，接到开户行转来的收款通知，货款、增值税及代垫运费共计98 925元，全部收妥入账。该批商品的进价为每台1 450元。

对上述业务，财会部门应作如下处理：

(1) 开出增值税专用发票，办好铁路托运手续时：

借：应收账款——烟台五金公司　　98 925

　贷：主营业务收入——家电类　　82 500

　　应交税费——应交增值税（销项税额）　　14 025

　　银行存款　　2 400

(2) 接到银行收款通知时：

借：银行存款　　98 925

　贷：应收账款——烟台五金公司　　98 925

(3) 结转销售商品成本时：

借：主营业务成本——家电类　　72 500

　贷：库存商品——家电类　　72 500

本例异地商品销售的核算程序如图2-9所示。

小知识2-7

采用直运商品销售，商品不通过批发企业仓库的储存环节，因此可以不通过“库存商品”账户，而直接在“商品采购”账户进行核算。由于直运商品购进和销售的增值税专用发票上已经列明商品的购进金额和销售金额，故主营业务成本可以按照实际进价成本，分销售批次随时进行结转。

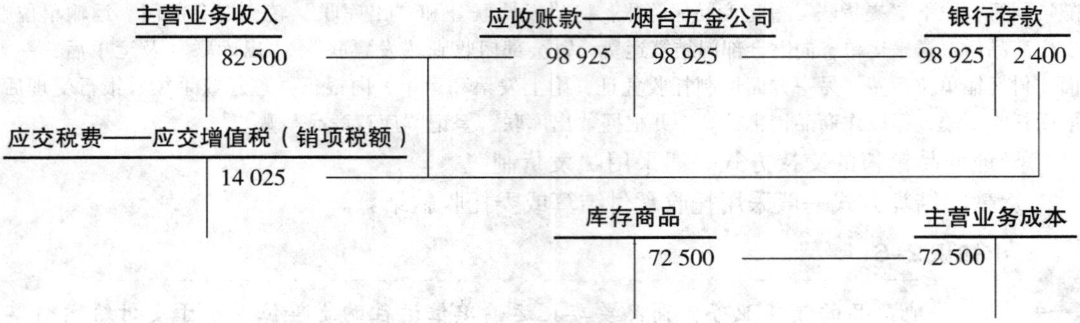

图 2-9　异地商品销售核算程序图（单位：元）

（三）直运商品销售的业务程序及核算

直运商品销售是指批发企业购进商品后，不经过本企业仓库储备，直接从供货单位发运给购货单位的一种销售方式。

直运商品销售业务程序如图 2-10 所示。

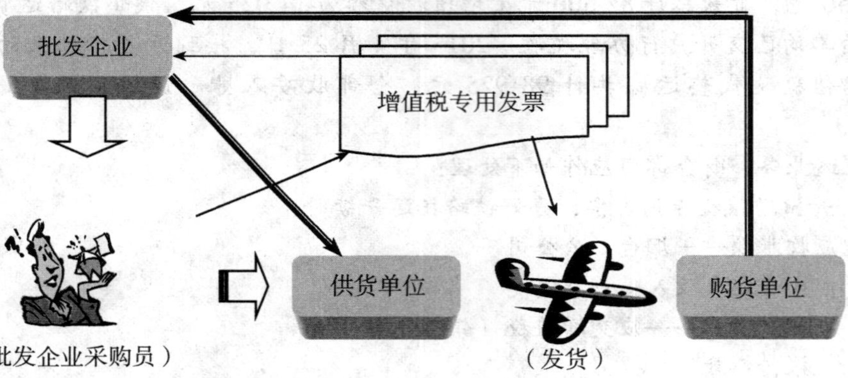

图 2-10　直运商品销售业务程序图

说明：

直运商品销售涉及批发企业、供货单位和购货单位三方，并且三方不在同一地点，因此，批发企业一般派有采购员驻扎在供货单位，当供货单位根据购销合同发运商品时，由驻扎采购员填制增值税专用发票一式数联，其中“发货联”随货同行，作为购货单位的收货凭证，其余各联寄回批发企业。供货单位在商品发运后，即可向批发企业收取货款，批发企业支付货款后，反映为商品购进。批发企业凭采购员寄回的发票向购货单位收取货款，反映为商品销售。

有时批发企业为了尽快收回结算资金，在征得银行同意后，采购员可以在供货单位所在地委托银行向购货单位办理托收，由购货单位开户银行将货款直接划拨给批发企业。采购员在办妥托收后，将托收凭证回单联寄回批发企业，据以作商品销售处理。在这种情况下，批发企业的购销业务几乎同时发生。

[例 2-11] 大连百货公司 2013 年 4 月 10 日向浙江保温瓶厂订购寰宇牌电热水瓶 500 个，每个 120 元，货款为 60 000 元，增值税税额为 10 200 元；大连百货公司与浙江保温瓶厂商定，该批商品由浙江保温瓶厂代垫运费 800 元直接发往浑江百货商场。

对上述业务，财会部门应作如下处理：

（1）承付银行转来的浙江保温瓶厂的托收凭证、专用发票和运费收据时：

借：商品采购——浙江保温瓶厂　　60 000

借：应交税费——应交增值税（进项税额） 10 200

应收账款——湃江百货商场 800

贷：银行存款 71 000

（2）直运销售的电热水瓶售价每个155元，贷款为77 500元，增值税税额为13 175元。大连百货公司开出增值税专用发票，连同运费800元一并通过银行向湃江百货商场托收时：

借：应收账款——湃江百货商场 90 675

贷：主营业务收入——电器类 77 500

应交税费——应交增值税（销项税额） 13 175

（3）结转销售商品成本：

借：主营业务成本——电器类 60 000

贷：商品采购——浙江保温瓶厂 60 000

本例直运商品销售的核算程序如图2-11所示。

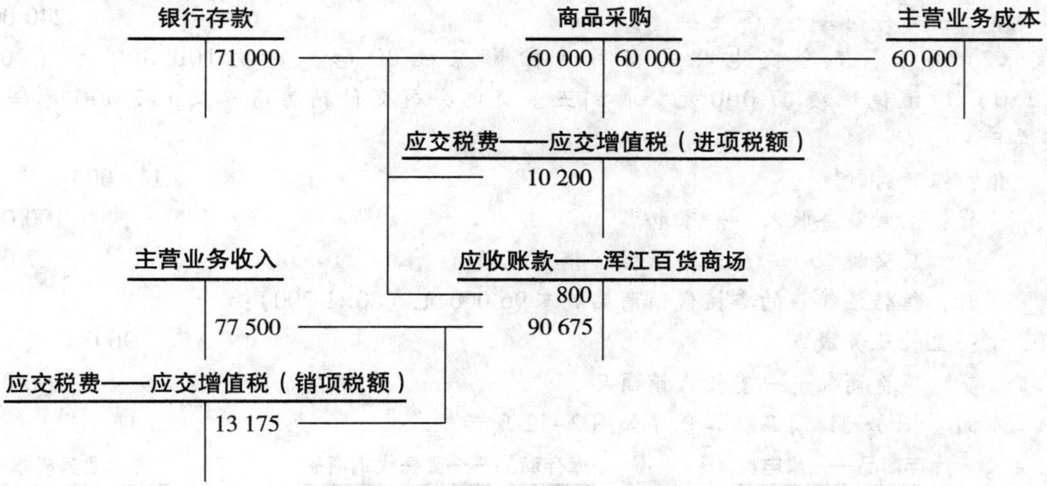

图2-11 直运商品销售核算程序图（单位：元）

（四）代销商品销售的核算

代销商品是销售商品的一种方式，牵涉到委托方和受托方两个方面，处在委托方立场上的商品称为委托代销商品，处在受托方立场上的商品称为受托代销商品。

代销商品销售后有两种不同的处理方法。一种是受托方和委托方分别作商品购销处理；另一种是受托方根据销售额向委托方结算代销手续费，委托方作商品销售处理。

1. 作商品购销业务的核算

（1）委托方的核算

批发企业为了加速商品流转，推销新产品和呆滞积压商品、合理地使用仓位和节约仓储费用，可以将商品先发往购货单位，委托其代销，等商品销售后，再定期结算货款。

小知识 2-8

委托代销商品一般是由业务部门根据“商品委托代销购销合同”，填制“委托代销商品发货单”；然后由储运部门将商品发运给受托单位，不转移商品所有权，根据合同规定，定期进行结算；结算期满时，由受托单位将已售代销商品的清单交付委托方，委托方据以填制增值税专用发票，向受托单位收取货款；委托单位收到货款时，将收到货款部分的委托代销商品作为商品销售处理。

[**例 2-12**] 大连百货公司 2013 年 4 月 5 日委托五金交电公司代销新科牌 DVD 影碟机 200 台，进价每台 1 200 元，五金交电公司的接收价每台 1 250 元。增值税税率为 17%。委托代销合同规定每月结算一次货款。大连百货公司财会部门的处理如下：

(1) 发出商品时：

借：库存商品——委托代销商品　　240 000

　贷：库存商品——家电类　　240 000

(2) 月末，五金交电公司当月售出影碟机 80 台，货款 100 000 元（80×1 250），增值税税额 17 000 元。收到五金交电公司交付销售清单及 117 000 元转账支票时：

借：银行存款　　117 000

　贷：主营业务收入——家电类　　100 000

　　　应交税费——应交增值税（销项税额）　　17 000

同时，结转已销售的委托代销商品成本 96 000 元（80×1 200）：

借：主营业务成本　　96 000

　贷：库存商品——委托代销商品　　96 000

本例委托方代销商品核算程序如图 2-12 所示。

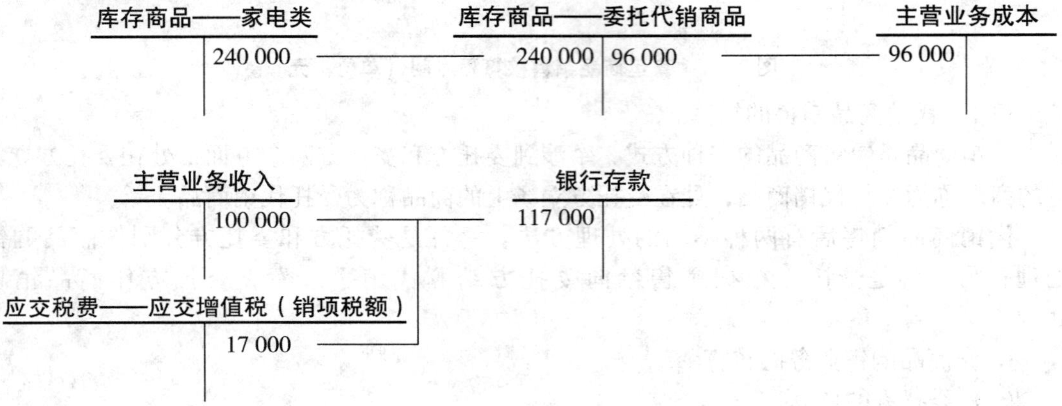

图 2-12　委托方代销商品核算程序图（1）（单位：元）

(2) 受托方的核算

接受代销商品的批发企业在收到代销商品并已验收入库时，虽然企业尚未取得商品的所有权，但是企业对代销商品拥有支配权，可以开展商品销售业务，以有效地利用供货单位的资金开展经营业务。受托单位为了加强对代销商品的管理和核算，在收到商品时，应借记“受托代销商品”账户，贷记“受托代销商品款”账户。

代销商品在销售后，应填制增值税专用发票，据以借记“银行存款”或“应收账款”账户，贷记“主营业务收入”账户和“应交税费”账户，并按进价货款借记“主营业务成本”账户，贷记“受托代销商品”账户。同时，借记“受托代销商品款”账户，贷记“应付账款”账户。到结算届期时，将代销商品的清单交付委托方，当收到其开来的增值税专用发票时，据以支付货款和增值税税额。届时借记“应付账款”账户和“应交税费”账户，贷记“银行存款”账户。

[例2-13] 沿用［例2-12］的资料，五金交电公司代销的200台新科牌DVD影碟机以每台1 300元的价格销售，当月售出80台。五金交电公司的财会部门对上述业务处理如下：

(1) 收到大连百货公司委托代销的200台新科牌DVD影碟机时：

借：受托代销商品——大连百货公司	250 000	
贷：受托代销商品款——大连百货公司		250 000

(2) 售出其中80台，货款104 000元，增值税税额17 680元，价税合计121 680元。收到转账支票一张存入银行：

借：银行存款	121 680	
贷：主营业务收入——家电类		104 000
应交税费——应交增值税（销项税额）		17 680

(3) 同时，结转售出商品的销售成本100 000元（80×1 250）：

借：主营业务成本——家电类	100 000	
贷：受托代销商品——大连百货公司		100 000

(4) 结转代销商品款：

借：受托代销商品款——大连百货公司	100 000	
贷：应付账款——大连百货公司		100 000

月末，收到大连百货公司开来的增值税专用发票，货款100 000元，增值税税额17 000元，价税合计117 000元。当日开出转账支票付清。

(5) 反映商品购进：

借：商品采购——大连百货公司	100 000	
应交税费——应交增值税（进项税额）	17 000	
贷：银行存款		117 000

(6) 结转应付账款：

借：应付账款——大连百货公司	100 000	
贷：商品采购——大连百货公司		100 000

本例受托方代销商品的核算程序如图2-13所示。

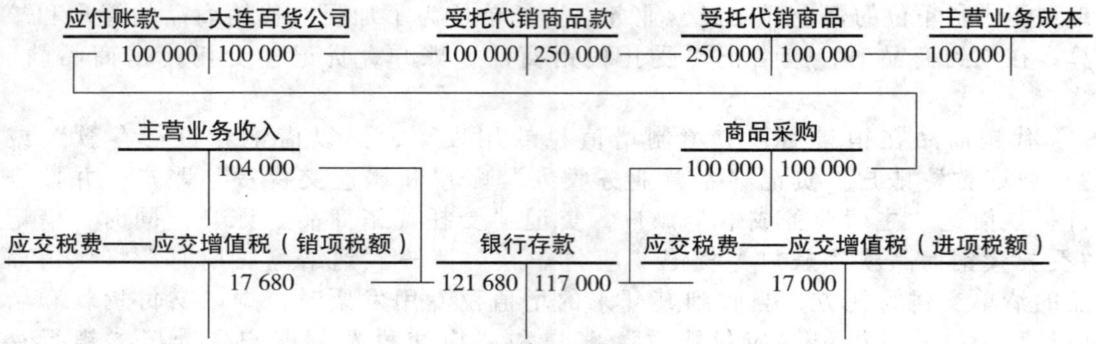

图 2-13　受托方代销商品核算程序图（1）（单位：元）

补充阅读资料 2-2

“受托代销商品”是资产类账户，用以核算企业接受其他单位委托代销或寄销的商品。企业收到代销或寄销商品时，记入借方；受托代销商品销售后，结转其销售成本时，记入贷方；余额在借方，表示企业尚未销售的代销商品数额。该账户应按委托单位进行明细分类核算。

“受托代销商品款”是负债类账户，用以核算企业接受其他单位委托代销或寄销商品的货款。企业收到代销或寄销商品时，记入贷方；销售代销商品时，记入借方；余额在贷方，表示企业尚未销售的代销商品的货款。该账户应按委托单位进行明细分类核算。

2. 结算代销手续费方式的核算

（1）委托方的核算

在委托其他企业代销商品时，采取支付代销手续费方式，其业务程序及代销商品销售的核算方法，与作商品购销业务处理的方法基本相同。所不同的是由于受托方是商品购销双方的中介人，委托方要根据合同的规定，按销售额的一定比例支付受托方代销手续费，届时借记“销售费用”账户。

［例 2-14］大连百货公司 2013 年 4 月 5 日将孔雀牌手表 500 只委托城乡贸易中心代销，该商品进价每只 50 元，售价每只 65 元，增值税税率 17%。委托代销合同规定代销手续费为销售额的 10%，每月末结算一次。大连百货公司的财会部门对该项业务的处理如下：

（1）发出代销商品时：

借：库存商品——委托代销商品	25 000	
贷：库存商品——钟表类		25 000

（2）月末，收到城乡贸易中心交来的销售清单，当月售出 200 只，货款 13 000 元，增值税税额 2 210 元。据此开出增值税专用发票，作销售处理：

借：应收账款——城乡贸易中心	15 210	
贷：主营业务收入——钟表类		13 000
应交税费——应交增值税（销项税额）		2 210

（3）同时，结转已售商品成本：

借：主营业务成本——钟表类　　10 000

　贷：库存商品——委托代销商品　　10 000

（4）收到城乡贸易中心开来的转账支票一张，金额为13 910元（扣除代销手续费后的价税款），存入银行：

借：银行存款　　13 910

　　销售费用——代销手续费　　1 300

　贷：应收账款——城乡贸易中心　　15 210

本例委托方代销商品核算程序如图2-14所示。

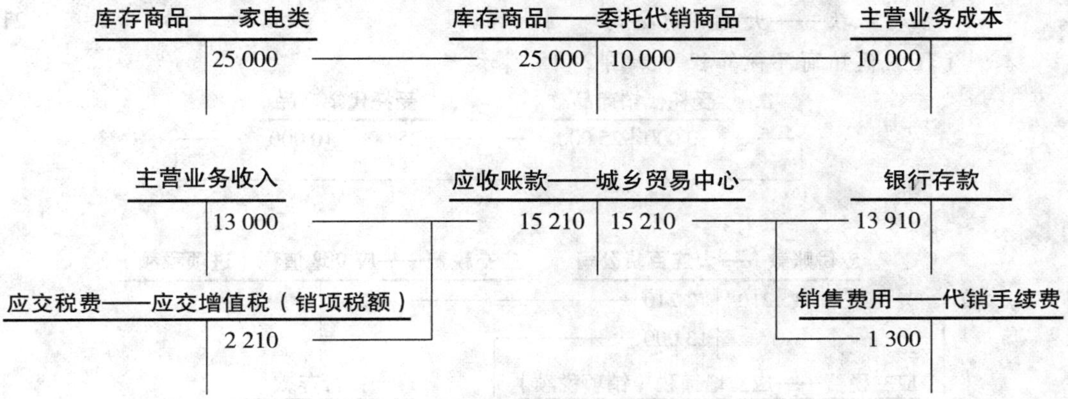

图2-14　委托方代销商品核算程序图（2）（单位：元）

（2）受托方的核算

接受代销商品的企业，采取支付代销手续费方式，在收到代销商品时的核算方法，与作商品购销业务处理的方法完全相同，在此不赘述。

代销商品在销售后，应根据规定向购货方填制增值税专用发票，按价税合计收取的款项借记“银行存款”账户；按实现的销售收入，贷记“应付账款”账户；按收取的增值税税额，贷记“应交税费”账户。同时，注销代销商品，借记“代销商品款”账户，贷记“受托代销商品”账户。

企业根据合同规定在向委托方结算代销手续费时，作为代购代销收入处理。

［例2-15］沿用［例2-14］中资料，城乡贸易中心的财会部门对上述业务的处理如下：

（1）收到大连百货公司委托代销的500只孔雀牌手表时：

借：受托代销商品——大连百货公司　　25 000

　贷：受托代销商品款——大连百货公司　　25 000

（2）售出200只，收到货款13 000元，增值税税额2 210元存入银行：

借：银行存款　　15 210

　贷：应付账款——大连百货公司　　13 000

　　　应交税费——应交增值税（销项税额）　　2 210

（3）同时，注销已售代销商品：

借：受托代销商品款——大连百货公司　　10 000

　贷：受托代销商品——大连百货公司　　10 000

(4) 月末，收到大连百货公司开来的增值税专用发票，货款 13 000 元，增值税税额 2 210 元。根据代销合同，扣除代销手续费 1 300 元（13 000×10%）后，将余下的价税款开出转账支票付讫：

借：应付账款——大连百货公司　　15 210

　贷：代购代销收入　　1 300

　　银行存款　　13 910

(5) 同时，根据增值税专用发票中的增值税税额，作为进项税额入账：

借：应交税费——应交增值税（进项税额）　　2 210

　贷：应付账款——大连百货公司　　2 210

本例受托方代销商品核算程序如图 2-15 所示。

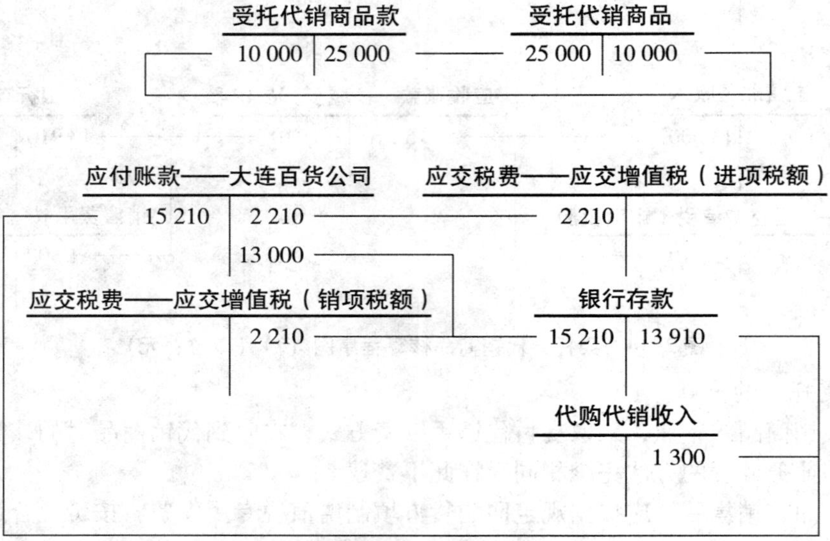

图 2-15　受托方代销商品核算程序图（2）（单位：元）

（五）销货退回的核算

批发企业在商品销售后，购货单位发现商品的品种、规格、质量等与购销合同不符等而提出退货时，经批发企业业务部门同意后，由其填制红字增值税专用发票送各有关部门办理退货手续，财会部门根据储运部门转来的发票（记账联）结算货款，并进行账务处理。

［例 2-16］大连百货公司月初销售给日杂商场日新牌电饭煲 80 个，售价每个 185 元，增值税税率为 17%。现日杂商场发现其中有 5 个存在质量问题，要求退货。经业务部门同意，商品已退回验收入库，并开出转账支票，悉数退回货款和增值税税款，财会部门对此作如下处理：

借：主营业务收入——电器类　　925

　　应交税费——应交增值税（销项税额）　　157. 25

　贷：银行存款　　1 082. 25

（六）销售商品退补价的核算

批发企业在商品销售后，由于发现商品的规格或等级错发、货款计算错误或先按暂定价格结算后又正式定价等原因，需要向购货单位退还或补收货款。

实际销售价格低于已经结算货款的价格是销货退价，销货单位应将多收的差额退还给购货单位。实际销售价格高于已经结算货款的价格是销货补价，销货单位应向购货单位补收少算的差额。销售商品发生退补价时，先由业务部门填制增值税专用发票予以更正，财会部门审核无误后，据以结算退补价款并进行账务处理。

[例2-17] 大连百货公司2013年5月6日销售给广荣商厦视佳牌台灯150个，售价每个54元，增值税税率为17%。价税款均已收妥入账。5月8日发现该台灯的售价应为每个45元，当即开出红字增值税专用发票和转账支票，退还广荣商厦货款1 350元，增值税税款229.50元。财会部门对此项业务处理如下：

借：银行存款 [1 579.50]

贷：主营业务收入——电器类 [1 350]

应交税费——应交增值税（销项税额） [229.50]

若发生销货补价时，则应借记“银行存款”账户，贷记“主营业务收入”和“应交税费”账户。

（七）购货单位拒付货款和拒收商品的核算

批发企业在异地商品销售业务中，一般采用发货制，并采用托收承付结算或委托收款结算方式，在商品已发运，并向银行办妥托收手续后，即作为商品销售处理。当购货单位收到托收凭证时，发现内附增值税专用发票开列的商品与合同不符，或者与收到的商品数量、品种、规格、质量不符时，就会拒付货款或拒收商品。当批发企业财会部门接到银行转来的购货单位“拒绝付款理由书”时，暂不作账务处理，但应立即通知业务部门，及时查明原因，并尽快与购货单位联系进行协商，然后根据不同的情况作出处理。

对于商品少发的处理有两种情况：如果补发商品，在商品发运后，收到购货单位货款、增值税税额及垫付运费时，借记“银行存款”账户，贷记“应收账款”账户。如果不再补发商品，则由业务部门填制红字增值税专用发票，作销货退回处理。

对于货款开错的，也应由业务部门填制红字增值税专用发票，财会部门据以作销货退价处理。

对于因商品质量不符要求，或因商品品种、规格发错而退回时，应由储运部门验收入库，财会部门根据转来的红字增值税专用发票作销货退回处理，退回商品的运费列入“销售费用”账户。

对于商品短缺的情况，先要冲减“主营业务收入”、“应交税费”和“应收账款”账户，再根据具体情况进行账务处理。如属于本企业储运部门责任，应由其填制“财产损失报告单”，将商品短缺金额转入“待处理财产损溢”账户，待领导批准后，再转入“营业外支出”账户。

如果购货单位支付了部分货款，而又拒付了部分款项，应将收到的款项借记“银行存款”账户，对于尚未收到的款项，则仍保留在“应收账款”账户内，在与对方协商解决后，再予以转销。

[例2-18] 大连百货公司2013年6月19日销售给天津利民百货大楼高档陶瓷餐具50套，售价每套380元，增值税税率为17%，代垫运费300元，商品已通过铁路发运，

款项已向开户行办理托收。6 月 28 日接到银行收款通知，天津利民百货大楼因商品损坏拒付 2 套餐具的货款，其余货款和增值税款及运费全部承付。

对上述业务财会部门应作如下处理：

（1）商品发出，办妥托收手续后：

借：应收账款——天津利民百货大楼　　22 530

　贷：主营业务收入——器皿类　　19 000

　　应交税费——应交增值税（销项税额）　　3 230

　　银行存款　　300

（2）接到银行通知，就损坏商品向铁路部门索赔：

借：银行存款　　21 770

　　其他应收款——铁路部门　　760

　贷：应收账款——天津利民百货大楼　　22 530

三、商品储存的核算

商品储存是指商品流通企业已经购进而尚未销售的商品，主要包括库存商品、受托代销商品、分期收款发出商品等。库存商品在销售之前，可能会因管理不善或其他原因而发生数量的变化（如库存商品溢余、短缺或毁损），也可能因市场物价变化及企业经营活动的需要而发生价格的调整（如商品削价）。为了加强对商品储存的管理，批发企业的财会部门必须及时对库存商品的数量和价格的变化进行核算。

（一）商品盘点短缺和溢余的核算

为确保库存商品账实相符，批发企业应定期或不定期地对库存商品进行盘点。通过盘点，清查商品在数量上有无短缺损耗和溢余，在质量上有无残次、损坏、变质等情况。盘点时，由保管人员负责填制“商品盘存表”，根据账面资料填写商品名称、规格、单价及账存数量和实存数量。“商品盘存表”上账存数如与实存数不符，应填制“商品盘点短缺溢余报告单”（格式见表 2-4）一式数联，其中一联转交财会部门据以将商品短缺或溢余的金额分别转入“待处理财产损溢”账户，以做到账实相符。待查明原因后，再区别不同情况转入各有关账户。

表 2-4　**商品盘点短缺溢余报告单**

2013 年 6 月 30 日　　金额单位：元

品　名	计量单位	单价	账存数量	实存数量	短　缺		溢　余		原因
					数量	金额	数量	金额	
黑木耳	千克	22	240	255			15	330	待查
榛蘑	千克	18	360	344	16	288			待查

库存商品发生盘亏或毁损时，根据回收的残料价值以及可收回的保险赔偿和过失人赔偿，借记“材料物资”、“其他应收款”等账户；剩余净损失，属于非常损失部分，借记“营业外支出”账户；属于一般经营损失部分，借记“销售费用”账户。根据规定，企业购进的商品发生非正常损失（包括因管理不善造成被盗及变质损失等），其进项税额不得从销

项税额中抵扣，而应当从当期发生的进项税额中转出，与遭受非正常损失的购进商品成本一并处理。根据增值税法的最新规定，自然灾害损失的进项税可在销项税额中直接抵扣。

[例2-19] 大连百货公司2013年6月30日根据盘点结果填制的“商品盘点短缺溢余报告单”见表2-4。

财会部门对上述业务应作如下处理：

(1) 根据溢余金额调整库存商品结存：

借：库存商品——黑木耳　330

　贷：待处理财产损溢——待处理流动资产损溢　330

(2) 根据短缺金额调整库存商品结存：

借：待处理财产损溢——待处理流动资产损溢（含转出17%的进项税额）　336.96

　贷：库存商品——榛蘑　336.96

(3) 经查，溢余的黑木耳属于自然升溢，经批准予以转账：

借：待处理财产损溢——待处理流动资产损溢　330

　贷：销售费用——商品损耗　330

(4) 经查，短缺的榛蘑其中有10千克是保管不当造成霉烂变质，责令保管员赔偿损失；另6千克属于自然损耗，经批准予以转账：

借：其他应收款——保管员　210.60

　　销售费用——商品损耗　126.36

　贷：待处理财产损溢——待处理流动资产损溢（含转出17%的进项税额）　336.96

（二）商品削价的核算

商品削价有残损变质商品削价和冷背呆滞商品削价两种。残损变质商品是指进销环节及保管过程中，因运输装卸不慎、保管不当、包装不善等原因，而造成残次损坏或霉烂变质的商品。对此，企业应及时查明商品残损变质的程度和数量，以及发生的原因和责任。冷背呆滞商品是指花色、品种、质量不适合当时当地消费市场需要的商品。这主要是由于企业经营不善、信息不灵、盲目采购等因素造成的。当这两类商品需要削价时，应由有关部门填制“商品削价报告单”，并按规定的审批权限，报经有关职能部门批准后再进行处理。

为了防止企业的短期行为，体现相关性、可比性和谨慎性的会计原则，避免因大批商品削价而影响经营利润，应建立商品削价准备制度。企业可根据具体情况按月预提商品削价准备金，年末再按库存商品余额的3‰~5‰清算，计入当期主营业务成本。

商品削价准备是核算商品削价损失的一种方法。商品削价与商品调价不同，商品调价只是对商品的售价进行调整，即调高或调低，而调低的幅度不低于商品的原进价，所以并未造成企业的实际损失。而商品削价一般是指削价商品的新售价低于原购进价格，因而造成企业的实际损失。因商品削价而发生的商品削价损失，在核算上有两种处理方法。

(1) 提取商品削价准备，以弥补商品削价损失。采用此方法的企业，逐月按以进价计算的库存商品期末结存额的一定比例提取商品削价准备，计入商品销售成本。

(2) 商品削价损失发生时直接转销。不提取商品削价准备的企业，可以在商品削价损失发生时直接转销，将损失体现在当期的损益中。

①库存商品按进价记账的核算。如果企业的库存商品是按进价记账，则在商品削价损

失发生时，按低于原进价的新售价记入“主营业务收入”账户和“应交税费——应交增值税（销项税额）”账户，按高于新售价的原进价结转商品销售成本，以此来体现商品削价后的实际情况。

②库存商品按售价记账的核算。如果企业的库存商品是按售价记账，在商品削价损失发生时按低于原进价的新售价记入“主营业务收入”账户和“应交税费——应交增值税（销项税额）”账户，按高于新售价的原售价结转商品销售成本。月末削价售出的商品和其他已售商品一起分摊已售商品进销差价。即削价商品还是按削价前的进销差价额调整商品销售成本，将商品销售成本调整为原进价成本，并将削价损失体现在当期损益中。月末分摊商品进销差价并调整“主营业务成本”账户。

另外，“商品削价准备”是库存商品的备抵账户。现在，“存货跌价准备”也是存货类资产的备抵账户。但现行的企业会计准则规定，商品削价准备应记入“存货跌价准备”账户。

补充阅读资料2-3

“存货跌价准备”账户的用途是全面反映存货跌价准备金额的提取、使用和结存情况。该账户的性质是资产类账户，是库存商品的备抵账户。企业按规定提取存货跌价准备时，借记“资产减值损失”账户，贷记“存货跌价准备”账户；发生存货跌价损失，以提取的存货跌价准备弥补时，借记“存货跌价准备”账户，贷记“主营业务成本”账户。

［例2-20］大连百货公司2013年12月1日“存货跌价准备”账户的贷方余额为1 400元。

12月22日削价处理200套保暖内衣。该商品进价每套50元，现售价每套35元，货款7 000元，增值税税额1 190元，合计8 190元均已收到并存入银行。

12月31日“库存商品”账户余额为1 240 000元，按3‰清算计提存货跌价准备。

对上述业务，财会部门应作如下处理：

（1）12月22日，削价处理200套保暖内衣收款入账时：

借：银行存款　　8 190

　贷：主营业务收入　　7 000

　　　应交税费——应交增值税（销项税额）　　1 190

结转主营业务成本：

借：主营业务成本　　10 000

　贷：库存商品　　10 000

（2）用存货跌价准备弥补商品削价损失：

借：存货跌价准备　　3 000

　贷：主营业务成本　　3 000

（3）12月31日清算计提存货跌价准备：

应计提额＝1 240 000×3‰－（1 400－3 000）＝5 320（元）

借：资产减值损失　　5 320

　贷：存货跌价准备　　5 320

注　意

商品流通企业的“商品削价准备制度”与工业企业的“存货跌价准备制度”有何区别?

第三节　零售企业商品流转的核算

零售企业与批发企业在业务经营和管理上不尽相同，它经营的商品品种繁多；交易次数频繁而数量零星；销售对象主要是广大消费者；销售时一般是“一手交钱，一手交货”，并不一定都要填制销货凭证；售货部门对其所经销的商品负有物资保管责任。为适应零售企业的经营特点，简化核算工作，它一般采用售价金额核算，即实行实物负责制，库存商品按含销项税额的售价记账。同时设置“商品进销差价”账户，反映商品进价与售价之间的差额。

一、商品购进的核算

（一）购进商品的核算

零售企业购进商品时，财会部门根据采购员交来的结算凭证和核价人员送来的发票联，复核无误后，按其所列明的货款，借记“商品采购”账户；按其所列明的增值税税额借记“应交税费”账户；按价税合计，贷记“银行存款”或“应付票据”、“其他货币资金”等账户。对实物负责人送来的商品验收入库凭证复核无误后，按售价金额借记“库存商品”账户，按进价金额贷记“商品采购”账户，售价金额与进价金额之间的差额，则贷记“商品进销差价”账户。

补充阅读资料 2-4

“商品进销差价”账户是资产类账户，它是“库存商品”账户的抵减账户，用以反映库存商品售价金额与进价金额之间的差额。商品购进、溢余及调价增值发生差额时，记入贷方；结转已销商品进销差价和商品短缺、削价及调价减值等而注销差价时，记入借方；余额在贷方，表示期末库存商品的进销差价。期末“库存商品”账户余额减去“商品进销差价”账户余额，就是库存商品的进价金额。

［例 2-21］春柳百货商店 2013 年 4 月 5 日从当地百货公司购进双喜牌压力锅 20 只，进价每只 65 元，增值税税率为 17%。贷款及进项税额合计为 1 521 元，开出银行转账支票付讫。含税零售价每只 89 元。

对上述业务，企业财会部门应作如下账务处理：

（1）收到增值税发票，支付货款时：

借：商品采购——市百货公司　　1 300
　　应交税费——应交增值税（进项税额）　　221
　贷：银行存款　　1 521

（2）商品验收入库，结转商品成本时：

借：库存商品——高压锅　　1 780
　贷：商品采购——市百货公司　　1 300

贷：商品进销差价——炊具组　　480

本例零售商品购进核算程序如图2-16所示。

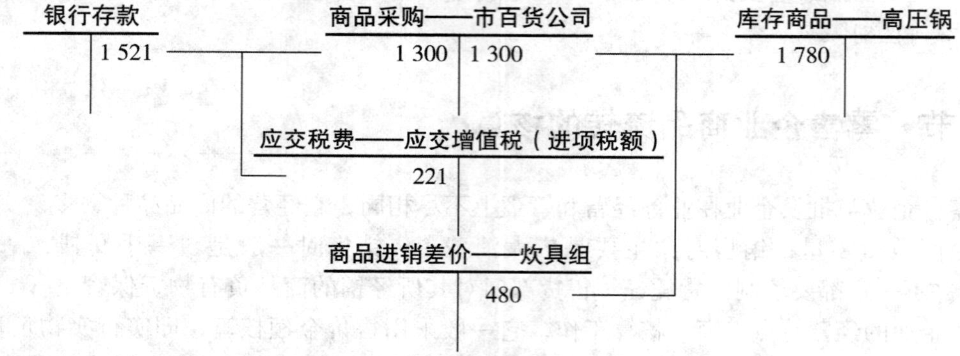

图2-16　零售商品购进核算程序图（单位：元）

（二）购进商品退补价的核算

当供货单位由于商品品种、等级搞错等原因而开错价格，事后开来更正发票，更正其开错的商品货款。零售企业更正商品货款有两种情况：一种是只更正购进价格；另一种是购进价格和零售价格同时更正。

1. 只更正购进价格的核算

由于只更正购进价格，没有影响到商品的零售价格，因此，核算时应调整“商品进销差价”账户，而不能调整“库存商品”账户。其账务处理为：

（1）调整商品进价和进项税额：

借：商品采购（进价差额）

　　应交税费——应交增值税（进项税额）（税款差额）

　贷：应付账款（二者合计）

（2）调整商品进销差价：

借：商品进销差价（进价差额）

　贷：商品采购（进价差额）

若是供货单位退还货款，应根据其红字增值税专用发票冲减商品进价和进项税额。若是供货单位补收货款，应根据增值税专用发票增加商品进价和进项税额。

［例2-22］春柳百货商店本月初从市百货站购进雪绒牌保暖内衣240套，进价每套54元，零售价每套80元，货款已付，商品已验收入库。本月中旬收到市百货站更正发票，雪绒牌保暖内衣的批发价应为45元，应退货款2 160元，增值税367.20元。

对上述业务，企业财会部门应作如下处理：

（1）冲减商品进价和进项税额：

借：商品采购——市百货站　　2 160

　　应交税费——应交增值税（进项税额）　　367.20

　贷：应付账款——市百货站　　2 527.20

（2）调整商品进销差价：

借：商品进销差价——针织组　2 160

　贷：商品采购——市百货站　2 160

2. 购进价格和零售价格同时更正的核算

如果在更正进价的同时还需要更正商品的零售价，其调整商品进价和进项税额核算方法与只更正购进价格的核算方法相同。同时，还要调整库存商品的售价金额和进价成本及商品进销差价。其账务处理为：

借：库存商品（售价差额）

　贷：商品采购（进价差额）

　　商品进销差价（差价差额）

供货单位退还货款及税款时，应根据更正增值税专用发票用红字冲减。供货单位应补收货款时，应根据其开来的更正增值税专用发票用蓝字补加。

[例2-23] 沿用［例2-22］的资料，如果该商品的零售价格因进价的变更应调整为69元时，在财务上则应在冲减商品采购额和进项税额后，同时冲减库存商品的售价金额和进价成本：

（1）冲减商品进价和进项税额：

借：商品采购——市百货站　2 160

　应交税费——应交增值税（进项税额）　367.20

　贷：应收账款——市百货站　2 527.20

（2）冲减库存商品的售价和进价成本及商品进销差价：

借：库存商品——针织组　2 640

　贷：商品采购——市百货站　2 160

　　商品进销差价——针织组　480

（三）购进商品发生短缺和溢余的核算

零售企业的营业柜组在验收商品过程中，发现商品数量有短缺或溢余时，若是同城购进的可与供货单位联系，让对方补回其少发的商品，或将对方多发的商品退还，这样在会计核算上就不反映商品的短缺或溢余。若是从异地购进的商品，一时难以查明原因，应由验收柜组填制“商品购进短缺溢余报告单”，财会部门据以按进价将短缺或溢余的商品先记入“待处理财产损溢”账户，并按实收商品数量的售价金额借记“库存商品”账户。查明原因后的核算方法与批发企业相同。

二、商品销售的核算

（一）商品销售的业务程序

零售企业的商品销售业务，一般按营业柜组或门市部组织进行。商品销售的业务程序，根据企业的规模、经营商品的特点以及经营管理的需要而有所不同。

零售企业的主营业务收入，除少数企事业单位采取转账结算外，主要是收取现金。收款的方式有分散收款和集中收款两种。分散收款，是营业员直接收款，除了企事业单位外，一般不填制销售凭证，手续简便，交易迅速，但销货与收款由营业员一人经手，容易发生差错和舞弊。集中收款是指设立收款台，由营业员填制销货凭证，消费者据以向收款台交款，然后由消费者凭盖有收款台“现金收讫”印章的销货凭证向营业员领取商品。采用集中收款，每日营业结束后，营业员应根据销货凭证计算出销货总金额，并与收款台实收金额进行核对，以检查收款是否正确。这种方式钱货分管，职责分明，因此不易发生差错，但手续繁琐。

不论采用哪一种收款方式，均应在当天解缴销货款。解缴的方式有分散解缴和集中解缴两种。分散解缴就是在每天营业结束后，若采取分散收款的，由各营业柜组或门市部安排专人负责；若采取集中收款的，则由收款员负责，按其所收的销货款，填制解缴单，将现金直接解存银行，取得解款单回单后，将其送交财会部门，并填制“主营业务收入缴款单”，其格式见表2-5。

表2-5 **主营业务收入缴款单**

缴款部门：服装组 2013年3月16日

面额	张数	金额（元）	支票和信用卡	张数	金额（元）
100元	340	34 000.00	信用卡签单	8	15 800.00
50元	220	11 000.00	转账支票	2	6 450.00
20元	86	1 720.00	银行本票		
10元	480	4 800.00	银行汇票		
5元	130	650.00			
2元	45	90.00			
1元	50	50.00			
5角	20	10.00			
2角	50	10.00			
1角	30	3.00			
分币					
缴款金额人民币（大写）：柒万肆仟伍佰捌拾叁元整					¥：74 583.00

“主营业务收入缴款单”一式两联，连同销货款一并送交财会部门，财会部门应当面点收，加盖“收讫”戳记，一联退还缴款部门，作为其缴款的依据；一联留在财会部门，作为收款的入账凭证。财会部门将各营业柜组或门市部的销货款集中汇总后，填制解款单，将销货收入现金全部解存银行。

（二）商品销售的业务核算

零售企业商品销售业务通过“主营业务收入”和“主营业务成本”账户进行核算。为了简化核算手续，平时在“主营业务收入”账户中反映含税的销售收入，期末再将其调整为真正的商品销售额（即不含税的销售额）。

商品销售后，财会部门要反映主营业务收入和收入货款情况，同时为了能及时反映商品实物负责小组库存商品的购销动态和结存情况，需要随时转销已销库存商品的成本。

小知识 2-9

由于零售企业库存商品是按售价反映的，商品进价与售价之间的差价，体现在“商品进销差价”账户中。所以，当已销商品按售价从“库存商品”账户内转销时，从理论上讲，应同时将这部分已销商品的进销差价也从“商品进销差价”账户内转销，将已销商品的成本调整为进价。由于每天计算已销商品进销差价的工作量很大，在实际工作中，平时先把已销商品成本按售价转入“主营业务成本”账户，月末一次计算出当月已销商品的进销差价，再将主营业务成本调整为进价。

[例 2-24] 春柳百货商店 2013 年 3 月 16 日各营业柜组的商品销售及货款收入见表 2-6。

表 2-6　**各营业柜组的商品销售及货款收入**　单位：元

项目 组别	销售额	现金	转账支票	信用卡	现金溢缺
鞋帽组	53 894	39 294		14 600	
针织组	18 369	18 369			
服装组	74 583	52 333	6 450	15 800	
家电组	243 730	59 110	128 300	56 320	
食品组	6 836	6 836			
百货组	37 294	37 294			
合计	434 706	213 236	134 750	86 720	

对当日的销售业务，财会部门应作如下账务处理：

(1) 根据各柜组的交款单及现金、支票、信用卡签购单确认销售收入（信用卡结算手续费为 5‰）：

借：库存现金　213 236
　　银行存款　221 036.40
　　财务费用　433.60
　贷：主营业务收入——鞋帽组　53 894
　　　　　　　　——针织组　18 369
　　　　　　　　——服装组　74 583
　　　　　　　　——家电组　243 730
　　　　　　　　——食品组　6 836
　　　　　　　　——百货组　37 294

(2) 将现金存入银行：

借：银行存款　　213 236

　贷：库存现金　　213 236

(3) 冲转库存商品：

借：主营业务成本——鞋帽组　　53 894

——针织组　　18 369

——服装组　　74 583

——家电组　　243 730

——食品组　　6 836

——百货组　　37 294

　贷：库存商品——鞋帽组　　53 894

——针织组　　18 369

——服装组　　74 583

——家电组　　243 730

——食品组　　6 836

——百货组　　37 294

（三）主营业务收入的调整

由于零售企业平时在“主营业务收入”账户中反映的是含税收入，因此至月末就需要进行调整，将含税收入中的销项税额分离出来，使“主营业务收入”账户反映企业真正的销售额。含税收入的调整公式如下：

$$销售额=\frac{含税收入}{1+增值税税率}$$

销项税额=含税收入-销售额

[例2-25] 春柳百货商店2013年3月末的“主营业务收入”账户余额为15 411 180元，增值税税率为17%，主营业务收入的调整计算如下：

$$销售额=\frac{15\ 411\ 180}{1+17\%}=13\ 171\ 949（元）$$

销项税额=15 411 180-13 171 949=2 239 231（元）

根据以上计算结果，作如下账务处理：

借：主营业务收入　　2 239 231

　贷：应交税费——应交增值税（销项税额）　　2 239 231

（四）主营业务成本的调整

零售企业由于平时按商品售价结转主营业务成本，月末为了核算商品销售业务的经营成果，就需要通过计算和结转已销商品的进销差价将商品的销售成本由售价调整为进价。正确计算已销商品进销差价是正确核算主营业务成本和期末库存商品账面价值的基础。

零售企业计算已销商品进销差价的方法有综合差价率推算法、分柜组差价率推算法和实际进销差价计算法三种。

1. 综合差价率推算法

综合差价率推算法，是按全部商品的存销比例，推算本期销售商品应分摊进销差价的一种方法。具体的计算公式如下：

$$综合差价率=\frac{结转前商品进销差价账户余额}{期末库存商品账户余额+期末受托代销商品账户余额+本期主营业务收入}\times100\%$$

本期已销商品进销差价=本期主营业务收入×综合差价率

［例2-26］ 春柳百货商店2013年3月31日有关账户余额如下：

结转前商品进销差价账户余额	4 934 638.80元
库存商品账户余额	2 173 530元
受托代销商品账户余额	39 000元
主营业务收入账户余额	15 411 180元

采用综合差价率推算法计算并结转已销商品进销差价：

$$综合差价率=\frac{4\ 934\ 638.80}{2\ 173\ 530+39\ 000+15\ 411\ 180}\times100\%=28\%$$

本期已销商品进销差价=15 411 180×28%=4 315 130.40（元）

根据计算结果做如下分录：

借：商品进销差价　　4 315 130.40

　贷：主营业务成本　　4 315 130.40

2. 分柜组差价率推算法

分柜组差价率推算法是按各营业柜组或门市部的存销比例，推算本期销售商品应分摊进销差价的一种方法。这种方法要求按营业柜组分别计算，其计算方法与综合差价率推算法相同，财会部门可编制“已销商品进销差价计算表”进行计算。

［例2-27］ 假设春柳百货商店采用分柜组差价率推算法，2013年3月31日的有关账户的余额见表2-7。

表2-7 **账户余额表** 单位：元

项目 营业柜组	结转前商品进销差价账户余额	期末库存商品账户余额	期末受托代销商品账户余额	主营业务收入账户余额
鞋帽组	781 274.70	325 260		2 568 350
针织组	668 852.80	240 830		2 147 930
服装组	1 269 263.30	473 490	39 000	3 864 280
家电组	2 088 888.80	1 103 480		6 372 650
食品组	86 700	16 340		330 460
百货组	39 659.20	14 130		127 510
合计	4 934 638.80	2 173 530	39 000	15 411 180

根据表2-7资料编制“已销商品进销差价计算表”，见表2-8。

表 2-8

已销商品进销差价计算表

2013 年 3 月 31 日

单位：元

营业柜组	期末库存商品账户余额	期末受托代销商品账户余额	主营业务收入账户余额	本期存销商品合计额
(1)	(2)	(3)	(4)	(5) = (2) + (3) + (4)
鞋帽组	325 260		2 568 350	2 893 610
针织组	240 830		2 147 930	2 388 760
服装组	473 490	39 000	3 864 280	4 376 770
家电组	1 103 480		6 372 650	7 476 130
食品组	16 340		330 460	346 800
百货组	14 130		127 510	141 640
合　计	2 173 530	39 000	15 411 180	17 623 710
营业柜组	结转前商品进销差价账户余额	差价率	已销商品进销差价	期末商品进销差价
(1)	(6)	$(7)=\frac{(6)}{(5)}$	(8) = (4) × (7)	(9) = (6) − (8)
鞋帽组	781 274.70	27%	693 454.50	87 820.20
针织组	668 852.80	28%	601 420.40	67 432.40
服装组	1 269 263.30	29%	1 120 641.20	148 622.10
家电组	2 088 888.80	28%	1 784 342	304 546.80
食品组	86 700	25%	82 615	4 085
百货组	39 659.20	28%	35 702.80	3 956.40
合计	4 934 638.80		4 318 175.90	616 462.90

根据表 2-8 计算结果，作如下账务处理：

借：商品进销差价——鞋帽组　　693 454.50
　　　　　　　——针织组　　601 420.40
　　　　　　　——服装组　　1 120 641.20
　　　　　　　——家电组　　1 784 342
　　　　　　　——食品组　　82 615
　　　　　　　——百货组　　35 702.80
　贷：主营业务成本——鞋帽组　　693 454.50
　　　　　　　　——针织组　　601 420.40
　　　　　　　　——服装组　　1 120 641.20
　　　　　　　　——家电组　　1 784 342
　　　　　　　　——食品组　　82 615
　　　　　　　　——百货组　　35 702.80

3. 实际进销差价计算法

实际进销差价计算法是先计算出期末商品的进销差价，进而逆算已销商品进销差价的一种方法。这种方法的具体做法是：期末由各营业柜组或门市部通过商品盘点，编制“库存商品盘存表”和“受托代销商品盘存表”，根据各种商品的实存数量，分别乘以销售单价和购进单价，计算出期末库存商品的售价金额和进价金额及期末受托代销商品的售价金额和进价金额。“库存商品盘存表”和“受托代销商品盘存表”一式数联，其中一联送交财会部门，复核无误后，据以编制“商品盘存汇总表”。期末商品进销差价、已销商品进销差价的计算公式如下：

期末商品进销差价=期末库存商品售价金额-期末库存商品进价金额+期末受托代销商品售价金额-期末受托代销商品进价金额

已销商品进销差价=结账前进销差价账户余额-期末商品进销差价

［例2-28］假设春柳百货商店采用实际进销差价计算法，2013年3月31日的“商品盘存汇总表”见表2-9。

表2-9

商品盘存汇总表

2013年3月31日

单价：元

项目 / 营业柜组	库存商品售价金额	库存商品进价金额	受托代销商品售价金额	受托代销商品进价金额	盘存商品进销差价
鞋帽组	325 260	227 682			97 578
针织组	240 830	173 398			67 432
服装组	473 490	350 383	39 000	29 250	132 857
家电组	1 103 480	783 471			320 009
食品组	16 340	12 255			4 085
百货组	14 130	10 739			3 391
合　计	2 173 530	1 557 928	39 000	29 250	625 352

各营业柜组结转前商品进销差价账户余额同前例，据此可计算出本期已销商品进销差价如下：

鞋帽组已销商品进销差价=781 274.70-97 578=683 696.70（元）

针织组已销商品进销差价=668 852.80-67 432=601 420.80（元）

服装组已销商品进销差价=1 269 263.30-132 857=1 136 406.30（元）

家电组已销商品进销差价=2 088 888.80-320 009=1 768 879.80（元）

食品组已销商品进销差价=86 700-4 085=82 615（元）

百货组已销商品进销差价=39 659.20-3 391=36 268.20（元）

根据计算结果，作如下账务处理：

借：商品进销差价——鞋帽组　683 696.70

——针织组　601 420.80

——服装组　1 136 406.30

——家电组　1 768 879.80

——食品组　82 615

——百货组　36 268.20

贷：主营业务成本——鞋帽组　683 696.70
——针织组　601 420.80
——服装组　1 136 406.30
——家电组　1 768 879.80
——食品组　82 615
——百货组　36 268.20

上述实例中，在三种方法下计算的已销商品进销差价之所以不同，是因为各营业柜组之间商品的差价率不同和各种商品的存销比例不同，计算结果自然不会一样。

三、商品储存的核算

商品储存的核算包括商品的调价、削价、内部调拨、盘点缺溢及库存商品和商品进销差价明细核算等内容。

（一）商品调价的核算

商品调价是商品流通企业根据国家物价政策或市场情况，对某些正常商品的价格进行适当的调高或调低。

由于实行售价金额核算的企业平时不核算商品的数量，因此，在规定调价日期的前一天营业结束后，由核价人员、财会人员会同营业柜组对调价商品进行盘点，按照实际库存数量由营业柜组填制“商品调价差额调整单”一式数联，其中一联送交财会部门。财会部门复核无误后，将调价差额全部体现在商品经营损益内。发生调高售价金额时，借记“库存商品”账户，贷记“商品进销差价”账户；发生调低售价金额时，则应借记“商品进销差价”账户，贷记“库存商品”账户。

[例2-29] 春柳百货商店从2013年4月5日起对意大利老人头牌皮鞋的零售价格进行调整，编制的“商品调价差额调整单”见表2-10。

表2-10　**商品调价差额调整单**

填报部门：鞋帽组　2013年4月5日　金额单位：元

品名	型号	计量单位	盘存数量	零售价格		调整单价差额		调高金额	调低金额
				新价	原价	增加	减少		
老人头皮鞋	全码	双	30	980	890	90		2 700	
合计			30					2 700	

企业财会部门收到调价单复核无误后，应作如下账务处理：

借：库存商品——鞋帽组　2 700

　贷：商品进销差价——鞋帽组　2 700

（二）商品削价的核算

商品削价是对库存中呆滞、冷背、残损、变质的商品作一次性降价出售的措施。

零售企业由于盲目采购造成商品呆滞积压或由于运输不慎、保管不妥等因素而发生了商品残损变质等情况，影响了商品内在与外在的质量。为了减少商品损失，应根据商品呆滞积压或残损变质的程度，按照规定的审批权限，报经批准后进行削价处理。

商品削价后的新售价高于原进价时，将削减的金额借记“商品进销差价”账户，贷记“库存商品”账户，其削价损失体现在商品经营损益内。商品削价后的新售价低于原进价时，除了要冲转原商品进销差价外，还要将其低于原进价的部分以存货跌价准备进行弥补。

[例2-30] 春柳百货商店2013年4月份对过季的50件保暖内衣进行削价出售，该商品原售价为260元，进价为180元，现削价为200元全部售出。

对上述业务，财会部门应作如下账务处理：

(1) 冲销商品进销差价：

借：商品进销差价——针织组　　3 000

　贷：库存商品——针织组　　3 000

(2) 实现销售收入：

借：库存现金　　10 000

　贷：主营业务收入——针织组　　10 000

(3) 结转商品成本：

借：主营业务成本——针织组　　9 000

　贷：库存商品——针织组　　9 000

(4) 以存货跌价准备弥补削价损失-453元（(200÷1.17-180) ×50)：

借：存货跌价准备　　453

　贷：主营业务成本——针织组　　453

(三) 商品内部调拨的核算

商品内部调拨是指零售企业在同一独立核算单位内部各实物负责小组之间的商品转移。具体表现为各营业柜组或门市部之间为了调剂商品余缺所发生的商品转移；或设有专职仓库保管员，对库存商品单独进行核算和管理的企业，当营业柜组或门市部向仓库提取商品时，所发生的商品调拨转移。

商品内部调拨不作为商品销售处理，也不进行结算，而只是转移各实物负责小组所承担的经济责任。商品内部调拨在核算时借记调入部门“库存商品”的明细分类账户，贷记调出部门“库存商品”的明细分类账户，“库存商品”账户的总额保持不变。采取分柜组差价率推算法分摊已销商品进销差价的企业，还要相应调整“商品进销差价”账户。

(四) 商品盘点缺溢的核算

零售企业对库存商品采取售价金额核算时，库存商品明细分类账一般按营业柜组或门市部设置，平时只反映和掌握各营业柜组或门市部商品进、销、存的售价金额，而不反映和掌握各种商品的结存数量。因此，只有通过商品盘点，逐项计算出各种商品的售价金额及售价总金额，再与当天“库存商品”账户余额进行核对，才能了解和控制各种商品的实存数量，确保账实相符。

商品盘点发生账实不符时，若账存金额大于实存金额为商品短缺；反之，账存金额小于实存金额为商品溢余。对此，营业柜组或门市部应填制“商品盘点短缺溢余报告单”一式数联，其中一联报送领导审批，另一联送交财会部门作为记账的依据。

商品盘点短缺或溢余是以商品的售价金额来反映的，在“商品盘点短缺溢余报告单”中，还需要将其调整为进价金额。财会部门在商品短缺或溢余原因尚未查明前，应将短缺或溢余商品的进价金额先转入“待处理财产损溢”账户，以确保账实相符，等原因查明后，再根据具体情况转入各有关账户。对于商品短缺，如属自然损耗，应转入“销售费用”账户；如属责任事故，则应根据领导的批复，若由企业负担，转入“营业外支出”账户，若由当事人负责赔偿，则转入“其他应收款”账户。对于商品溢余，如属供货单位多发，应作为商品购进补付货款；如属自然升溢，则应冲减“销售费用”账户。

［例2–31］春柳百货商店百货组2013年4月30日盘点发现短缺20元，填制“商品盘点短缺溢余报告单”，见表2–11。

表2–11 **商品盘点短缺溢余报告单**

填制部门：百货组 2013年4月30日 金额单位：元

<table>
<tr><td>账存金额</td><td>14 869</td><td>溢余金额</td><td></td><td rowspan="5">短缺或溢余原因</td><td rowspan="5">销售错发商品</td></tr>
<tr><td>实存金额</td><td>14 849</td><td>短缺金额</td><td>20</td></tr>
<tr><td colspan="3">上月本柜组差价率</td><td>28%</td></tr>
<tr><td>溢余商品差价</td><td></td><td>溢余商品进价</td><td></td></tr>
<tr><td>短缺商品差价</td><td>5.60</td><td>短缺商品进价</td><td>14.40</td></tr>
<tr><td>领导批复</td><td colspan="2"></td><td>部门意见</td><td colspan="2">作企业损失处理</td></tr>
</table>

对上述业务，财会部门应作如下账务处理：

（1）根据“商品盘点短缺溢余报告单”：

借：待处理财产损溢——待处理流动资产损溢 14.40

商品进销差价——百货组 5.60

贷：库存商品——百货组 20

（2）经批准作企业损失处理时：

借：营业外支出 14.40

贷：待处理财产损溢——待处理流动资产损溢 14.40

（五）库存商品和商品进销差价账户明细分类核算

实行售价金额核算的零售企业，库存商品明细分类账是按营业柜组或门市部设置的，在账中反映按售价计算的总金额，用以控制各营业柜组或门市部的库存商品数额。采取分柜组差价率推算法调整主营业务成本的企业，还必须按营业柜组或门市部设置“商品进销差价”明细账。由于“商品进销差价”账户是“库存商品”的抵减账户，在发生经济业务时，这两个账户往往同时发生变动。为了便于记账，可以将“库存商品”与“商品进销差价”账户的明细账合在一起，设置“库存商品和商品进销差价联合明细分类账”，其格式见表2–12。

表2–12 **库存商品和商品进销差价联合明细分类账**

部门：

<table>
<tr><td colspan="2">年</td><td rowspan="3">凭证号</td><td rowspan="3">摘要</td><td colspan="11">库存商品</td><td colspan="4">商品进销差价</td></tr>
<tr><td rowspan="2">月</td><td rowspan="2">日</td><td colspan="4">借方</td><td colspan="5">贷方</td><td rowspan="2">借或贷</td><td rowspan="2">余额</td><td rowspan="2">借方</td><td rowspan="2">贷方</td><td rowspan="2">借或贷</td><td rowspan="2">余额</td></tr>
<tr><td>购进</td><td>调入</td><td>调价增值</td><td>溢余</td><td>销售</td><td>调出</td><td>调价减值</td><td>削价</td><td>短缺</td></tr>
<tr><td></td><td></td><td></td><td></td><td></td><td></td><td></td><td></td><td></td><td></td><td></td><td></td><td></td><td></td><td></td><td></td><td></td><td></td><td></td></tr>
</table>

各营业柜组或门市部为了掌握本部门商品进、销、存的动态和销售计划的完成情况，便于向财会部门报账，每天营业结束后，应根据商品经营的原始凭证，编制“商品进销存日报表”（格式见表2-13）一式数联，营业柜组或门市部自留一联，一联连同原始凭证一并送交财会部门。财会部门复核无误后据以入账。

表2-13　　　　　　　　　　　**商品进销存日报表**

部门：　　　　　　　　　　　年　月　日

<table>
<tr><th colspan="2">项　目</th><th>金　额</th><th colspan="2">项　目</th><th>金　额</th></tr>
<tr><td colspan="2">昨日结存</td><td></td><td rowspan="6">今日发出</td><td>销　售</td><td></td></tr>
<tr><td rowspan="6">今日收入</td><td>购　进</td><td></td><td>调　出</td><td></td></tr>
<tr><td>调　入</td><td></td><td>发出委托加工</td><td></td></tr>
<tr><td>加工成品收回</td><td></td><td>调价减值</td><td></td></tr>
<tr><td>调价增值</td><td></td><td>削　价</td><td></td></tr>
<tr><td>溢　余</td><td></td><td>短　缺</td><td></td></tr>
<tr><td colspan="2"></td><td colspan="2">今日结存</td><td></td></tr>
<tr><td colspan="2">本月销售计划</td><td></td><td colspan="2">本月销售累计</td><td></td></tr>
</table>

四、鲜活商品的核算

（一）鲜活商品的特点

零售企业经营的商品，除工业品外还有鱼、肉、蛋、禽、水果和蔬菜等鲜活商品。

鲜活商品的经营与工业品经营不同，主要有以下特点：

（1）鲜活商品质量变化大，变价次数多。如蔬菜上市后随其鲜嫩程度的不同，早晚价格也不同。

（2）鲜活商品一般都需要清选整理，分等分级，按质论价。如牛肉是分部位按不同的价格出售、水果分等级按不同的价格出售。

（3）鲜活商品经营损耗较大。如蔬菜脱帮掉叶、水果风干腐烂等，再加上交易零星，顾客挑选翻动，损耗额大且难以掌握。

（4）鲜活商品上市季节性强，销售时间比较集中。如夏季西瓜上市、秋季北方过冬蔬菜上市等。

（二）鲜活商品的核算方法

由于鲜活商品经营具有上述特点，因此，不宜采用售价金额核算，一般采用“进价金额核算、盘存计销”的核算方法。具体做法是：

商品购进后，财会部门根据有关凭证以原进价记入“库存商品”账户。按营业柜组或门市部设置的“库存商品”明细账也只记进价金额，不记数量。营业柜组或门市部负责人可根据需要设置备查簿，登记商品的收入、付出和结存数量。每日营业结束后，由营业柜组或门市部填制缴款单，连同销售货款一并送交财会部门或解存银行。财会部门根据现金缴款单或银行进账单借记“银行存款”账户，贷记“主营业务收入”账户。平时不结转主营业务成本，不冲减库存商品，月末结算时再进行调整。

商品在经营过程中，发生损耗、升溢、等级变化或售价变化时，财会部门不作账务处理。如发生事故损失时，则应查明原因待批准后进行处理。

月末计算和结转主营业务成本时，采取实际盘点、以存计耗的方法，先按商品实有数量乘以进价，计算出期末库存商品进价总金额，再根据下面公式倒挤出本期已销商品成本。

本期商品销售成本=期初库存商品金额+本期购进商品总金额-期末库存商品进价总金额

期末库存商品进价总金额=期末盘点结存数量×实际进价（或最后进价）

[例2-32] 春柳百货商店食品组2013年4月初库存鲜活商品2 300元，4月份进货38 600元，增值税6 562元，货款以银行存款支付。4月份销售收入为48 250元（含税），销货款已存入银行。4月30日盘点库存商品为1 800元。

对上述业务，企业财会部门应作如下账务处理：

(1) 购进商品时：

借：商品采购　　38 600

　　应交税费——应交增值税（进项税额）　　6 562

　贷：银行存款　　45 162

同时：

借：库存商品——食品组　　38 600

　贷：商品采购　　38 600

(2) 取得销售收入时：

借：银行存款　　48 250

　贷：主营业务收入——食品组　　41 239.32

　　　应交税费——应交增值税（销项税额）　　7 010.68

(3) 月末根据库存盘点结果，倒挤出本期销售成本39 100元（2 300+38 600-1 800）：

借：主营业务成本——食品组　　39 100

　贷：库存商品——食品组　　39 100

采用这种核算方法，虽然可以简化手续，平时也可以随时调整商品售价，利于销售。但由于期末是倒挤销售成本，对平时发生的损耗或责任事故无法控制，造成成本不实。因此，这种核算方法只适用于鲜活商品的核算，其他商品不宜采用。

典型案例一

华信公司（甲方）将500部手机（进价为800元/部）委托迅达公司（乙方）代销，代销方式由乙方选择。

若采用视同自购自销方式的批发价为1 000元/部，销售价为1 200元/部。

若采用收取手续费方式，售价不变，手续费按销售收入的15%提取。

500部手机当月全部售出，增值税税率为17%。月末双方往来账款结清。

问题：

(1) 假如你作为迅达公司的财务主管，你将选择哪种代销方式？为什么？账务如何处理？

(2) 假如你是华信公司的财务负责人，在迅达公司采用不同的代销方式时，你的账务处理有何不同？

[分析提示]

(1) 通过计算两种代销方式下各自取得的收益，来作出正确的选择。

(2) 指出两种代销方式账务处理的不同点。

典型案例二

凯琳公司（零售商场）2013 年 12 月 30 日的有关账户余额见表 2-14。

表 2-14　　**账户余额表**　　单位：元

营业部	商品进销差价	库存商品	主营业务收入
服装部	433 777	236 745	1 932 140
家电部	1 054 346	551 740	3 186 325
百货部	10 623	7 065	63 755
合计	1 498 746	795 550	5 182 220

12 月 31 日，业务部门转来以下两笔业务的有关凭证：

(1) 从深圳购进的 20 台康佳牌彩色电视机到货入库，同时收到增值税专用发票，载明价税款合计为 42 120 元（货款 36 000 元，增值税税额 6 120 元），款项已付。该电视机的含税零售价为 2 400 元/台。

(2) 家电部出售康佳牌彩色电视机 6 台，货款 14 400 元已存入银行。

问题：

公司老总问你：当月公司的销售毛利率是多少？为什么采用分组差价率与采用综合差价率所计算出的销售毛利率不同？你如何回答？

[分析提示]

(1) 对 12 月 31 日发生的两笔业务进行账务处理，并调整相关账户的月末余额。

(2) 计算调整本月主营业务收入和主营业务成本，并进行相应的账务处理。

(3) 计算本月综合销售毛利率。

典型案例三

胜利百货商场是一家零售商业企业，本月发生的业务中，涉及购进商品价格更正的业务主要有两笔：

(一) 只更正进价的业务

1. 商品购进

胜利百货商场服装部月初从市百货公司购进某品牌羽绒服 50 件，进价每件 1 000 元，增值税税率 17%，价税合计为 58 500 元。货款以银行存款付讫。含税零售价为每件 1 500 元。

2. 进价更正

10 日收到市百货公司通知和更正发票，羽绒服批发价格应该为每件 1 100 元，商场应补付货款 5 000 元，增值税税额 850 元。服装公司同意并以银行存款付讫。

(二) 进价、销价都更正的业务

1. 商品购进

胜利百货鞋帽部月初从市百货公司购进某品牌运动鞋100双，进价每双900元，增值税税率17%，价税合计105 300元。货款以银行存款付讫。含税零售价每双1 400元。

2. 进价、销价更正

收到市百货公司的通知与相应的发票，该批运动鞋的批发价应该为每双800元。市百货公司应该退还相应的货款和增值税。为了促进销售，商场将其售价调低为每双1 200元。

问题：

(1) 以上两笔业务的核算内容有什么异同?

(2) 计算差价的影响，并进行相应的账务处理。

[分析提示]

(1) 只更正进价时，应调整“商品进销差价”账户，不调整“库存商品”账户。

(2) 更正进价与销价的业务，需要同时更正“库存商品”账户的进价与进项税额及销价的同时，更正“商品进销差价”账户的差价。

本章小结

商品流通企业分为批发和零售两种类型。核算内容是商品流转的三个环节。核算方法分为进价与售价两种。批发企业的会计核算以数量进价金额核算为主，其商品购进涉及商品购进、进货退出、退价补价、短缺溢余、拒付拒收等业务的核算；其商品销售涉及同城、异地、直运、代销等业务的核算；其商品储存涉及盘点和削价等业务的核算。零售企业的会计核算一般采用售价金额核算方法，实行实物负责制，库存商品按含销项税额的售价记账。同时设置“商品进销差价”账户，反映商品进价与售价之间的差额。零售企业商品流转的核算方法与批发企业相比，不同之处在于需要通过月末对主营业务收入和主营业务成本的调整，才能计算出当月的经营利润。鲜活商品则一般采用“进价金额核算、盘存计销”的核算方法。

第三章

施工企业会计

第一节　施工企业会计的特点

施工企业又称建筑安装企业，它是国民经济中一个重要的生产部门，是主要从事建筑工程、安装工程及其他专门工程的具有法人地位的经济组织。施工企业会计是会计学的一个分支，是应用于施工企业的一门专业会计。

施工企业的会计核算同其他行业的会计核算相比，具有以下特点：

一、成本核算对象具有单件性

由于建筑安装工程各有不同的功能和结构，需要单独的设计图纸，即使是根据同一标准设计进行施工的同类型、同规模的工程，也会因自然条件、交通条件、材料要求和物价水平的不同，造成施工过程中工料费用的不同。因此，建筑安装工程只能按照建设要求和单个图纸组织单件生产，不能像工业企业那样成批生产。施工生产的这一特性，决定了工程成本的核算应实行分批（订单）法，将每一独立编制施工图预算的单位工程作为成本核算对象。

二、核算周期具有长期性

一项工程的实际施工成本和收益水平，只有当该工程竣工后，才能正确和完整地反映出来。而施工企业生产的建筑安装工程等产品，除了少部分工程造价低、耗费少以外，大多是体积庞大、造价高、耗费大的工程，因而施工周期较长，一般都需要跨年度施工，有的工程工期甚至长达几年、十几年。

三、产成品和在产品的划分具有特殊性

工业企业会计核算中，产成品是指本企业已经完成全部生产过程，并已验收入库可供销售的产品；在产品是指没有完成全部生产过程，不能作为商品销售的产品。施工企业如果采用与工业企业相同的方法来划分产成品，则只有当工程全部竣工，办理了竣工验收手续交付使用时，才能算做产成品。但是，建筑安装工程施工具有周期较长的特点，按照这种划分方法，就会在长期的施工过程中，不能对工程进度、工程质量和工程成本进行有效的监督。所以对建筑安装产品，需要人为地划分产成品和在产品，即将工程进度达到预算定额的工作内容、不需要在本企业内部进一步施工、可据以进行结算的分部分项工程，作为“已完工程”，即假定的“产成品”；将已投料施工，但尚未完成预算定额规定的全部工序和内容，而暂时无法进行结算的分部分项工程，作为“未完施工”，即“在产品”。按照这种划分方法，施工企业可以及时对“已完工程”统计工程进度，进行工程价款结算，考核工程成本，计算财务成果。

四、工程价款的结算方式具有多样性

由于建筑安装工程施工周期较长，资金占用量大，为了合理地解决工程所需资金的供应，工程价款结算可采用多种方式。例如，竣工后一次结算；按照工程形象进度，划分不同阶段进行结算；按期（月或季）对已完分部分项工程进行结算，竣工后清算等办法。

此外，施工企业还可以根据工程承包合同规定，向发包单位预收工程备料款，以解决工程储备材料所需资金。

小知识 3-1

建设项目及内容

建设项目是指具有计划任务书和总体设计，在经济上进行统一核算，行政上有独立组织形式，实行统一管理的建设单位。每个建设项目都由若干单项工程组成。

单项工程是在一个建设项目中具有独立设计文件，建成后能独立发挥生产能力或使用效益的工程。例如，工业建设项目中的各个车间，职工宿舍，学校里的各幢教学楼、图书馆等都属于具体的单项工程。每一单项工程又包括若干单位工程。

单位工程是指在单项工程中具有独立设计资料，可以独立组织施工的工程，如一般土建工程、水暖安装工程等。每一单位工程都由若干分部工程组成。

分部工程一般是对各单位工程按照不同的工程部位、结构、材料、设备器材种类和型号、安装方式等具体条件进行的再划分。例如，一般土建单位工程划分为土石方工程、桩基础工程、脚手架工程、砌筑工程、混凝土工程、构件运输及安装工程、门窗及木结构工程等十多个分部工程。每一分部工程都由若干分项工程组成。

分项工程是用适当的计量单位表示的假定的单位合格建筑安装产品，如 10 立方米的混凝土梁、100 平方米的平整场地。分项工程是确定建设工程价格最基本的计算单位。

第二节　周转材料的核算

一、周转材料的分类

周转材料是指企业在施工生产过程中能够多次使用并可基本保持原来的形态而逐渐转移价值的材料，如模板、挡板等。

周转材料虽然保持材料形态，但在施工生产过程中却起着劳动资料的作用。它能够多次参加生产过程，不改变其实物形态，其价值逐渐地转移到工程成本中去。但是周转材料种类较多，用量较大，使用频繁，经常需要补充更换。因此，同低值易耗品一样，把它归入存货类进行管理和核算。

周转材料按其在施工中的用途，可分为以下几类：

（1）模板：指浇灌混凝土用的钢、木或钢木组合的模型板，以及配合模板使用的支撑材料和滑模材料等。按固定资产管理的固定钢模和现场固定大型模板不包括在内。

（2）挡板：指土方工程使用的挡土板等，包括支撑在内。

（3）架料：指搭脚手架用的竹竿、钢管（包括扣件）、竹跳板等。

（4）其他：除上述各类之外，作为流动资产管理的其他周转材料。例如塔吊使用的轻轨、枕木等（不包括附属于塔吊的钢轨）。

二、周转材料的摊销

由于周转材料在生产过程中能够多次周转使用，因此，它的价值应随同其损耗程度，逐渐转移、摊销计入工程成本或有关费用。周转材料价值的摊销方法，根据各类周转材料的不同情况，一般有以下几种：

（1）一次摊销法。一次摊销法是指在领用周转材料时，将其全部价值一次计入工程成本或有关费用。这种方法一般应限于易腐的周转材料，如安全网等。

（2）分期摊销法。根据周转材料的预计使用期限，将周转材料的价值分期计入工程成本或有关费用。其计算公式如下：

$$每月摊销额=\frac{周转材料原价\times（1-残值占原值的百分比）}{预计使用月数}$$

这种方法适用于脚手架、跳板、塔吊轻轨、枕木等磨损与使用期限有关的周转材料。

［例3-1］某工程领用跳板一批，计划成本5 000元，预计残值占计划成本的10%，预计使用期限为15个月，则：

$$跳板的月摊销额=\frac{5\ 000\times（1-10\%）}{15}=300（元）$$

（3）分次摊销法。根据周转材料预计使用次数，将其价值分次计入工程成本或有关费用。其计算公式如下：

$$周转材料每次摊销额=\frac{周转材料原价\times（1-残值占原值的百分比）}{预计使用次数}$$

本期摊销额=每次摊销额×本期使用次数

分次摊销法一般适用于预制钢筋混凝土构件时所使用的定型模板、模板、挡板等能分清使用次数的周转材料。

［例3-2］某工程本期领用模板一批，计划成本6 000元，估计残值占计划成本的10%，预计使用10次。本期使用2次，则：

$$模板本期摊销额=\frac{6\ 000\times（1-10\%）}{10}\times2=1\ 080（元）$$

（4）定额摊销法。根据完成的实物工作量和预算定额规定的周转材料消耗定额，计算本期摊销额。其计算公式如下：

周转材料本期摊销额=本期完成的实物工作量×单位工程周转材料消耗定额

这种方法一般适用于各种模板等周转材料。

［例3-3］某工程本月完成现浇梁混凝土工程100立方米，10立方米模板消耗定额为66.15元，则：

模板本期摊销额=66.15×10 = 661.50（元）

以上各种摊销方法，企业具体采用哪一种要根据实际情况确定。所采用的摊销方法一经确定，不应随意变更。但无论采用哪种摊销方法（一次摊销法除外），因为都有预计的因素，平时计算的摊销额不可能与实际损耗价值完全一致，所以，需在年度终了或工程竣工时，对周转材料进行盘点，根据实际损耗调整已提摊销额，以保证工程成本和有关费用的准确性。

三、周转材料摊销额的调整

在工程竣工和年度终了时，对在用周转材料进行盘点和清查，其结果有三种：一是降低成色；二是报废；三是短缺。对这三种情况的周转材料已提摊销额都要进行调整。凡是不足应提摊销额的，要补提摊销额；对于多提的摊销额要冲回，以达到对工程成本的正确记录。

应补提摊销额=应提摊销额-已提摊销额

（一）应提摊销额的计算

降低成色周转材料应提摊销额=降低成色周转材料计划（实际）成本×（1-确定的成色百分比）

［例3-4］甲工程年终盘点，有一批模板计划成本12 000元，现此模板还有四成新，则：

模板应提摊销额=12 000×（1-40%）=7 200（元）

报废周转材料应提摊销额=报废周转材料计划（实际）成本-残值

［例3-5］乙工程报废一批架料，计划成本4 800元，残值300元，则：

应提摊销额=4 800-300=4 500（元）

短缺周转材料应提摊销额=短缺周转材料计划（实际）成本

（二）已提摊销额的计算

$$\text{周转材料已提摊销额}=\left.\begin{matrix}\text{降低成色}\\ \text{报　　废}\\ \text{短　　缺}\end{matrix}\right\}\text{周转材料计划（实际）成本}\times\frac{\text{该类周转材料已提摊销额累计}}{\text{该类周转材料计划（实际）成本总额}}$$

［例3-6］甲工程短缺一批模板，其计划成本2 500元，该类模板账面已提摊销额20 000元，计划成本50 000元，则：

$$\text{短缺模板已提摊销额}=2\ 500\times\frac{20\ 000}{50\ 000}=1\ 000\text{（元）}$$

四、周转材料的核算

（一）周转材料业务核算的程序

周转材料业务核算的流程如图3-1所示。

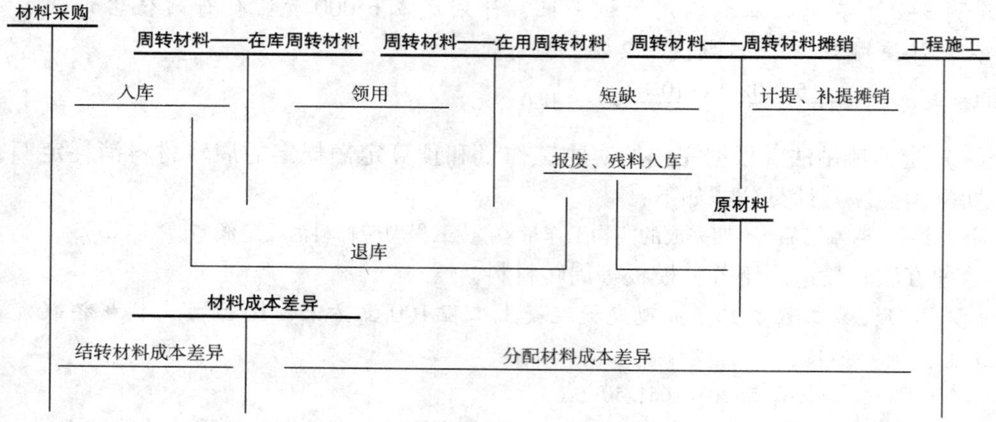

图3-1 周转材料业务核算流程图

说明：

企业购入、自制、委托外单位加工完成并验收入库的周转材料，可比照“原材料”的核算方法，在“在库周转材料”明细账户核算。

领用的周转材料，应分不同情况进行处理：采用一次摊销方法的周转材料，领用时应将其价值一次全部计入成本，借记“工程施工——合同成本”等账户，贷记“周转材料——在库周转材料”账户；采用其他摊销方法的周转材料，在领用时，按计划成本或实际成本，借记“周转材料——在用周转材料”账户，贷记“周转材料——在库周转材料”账户。

按规定方法计提在用周转材料的摊销额时，借记“工程施工——合同成本”等账户，贷记“周转材料——周转材料摊销”账户。

周转材料报废、短缺时，按已提摊销额借记“周转材料——周转材料摊销”账户，按入库残料价值借记“原材料”账户，按应补提的摊销额借记“工程施工——合同成本”等账户，按计划成本或实际成本贷记“周转材料——在用周转材料”账户。

补充阅读资料3-1

“周转材料”账户是资产类账户，其借方核算企业库存和在用的各种周转材料的计划成本或实际成本；贷方核算周转材料的摊销价值及盘亏、报废、毁损等减少的周转材料价值；期末借方余额反映企业所有在库周转材料的计划成本或实际成本，以及在用周转材料的摊余价值。本账户应下设“在库周转材料”，“在用周转材料”和“周转材料摊销”三个明细账户。“在库周转材料”的明细核算与“原材料”相同，“在用周转材料”和“周转材料摊销”应按其类别和使用部门或工程设置明细账，进行明细核算。

（二）周转材料核算举例

[例3-7] 企业购入一批架料，实际成本43 600元，计划成本43 000元，货款已支付，架料已验收入库，作如下会计处理：

①支付货款时：

借：材料采购——周转材料 43 600

贷：银行存款 43 600

②验收入库时：

借：周转材料——在库周转材料 43 000

贷：材料采购——周转材料 43 000

③月末结转材料成本差异：

借：材料成本差异——周转材料 600

贷：材料采购——周转材料 600

[例3-8] 甲工程领用库存的新架料一批，计划成本13 000元，作如下会计处理：

借：周转材料——在用周转材料（架料） 13 000

贷：周转材料——在库周转材料（架料） 13 000

[例3-9] 甲工程领用库存的安全网（一次摊销）一批，计划成本1 500元，材料成本差异率为1%，作如下会计处理：

借：工程施工——合同成本（甲工程） 1 515

贷：周转材料——在库周转材料 1 500

材料成本差异——周转材料 15

[例3-10] 甲工程按规定的摊销方法，计提本期架料应提摊销额600元，作如下会计处理：

借：工程施工——合同成本（甲工程） 600

贷：周转材料——周转材料摊销（架料） 600

[例3-11] 甲工程将不需要的模板退回仓库，计划成本4 600元，估计成色75%，在用模板计划成本为10 000元，账面已提摊销额3 000元，作如下会计处理：

①退库时：

借：周转材料——在库周转材料（模板） 4 600

贷：周转材料——在用周转材料（模板）　　4 600

②将补提摊销额计入成本：

应提摊销额 $=4\,600\times(1-75\%)=1\,150$（元）

已提摊销额 $=4\,600\times\dfrac{3\,000}{10\,000}=1\,380$（元）

应补提摊销额 $=1\,150-1\,380=-230$（元）

借：工程施工——合同成本（甲工程）　　$\boxed{230}$

贷：周转材料——周转材料摊销（模板）　　$\boxed{230}$

[例 3–12] 甲工程报废挡板一批，计划成本 5 000 元，残值 400 元，残料已验收入库，材料成本差异率为–2%，挡板计划成本 20 000 元，已提摊销额 15 000 元，作如下会计处理：

①将补提摊销额计入成本：

应提摊销额 $=5\,000-400=4\,600$（元）

已提摊销额 $=5\,000\times\dfrac{15\,000}{20\,000}=3\,750$（元）

应补提摊销额 $=4\,600-3\,750=850$（元）

借：工程施工——合同成本（甲工程）　　850

贷：周转材料——周转材料摊销（挡板）　　850

②残料入库，并结转报废挡板计划成本：

借：原材料　　400

周转材料——周转材料摊销（挡板）　　4 600

贷：周转材料——在用周转材料（挡板）　　5 000

③月末分摊材料成本差异：

借：工程施工——合同成本（甲工程）　　$\boxed{100}$

贷：材料成本差异——周转材料　　$\boxed{100}$

[例 3–13] 甲工程竣工盘点，发现短缺架料 300 元，假设甲工程在用架料账面余额为 5 000 元，在用架料账面累计摊销额为 4 000 元，材料成本差异率为 1%，作如下会计处理：

①将补提摊销额计入成本：

应提摊销额 = 计划成本 = 300 元

已提摊销额 $=300\times\dfrac{4\,000}{5\,000}=240$（元）

应补提摊销额 $=300-240=60$（元）

借：工程施工——合同成本（甲工程）　　60

贷：周转材料——周转材料摊销（架料）　　60

②冲销短缺架料计划成本：

借：周转材料——周转材料摊销（架料）　　300

贷：周转材料——在用周转材料（架料）　　300

③月末分摊材料成本差异：

借：工程施工——合同成本（甲工程） 3
　贷：材料成本差异——周转材料 3

第三节 临时设施的核算

一、临时设施的内容

临时设施是指施工企业为保证施工和管理的正常进行而建造的各种临时性生产、生活设施，其通常可分为大型临时设施和小型临时设施两类。

（一）大型临时设施

大型临时设施主要包括：

（1）施工人员的临时宿舍。

（2）食堂、浴室、医务室、图书馆、理发室和托儿所等现场临时性文化福利设施。

（3）施工单位及附属企业在现场的临时办公室。

（4）现场各种临时仓库和施工机械设备库。

（5）临时铁路专用线、轻便轨道、塔式起重机路基、临时道路、厂区刺网、围墙等。

（6）施工过程中应用的临时给水、排水、供电、供热、管道等。

（7）施工现场的混凝土构件预制厂、混凝土搅拌站、钢筋加工厂、木材加工厂以及配合单位的附属加工厂等临时性建造物。

（二）小型临时设施

小型临时设施主要包括：

（1）现场施工和警卫安全用的小型临时设施，如作业棚、休息棚、茶炉棚、化灰池、施工用不固定的水管、电线、宽三米以内的便道、临时刺网等。

（2）保管器材用的小型临时设施，如简易料棚、工具储藏室等。

（3）行政管理用的小型临时设施，如工地收发室等。

小思考 3-1

施工企业为什么要搭建临时设施?

二、临时设施的核算

1. 临时设施购建的核算

企业对于购入的临时设施，应按购入时的实际支出，借记“临时设施”账户，贷记“银行存款”等账户。对于通过建筑安装活动建造完成的临时设施，在建造过程中发生的各种支出，先通过“在建工程”账户核算，即发生费用时，借记“在建工程”账户，贷记“原材料”、“应付职工薪酬”等账户；建造完工交付使用时，按建造期间发生的实际成本，借记“临时设施”账户，贷记“在建工程”账户。

补充阅读资料 3-2

“临时设施”账户是资产类账户，其借方登记企业购建各种临时设施的实际成本；贷方登记企业出售、拆除、报废的不需用或不能继续使用的临时设施的实际成本；月末借方余额反映企业现有临时设施的实际成本。该账户应按临时设施的种类和使用部门进行明细核算。

[例 3-14] 企业为进行机械厂厂房工程施工，在施工现场搭建一临时材料库，领用材料计划成本 14 000 元，发生人工费用 2 000 元，以银行存款支付其他费用 1 240 元，本月材料成本差异率 2%，搭建完工随即交付使用，作如下会计处理：

搭建时发生各项支出时：

借：在建工程——临时设施工程　　17 520

　贷：原材料　　14 000

　　应付职工薪酬　　2 000

　　材料成本差异　　280

　　银行存款　　1 240

完工交付使用时：

借：临时设施　　17 520

　贷：在建工程——临时设施工程　　17 520

[例 3-15] 企业在机械厂厂房工程施工现场附近购入一处旧房，作为临时办公用房，房款 6 000 元以银行存款支付，作如下会计处理：

借：临时设施　　6 000

　贷：银行存款　　6 000

2. 临时设施摊销的核算

企业各种临时设施，应当在工程建设期间内按月进行摊销，摊销方法可以采用工作量法，也可以采用工期法。当月增加的临时设施，当月不摊销，从下月起开始摊销；当月减少的临时设施，当月继续摊销，从下月起停止摊销。摊销时，按摊销额，借记“工程施工——合同成本”等账户，贷记“临时设施摊销”账户。

补充阅读资料 3-3

“临时设施摊销”账户为资产类账户，其贷方登记企业按月计提摊入工程成本的临时设施摊销额；借方登记企业出售、拆除、报废、毁损和盘亏临时设施的已提摊销额；月末贷方余额反映企业在用临时设施的已提摊销额。

[例 3-16] 承 [例 3-14] 和 [例 3-15]，机械厂厂房工程使用的临时设施价值 23 520元（17 520+6 000），企业按该工程的施工期进行摊销，该工程工期为 10 个月，不考虑残值，则每月摊销额为 2 352 元（23 520÷10），作如下会计处理：

借：工程施工——合同成本　　2 352

　贷：临时设施摊销　　2 352

3. 临时设施清理的核算

企业出售、拆除、报废不需用或不能使用的临时设施，应转入清理。转入清理的临时设施，按临时设施账面净值，借记“临时设施清理”账户；按已提摊销额，借记“临时设施摊销”账户；按其账面原值，贷记“临时设施”账户；出售、拆除过程中发生的变价收入和残料价值，借记“银行存款”、“原材料”账户，贷记“临时设施清理”账户；发生的清理费用，借记“临时设施清理”账户，贷记“银行存款”等账户；清理后若发生净损失，借记“营业外支出”账户，贷记“临时设施清理”账户；若发生净收益，借记“临时设施清理”账户，贷记“营业外收入”账户。

[例3-17] 承[例3-16]，9个月后，由于机械厂厂房工程提前竣工，将临时设施拆除，在拆除中支出费用1 500元，残料作价1 200元入库。该临时设施已提摊销额21 168元（2 352×9），作如下会计处理：

(1) 将要拆除的临时设施转入清理：

借：临时设施清理　　　　2 352
　　临时设施摊销　　　　21 168
　贷：临时设施　　　　　　23 520

(2) 发生清理费用：

借：临时设施清理　　　　1 500
　贷：银行存款　　　　　　1 500

(3) 残料回收：

借：原材料　　　　1 200
　贷：临时设施清理　　　　1 200

(4) 结转清理后的净损失：

借：营业外支出（2 352+1 500−1 200）　　　　2 652
　贷：临时设施清理　　　　2 652

上述临时设施购建、摊销和清理的核算业务流程如图3-2所示。

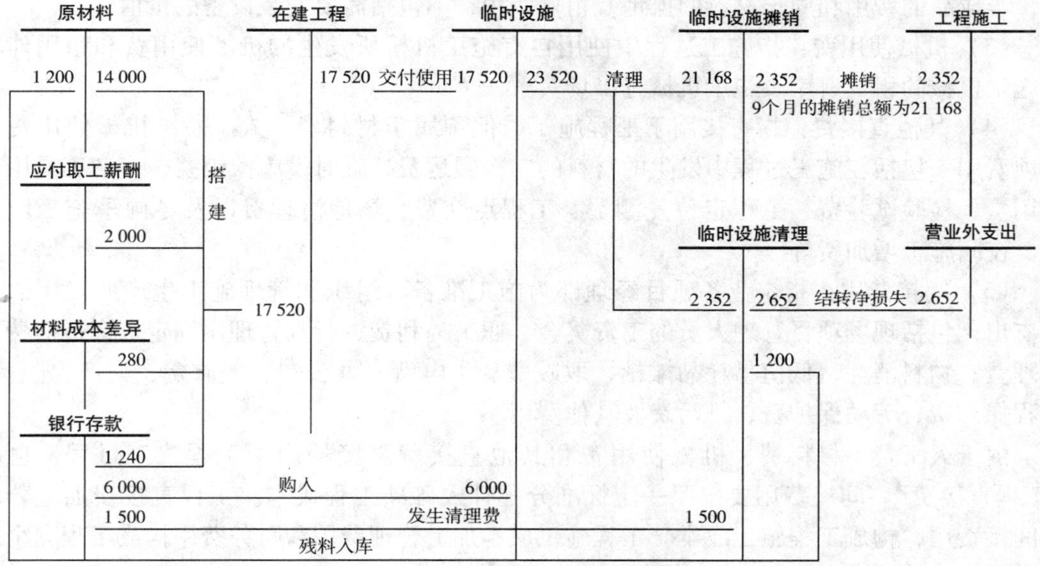

图3-2　临时设施核算流程图（金额单位：元）

第四节　工程成本的核算

一、工程成本核算对象的确定

工程成本的核算对象，是指在成本核算时，确定归集和分配生产费用的具体对象，即生产费用承担的客体。成本核算对象的确定，是设立工程成本明细账，归集和分配生产费用，正确计算工程成本的前提。一般应以每一独立编制施工图预算的单位工程为成本核算对象，但也可以按照承包工程项目的规模、工期、结构类型、施工组织和施工现场等情况，结合成本管理要求，灵活划分成本核算对象。实际成本核算中，确定工程成本核算对象，一般有以下几种方法：

（1）在一般情况下，应以每一独立编制施工图预算的单位工程为成本核算对象。

（2）对于个别规模大、工期长的单位工程，可按分部工程划分成本核算对象。

（3）对于同一建设项目、同一施工地点、结构类型相同、开竣工时间接近的几个单位工程，可以合并为一个成本核算对象。

（4）对承建规模较小和比较零星的工程，可以建设单位为成本核算对象。

小思考 3-2

为什么工程成本核算对象一般为独立编制施工图预算的单位工程？

二、工程成本的项目

施工企业生产费用按照经济用途，可分为下列成本项目：

（1）人工费：指施工过程中直接从事建筑安装工程施工的建筑安装工人以及在施工现场直接为工程制作构件和运料、配料等人员的工资、奖金、职工福利费、工资性质的津贴、劳动保护费等。

（2）材料费：指施工过程中耗用的构成工程实体的原材料、辅助材料、构配件、零件、半成品的费用和周转材料的摊销及租赁费用，不包括需要安装设备的价值。

（3）机械使用费：指施工过程中使用自有施工机械所发生的机械使用费和租用外单位施工机械的租赁费用及施工机械进出场费。

（4）其他直接费：指直接用于工程施工，但不属于材料费、人工费、机械使用费的各项费用，包括在施工过程中发生的材料的二次搬运费、临时设施摊销费、生产工具用具使用费、检验试验费、工程定位复测费、工程点交费、场地清理费以及冬雨季施工增加费、夜间施工增加费等。

（5）间接费用：指企业各项目经理部为施工准备、组织和管理施工生产所发生的全部支出，包括现场项目管理人员的工资奖金、职工福利费、行政管理用固定资产折旧费及修理费、物料消耗、低值易耗品摊销、取暖费、水电费、办公费、差旅费、财产保险费、工程保修费、劳动保护费、排污费及其他费用。

由于人工费、材料费、机械使用费和其他直接费直接耗用于工程施工过程，也叫“工程直接费”。间接费用要按照一定标准分配计入各项工程成本。工程直接费加上分配的间接费用，构成工程施工成本。工程施工成本加上管理费用和财务费用构成工程完全成本，能据以计算当期工程利润。

小知识 3-2

工程实际成本是根据工程施工生产中实际发生的生产费用按成本计算方法计算的工程成本，它反映企业实际达到的工程成本水平；工程预算成本是指以施工图为根据，按照全国或地区统一制定的预算定额和规定的取费标准计算的工程成本。它是计算工程造价的主要依据。两种成本中各个项目之间的相互关系见表 3-1。

表 3-1 工程实际成本和工程预算成本各个项目之间的关系

<table>
<tr><td rowspan="8">工程实际成本</td><td rowspan="6">工程施工成本</td><td rowspan="4">工程直接费</td><td>人工费</td><td rowspan="4">工程直接费</td><td rowspan="6">直接工程成本</td><td rowspan="8">工程预算成本</td></tr>
<tr><td>材料费</td></tr>
<tr><td>机械使用费</td></tr>
<tr><td>其他直接费</td></tr>
<tr><td rowspan="2">间接费用</td><td>临时设施费</td><td rowspan="2">现场经费</td></tr>
<tr><td>现场管理费</td></tr>
<tr><td colspan="2">管理费用</td><td colspan="3">企业管理费</td></tr>
<tr><td colspan="2">财务费用</td><td colspan="3">财务费用</td></tr>
</table>

注：工程预算成本加上计划利润、技术装备费和税金即为工程造价。

三、工程成本核算体制

与施工企业管理体制相适应，在成本核算上，公司负责全面的会计核算工作，指导项目经理部建立与健全成本管理制度，核算公司本身的管理费用、财务费用等期间费用，汇总整个企业的施工生产成本，审核汇总项目经理部的财务报表和竣工决算，全面进行企业的成本分析。项目经理部核算工程的直接费用和间接费用，并计算工程的实际成本，编制财务报表和竣工决算，进行成本分析，按时向公司提供成本核算资料。

小知识 3-3

为实现生产诸要素的优化配置与动态管理，提高工程投资效益和企业综合经济效益，我国从 20 世纪 90 年代开始在施工企业推广一种科学管理模式——项目法施工。其具有普遍性的做法是，在企业内部实行两层分离，即管理层和作业层（劳务层）的分离，建立劳务、材料、设备租赁等模拟市场。企业承包项目后，管理层通过招标、选聘等竞争形式，组建项目经理部，对项目进行承包，负责工程项目从施工准备到竣工验收全过程管理。工程施工所需的作业人员、施工机械等由项目经理根据工程需要通过模拟市场取得。工程项目施工任务完成，项目经理部解体。

四、工程实际成本的核算

（一）人工费的核算

工程成本中的人工费，主要包括：

（1）内包人工费：是指两层分开后企业所属的劳务分公司（内部劳务市场自有劳务）与项目经理部签订的劳务合同结算的全部工程价款。类似于外包合同定额结算支付办法，按月结算计入成本核算对象。

（2）外包人工费：按项目经理部与劳务基地（内部劳务市场外来劳务）或直接与外单位施工队伍签订的包清工合同，以当月验收完成的工程实物量，计算出定额工日数乘以合同人工单价确定人工费，并按月计入成本核算对象。

结算的人工费入账时，借记“工程施工——合同成本——××工程（人工费）”账户，贷记“应付职工薪酬”账户。

补充阅读资料 3-4

“工程施工”账户是成本类账户，核算施工企业实际发生的工程施工合同成本和合同毛利，下设“合同成本”和“合同毛利”两个明细账户。

“合同成本”明细账户用以核算各项工程施工合同发生的实际成本，借方反映工程施工过程中发生的直接计入工程成本的直接费用，以及按照一定的方法分配计入工程成本的间接费用，贷方反映结转的完工工程的实际成本。余额一般在借方，表示尚未完工工程的实际成本。该账户应按成本核算对象设置明细账，并按规定的成本项目分设专栏进行明细核算，同时还应反映期末未完工程、已完工程的实际成本，以便为工程价款结算提供依据。

“合同毛利”明细账户用以核算各项工程施工合同确认的合同毛利。

[例 3-18] 市第一建筑工程公司 2013 年度承包了食品厂的加工车间和职工宿舍两项工程。两项工程在同一施工地点，同时施工，为此企业成立了一个项目经理部。现以该项目经理部为例，说明其工程成本的核算过程。加工车间工程按月结算工程价款，职工宿舍工程竣工后一次结算工程价款。6 月份发生的人工费资料如下：

①内包人工费 73 000 元，其中，加工车间工程为 57 000 元，职工宿舍工程为16 000 元。

②外包人工费 38 100 元，其中，加工车间工程为 32 240 元，职工宿舍工程为5 860 元。

根据以上资料，作如下会计处理：

借：工程施工——合同成本——车间工程（人工费）	89 240	
——合同成本——宿舍工程（人工费）	21 860	
贷：应付职工薪酬		111 100

根据上述分录，登记“工程施工”明细账人工费栏，见表 3-5、表 3-6。

（二）材料费的核算

施工企业的材料，除了主要用于工程，还用于固定资产等专项工程，以及其他非生产性耗用，因此，进行材料费核算，必须严格划分施工生产耗用的界限，只有直接用于工程的材料才能记入工程成本的“材料费”项目中。

施工工程用的材料品种繁多，数量较大，领用也比较频繁，因此，企业必须建立健全材料物资的收、发、领、退等管理制度，制定统一的定额领料单、领料单、大堆材料耗用计算单、集中配料耗用计算单、周转材料摊销分配表、退料单等自制原始凭证，并由项目料具员按照不同的情况进行材料费的归集和分配，按成本核算对象编制“材料耗用汇总表”，据以计入成本，借记“工程施工——合同成本——××工程（材料费）”账户，贷记“原材料”、“材料成本差异”等账户。

[例 3-19] 承 [例 3-18]，月终，食品厂项目经理部根据审核无误的各种领料凭证、大堆材料耗用分配表、周转材料摊销分配表等汇总编制“材料耗用汇总表”，见表 3-2。

表 3-2

材料耗用汇总表

2013 年 6 月 30 日

单位：元

成本核算对象	主要材料						小计		结构件		其他材料		合计		周转材料摊销
	硅酸盐		黑色金属		其他主要材料										
	计划成本	成本差异(+1%)	计划成本	成本差异(+2%)	计划成本	成本差异(+1%)	计划成本	成本差异	计划成本	成本差异(-1%)	计划成本	成本差异(+1%)	计划成本	成本差异	
车间工程	85 000	850	120 000	2 400	32 000	320	237 000	3 570	64 000	-640	1 100	11	302 100	2 941	5 000
宿舍工程	24 000	240			58 000	580	82 000	820			800	8	82 800	828	2 000
合计	109 000	1 090	120 000	2 400	90 000	900	319 000	4 390	64 000	-640	1 900	19	384 900	3 769	7 000

根据“材料耗用汇总表”资料，作如下会计处理：

①借：工程施工——合同成本——车间工程（材料费） 307 100
　贷：原材料——主要材料 237 000
　　　　　——结构件 64 000
　　　　　——其他材料 1 100
　　周转材料——周转材料摊销 5 000

②借：工程施工——合同成本——宿舍工程（材料费） 84 800
　贷：原材料——主要材料 82 000
　　　　　——其他材料 800
　　周转材料——周转材料摊销 2 000

③借：工程施工——合同成本——车间工程（材料费） 2 941
　贷：材料成本差异——主要材料 3 570
　　　　　　　——结构件 640
　　　　　　　——其他材料 11

④借：工程施工——合同成本——宿舍工程（材料费） 828
　贷：材料成本差异——主要材料 820
　　　　　　　——其他材料 8

根据上述分录，登记“工程施工”明细账的材料费栏，见表 3-4、表 3-5。

（三）机械使用费的核算

施工企业的自有施工机械设备一般都实行内部租赁制，以租赁费形式反映其消耗情况。按机械设备租赁办法和租赁合同，由企业内部机械设备租赁市场与项目经理部按月结算租赁费。租赁费根据机械使用台班、停置台班和内部租赁单价计算，记入成本核算对象中的“机械使用费”项目。如企业未实行内部租赁制，施工企业及其内部独立核算的施工单位、机械站和运输队使用自有施工机械和运输设备进行机械作业（包括机械化施工和运输作业等）所发生的各项费用，可增设“机械作业”

账户进行核算。

机械进出场费，按规定由承租项目负担，直接计入成本。

向外单位租赁机械，应根据对方开具的“机械租赁费结算单”支付使用费，记入相应成本核算对象中的“机械使用费”。

结算的机械使用费入账时，借记“工程施工——合同成本——××工程（机械使用费）”账户，贷记“银行存款”账户或“应付账款”账户。

[例3-20] 承［例3-18］，本月加工车间工程从某租赁公司租入起重机一台，共使用了25个台班，每台班单价为100元，租金已用银行存款支付，作如下会计处理：

借：工程施工——合同成本——车间工程（机械使用费）	2 500	
贷：银行存款		2 500

[例3-21] 承［例3-18］，本月加工车间工程发生内部机械租赁费3 600元，职工宿舍工程发生内部机械租赁费1 400元，作如下会计处理：

借：工程施工——合同成本——车间工程（机械使用费）	3 600	
——合同成本——宿舍工程（机械使用费）	1 400	
贷：应付账款———××内部单位		5 000

根据上述分录，登记“工程施工”明细账的机械使用费栏，见表3-4、表3-5。

（四）其他直接费的核算

其他直接费的核算，企业可以根据费用发生时的具体情况进行处理：

（1）凡是费用发生时能分清成本受益对象的，发生时可直接计入各成本核算对象的成本中，借记“工程施工——合同成本——××工程（其他直接费）”账户，贷记有关账户。

（2）若受益对象不止一个，项目经理部可增设“其他直接费用”账户。费用发生时，借记“其他直接费”账户，贷记有关账户；期末分配计入有关工程成本时，借记“工程施工——合同成本——××工程（其他直接费）”账户，贷记“其他直接费用”账户。

[例3-22] 承［例3-18］，本月加工车间工程发生材料二次搬运费1 800元，职工宿舍工程发生场地清理费900元，作如下会计处理：

借：工程施工——合同成本——车间工程（其他直接费）	1 800	
——合同成本——宿舍工程（其他直接费）	900	
贷：银行存款		2 700

根据上述分录，登记“工程施工”明细账的“其他直接费”栏，见表3-4、表3-5。

（五）间接费用的核算

如果项目经理部只有一个成本核算对象，间接费用在发生时可直接计入成本核算对象的成本中，借记“工程施工——合同成本——××工程（间接费用）”账户，贷记有关账户。

如果项目经理部同时有几个成本核算对象，可增设“施工间接费用”账户。费用发生时，借记“施工间接费用”账户，贷记有关账户；期末分配计入有关工程成本时，借记"工程施工——合同成本——××工程(间接费用)"账户,贷记"施工间接费用"账户。

小思考 3-3

其他直接费和施工间接费用期末一般应如何分配?

[例3-23] 承[例3-18],食品厂项目经理部本月发生工资支出20 520元,购买办公用品等5 046.15元,提取固定资产折旧1 060元,作如下会计处理:

借:施工间接费用 26 626.15
　贷:应付职工薪酬 20 520
　　银行存款 5 046.15
　　累计折旧 1 060

月末根据工程施工明细账(见表3-5、表3-6),按车间和宿舍工程的直接成本分配间接费用,编制"间接费用分配表",见表3-3。

表3-3

间接费用分配表

2013年6月30日

成本核算对象	工程直接费(元)	分配率	应分配金额(元)
车间工程	407 181*		20 359.05
宿舍工程	109 788**		6 267.10
合　计	516 969	0.05	26 626.15

*407 181=89 240+307 100+2 941+6 100+1 800

**109 788=21 860+84 800+828+1 400+900

根据"间接费用分配表",作如下会计处理:

借:工程施工——合同成本——车间工程(间接费用) 20 359.05
　　　　　——合同成本——宿舍工程(间接费用) 6 267.10
　贷:施工间接费用 26 626.15

根据上述分录,登记"工程施工"明细账的间接费栏,见表3-4、表3-5。

补充阅读资料 3-5

按照工程成本结算时间与工程价款结算时间一致的原则,应根据不同工程价款结算方式,按期(指工程结算期)结算已完工程成本。现行工程价款结算方式主要有竣工后一次结算、分段结算和分期(月或季)结算。但企业不论是定期还是不定期结算已完工程成本,当月发生的生产费用必须在会计结算期按照成本核算对象和成本项目进行归集与分配。

五、已完工程实际成本的计算

施工企业应根据工程合同确定的工程价款结算办法,按时结算"已完工程"成本,向建设单位收取工程价款。由于工程价款的结算方式不同,"已完工程"的含义和实际成本的计算方法也不同。

（一）实行工程项目竣工后一次结算的已完工程实际成本的计算

实行工程项目竣工后一次结算工程价款时，“已完工程”即指已经甲乙双方验收，办理竣工决算，交付使用的工程项目。在这种情况下，施工过程中发生的各项成本费用，随时记入各成本核算对象的成本项目，进行工程成本的明细核算。竣工时，工程成本明细分类账中登记的工程成本累计总额，就是竣工工程的实际成本。

（二）实行按期结算工程价款的已完工程实际成本的计算

实行按期结算工程价款时，“已完工程”是指已经完成预算定额规定的全部工序的施工内容，在本企业不需要再进行加工的分部分项工程。分部分项工程是构成工程项目的基本要素，也是编制工程预算最基本的计量单位，有一定的工作内容和质量标准。虽然这部分工程不是竣工工程，也不具有完整的使用价值，但企业也不需要再进行任何施工活动，可以确定它的工程数量和质量，故能够将其作为“已完工程”，计算它的实际成本，并按合同价格向业主收取工程价款。相反，凡在期末尚未完成预算定额规定的全部工序与内容的分部分项工程称为“未完施工”，这部分“未完施工”不能向业主收取工程价款。本期已完工程实际成本的计算公式为：

本期已完工程实际成本＝期初未完施工实际成本+本期成本费用发生额−期末未完施工实际成本

上述公式中，“期初未完施工实际成本”和“本期成本费用发生额”可直接从“工程施工”有关明细分类账中取得，“期末未完施工实际成本”需要按一定的方法计算取得。一般来说，期末未完工程量在全期工程量中所占比重较小，而且期初、期末未完工程的数额变化不大，为了简化成本核算手续，通常可以把期末未完工程的预算成本，视同它的实际成本，不分摊间接费用，其计算公式为：

期末未完工程预算成本＝期末未完工程折合成已完工程实物量×该分部分项工程预算单价

在实际工作中，期末未完工程预算成本的计算，是在期末对施工现场进行实地盘点的基础上，通过编制“未完施工盘点单”（见表3-4）进行计算的。

表3-4

未完施工盘点单

2013年6月30日

单位工程名称	分部分项工程		已做工序					其中		
	名称	预算单价（元）	工程名称或内容	占分部分项工程的比例(%)	已完数量	折合分部分项工程量	预算成本(元)	人工费（元）	材料费（元）	机械使用费(元)
车间工程	墙面抹石灰砂浆	4	抹一遍	50	4 000	2 000	8 000	2 400	4 800	800
合计							8 000	2 400	4 800	800

根据“未完施工盘点单”所确定的未完施工成本，记入“工程施工”明细账的期末未完施工成本（见表3-5），并据以计算已完工程实际成本。

车间工程本期已完工程实际成本＝8 900+427 540.05−8 000 ＝ 428 440.05（元）

表 3-5

工程施工明细账

明细科目：合同成本

成本核算对象：车间工程　　2013 年 6 月 30 日　　单位：元

2013 年		凭证号数	摘　要	直接成本				间接费用	工程成本合计
月	日			人工费	材料费	机械使用费	其他直接费		
6	1		期初已完工程实际成本	217 912. 40	2 257 493	151 800	29 200	66 256. 67	2 722 662. 07
			期初未完施工	2 800	5 200	900			8 900
	30		人工费	89 240					89 240
			分配材料费		307 100				307 100
			分配材料成本差异		2 941				2 941
			分配机械使用费			6 100			6 100
			分配其他直接费				1 800		1 800
			分配间接费用					20 359. 05	20 359. 05
			本期施工费用发生额	89 240	310 041	6 100	1 800	20 359. 05	427 540. 05
			减：期末未完施工	2 400	4 800	800			8 000
			本期已完工程实际成本	89 640	310 441	6 200	1 800	20 359. 05	428 440. 05
			自开工起累计已完工程实际成本	30 552. 40	2 567 934	158 000	31 000	86 615. 72	3 151 102. 12

表 3-6

工程施工明细账

明细科目：合同成本

成本核算对象：宿舍工程　　2013 年 6 月 30 日　　单位：元

2013 年		凭证号数	摘　要	直接成本				间接费用	工程成本合计
月	日			人工费	材料费	机械使用费	其他直接费		
6	1		期初余额	294 021	2 220 380. 56	69 557	12 000	50 781	2 646 739. 56
	30		人工费	21 860					21 860
			分配材料费		84 800				84 800
			材料成本差异		828				828
			分配机械使用费			1 400			1 400
			分配其他直接费				900		900
			分配间接费用					6 267. 10	6 267. 10
			本期施工费用发生额	21 860	85 628	1 400	900	6 267. 10	116 055. 10
			减：期末未完施工						
			本期已完工程实际成本	315 881	2 306 008. 56	70 957	12 900	57 048. 10	2 762 794. 66
			自开工起累计已完工程实际成本	315 881	2 306 008. 56	70 957	12 900	57 048. 10	2 762 794. 66

第五节　工程价款结算的核算

一、工程价款结算方式

现行建筑安装工程价款的结算主要采用以下几种方式：

（1）工程竣工后一次结算，即工程价款每月预支，竣工后一次结算。企业采用竣工后一次结算工程价款办法时，要在工程竣工后，按规定的内容和程序，会同有关人员编制“竣工工程决算表”，并据以编制“工程价款结算单”（参考格式见表3-7），送发包单位，据以办理结算。

表3-7　　**工程价款结算单**

发包单位名称：食品厂　　2013年6月30日　　单位：元

工程名称	合同造价	本期应收工程款	应扣款项			本期实收工程款	累计已收工程款	备注
			合计	预收工程款	预收备料款			
车间工程	3 500 000	485 700	192 300	100 000	92 300	293 400		
宿舍工程	3 000 000	3 000 000	2 250 000	1 450 000	800 000	750 000		
合计	6 500 000	3 485 700	2 442 300	1 550 000	892 300	1 043 400		

施工单位：市第一建筑工程公司

（2）分段结算，即按照工程形象进度，划分不同阶段进行结算。分段结算可以按月预支工程款。企业采用分段结算工程价款办法时，要在合同规定工程部位完工的月份，根据已完工程部位的工程数量计算已完工程的预算造价和实际成本，编制“已完工程月报表”（参考格式见表3-8）和“工程价款结算单”，送发包单位，据以办理结算。

表3-8　　**已完工程月报表**

发包单位名称：食品厂　　2013年6月30日　　单位：元

工程名称	合同造价	开、竣工日期		实际完成数		备注
		开工日期	竣工日期	累计已完工程	本期已完工程	
加工车间	3 500 000	2013.3	2013.6	3 151 102.12	428 440.05	
职工宿舍	3 000 000	2013.3	2013.6	2 762 794.66	2 762 794.66	
合计	6 500 000			5 913 896.78	3 191 234.71	

施工单位：市第一建筑工程公司

（3）按期（月或季）结算，即实行期中预支、期末结算、竣工后清算的办法。企业采取按期结算工程价款办法时，应按各期实际完成的工程数量，并按照工程预算定额中的工程造价、施工管理费定额、计划利润率、税率等计算出已完工程的预算造价。同时，根据有关资料和实地盘点结果计算实际完工的工程数量，编制“已完工程月报表”和“工程价款结算单”，送发包单位，据以办理结算。

二、工程价款结算的核算

施工企业的工程结算收入，又称合同收入，它包括合同中规定的工程造价和因合同变更、索赔、奖励等形成的收入。向业主开出工程价款结算单办理结算时，按结算单所列金额，借记“应收账款”账户，贷记“工程结算”账户。按规定确认合同收入和合同费用时，按当期确认的合同费用，借记“主营业务成本”账户，按当期确认的合同收入，贷记“主营业务收入”账户，按其差额，借记或贷记“工程施工——合同毛利”账户。工程施工合同完工后，借记“工程结算”账户，贷记“工程施工”账户。同时应转销合同预计损失准备。

补充阅读资料3-6

“工程结算”账户用以核算施工企业根据工程施工合同的完工进度向业主开出工程价款结算单办理结算的价款。该账户应按工程施工合同设置明细账，进行明细核算，其期末贷方余额，反映尚未完工工程已开出工程价款结算单办理结算的价款。

[例3-24] 承［例3-18］，市第一建筑工程公司，期末根据经发包单位签证的工程价款结算单（见表3-7），本期应向发包单位结算工程价款计3 485 700元，作如下会计处理：

借：应收账款——应收工程款	3 485 700	
贷：工程结算——宿舍工程		3 000 000
——车间工程		485 700

[例3-25] 承［例3-24］，从应收工程款中扣还预收的工程款1 550 000元和预收备料款892 300元，作如下会计处理：

借：预收账款——预收工程款	1 550 000	
——预收备料款	892 300	
贷：应收账款——应收工程款		2 442 300

[例3-26] 承［例3-24］，收到发包单位实付工程价款1 043 400元，作如下会计处理：

借：银行存款	1 043 400	
贷：应收账款——应收工程款		1 043 400

[例3-27] 承［例3-24］，期末确认合同收入和费用（见表3-5、表3-6、表3-7），作如下会计处理：

借：主营业务成本——车间工程	428 440.05	
工程施工——合同毛利（车间工程）	57 259.95	
贷：主营业务收入——车间工程		485 700
借：主营业务成本——宿舍工程	2 762 794.66	
工程施工——合同毛利（宿舍工程）	237 205.34	
贷：主营业务收入——职工宿舍		3 000 000

同时冲销完工工程（职工宿舍）的“工程施工”和“工程结算”账户：

借：工程结算——宿舍工程	3 000 000	

贷：工程施工——合同成本（宿舍工程） 2 762 794.66

——合同毛利（宿舍工程） 237 205.34

[例3-28] 承[例3-27]，计算本期应交营业税104 571元，应交城市维护建设税7 319.97元和应交教育费附加3 137.13元，作如下会计处理：

借：营业税金及附加 115 028.10

贷：应交税费——应交营业税 104 571

——应交城市维护建设税 7 319.97

——应交教育费附加 3 137.13

[例3-29] 承[例3-27]，期末，将“主营业务收入”、“主营业务成本”、“营业税金及附加”账户的余额转入“本年利润”账户，作如下会计处理：

借：主营业务收入 3 485 700

贷：本年利润 3 485 700

借：本年利润 3 306 262.81

贷：主营业务成本 3 191 234.71

营业税金及附加 115 028.10

三、分包工程结算的核算

一个工程项目如果有两个或两个以上施工企业承担施工时，根据国家对建设工程管理的要求，建设单位和施工企业要实行承包责任制和总分包协作制。在这种情况下，要求一个施工企业作为总包单位向建设单位（发包单位）总承包，对建设单位负责，再由总包单位将专业工程分包给专业性施工企业施工，分包单位对总包单位负责。

小知识3-4

分包给外单位施工的工程，在核算上有两种处理方法：一种是分包工程作为自行完成的工作量；另一种是分包工程不作为自行完成的工作量。作为自行完成工作量的分包工程一般是企业对分包工程施工全过程按本企业施工组织计划进行管理，对分包工程的材料、人工、机械等消耗进行核算，并计算实际成本。不作为自行完成工作量的分包工程，以施工图预算或造价分包给分包单位后，企业在施工中只对分包单位承包的工程进行技术监督，结算已完分包工程价款，分包工程在施工中发生的费用由分包单位进行核算。

[例3-30] 企业通过银行向分包单位预付备料款25 000元，作如下会计处理：

借：预付账款——预付分包单位款 25 000

贷：银行存款 25 000

[例3-31] 企业按工程分包合同规定，根据工程进度预付给分包单位工程款30 000元，作如下会计处理：

借：预付账款——预付分包单位款 30 000

贷：银行存款 30 000

[例3-32] 分包工程完工验收后，根据经审核的分包单位提出的“工程价款结算单”结算已完工程款246 200元，如作为企业自行完成的工作量，作如下会计处理：

借：工程施工——合同成本　　246 200

　贷：应付账款——应付分包单位款　　246 200

如不作为企业自行完成的工作量，则作如下会计处理：

借：主营业务成本　　246 200

　贷：应付账款——应付分包单位款　　246 200

［例 3–33］承［例 3–30］和［例 3–31］，从应付分包工程款中扣除预付的工程款 30 000元和预付备料款 25 000 元，作如下会计处理：

借：应付账款——应付分包单位款　　55 000

　贷：预付账款——预付分包单位款　　55 000

［例 3–34］以银行存款支付分包单位工程款 191 200 元，作如下会计处理：

借：应付账款——应付分包单位款　　191 200

　贷：银行存款　　191 200

分包工程结算的核算流程如图 3–3 所示。

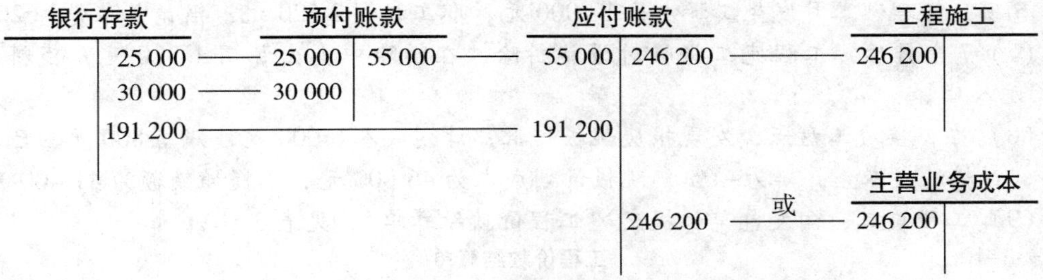

图 3–3　分包工程结算核算流程图（单位：元）

典型案例一

市城建公司 2013 年 3 月承包市轻工机械厂办公楼和厂房两项工程，合同工期 8 个月，竣工后一次结算。为此公司成立了机械厂项目经理部。该项目经理部在工程施工过程中，发生了下列业务：

（1）搭建临时职工宿舍和材料库等临时设施，领用材料 14 200 元，发生人工费 2 858 元，材料成本差异率为 1%。

（2）将搭建完工的临时设施交付使用。

（3）按合同工期对临时设施进行摊销（不考虑残值）。

（4）4 月份，厂房工程领用库存的新挡板一批，计划成本 8 500 元。按规定的摊销法，计算当期挡板应提摊销额为 600 元。

（5）5 月份，建设单位预付工程款 500 000 元。

（6）6 月份发生的业务如下：

①厂房工程发生人工费 67 000 元，其中，内包人工费 41 000 元，外包人工费 26 000 元。办公楼工程发生人工费 58 000 元，其中，内包人工费 39 000 元，外包人工费19 000 元。

②工程耗用材料，经料具员汇总见表 3–9。

表 3-9

材料耗用汇总表

2013 年 6 月 30 日

单位：元

成本核算对象	主要材料						小计		结构件		合计		周转材料摊销
	硅酸盐		黑色金属		其他主要材料								
	计划成本	成本差异（+2.5%）	计划成本	成本差异（-1.5%）	计划成本	成本差异（+1%）	计划成本	成本差异	计划成本	成本差异（-1%）	计划成本	成本差异	
厂房工程	48 200	1 205	86 000	-1 290	79 000	790	213 200	705	34 000	-340	247 200	365	3 700
办公楼工程	31 000	775	54 000	-810	60 000	600	145 000	565	29 000	-290	174 000	275	2 100
合计	79 200	1 980	140 000	-2 100	139 000	1 390	358 200	1 270	63 000	-630	421 200	640	5 800

③厂房工程发生内部机械租赁费 3 300 元，办公楼工程发生内部机械租赁费 2 600 元。

④厂房工程发生生产工具用具使用费 1 700 元，办公楼工程发生材料二次搬运费1 000 元。

⑤项目经理部本月发生工资支出 18 000 元，职工福利 2 520 元，报销差旅费5 620 元。

（7）7 个月后，工程完工将临时设施拆除，在拆除中支出费用 1 320 元，残料作价 3 100元入库。

（8）办公楼竣工盘点，发现报废跳板一批，计划成本 6 000 元，残值 800 元，已验收入库，材料的成本差异率为-1%，跳板计划成本为 46 000 元，已提摊销额为 41 400 元。

（9）工程竣工，向发包单位提交“工程价款结算单”，见表 3-10。

表 3-10

工程价款结算单

发包单位名称：轻工机械厂　　2013 年 10 月 30 日　　单位：元

工程名称	合同造价	本期应收工程款	应扣款项			本期实收工程款	累计已收工程款	备注
			合计	预收工程款	预收备料款			
厂房工程	2 700 000	2 700 000	2 000 000	2 000 000		700 000		
办公楼工程	1 900 000	1 900 000	1 500 000	1 500 000		400 000		
合计	4 600 000	4 600 000	3 500 000			1 100 000		

施工单位：市城建公司

该结算单经发包单位认可，两项工程的施工合同成本为 3 750 000 元。12 月发包单位用银行存款支付了剩余工程款。

如果你是该项目经理聘任的会计，将如何处理上述业务，如何进行工程成本核算？

[分析提示]

（1）首先确定成本核算对象，可按厂房和办公楼分别进行成本核算。

（2）该项目经理部有两个成本核算对象，应增设“其他直接费用”、“施工间接费用”科目。

（3）期末应分配其他间接费用和施工间接费用。

（4）报废周转材料应补提摊销额。

典型案例二

佳宇建筑公司沈阳项目经理部本月发生的经济业务如下：

（1）领用一次摊销的安全网一批，计划成本3 000元，材料成本差异率为-2%。领用时一次性将周转材料价值摊销。

（2）领用全新定型模板一批，具体信息如下：

①该模板的计划成本为50 000元。

②该模板采用分次摊销法摊销，预计残值率为10%，预计使用次数为10次，本月实际使用2次。

③模板的材料成本差异率为2%。

（3）本期发生的盘亏和毁损的经济事项如下：

①盘亏甲材料一批，实际成本400元，原因不明。

②经查，甲材料盘亏属于定额内合理损耗，批准作为管理费用列支。

③因为发生火灾，对财产进行清查，发现损毁乙材料一批，实际成本5 000元。

④上述由火灾造成的损失中，保险公司赔偿4 300元，其余由企业负担。

作为公司会计，请你对上述业务进行账务处理。

［分析提示］

（1）采用一次摊销方法的周转材料，领用时应将其价值一次全部计入成本。

（2）采用其他摊销方法的周转材料，在领用时，按计划成本或实际成本，计入成本的同时考虑调整差异额。

（3）周转材料盘亏时，补提摊销额，按计划成本或实际成本冲减成本的同时调整差异额。

本章小结

周转材料的价值平时可采用一次摊销法、分期摊销法、分次摊销法、定额摊销法等摊销计入工程成本，年度终了或工程竣工时，对周转材料进行盘点，根据实际损耗调整已提摊销额。临时设施的购建支出、价值的摊销和清理，通过“临时设施”和“临时设施摊销”账户核算。施工企业的成本核算对象一般为每一独立编制施工图预算的单位工程，但为了对工程进度、工程质量和工程成本进行有效的监督，需人为地划分产成品和在产品，即将工程进度达到预算定额的工作内容、不需要在本企业内部进一步施工、可据以进行结算的分部分项工程，作为已完工程，即假定的“产成品”；将已投料施工，但尚未完成预算定额规定的全部工序和内容、暂时无法进行结算的分部分项工程，作为“未完施工”，即“在产品”。现行工程价款结算方式主要有竣工后一次结算、分段结算和分期（月或季）结算。按照工程价款结算时间与成本结算时间配比的原则，对已向发包单位办理工程价款结算的已完工程，应同时结算实际成本。企业不论是定期还是不定期结算已完工程成本，当期发生的生产费用必须在当期按照成本核算对象和成本项目进行归集与分配。

第四章

房地产开发企业会计

第一节　房地产开发企业会计的特点

所谓房地产开发，是指按照城市建设总体规划和社会经济发展的要求，对土地和地上建筑物、构筑物进行开发建设和经营管理的一项综合性社会经济活动。

房地产开发跨越生产和流通两个领域，其活动内容涉及规划设计、征地拆迁、土地开发、各类房屋建造、工程验收、经营销售、交付使用、售后管理和维修服务等。房地产开发企业的产品是地产或房产，产品开发周期长，生产经营方式多样，投资主体复杂，与一般企业的生产经营有很大不同。与此相适应，房地产开发企业会计与其他企业会计相比较，具有以下几方面的特点：

一、资金筹集渠道的多源性

房地产开发企业开发经营所需资金，主要是通过其自行筹集取得的。集资开发是我国房地产开发的一个显著特点。开发企业筹资的形式与渠道主要有：（1）预收购房订金或预收建设资金；（2）预收代建工程款；（3）土地开发及商品房贷款；（4）发行企业债券；（5）与其他单位联合开发，吸收其他单位投资；（6）发行股票，筹集股本。围绕筹资而发生的经济业务的会计核算构成开发企业会计核算的重要内容和重要特色。

二、资金占用形态的多元性

开发企业的开发经营业务内容极为广泛，既有建设场地的开发，又有房屋的建设，还有基础设施、配套设施以及市政工程等项目的开发建设，有的企业还开展商业用房的出租或经营业务以及商品房售后服务等。因此，开发企业的资金在由货币资金转化为成品资金的过程中，不仅表现为货币资金—储备资金—在建资金（在产品资金）—成品资金依次直线运动，而且还具有多向平行运动的特点，即在储备资金（或结算资金）—在建资金—成品资金这两个阶段中，资金表现为多向平行运动（如图4-1所示），从而使开发经营资金在生产领域表现为多种不同的存在形态，即具有多元性。

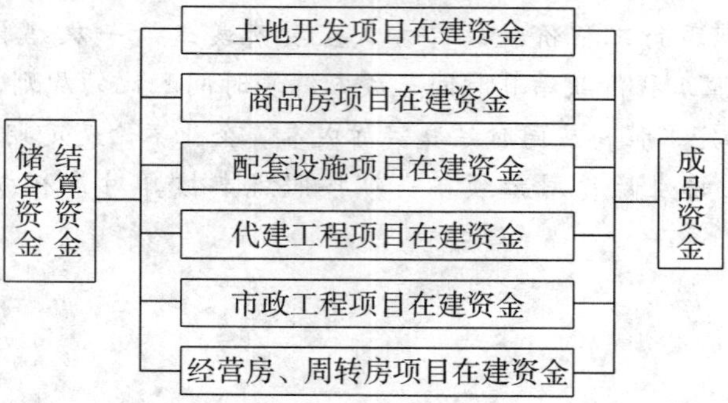

图4-1　资金占用形态

三、结算业务的频繁性和由此引起的财务关系的复杂性

在开发经营过程中，开发企业将与周边很多单位发生经济往来关系，不仅包括材料物资供应单位、建筑产品购买单位，而且还包括勘察设计单位、施工企业、委托建房单位、房屋承租单位等。加之企业间的购销业务大量采用预收预付结算方法，开发企业因经济业务往来而引起的资金结算关系极为复杂。在与材料物资供应单位发生的购销业务中，首先要交订金或预付一部分货款，待材料物资发出时再办理应付货款的结算；在与施工企业的承包往来中，大量采用的办法是预付备料款或工程款，然后再根据工程进度结算应付的工程进度款；在与购房单位或委托单位发生的房屋销售、转让或代建往来业务中，也是采用先预收购房订金或代建工程款，待房屋或工程移交时，再结算房屋或工程款的方式，由此引起的企业与各方之间的财务关系和债权债务关系及相应的会计核算既重要又复杂。

四、核算周期具有长期性

开发企业的生产周期一般都较长，一个开发项目从勘查设计、征地拆迁到房屋建造、经营销售、交付使用直至售后服务及房屋维修，往往要跨年度（一个、两个甚至几个年度）进行。这一特点决定了开发企业会计核算周期较长，因而在核算上要特别注意按照权责发生制原则和配比原则处理好固定资产折旧和期间费用之间的关系，以保证各期损益计算的正确性。

小知识 4–1

房地产业与建筑业的区别

房地产业是不同于建筑业的独立行业，虽然它们经营的物质对象都包括房屋建筑产品，但是其行业性质和职能有着本质的不同：①建筑业是建筑产品的生产部门，在国民经济产业分类中属于第二产业。房地产业是组织房地产开发、为房地产流通和消费提供服务性劳动的部门，在国民经济产业分类中属于第三产业。②建筑业的基本职能是为生产、流通、管理等单位和居民生产多种多样的房屋和建筑物，而房地产业的基本职能是组织房地产的开发、经营和服务。

第二节 开发成本的核算

房地产开发企业的基本经济活动是开发、经营商品房等建筑产品。建筑产品的开发建设过程是开发企业经营活动的中心。房地产开发企业成本、费用的核算，就是对这些产品成本形成和费用支出的核算。

一、开发成本的内容

房地产开发企业要进行成本核算，必须确定好费用的归集和分配的承担者，即成本核算对象。由于房地产开发企业和施工企业作用的对象相同，所以，施工企业会计成本核算对象确定的原则也适用于房地产开发企业，这里不再详述。

房地产开发企业的开发成本，按其开发项目种类可分为如下四类：

①土地开发成本。它指房地产开发企业开发土地（即建设场地）所发生的各项费用支出。

②房屋开发成本。它指房地产开发企业开发各种房屋（包括商品房、出租房、周转房、代建房等）所发生的各项费用支出。

③配套设施开发成本。它指房地产开发企业根据城市建设规划的要求或项目建设设计规划的要求，为满足居住的需要而与开发项目配套建设的各种服务性设施所发生的各项费用支出。

④代建工程开发成本。它指房地产开发企业接受有关单位的委托，代为开发建设的工程，或参加委托单位招标，经过投标中标后承建的开发项目所发生的各项费用支出。

以上四类开发成本，在核算上将其费用分为如下六个成本项目：

①土地征用及拆迁补偿费。它是指房地产开发企业按照城市建设总体规划进行土地开发而发生的各项费用，包括土地征用费、耕地占用税、劳动力安置费及有关地上、地下附着物拆迁补偿的净支出（即扣除拆迁旧建筑物回收的残值）、安置动迁用房支出等。

②前期工程费。它是指开发项目前期所发生的各项费用，包括规划、设计、项目可行性研究、水文、地质、勘察、测绘、“三通一平”（通水、通电、通路、场地平整）等支出。

③建筑安装工程费。它是指开发项目在开发过程中发生的各项建筑安装工程支出，包括以出包方式支付给承包单位的建筑安装工程费、以自营方式发生的列入开发项目工程施工图预算的各项费用。

④基础设施费。它是指开发企业在开发过程中发生的各项基础设施支出，包括开发小区内道路、供水、供电、供气、排污、排洪、照明、环卫、绿化等工程支出。

⑤公共配套设施费。它是指开发项目内发生的独立的非营业性（不能有偿转让）的公共配套设施支出，包括居委会、派出所、锅炉房、水塔、自行车棚、公共厕所等设施支出。

⑥开发间接费用。它是指房地产开发企业所属二级管理机构直接组织、管理开发项目所发生的费用，包括管理人员工资、职工福利费、折旧费、修理费、办公费、水电费、劳动保护费、周转房摊销费等。

小知识 4-2

开发企业内部如未设二级管理机构，由公司直接组织、管理房地产开发项目所发生的开发间接费用列入管理费用，不设开发间接费用项目。

二、开发成本的核算

企业发生各项开发直接费用支出时，借记“开发成本”账户，贷记“银行存款”、“应付账款”等账户；发生开发间接费用支出时，借记“开发间接费用”账户，贷记“应付职工薪酬”、“累计折旧”、“周转房”等账户；期末应将开发间接费用按一定的分配标准进行分配，借记“开发成本”账户，贷记“开发间接费用”账户。

开发成本应按成本核算对象和成本项目进行明细核算。开发成本明细账的参考格式见表4-1。

房地产开发企业可以根据企业管理的要求，将成本类账户合并或分解。如对间接费用

表 4-1　　**开发成本明细账**

长兴路——商品房　　单位：元

年		凭证号数	摘　要	开发成本项目						合　计
月	日			土地征用及拆迁补偿费	前期工程费	基础设施费	建筑安装工程费	公共配套设施费	开发间接费用	
			结转土地开发成本	500 000	60 000	40 000				600 000
			结算建安费				8 000 000			8 000 000
			预提配套费					180 000		180 000
			分配间接费						12 000	12 000
			结转完工成本	500 000	60 000	40 000	8 000 000	180 000	12 000	8 792 000

较少的企业，可将“开发成本”和“开发间接费用”账户合并为“开发费用”账户；对规模较大、开发项目类型较多的单位，可将“开发成本”账户分解为“土地开发”、“房屋开发”、“配套设施开发”和“代建工程开发”四个账户。由于不同房地产开发项目的成本核算具有各自的特殊性，下面按开发项目种类介绍开发成本的核算。

补充阅读资料 4-1

“开发成本”账户为成本类账户，用以核算企业在开发产品的过程中所发生的各项费用。企业对出租房进行装饰及增补室内设施而发生的出租房工程支出，也在本账户内核算。借方登记各成本核算对象所发生的各项费用，贷方登记结转完工开发产品的实际成本，期末余额反映企业在建开发项目的实际成本。该账户应设置土地开发、房屋开发、配套设施开发、代建工程开发四个明细账户。

“开发间接费用”账户为成本类账户，用以核算开发企业内部独立核算单位为开发产品而发生的各项间接费用，企业行政管理部门（总部）为组织和管理生产经营活动而发生的管理费用，不在本账户内核算。其借方登记发生的各项间接费用，贷方登记期末分配结转的间接费用，期末无余额。本账户应按企业内部不同单位、部门设置明细账，进行明细核算。

（一）土地开发成本的核算

土地开发是房地产开发企业的主要业务之一，其开发产品为建设场地。城市用于建设的土地，由地方政府统一审批、统一征用和统一管理，由房地产开发企业进行土地开发。土地开发的目的与用途有两个：一是为销售或有偿转让而开发商品性建设场地；二是直接为本企业兴建商品房和其他经营性房屋而开发自用建设场地。

土地开发的直接费用，如土地征用及拆迁补偿费、前期工程费、基础设施费等，在费用发生时，根据有关凭证直接记入“开发成本——土地开发”账户的借方。发生的开发间接费用先记入“开发间接费用”账户的借方；期末按一定标准分配结转应由土地开发成本负担的开发间接费用，借记“开发成本——土地开发”账户，贷记“开发间接费用”账户。结转开发完工建设场地成本时，贷记“开发成本——土地开发”账户，商品性建设用地，借记“开发产品”账户，自用建设场地，借记“开发成本——房屋开发”账户；期末“开发成本——土地开发”账户的余额表示正在开发土地的成本。

小知识 4-3

企业开发自用建设场地的费用支出，如果能够分清费用负担对象的，应直接计入有关房屋的开发成本；如果涉及两个或两个以上成本核算对象的，其开发费用支出计入土地开发成本，待建设场地开发完工后，按一定的标准分摊计入有关的成本核算对象。企业开发商品性建设场地的支出，全部在土地开发成本中核算。

［例 4-1］方达房地产开发公司开发长兴路建设用地 5 000 平方米，计划 25% 作为商品性建设用地对外销售，75% 作为本企业商品房开发用地，用银行存款支付征用土地拆迁费、耕地占用税、劳动力安置费等 1 500 000 元。根据有关凭证，作如下会计处理：

借：开发成本——土地开发　　1 500 000

　贷：银行存款　　1 500 000

［例 4-2］方达房地产开发公司结算应付承包单位长兴路建设用地“三通一平”费用 50 000 元。根据有关凭证，作如下会计处理：

借：开发成本——土地开发　　50 000

　贷：应付账款——××单位　　50 000

［例 4-3］期末分配结转开发间接费用，长兴路建设用地应负担 15 000 元，作如下会计处理：

借：开发成本——土地开发　　15 000

　贷：开发间接费用　　15 000

［例 4-4］长兴路土地开发工程完工并验收合格，其中，1 250 平方米直接对外销售，3 750 平方米用于企业开发商品房，结转其成本，作如下会计处理：

（1）计算各成本核算对象应分摊的土地开发成本：

土地开发总成本＝1 500 000+50 000+15 000＝1 565 000（元）

对外销售土地应分摊额＝1 565 000×25%＝391 250（元）

自用土地应分摊额＝1 565 000×75%＝1 173 750（元）

（2）结转土地开发成本：

借：开发产品——土地　　391 250

　　开发成本——房屋开发　　1 173 750

　贷：开发成本——土地开发　　1 565 000

土地开发成本业务核算的流程如图 4-2 所示。

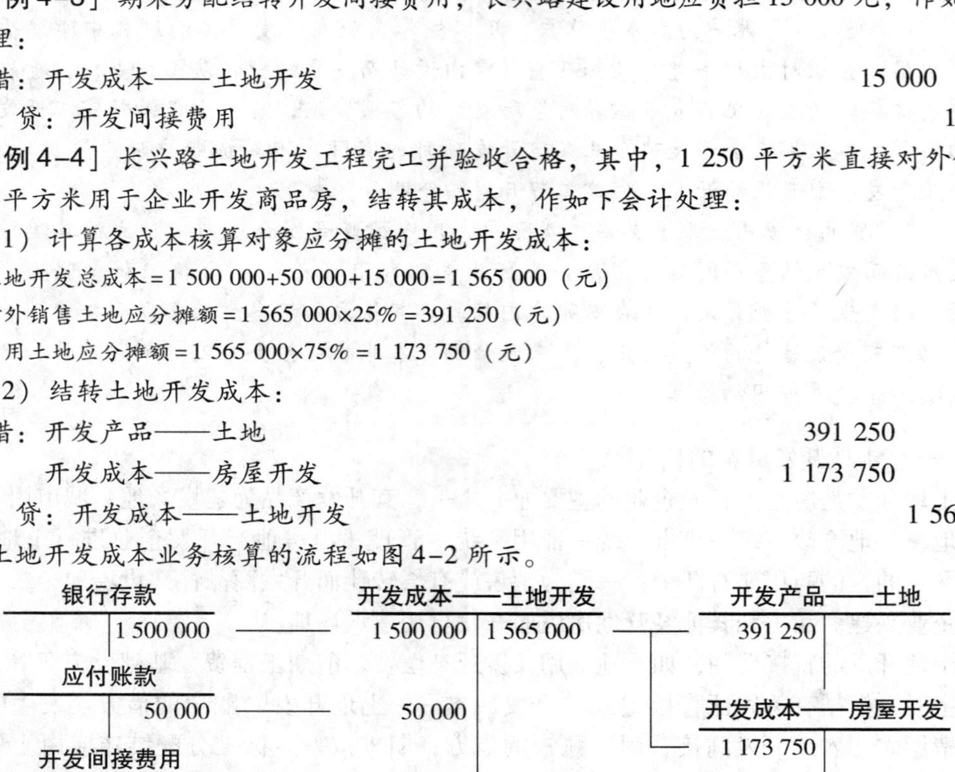

图 4-2　土地开发成本业务核算的流程图（单位：元）

小知识 4-4

"生地"、"熟地" 和 "毛地"

土地按其开发程度有"生地"、"熟地"和"毛地"之分。"生地"是指已完成土地使用批准手续（包括土地使用权出让手续）可用于建筑的土地，该建筑用地无基础设施，或者有部分基础设施，但不具备完全的"三通"条件，同时地上地下待拆除的房屋、构筑物尚未搬迁拆除。"熟地"是指具有完善的基础设施，且地面平整，可用于建筑的土地。"毛地"是指已完成土地使用批准手续（包括土地使用权出让手续），具有"三通"或者条件更完备的基础设施，但尚未进行动迁的可用于建筑的土地。

（二）配套设施开发成本的核算

房地产开发企业开发的配套设施，可以分为如下两类：（1）开发小区内开发的不能有偿转让的公共配套设施，如居委会、派出所、幼托所、消防设施、锅炉房、水塔、自行车棚、公厕等；（2）能有偿转让的城市规划中规定的大型配套设施项目，包括：①开发小区内营业性公共配套设施，如商店、银行、邮局等；②开发小区内非营业性配套设施，如中小学、文化站、医院等；③开发项目外为居民服务的给排水、供电、供气的增容增压设施及交通道路等。

属于配套设施开发成本核算的公共配套设施工程，包括两部分：一是在开发小区以内不能有偿转让，应直接计入开发项目成本，但是由于不能同受益开发项目同步建设或虽可同步建设，但有两个或者两个以上受益对象的公共配套设施工程；二是能有偿转让的公共配套设施工程。

配套设施工程费用发生时，借记"开发成本——配套设施开发"账户，贷记有关账户；开发完工后，第（1）类配套设施工程的开发成本，应按一定标准进行分配结转，借记"开发成本——房屋开发"账户，贷记"开发成本——配套设施开发"账户；第（2）类配套设施工程的开发成本，应转入开发产品，借记"开发产品——配套设施"账户，贷记"开发成本——配套设施开发"账户。期末"开发成本——配套设施开发"账户的余额表示正在开发的配套设施的成本。

补充阅读资料 4-2

按照财务制度规定，城市建设规划中的大型配套设施项目，不得计入商品房成本；不能有偿转让的开发小区内公共配套设施发生的支出可以计入开发项目成本。

[**例 4-5**] 正大房地产开发公司开发建设住宅小区配套的商店和自行车车棚工程，用银行存款支付工程款 67 000 元，作如下会计处理：

借：开发成本——配套设施开发　　67 000

　贷：银行存款　　67 000

[**例 4-6**] 商店和自行车车棚工程完工，实际成本分别为 120 000 元和 2 000 元。自行车车棚是为商品房开发工程所建的，商店则作为小区内第三产业经营用房，作如下会计处理：

结转商店开发成本：

借：开发产品——配套设施　　120 000

　贷：开发成本——配套设施开发　　120 000

结转自行车车棚开发成本：

借：开发成本——房屋开发　　2 000

　贷：开发成本——配套设施开发　　2 000

配套设施开发业务成本核算的流程如图 4-3 所示。

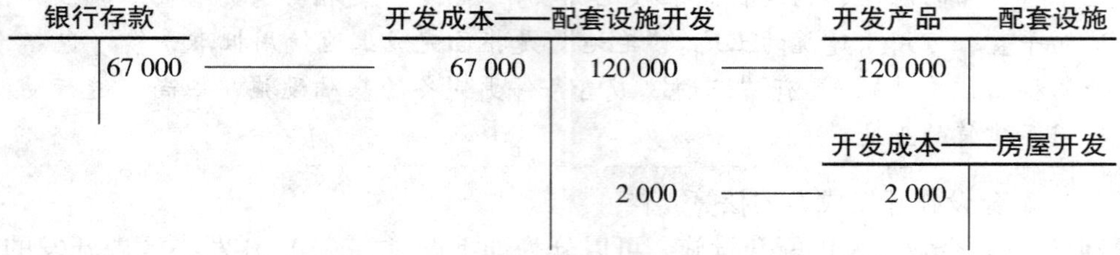

图 4-3　配套设施开发业务成本核算的流程图（单位：元）

（三）房屋开发成本的核算

房屋开发和建设是房地产开发企业的主要经济业务。开发企业开发的房屋，按其用途可分为如下几类：一是为对外销售而开发的商品房；二是为出租经营而开发的经营房；三是为安置被拆迁居民周转使用而开发的周转房；四是受其他单位委托，代为开发建设的代建房。尽管这些开发房屋的用途不同，但其开发建设的特点和费用支出内容及费用性质都大致相同，其开发成本均应在“开发成本——房屋开发”明细账中核算。

企业在开发房屋过程中发生的土地征用及拆迁补偿费、前期工程费、基础设施费，能分清成本核算对象的，应直接计入该房屋成本核算对象的“土地征用及拆迁补偿费”、“前期工程费”、“基础设施费”等成本项目。如果费用发生时分不清成本核算对象，或应由两个或两个以上成本核算对象负担的，应先通过“开发成本——土地开发”账户进行归集，待土地开发完成用于房屋建设时，再采用一定的方法分配结转记入“开发成本——房屋开发”账户。

小思考 4-1

土地开发成本应按什么标准分配计入各房屋开发成本较为合适？为什么？

企业在房屋建设过程中进行的建筑安装工程，有的采用出包方式，有的采用自营方式。采用出包方式的企业，其建筑安装工程费用，应根据承包企业提出的“工程价款结算单”所列工程价款，结算出包工程款，记入“开发成本——房屋开发”账户的“建筑安装工程费”成本项目。采用自营方式的企业，即房地产开发企业组织自有的工程队进行施工，其发生的建筑安装工程费，一般可直接记入“开发成本——房屋开发”账户，但应是实际发生数，不得按预算价格或预提费用入账。如果企业自行施工的工程比较大，可以设置“工程施工”和“施工间接费用”两个账户。核算和归集发生的建筑安装工程费，定期结转到“开发成本——房屋开发”账户的“建筑安装工程费”成本项目。

房屋开发成本中的配套设施费用，是指不能有偿转让的开发小区内公共配套设施发生的支出。其会计处理方法为：（1）配套设施与商品房同步建设，发生的公共配套设施费能分清受益对象的，应直接记入“开发成本——房屋开发”账户的“公共配套设施费”

成本项目；如果发生的配套设施费用，不能分清受益对象的，应先在“开发成本——配套设施开发”账户的借方归集，待公共配套设施竣工时，再从其贷方分配结转记入“开发成本——房屋开发”账户的借方。（2）若公共配套设施与商品房非同步建设，即商品房已建成出售，而配套设施尚在建设之中，未全部完成，为及时结转已完工商品房成本，对应负担的配套设施费，按规定报批后可采用预提方法，预先计入商品房成本。待公共配套设施完工后，按配套设施工程的实际支出数，冲销已预提的配套设施费，并调整有关成本核算对象的成本。

小知识 4-5

开发产品预提配套设施费的计算，一般可按下式进行：

某项开发产品预提的配套设施费＝该项开发产品预算成本×配套设施费预提率

房屋开发项目应负担的开发间接费用，平时通过“开发间接费用”账户归集，期末分配结转记入“开发成本——房屋开发”账户的“开发间接费用”成本项目。

结转开发完工商品房等开发产品成本时，贷记“开发成本——房屋开发”账户，借记“开发产品——房屋”账户。期末“开发成本——房屋开发”账户的余额，表示正在开发的房屋的成本。

[例 4-7] 万华房地产开发公司将清园开发小区中的一幢商品住宅工程出包给市建二公司。工程已全部完工，市建二公司提交“工程价款结算单”，工程价款共计 8 000 000 元，已预付 5 000 000 元。经审查同意，支付余款，作如下会计处理：

借：开发成本——房屋开发	8 000 000	
贷：银行存款		3 000 000
预付账款		5 000 000

[例 4-8] 清园开发小区中的公共配套设施工程开工建设，支付配套设施工程费 180 000元，作如下会计处理：

借：开发成本——房屋开发	180 000	
贷：银行存款		180 000

[例 4-9] 期末分配结转该商品住宅开发工程应负担的开发间接费用 12 000 元。根据费用分配凭证，作如下会计处理：

借：开发成本——房屋开发	12 000	
贷：开发间接费用		12 000

[例 4-10] 结转完工商品住宅开发实际成本 8 792 000 元（见表 4-1），作如下会计处理：

借：开发产品——房屋	8 792 000	
贷：开发成本——房屋开发		8 792 000

房屋开发业务成本核算的业务流程如图 4-4 所示。

小思考 4-2

进行开发成本结转的房屋应具备什么条件？

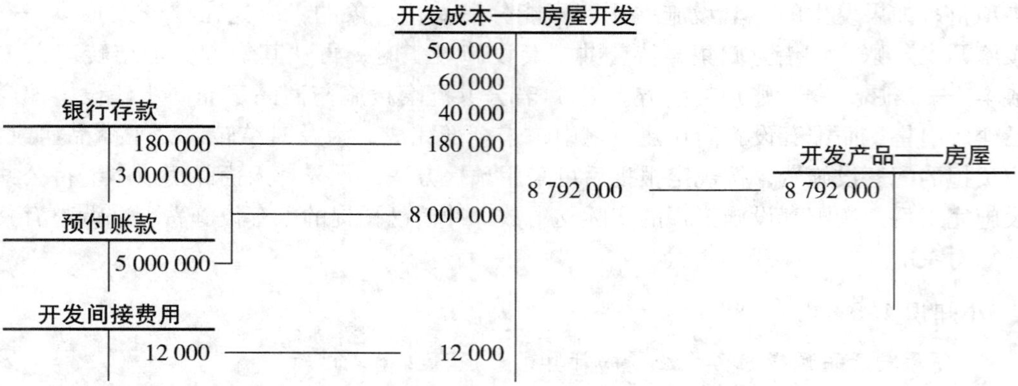

图 4-4　房屋开发业务成本核算的流程图（单位：元）

（四）代建工程开发成本的核算

代建工程开发成本是指开发企业接受有关单位的委托，代为开发建设的工程，或参加委托单位招标，经过投标中标后承建的开发项目所发生的费用支出。其具体内容包括土地开发、房屋开发、市政工程开发（城市道路、基础设施、园林绿化、旅游风景区开发）等开发项目支出。

开发企业接受委托代为开发的建设场地和房屋，其建设内容和特点与企业的土地开发和房屋开发基本相同，所以其开发费用可比照土地开发和房屋开发的核算方法，分别在"开发成本——土地开发"和"开发成本——房屋开发"两个明细账户内核算，开发工程完工，验收合格时，转入"开发产品——代建工程"账户内。

其他代建工程开发项目，应在"开发成本——代建工程开发"账户核算。发生各项开发直接费用时，记入该账户的借方、各有关账户的贷方；期末分配结转开发间接费用时，记入该账户的借方、"开发间接费用"账户的贷方；代建开发工程竣工验收合格后，结转其开发成本，借记"开发产品——代建工程"账户，贷记该账户。期末"开发成本——代建工程开发"账户的余额，表示正在开发的代建工程的成本。

[例 4-11] 盛达房地产开发公司接受市政建设指挥部委托，代为建设灵山风景区，发生下列经济业务：用银行存款支付土地征用及拆迁补偿费 3 000 000 元，前期工程费 300 000 元，基础设施费 400 000 元，结算应付建筑安装工程费 8 700 000 元，应负担的开发间接费用 100 000 元。根据有关费用支出凭证，作如下会计处理：

（1）用银行存款支付拆迁补偿费等：

借：开发成本——代建工程开发　　　3 700 000

　贷：银行存款　　　3 700 000

（2）结转应付建筑安装工程费：

借：开发成本——代建工程开发　　　8 700 000

　贷：应付账款　　　8 700 000

（3）分配结转开发间接费用：

借：开发成本——代建工程开发　　　100 000

　贷：开发间接费用　　　100 000

[例 4-12] 盛达房地产开发公司开发建设的灵山风景区完工，验收合格，结转其实

际成本 12 500 000 元，作如下会计处理：

借：开发产品——代建工程　　　　12 500 000

　贷：开发成本——代建工程开发　　　　12 500 000

代建工程开发业务成本核算的流程如图 4-5 所示。

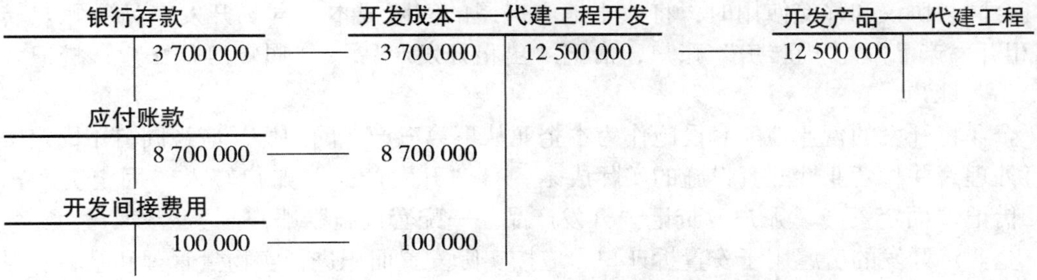

图 4-5　代建工程开发业务成本核算的流程图

第三节　开发产品的核算

开发产品是指企业已经完成全部开发过程，并已验收合格，符合设计标准，可以按照合同规定的条件移交给购货单位，或者可以作为商品对外销售的产品，包括土地、房屋、配套设施和代建工程等。

一、开发产品增加的核算

企业开发的产品，应于竣工验收时，借记“开发产品”账户，贷记“开发成本”账户。

[例 4-13] 仁太房地产开发公司根据其开发的住宅楼验收交接凭证，结转住宅楼开发实际成本 6 500 000 元，应作如下会计处理：

借：开发产品　　　　6 500 000

　贷：开发成本　　　　6 500 000

补充阅读资料 4-3

“开发产品”账户为资产类账户，用以核算企业已完工开发产品的实际成本。其借方登记已竣工验收的开发产品的实际成本；贷方登记月末结转的已销售、转让或结算的开发产品的实际成本；期末余额为尚未转让、销售和结算的开发产品的实际成本。该账户应按企业开发产品的种类，如土地、房屋、配套设施和代建工程等，设置明细账户，并在明细账户下，按成本核算对象设置账页，进行明细核算。

二、开发产品减少的核算

房地产企业出售、转让或出租开发产品，都会造成开发产品的减少，企业应区别不同情况及时进行开发产品结转的会计处理。

企业有偿转让或出售开发产品，应于每月终了，结转对外转让、销售和结算开发产品的实际成本。结转时，借记“主营业务成本”账户，贷记“开发产品”账户。

企业如果采用分期收款结算的方式销售开发产品，在将开发产品移交给使用单位或办妥分期收款销售合同时，应将分期收款开发产品的实际成本，自“开发产品”账户转入“分期收款开发产品”账户，借记“分期收款开发产品”账户，贷记“开发产品”账户。

企业将开发的土地和房屋用于出租或将开发的房屋用于安置拆迁居民周转使用，应于签订合同、协议和移交使用时，将该土地和房屋的实际成本，自“开发产品”账户转入“出租开发产品”、“周转房”账户，借记“出租开发产品”、“周转房”账户，贷记“开发产品”账户。

企业将开发的营业性配套设施作为本企业从事第三产业的用房，应视同自用固定资产进行处理，并将营业性配套设施的实际成本，自“开发产品”账户转入“固定资产”账户，借记“固定资产”账户，贷记“开发产品——配套设施”账户。

企业将开发的房屋用于安置拆迁户，应按实际安置面积进行实物量管理和结转。对于已经交付使用或办理销售和结转手续，而产权尚未移交出去的开发产品，如商品房和配套设施等，应由企业设置“代管房产备查簿”，进行实物管理。企业不得将这部分财产入账，也不得计提折旧和摊销。企业在代管房产过程中取得的收入和发生的各项支出，应作为其他业务收支处理，不在“开发产品”账户核算。

[例4-14] 仁太房地产开发公司结转销售住宅楼实际成本6 500 000元，应作如下会计处理：

借：主营业务成本 6 500 000

　贷：开发产品 6 500 000

[例4-15] 仁太房地产开发公司将一套公寓采用分期收款的方式销售，已办妥分期收款销售合同，该公寓实际成本为200 000元，应作如下会计处理：

借：分期收款开发产品 200 000

　贷：开发产品 200 000

[例4-16] 仁太房地产开发公司将开发建设完成的一幢住宅楼出租经营，其实际成本为2 400 000元，则应作如下会计处理：

借：出租开发产品 2 400 000

　贷：开发产品 2 400 000

[例4-17] 仁太房地产开发公司将开发的一幢房屋用于安置拆迁居民周转使用，实际成本为5 000 000元，应作如下会计处理：

借：周转房 5 000 000

　贷：开发产品 5 000 000

[例4-18] 仁太房地产开发公司将开发建设的作为营业性配套设施的商店用做本企业第三产业的经营用房，实际成本为580 000元，应作如下会计处理：

借：固定资产 580 000

　贷：开发产品 580 000

三、分期收款开发产品的核算

企业如以分期收款的方式销售开发产品，在将开发产品移交给购买单位或个人，或办妥分期收款销售合同时，应按商品房等开发产品的实际成本，借记“分期收款开发产品”账户，贷记“开发产品”账户。

企业按合同规定的期限收取销售价款时（包括第一次收款），借记“银行存款”、“应收账款”等账户，贷记“主营业务收入”账户。同时，按收入与费用相配比的原则，根据当期应收回的价款（即合同规定当期应收价款数额）占分期收款产品应收价款总额（即全部售价）的比例，计算分期收款开发产品应结转的成本，借记“主营业务成本”账户，贷记“分期收款开发产品”账户。

[例 4-19] 仁太房地产开发公司以分期收款的方式销售一套公寓，售价为 600 000 元，双方签订的合同规定，其价款分两次支付：房屋交付使用时支付 70%，计 420 000 元；6 个月后支付余下的 30%，计 180 000 元。该公寓的开发成本为 400 000 元。根据上述资料，仁太房地产开发公司应作如下会计处理：

（1）签订合同时：

借：分期收款开发产品　　400 000

　贷：开发产品　　400 000

（2）在移交房屋、收到第一次房款时：

借：银行存款　　420 000

　贷：主营业务收入　　420 000

同时结转与上述商品房销售收入相关的销售成本 280 000 元（400 000×70%）：

借：主营业务成本　　280 000

　贷：分期收款开发产品　　280 000

（3）6 个月后，收到余下的 30% 价款时：

借：银行存款　　180 000

　贷：主营业务收入　　180 000

同时结转与上述商品房销售收入相关的销售成本 120 000 元（400 000×30%）：

借：主营业务成本　　120 000

　贷：分期收款开发产品　　120 000

“分期收款开发产品”账户应按销售对象设置明细账或“分期收款开发产品备查簿”，详细记录分期收款开发产品的坐落地点、结构、层次、面积、售价、成本、分次收款时间、价款及已收取价款和尚未收取的价款等有关资料。

分期收款开发产品业务核算的流程如图 4-6 所示。

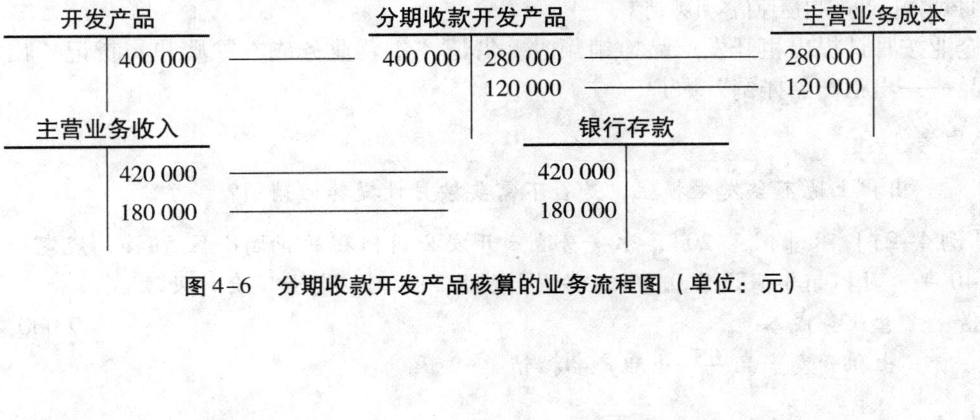

图 4-6　分期收款开发产品核算的业务流程图（单位：元）

第四节 出租开发产品和周转房的核算

一、出租开发产品的核算

出租开发产品是指房地产开发企业开发完成、用于出租经营的土地和房屋。它是企业资产的一部分，但它不同于企业的固定资产，也不同于企业的一般劳动产品，财务制度规定出租经营的开发产品，应视作存货。

为了核算出租开发产品的使用、摊销及其增减变动情况，企业应设置“出租开发产品”账户，并在其下设置“出租产品”和“出租产品摊销”两个明细账户。同时，应根据出租经营的实际情况，按出租产品的类别进行明细核算，并建立“出租产品”卡片，详细记录出租产品坐落地点、结构、层次、面积、租金、单价等情况。

（一）出租开发产品增加的核算

企业开发建成用于出租的土地和房屋，应在其竣工后，借记“开发产品”账户，贷记“开发成本”账户。签订出租合同、协议后，按出租土地和房屋的实际成本，借记“出租开发产品——出租产品”账户，贷记“开发产品”账户。

[例 4-20] 永安房地产开发公司将开发竣工后的花园小区 5#楼出租给立业公司，该房屋的总成本为 4 500 000 元，完工后即投入出租经营之用，应作如下会计处理：

借：开发产品	4 500 000	
贷：开发成本		4 500 000

同时：

借：出租开发产品——出租产品	4 500 000	
贷：开发产品		4 500 000

（二）出租开发产品摊销的核算

出租房屋随着使用及自然力的侵蚀，会逐渐发生损耗而减少其价值。对于这部分损耗价值，房地产开发企业应根据出租产品的账面原价（实际成本）和预计使用年限，计算其损耗额，并作为出租房经营期间的费用，将它按月计入出租房屋的主营业务成本，其计算公式如下：

月摊销率=（1-估计净残值率）÷摊销年限÷12

月摊销额=出租房屋原值×月摊销率

企业按月计提出租开发产品摊销额时，借记“主营业务成本”账户，贷记“出租开发产品——出租产品摊销”账户。

小思考 4-3

出租土地不会发生损耗，是否不需要按月计提其摊销额？

[例 4-21] 承 [例 4-20]，永安房地产开发公司出租的花园小区 5#楼，规定摊销期限为 40 年，月摊销率假设为 0.2%，按月计提摊销额时，作如下会计处理：

借：主营业务成本	9 000	
贷：出租开发产品——出租产品摊销		9 000

（三）出租开发产品修理的核算

出租开发产品在租赁期间发生的修理费用，应列为企业的主营业务成本，数额不大的可直接记入“主营业务成本”账户，借记“主营业务成本”账户，贷记“银行存款”、“应付职工薪酬”等账户。房地产开发企业的出租产品改变用途，作为商品房对外销售而发生的修理支出，应列为销售费用，不得作为主营业务成本列支。

小知识 4-6

企业为了出租经营活动，对出租房屋进行装饰及增补室内设施而发生的装饰工程支出，应先通过“开发成本”账户归集，借记“开发成本”账户，贷记有关账户；工程完工后，应及时结转工程的实际成本，借记“出租开发产品”账户，贷记“开发成本”账户。

［例 4-22］永安房地产开发公司将某花园小区 5#楼出租给某承租单位，在出租后的第二年，承租单位要求对该房屋进行修复、装饰，共发生费用 136 000 元，其中：人工费 50 000元，材料费 70 000 元，其他费用 16 000 元，用银行存款支付，作如下会计处理：

费用发生时：

借：开发成本　　136 000

　贷：银行存款　　16 000

　　　原材料　　70 000

　　　应付职工薪酬　　50 000

工程完工后，增加出租产品价值：

借：出租开发产品——出租产品　　136 000

　贷：开发成本　　136 000

［例 4-23］永安房地产开发公司在其出租的花园小区 5#楼出租两年后，对该房屋进行修理，发生修理费 3 800 元，作如下会计处理：

借：主营业务成本　　3 800

　贷：银行存款　　3 800

（四）出租开发产品改变用途对外销售的核算

房地产开发企业的出租开发产品与企业的固定资产不同，它不属于企业的劳动资料，而是企业的一种开发产品。因此，企业如果改变出租开发产品的用途，将其作为产品对外销售，则应视同开发产品销售处理。

如企业的出租开发产品改变用途对外销售，在销售成立时，应按其销售价格，借记“银行存款”或“应收账款”账户，贷记“主营业务收入”账户。期末，结转对外销售的出租开发产品成本时，按其摊余价值，借记“主营业务成本”账户，按其已提累计摊销额，借记“出租开发产品——出租产品摊销”账户，按原值，贷记“出租开发产品——出租产品”账户。

［例 4-24］承［例 4-22］和［例 4-23］，永安房地产开发公司在将花园小区 5#楼出租使用五年后，改变用途对外销售，收取价款 5 000 000 元，该房屋摊销额为 540 000 元（9 000×12×5），原值为 4 636 000 元（4 500 000+136 000）。作如下会计处理（假设不考

虑相关税费）：

借：银行存款　　5 000 000

　贷：主营业务收入　　5 000 000

借：主营业务成本　　4 096 000

　　出租开发产品——出租产品摊销　　540 000

　贷：出租开发产品——出租产品　　4 636 000

出租开发产品的核算流程如图 4-7 所示。

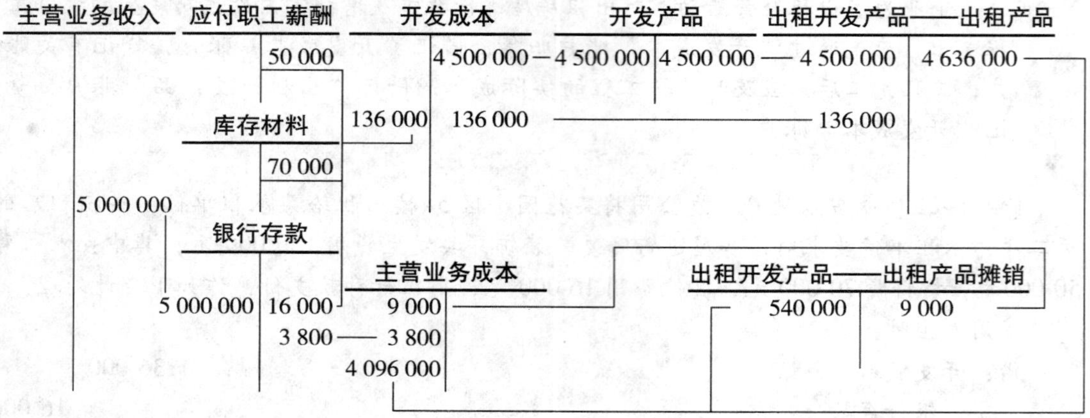

图 4-7　出租开发产品的核算流程图（单位：元）

二、周转房的核算

房地产开发企业的周转房是指用于安置被拆迁居民周转使用、产权归企业所有的各种房屋。其包括：（1）在开发过程中已明确其为安置被拆迁居民使用的房屋；（2）搭建用于安置被拆迁居民周转使用的临时性简易房屋；（3）开发的商品房中在销售前用于安置被拆迁居民使用的房屋。

为了核算周转房的使用、摊销及其增减变动情况，企业应设置“周转房”账户，并在其下设置“在用周转房”和“周转房摊销”两个二级账户，用以核算在用周转房的使用情况。同时，应根据周转房的使用情况，按周转房的幢号（或楼层、房间号）进行明细分类核算，并建立“周转房卡片”，详细记录周转房的坐落地点、结构、层次、面积、租金单价、安置居民姓名等情况。

（一）周转房增加的核算

企业开发建成的周转房，应在其竣工后，借记“开发产品”账户，贷记“开发成本”账户。明确作为周转房后，按其实际成本，借记“周转房——在用周转房”账户，贷记“开发产品”账户。

[例 4-25] 兴华房地产开发公司为安置新安小区的动迁居民，将其建造的 2#楼作为周转房，实际成本为 3 000 000 元，根据房屋交付使用等凭证，作如下会计处理：

借：开发产品　　3 000 000

　贷：开发成本　　3 000 000

借：周转房——在用周转房　　3 000 000

　贷：开发产品　　3 000 000

（二）周转房摊销的核算

周转房随着使用及自然力的侵蚀，会逐渐发生损耗而减少其价值，因此，应根据周转房的使用年限按月摊销其损耗价值。这部分损耗价值应作为开发期间的费用，计入土地、房屋的开发成本。周转房摊销额的基本计算公式如下：

月摊销率＝（1−估计净残值率）÷（摊销年限×12）

月摊销额＝周转房账面原值×月摊销率

周转房损耗价值的摊销额，应在“周转房——周转房摊销”账户核算。每月计提的周转房摊销额，对能确定其为某项土地或房屋开发项目负担的，应计入该土地或房屋的开发成本，借记“开发成本——土地开发”或“开发成本——房屋开发”账户，贷记“周转房——周转房摊销”账户。对于不能确定其为某项土地或房屋开发项目负担的周转房摊销额，应记入“开发间接费用”账户的借方和“周转房——周转房摊销”账户的贷方。

小知识 4-7

周转房摊销年限可比照企业同类结构房屋的折旧年限预计，净残值率一般可按周转房原值的3%～5%预计。

[例 4-26] 6月30日，兴华房地产开发公司计提2#楼周转房的摊销额5 000元，作如下会计处理：

借：开发间接费用（或开发成本）　　5 000

　贷：周转房——周转房摊销　　5 000

（三）周转房修理费用的核算

由于周转房是为了安置因开发项目等建筑产品的开发建设而动迁的居民，是直接服务于某项开发项目的，因此，周转房在使用过程中发生的修理费用，应作为有关开发项目的成本，按其实际发生的成本，借记“开发成本”、“开发间接费用”账户，贷记“银行存款”、“应付职工薪酬”等账户。

[例 4-27] 2#楼周转房发生修理费用50 000元，以银行存款支付，应作如下会计处理：

支付费用时：

借：开发间接费用（或开发成本）　　50 000

　贷：银行存款　　50 000

（四）周转房改变用途对外销售的核算

与固定资产出售核算不同，改变用途对外销售的周转房，应视作开发产品对外销售处理。在销售成立时，借记“银行存款”或“应收账款”账户，贷记“主营业务收入”账户；同时，按其摊余价值，借记“主营业务成本”账户，按其已提累计摊销额，借记“周转房——周转房摊销”账户，按其原值，贷记“周转房——在用周转房”账户。

[例 4-28] 2#楼周转房使用20个月后，公司将其作为商品房对外销售，售房收入为4 000 000元，已存入银行。该周转房累计摊销额为100 000元（5 000×20），根据有关凭证，作如下会计处理：

根据售房结算账单和银行结算凭证：

借：银行存款　　4 000 000

　贷：主营业务收入　　4 000 000

根据“周转房”有关明细账记录：

借：主营业务成本　　2 900 000

　　周转房——周转房摊销　　100 000

　贷：周转房——在用周转房　　3 000 000

第五节　营业收入的核算

房地产开发企业的营业收入包括主营业务收入和其他业务收入。

主营业务收入是指开发企业转让、销售、结算和出租开发产品等所取得的收入，包括土地转让收入、商品房销售收入、配套设施销售收入、代建工程结算收入、出租开发产品租金收入等。

其他业务收入是指在主营业务以外，不独立核算的其他业务或附加业务所发生的收入，主要包括商品房售后服务收入、材料销售收入、固定资产出租收入、其他多种经营收入等。

一、主营业务收入的核算

企业按照签订的销售合同，结算开发产品价款时，借记“银行存款”、“应收账款”等账户，贷记“主营业务收入”账户。

根据主营业务收入应与其相关的成本、费用配比的原则，开发企业在将各期实现的主营业务收入入账时，应同时将其相关的主营业务成本结转入账，借记“主营业务成本”账户，贷记“开发产品”、“出租开发产品”、“周转房”等账户。

补充阅读资料 4-4

“主营业务收入”账户是损益类账户，用以反映对外转让、销售、结算和出租开发产品等所取得的收入。其贷方登记本期实现的主营业务收入；借方登记期末转入“本年利润”账户的金额；结转后本账户应无余额。该账户应按主营业务收入的类别设置土地转让收入、商品房销售收入、配套设施销售收入、代建工程结算收入、出租开发产品租金收入等明细账户。

[例 4-29] 宏大房地产开发公司出售商品住宅一栋，取得价款收入 6 700 000 元，已存入银行，该住宅的实际成本为 5 800 000 元，作如下会计处理：

借：银行存款　　6 700 000

　贷：主营业务收入——商品房销售收入　　6 700 000

借：主营业务成本　　5 800 000

　贷：开发产品——房屋　　5 800 000

[例 4-30] 宏大房地产开发公司出租写字楼一栋，本月收到租金收入 500 000 元，已存入银行，同时计提月摊销额 320 000 元，作如下会计处理：

借：银行存款　　500 000

贷：主营业务收入——出租开发产品租金收入　500 000

借：主营业务成本　320 000

贷：出租开发产品——出租产品摊销　320 000

［例 4-31］ 宏大房地产开发公司为××机械厂代建厂房两座，合同价款为 2 400 000 元，按照代建合同规定，工程竣工后一次结算。厂房本月已全部竣工，验收合格，已将“工程价款结算单”送交委托方进行结算，其代建工程成本为 1 900 000 元，作如下会计处理：

借：应收账款——××机械厂　2 400 000

贷：主营业务收入——代建工程结算收入　2 400 000

借：主营业务成本　1 900 000

贷：开发产品——代建工程　1 900 000

二、其他业务收支的核算

为了反映其他业务收入的核算，企业应设置“其他业务收入”账户。本账户贷方登记取得的各项其他业务收入；借方登记期末转入“本年利润”账户的金额；结转后本账户应无余额。在本账户下，可按商品房售后服务收入、材料销售收入、无形资产转让收入、固定资产出租收入等其他业务收入的种类设置明细账，进行明细分类核算。

根据收入与费用配比的原则，开发企业在将各期实现的其他业务收入入账时，应同时将其相关成本结转入账，借记“其他业务成本”账户，贷记有关账户。

［例 4-32］ 宏大房地产开发公司附设的物业管理处对已建成售出的某商品楼进行售后服务。该处本月收取治安管理费、卫生清洁费、大楼管理费等费用共计 30 000 元，并发生以下各项物业管理费用：职工工资 18 000 元，应付职工薪酬——职工福利 2 520 元，领用材料费 6 000 元，现金支付其他费用 1 160 元。根据有关凭证，作如下会计处理：

借：银行存款　30 000

贷：其他业务收入——商品房售后服务收入　30 000

借：其他业务成本——商品房售后服务支出　27 680

贷：应付职工薪酬　20 520

原材料　6 000

库存现金　1 160

补充阅读资料 4-5

《企业会计制度——会计科目和会计报表》总说明第三条规定，“对于会计科目名称，企业可以根据本企业的具体情况，在不违背会计科目使用原则的基础上，确定适合于本企业的会计科目名称”。故大部分房地产企业在实行新会计制度后，其成本、收入的有关科目仍沿用原会计科目名称，与企业会计制度会计科目的对应关系为：开发成本——生产成本、开发产品——库存商品、主营业务收入——主营业务收入、主营业务成本——主营业务成本、营业税金及附加——主营业务税金及附加。

典型案例一

鸿达房地产开发公司以拍卖方式取得一块土地的使用权，按规划可建 10 幢总面积为

28 100 平方米的建筑物。其中，1#楼建筑面积为 2 400 平方米，2#楼建筑面积为 1 800 平方米，锅炉房、收发室等配套设施建筑面积为 100 平方米。该公司在开发过程中发生下列一些经济业务：

(1) 以银行存款支付土地出让金 425 万元、拆迁安置补偿费 1 000 万元。

(2) 以银行存款支付前期工程费 25 万元、基础设施费 70 万元。

(3) 土地开发完成后，将 1#楼及锅炉房、收发室等工程发包给市建一公司，1#楼合同价款 200 万元，工程完工结算前，以银行存款共计预付工程款 150 万元。

(4) 锅炉房、收发室工程完工，结算工程价款 36.4 万元。

(5) 1#楼工程完工，支付余款。

(6) 公司将 1#楼一套 108 平方米的住房出售，收到房款现金 19.44 万元。

(7) 公司以分期收款的方式销售 1#楼一套 120 平方米的住房，房款 30 万元，签订合同时支付房款 15 万元现金，余款半年后支付。

(8) 2#楼工程发包给房建公司，现已完工，合同价款 160 万元，原已预付工程款 120 万元，对“工程价款结算单”审查后支付余款。

(9) 2#楼完工后，签订合同整体出租给华夏公司。

(10) 按华夏公司的要求对 2#楼进行装修，共发生费用 20 万元，以银行存款支付。

(11) 收到华夏公司支付的半年房租 20 万元。

(12) 半年后，收到上述分期收款销售住房款 15 万元。

(13) 五年后，2#楼的租赁合同到期，公司以每平方米 2 500 元的价格将其出售，2#楼的月摊销率为 0.2%。

如果你是该公司的会计，将如何处理上述业务？

[分析提示]

(1) 首先确定成本核算对象，可考虑按单项工程确定。

(2) 土地开发费用和配套设施费用可按建筑面积进行分配。

(3) 结转出售房屋的成本，应先计算其每平方米成本单价。

典型案例二

安达房屋开发公司征地一处，拟建商品房两栋：甲座、乙座以及锅炉房等配套设施，其建筑面积如下：甲座 10 000 平方米、乙座 15 000 平方米、锅炉房等配套设施 200 平方米。

开发过程中发生业务如下：

(1) 以银行存款支付土地出让金 10 000 000 元、拆迁安置补偿费 13 000 000 元。

(2) 以银行存款支付前期工程费 1 000 000 元、基础设施费 3 000 000 元。土地开发完成，结转土地开发成本。

(3) 将商品楼甲座及锅炉房等配套设施发包给第一建筑公司。甲座合同价款 10 000 000元。开工后，以银行存款预付工程款 60%，计 6 000 000 元。

(4) 锅炉房等配套设施完工，结算应付工程款 500 000 元，并按受益面积（甲座 10 000平方米、乙座 15 000 平方米）结转配套设施费。

(5) 商品楼甲座工程完工，经审查第一建筑公司的“工程价款结算单”后，同意支付剩余工程款 4 000 000 元。

(6) 销售商品楼甲座中的 10 套房屋，建筑面积合计 1 200 平方米，单价每平方米 3 000元，收入合计 3 600 000 元，存入银行。

(7) 商品楼乙座发包给第二建筑公司，合同价款 13 500 000 元，原预付 8 100 000 元，审查“工程价款结算单”同意后支付剩余工程款。

(8) 商品楼乙座竣工，结转开发产品成本。为安置动迁居民，将其转为周转房。

(9) 月末，计提周转房乙座的摊销额，月摊销率 0.2%。

(10) 2 年后，公司将周转房乙座作为商品房对外销售，收入 45 000 000 元，存入银行。

请你以该公司会计的身份，处理上述经济业务。

[分析提示]

(1) 可按单项工程确定核算对象。

(2) 土地开发费和配套设施费可按建筑面积分配。

(3) 先计算竣工房屋每平方米成本单价，然后结转其销售成本。

本章小结

房地产开发企业的开发产品成本，按其开发项目种类可分为土地开发成本、房屋开发成本、配套设施开发成本、代建工程开发成本。各类开发产品成本，在核算上又将其费用分为土地征用及拆迁补偿费、前期工程费、建筑安装工程费、基础设施费、公共配套设施费、开发间接费用六个成本项目。对于费用发生时能分清成本核算对象的，直接计入其开发成本；如果费用发生时分不清成本核算对象，或应由两个或两个以上成本核算对象负担的，应先通过有关账户进行归集，再采用一定的方法分配结转。完工工程通过“开发产品”账户核算，对于出租经营和周转使用的产品，应增设“出租开发产品”和“周转房”账户核算。根据主营业务收入应与其相关的成本、费用配比的原则，开发企业在将各期实现的主营业务收入入账时，应同时将其相关的主营业务成本结转入账。

第五章

第五章 银行会计

第一节 银行会计概述

一、银行的分类

银行是国家经营管理金融工作的机构。我国现行的银行体系包括执行中央银行职能的中国人民银行、国有控股商业银行、综合性银行、地方商业银行、城市合作银行和信用社、外资银行和中外合资银行等。尽管这些银行在业务上存在许多差异，但从银行的性质和经营范围划分，大体可分为两类：一类是中央银行；另一类是商业银行。

（一）中国人民银行

中国人民银行是中央银行，简称央行。央行是国家的银行，是监督和管理金融业的国家行政机构。央行主要有三项基本职能：

1. 制定和执行货币金融政策职能

央行通过对金融政策的制定和执行，运用金融手段，对全国货币、信用活动等进行有目的的调控，影响和干预国家宏观经济，实现预期货币金融政策的目标。

2. 金融监管职能

央行是全国的金融行政管理机关，对全国的商业银行和其他金融机构以及全国的金融市场的设置、业务活动和经济情况进行检查监督、指导管理和控制。其监管的目的是维护金融业的稳定，调整各金融机构之间的内部关系，保证公共利益和银行存款用户的安全，贯彻执行国家的金融法规和政策，促进国民经济的健康发展，防止金融危机和不当金融活动对国民经济的危害。

3. 提供支付清算服务职能

支付清算是央行对经济市场参与者债务活动进行清算的一系列规范和安排。央行要为各商业银行提供支付处理服务，结算大额和零售支付交易，同时还运行全国数千家同城清算所，对所有的同城跨行支付和部分行内支付业务进行清算和结算处理。现在的全国电子联行系统处理异地跨行支付和行内大额异地支付交易已替代了过去纸制凭证的同城结算和跨行结算。

（二）商业银行

商业银行是以经营工商业以及其他经济组织存、放款为主要业务，并以获取利润为目的的货币经营单位，是一个信用授受的中介机构。其与中央银行相比，有明显的经营特征和工作职能。

1. 商业银行的经营特征

（1）商业银行与工商企业及其他经济组织一样，都是以盈利为目的的企业。在经营过程中也是运用自有资本，依法经营、按章纳税、自负盈亏。

（2）商业银行与其他行业的企业相比有其自身的特殊性。具体表现为经营对象的差别。

工商企业经营的是具有一定实物形态和使用价值的商品，从事商品生产和商品流转业务。而商业银行是以金融资产和金融负债为经营对象，经营的是特殊商品，即货币和货币资本。经营的内容包括货币收付、借贷以及各种与货币流通有关的或者与之有关的金融服务，这使其成为一种特殊的金融企业。

商业银行在经营过程中，遵守央行的规定，履行商业银行的工作职能。

2. 商业银行的工作职能

（1）信用中介职能。信用中介是商业银行最基本的工作职能。这一职能的实现是通过吸收社会闲散资金，形成负债业务。再把这些资金和自有资本一齐投向需要资金支持的各个经济部门，形成资产业务。商业银行是作为货币资本的贷出、借入者的中间人来实现资本的融通的，并以吸收资金的成本与发放贷款的利息收入、投资收益的差额来获取利益，形成利润。商业银行虽然通过信用中介这一职能实现了资本盈余和短缺之间的融通，但并不改变货币资本的所有权，改变的只是货币资本的使用权。

（2）支付中介职能。这一职能是指商业银行的经营货币业务。它是通过对单位和个人的存款在账户上的转移，代理客户支付款项并收取手续费，形成业务收入。同时还能在存款的基础上为客户兑付现金等，成为各经济组织和个人的货币保管者、出纳者和支付代理人。因此就形成了以商业银行为中心的社会经济过程中的无穷无尽的支付链条和债权债务关系。

（3）金融服务职能。这一职能是指金融机构的特殊性。银行的触角能够触及全社会的各个角落。由于我国银行的信用好、信息灵通，具备了为各种经济组织和各类人群的客户提供多样化的信息服务、咨询服务等的条件。随着社会的进步和经济的快速发展，大部分单位和居民把原本应该自己处理的货币业务转交给银行代为办理，如代发工资、代办缴费等。这不仅增加了商业银行的服务业务量，也满足了社会需求。

（4）调节经济职能。这一职能是指商业银行通过信用中介职能，调整和调剂社会各部门、各行业的资金流向和余缺，同时在贯彻执行央行货币政策以及国家有关宏观调控政策的落实，实现经济结构、消费比例、产业结构等诸多方面发挥了政府其他部门无法替代的作用。

二、银行会计的特点

银行经营的是货币资金的商业性买卖，该行业的业务特点、职能和作用与其他行业相比，具有如下突出特点：

（一）会计核算活动与业务处理活动的统一性

银行是经营货币资金商业性买卖的特殊行业，绝大部分业务活动的发生会直接引起货币资金的增减变动。银行在处理各项业务的同时，必须通过会计部门直接完成，银行会计核算的过程就是银行办理业务的过程。所以，银行会计核算和业务处理是同步进行的，具有统一性。

（二）反映国民经济活动情况的综合性

银行是国民经济的一个综合部门，它的业务是由国家各经济组织和城乡居民的经济活动引起的。因此，银行会计在微观上反映自身的业务活动和国民经济各部门、各单位以及广大居民的经济活动情况，而通过各分支行会计报表的逐级上报，就可以综合地反映出全国的经济活动情况。

（三）会计核算方法的独特性

银行经营的是特殊商品，各项业务活动从发生到完成，只具有货币资金这一种运动形态，而其他行业的资金在运动过程中形态经常发生变化，除货币资金形态外，还有储备资金、生产资金、成品资金等形态。所以，银行会计具有独特的会计核算方法。

（四）提供会计核算资料的及时性

由于银行与国民经济各部门以及广大居民联系密切，它对外提供的有关资料是国家了解国民经济情况，制定宏观政策，进行宏观决策的重要依据。另外，银行经营的是货币这种特殊商品，这就要求银行会计必须及时对外提供会计资料。同时还要求银行当日的业务活动核算完毕后，在当日账务核对无误的基础上编制当日的内部会计报表——日计表。这种及时性是其他行业无法比拟的。

（五）会计核算和内部监督的严密性

银行经营商品的特殊性决定了银行会计在核算手续和内部监督措施上比其他行业会计更严密，主要体现在：现金收付换人复核、双人临柜、当天业务当天必须入账、每天必须清点库存等制度。只有这样才能做到万无一失。

第二节　商业银行会计

商业银行会计是一种特殊行业的专业会计。它根据会计学的基本原理和基本方法，以货币为基本计量单位，对商业银行会计要素进行确认、计量、记录和报告，向商业银行利益相关者提供有用的会计信息。商业银行会计与其他行业会计相比有很大不同。

一、会计科目和账户

商业银行的会计科目按资金性质可分为资产类、负债类、共同类、所有者权益类、成本类和损益类科目。按与资产负债的关系可分为表内科目和表外科目。

由于业务处理的方法不同，商业银行可以在会计准则所规定的统一会计科目基础上，根据实际需要设置表内会计科目。新准则颁布的银行会计科目，见表5-1。

表5-1　**商业银行会计科目表**

序号	编号	会计科目名称	序号	编号	会计科目名称
		一、资产类	89	2232	应付利息
1	1001	现金	90	2241	其他应付款
2	1002	银行存款	93	2311	代理买卖证券款
3	1003	存放中央银行存款	94	2312	代理承销证券款
4	1011	存放同业	95	2313	代理兑付证券款
7	1031	存出保证金	96	2314	代理业务负债
9	1101	交易性金融资产	98	2411	预计负债
10	1111	买入返售金融资产	99	2501	递延收益
14	1131	应收股利	101	2602	长期债券

续表

序号	编号	会计科目名称	序号	编号	会计科目名称
15	1132	应收利息	106	2801	长期应付款
21	1231	其他应收款	107	2802	未确认融资费用
22	1241	坏账准备	108	2811	专项应付款
14	1251	贴现资产	109	2901	递延所得税负债
24	1301	贷款			三、共同类
25	1302	贷款损失准备	110	3001	清算资金往来
26	1304	代理兑付证券	111	3002	外汇买卖
27	1321	代理业务资产	112	3101	衍生工具
39	1441	贵金属	113	3201	套期工具
40	1442	抵债资产	114	3202	被套期项目
45	1521	持有至到期投资			四、所有者权益类
46	1522	持有至到期投资减值准备	115	4001	实收资本
47	1523	可供出售金融资产	116	4002	资本公积
48	1524	长期股权投资	117	4101	盈余公积
49	1525	长期股权投资减值准备	118	4102	一般风险准备
54	1601	固定资产	119	4103	本年利润
55	1602	累计折旧	120	4104	利润分配
56	1603	固定资产减值准备	121	4201	库存股
59	1606	固定资产清理			五、成本类
60	1611	融资租赁资产			六、损益类
67	1701	无形资产	129	6011	利息收入
68	1702	累计摊销	131	6021	手续费收入
69	1703	无形资产减值准备	135	6051	其他业务收入
70	1711	商誉	136	6061	汇兑损益
71	1801	长期待摊费用	137	6101	公允价值变动损益
72	1811	递延所得税资产	138	6111	投资收益
73	1901	待处理财产损溢	142	6301	营业外收入
		二、负债类	144	6402	其他业务支出
75	2002	存入保证金	145	6403	营业税金及附加
76	2003	拆入资金	146	6411	利息支出

续表

序号	编号	会计科目名称	序号	编号	会计科目名称
77	2004	向中央银行借款	147	6421	手续费支出
78	2011	同业存放	156	6602	管理费用
79	2012	吸收存款	157	6603	财务费用
80	2021	贴现负债	159	6701	资产减值损失
81	2101	交易性金融负债	160	6711	营业外支出
82	2111	卖出回购金融资产款	161	6801	所得税
86	2211	应付职工薪酬	162	6901	以前年度损益调整
87	2221	应交税费			
88	2231	应付股利			

注：

1. 本表是根据我国商业银行会计科目表摘录的主要、常用的一级会计科目。

2. 本表资产类中的“贷款”科目在银行实务中应设置以下二级明细账：

（1）短期贷款。

（2）中长期贷款。

（3）逾期贷款。

3. 本表负债类中的“吸收存款”科目在银行实务中应设置以下二级明细账：

（1）单位活期存款。

（2）单位定期存款。

（3）活期储蓄存款。

（4）定期储蓄存款，即整存整取储蓄存款。

4. 商业银行可根据实际需要设置其他二级明细账，如零存整取、整存零取等。

5. 在实际工作中，许多银行的会计人员为保证会计核算的准确性和会计核算工作的明晰性以及核算习惯，通常将以上二级科目提升为一级科目进行核算。

二、商业银行账务处理程序

商业银行的账务处理程序是将明细核算程序、综合核算程序和账务核对三方面结合起来的一个完整的会计业务处理程序。商业银行账务处理程序的具体步骤如下：

（1）根据发生的银行业务编制或受理审核会计凭证。

（2）根据审核无误的会计凭证登记明细分类账或现金收入、付出日记账。

（3）根据分户账期末余额编制余额表。

以上三项是商业银行明细核算的基本程序。

（4）根据会计凭证编制日结单，试算当天各科目所发生的借方和贷方发生额是否平衡。

（5）根据科目日结单登记总账并结出总账的期末余额。

（6）根据总账余额编制日计表。

以上三项是综合核算的基本程序。

（7）将各总账余额与其所属分户账的余额合计核对相符。

(8) 总账现金科目与现金收入日记簿、现金付出登记簿和现金库存账簿核对相符。

(9) 现金库存登记簿和现金核对相符。

以上三项是账务核对。

商业银行每日账务处理程序与核对关系，如图5-1所示。

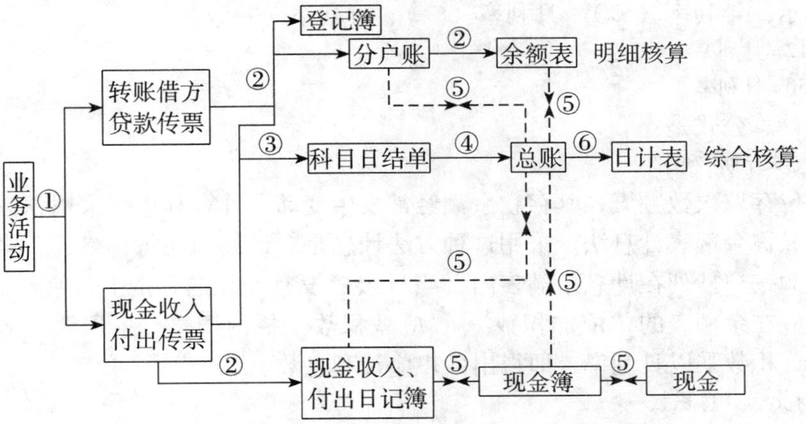

注：实线表示核算步骤；虚线表示核对关系。

图5-1 商业银行每日账务处理程序与核对关系图

商业银行业务核算内容较多，因篇幅关系，这里只介绍商业银行的存贷款业务与结算业务的核算方法。

三、存款业务的核算

存款是银行以信用方式向社会吸收的闲置资金。存款业务核算的基本内容主要有：单位活期存款的核算、单位定期存款的核算、个人活期储蓄存款的核算、个人定期储蓄存款的核算四部分。现分述如下：

(一) 单位存款业务的核算

1. 单位活期存款业务的核算

单位活期存款是指企业、事业、行政机关、社会团体、学校、部队等单位在银行开立的存款账户，用来存放周转资金，办理收付结算和领取现金，它是单位存款的主要形式。

"单位活期存款"账户属于负债类账户，核算银行吸收的单位活期存款。其贷方登记收到的单位存入的活期存款和结计的利息；借方登记单位支取或按规定扣款、销户的金额；余额在贷方，表示单位活期存款的结存数额。该账户按存款单位设置明细账，进行明细核算。

[例5-1] 北京市第一建设公司为支票户，向开户行中国工商银行方正支行存入现金800 000元。方正支行应作如下会计分录：

借：现金	800 000	
贷：吸收存款——单位活期存款（第一建设公司）		800 000

[例5-2] 承［例5-1］，同年第一建设公司以现金支票从中国工商银行方正支行支取现金4 000元。方正支行应作如下会计分录：

借：吸收存款——单位活期存款（第一建设公司）	4 000	
贷：现金		4 000

活期存款是银行流动性最强的流动负债。存款利息的计算应采用如下方法：

计息时间按季度计算。每季末月 20 日为结息日，计算时间从上季末月 21 日开始，到本季末月 20 日为止。计息天数“算头不算尾”。计息利率一般分为年利率、月利率、日利率三种。

利率表示：年利率（%）、月利率（‰）、日利率（‱）。

年利率÷12＝月利率

月利率÷30＝日利率

利息的计算公式是：

利息＝本金×存期×利率

由于单位存取次数频繁，其存款余额经常发生变动，计算利息可采用积数法。

积数法又称余额表计息法。采用这种方法计息是会计部门在每日终了，将各计息分户账的最后余额按户抄列在计息余额表内（当日余额没有变化的，按上日余额照抄）。如遇错账冲正，应在余额表的“应加积数”、“应减积数”栏内调整计息积数。结息日，逐户将全季的累计积数乘以日利率，即得出各户应计利息数。

利息＝日利率×计息积数

注：本金元位起息，元位以下不计息。计算的利息保留到分位。

假定某企业 3 月 21 日至 6 月 20 日在银行的活期存款账户累计积数为 2 003 600 元，由于错账冲正应减少积数 3 600 元，月利率为 0. 825‰，其利息计算如下：

利息＝2 000 000×0. 825‰÷30＝55（元）

计息后，一般于次日入账。应作如下会计分录：

借：利息支出	55	
贷：吸收存款——单位活期存款（××单位）		55

2. 单位定期存款业务的核算

企事业单位如有闲置的自有资金，可以在开户行办理定期存款。单位定期存款是单位存入款项时一次存入，约定存期，到期支取本息的一种存款业务。

“单位定期存款”账户属于负债类账户，核算单位在银行存入的定期存款。其贷方登记收到单位存入的定期存款；借方登记单位支取或到期的转存数额；余额在贷方，反映单位在银行定期存款的实有数额。该账户应按照存款单位设置明细账，进行明细核算。

[例 5-3] 承［例 5-1］，同年，第一建设公司向中国工商银行方正支行申请转存定期存款 160 000 元一年，利率 8%，方正支行同意后，应作如下会计分录：

借：吸收存款——单位活期存款（第一建设公司）	160 000	
贷：吸收存款——单位定期存款（第一建设公司）		160 000

[例 5-4] 承［例 5-3］，一年后第一建设公司定期存款到期，转存为活期存款，方正支行应作如下会计分录：

借：吸收存款——单位定期存款（第一建设公司）	160 000	
利息支出（应付利息）	12 800	
贷：吸收存款——单位活期存款（第一建设公司）		172 800

小思考 5-1

为什么商业银行对活期存款与定期存款要采用不同的计息方法？

（二）个人储蓄存款业务的核算

1. 活期储蓄存款的核算

储蓄存款是指商业银行通过信用方式吸收城乡居民个人手中的资金形成的存款。它是商业银行存款的重要组成部分，并实行“存款自愿，取款自由，存款有息和为储户保密”的原则。

“活期储蓄存款”账户属于负债类账户，核算居民个人存入银行的活期储蓄存款。其贷方登记收到居民个人存入的活期储蓄存款和结计的利息；借方登记居民个人支取款项或销户时的款项；余额在贷方，反映居民个人在银行活期储蓄存款的实有数额。该账户按照存款人设置明细账，进行明细核算。

［例 5-5］开户行中国工商银行方正支行接受居民王林存入的活期储蓄存款 1 000 元，应作如下会计分录：

借：现金　1 000

　贷：吸收存款——活期储蓄存款（王林）　1 000

［例 5-6］承［例 5-5］，几个月后王林取出所有存款，中国工商银行方正支行结出利息合计为 230 元，则应作如下会计分录：

借：吸收存款——活期储蓄存款（王林）　1 000

　　利息支出　230

　贷：现金　1 230

按照规定，活期储蓄存款应每年结息一次，每年 7 月 1 日到次年 6 月 30 日止为结息期，每年的 6 月 30 日为结息日。其主要目的是为了减轻银行年度决算日的工作量。利息的计算方法是：在每年的结息日，银行用累计积数乘以当日挂牌活期储蓄存款日利率。对于结计的利息，银行应作如下会计分录：

借：利息支出

　贷：吸收存款——活期储蓄存款——××存款人

小思考 5-2

银行除了进行活期储蓄存款利息的计算以外，是否还有利息税的计算？如何计算利息税？如何进行账务处理？

2. 定期储蓄存款的核算

定期储蓄存款是指存入时约定存期，存款到期时才能支取的储蓄存款。其特点是：存款时间较长，存期固定。按本息的存取方式不同可分为整存整取、零存整取、存本取息和整存零取四种。

“定期储蓄存款”账户属于负债类账户，核算居民个人在银行存入的各类定期储蓄存款，包括定活两便储蓄存款、零存整取储蓄存款、整存整取储蓄存款、存本取息储蓄存款、整存零取储蓄存款等。其贷方登记居民个人存入的定期储蓄存款数；借方登记居民个人提取的数额；余额在贷方，反映居民定期储蓄存款的结余数。该账户按照居民个人分设明细账，进行明细核算。

［例 5-7］开户行中国工商银行方正支行储户方明开立零存整取储蓄存款账户，第一个月存入 3 000 元，方正支行应作如下会计分录：

借：现金　　3 000
　贷：吸收存款——定期储蓄存款（方明）　　3 000

[例5–8] 承[例5–7] 储户方明的零存整取储蓄存款1年后到期支取，银行计算的利息为1 800元，方正支行应作如下会计分录：

借：吸收存款——定期储蓄存款（方明）　　36 000
　利息支出　　1 800
　贷：现金　　37 800

[例5–9] 马芳在开户行中国工商银行方正支行存入整存整取定期储蓄存款4 900元，存期3年，方正支行应作如下会计分录：

借：现金　　4 900
　贷：吸收存款——定期储蓄存款（马芳）　　4 900

[例5–10] 3年后，马芳持到期存单来银行提款，计算利息为450元，方正支行应作如下会计分录：

借：吸收存款——定期储蓄存款（马芳）　　4 900
　利息支出　　450
　贷：现金　　5 350

3. 利息税的核算

按国家税务总局规定，储户1999年11月1日以后在银行的储蓄存款产生的利息，要缴纳20%的个人利息税（我国从2008年10月9日起，暂免征收利息税）。

（1）各营业网点代扣时，其会计分录是：

借：应付利息——储蓄存款利息户
　贷：其他应收款——代收利息所得税户

（2）上交管辖行时，其会计分录是：

借：其他应付款——代收利息所得税户
　贷：内部往来——××往来单位户

四、贷款业务的核算

贷款也称放款，是银行或其他金融机构以一定的利率和必须归还等为条件，把货币资金提供给需要者的一种信用活动。划分贷款种类的方法有很多：

按对象划分：可以分为工商贷款、农业贷款、集体和个体工商业贷款。

按期限划分：可以分为短期贷款、中长期贷款。

按有无贷款保障划分：可以分为信用贷款、担保贷款、抵押贷款等。

按贷款的用途划分：可以分为流动资金贷款、固定资金贷款、农副产品收购资金贷款。

按贷款的性质划分：可以分为政策性贷款和商业性贷款。

按照贷款的利率划分：可以分为固定利率贷款、浮动利率贷款和优惠贷款。

按照贷款的风险程度划分：可以分为正常贷款、逾期贷款和催收贷款等。

现主要介绍信用贷款、担保贷款和抵押贷款。

（一）信用贷款的核算

信用贷款是银行的高风险资产，是在借款人在无任何抵押的情况下，凭借借款人的信用而发放的贷款。信用贷款分为逐笔核贷、商业票据贴现贷款、下贷上转三种，这里只介绍前两种。

1. 逐笔核贷的核算方式

这种方式主要指银行根据借贷单位提出的申请，审查批准后，约定期限逐笔发行，一次或分次收回贷款本息。这种贷款方式适合各种流动资金贷款、各种设备贷款、临时性贷款等。这类贷款一般根据贷款期限是否超过一年划分为短期贷款和中长期贷款两种。

“短期贷款”和“中长期贷款”账户属于资产类账户，分别核算银行向单位发放的短期和中长期贷款。其借方登记发放贷款的本金；贷方登记贷款的收回和不能收回转入“逾期贷款”账户的数额；余额在借方，反映尚未收回的贷款。按照借款单位设置明细账进行明细核算。

［例 5-11］北京康泰公司向中国工商银行北京市东城区支行申请长期贷款，金额为 200 000 元。东城区支行应作如下会计分录：

借：贷款——中长期贷款（北京康泰公司）　　200 000
　贷：吸收存款——单位活期存款（北京康泰公司）　　200 000

［例 5-12］承［例 5-11］，如中国工商银行北京市东城区支行向某个体户王力发放 4 000元、期限为 9 个月的短期贷款。东城区支行应作如下会计分录：

借：贷款——短期贷款（王力）　　4 000
　贷：现金　　4 000

［例 5-13］承［例 5-11］，中国工商银行北京市东城区支行收回贷款，利息收入计算为 8 000 元。东城区支行应作如下会计分录：

借：吸收存款——单位活期存款（北京康泰公司）　　208 000
　贷：贷款——中长期贷款（康泰公司）　　200 000
　　　利息收入　　8 000

［例 5-14］承［例 5-12］，个体户王力逾期未能还贷，则东城区支行应作如下会计分录：

借：贷款——逾期贷款（王力）　　4 000
　贷：贷款——短期贷款（王力）　　4 000

2. 商业票据贴现贷款业务的核算

贴现是指申请人持未到期的票据，要求银行融资，把票据金额扣除未到期利息后如数付给申请人的一种贷款方式。这种贷款方式的特点在于其贷款对象是票据。按照《中华人民共和国票据法》的规定，可以贴现的票据有商业汇票（包括银行承兑汇票和商业承兑汇票）、未到期的债券和存单等。贴现利息和贴现金额的计算公式为：

贴现利息 = 汇票金额 × 贴现天数 × 贴现利率

贴现金额 = 汇票金额 - 贴现利息

为核算商业票据贴现、再贴现和转贴现业务，银行应设置“贴现资产”账户。其借方登记单位和其他商业银行来办理贴现、转贴现的商业票据的票面金额、再贴现票据到期中央银行扣收的票款、偿还其他商业银行票款等；贷方登记以未到期的商业票据向中央银行或其他银行转贴现、到期向贴现申请人或转贴现申请人收回的票款以及不能收回的票款的核销数额。

[例5-15] 7月9日，在中国工商银行北京市东城区支行开户的北京市进出口贸易公司持一张面额为1 800 000元的商业承兑汇票来申请贴现。如票据到期日为9月13日，月贴现率为0.72%，东城区支行应作如下会计分录：

贴现利息=1 800 000×64×0.72%÷30=27 648（元）

贴现金额=1 800 000-27 648=1 772 352（元）

借：贴现资产　1 800 000

　贷：吸收存款——单位活期存款（北京市进出口公司）　1 772 352

　　　利息收入　27 648

[例5-16] 承［例5-15]，若付款人到期拒付，东城区支行应作如下会计分录：

借：吸收存款——单位活期存款（北京市进出口公司）　1 800 000

　贷：贴现资产　1 800 000

[例5-17] 假如北京市进出口贸易公司存款户只有1 600 000元，东城区支行应作如下会计分录：

借：吸收存款——单位活期存款（北京市进出口公司）　1 600 000

　　贷款——逾期贷款　200 000

　贷：贴现资产　1 800 000

（二）担保贷款的核算

担保贷款是指借款人申请借款的同时，向银行提供有法人资格的且借款人一旦无力还款而能代之履行偿还责任的经济组织作保证的贷款。担保贷款虽有保证人，但只是以保证人的信用作担保，借款人未以任何财产作抵押，从严格意义上讲仍为信用贷款，因此，其会计处理与信用贷款相同。但当债务期满债务人未能偿债应追究保证人连带责任时，应调整账务。

当担保人替债务人偿债时，银行应作如下会计分录：

借：贷款——短期贷款（或中长期贷款）（担保人）　×××

　贷：贷款——短期贷款（或中长期贷款）（借款人）　×××

同时，从担保人处收回贷款本息时：

借：吸收存款——单位活期存款（担保人）　×××

　贷：贷款——短期贷款（或中长期贷款）（担保人）　×××

　　　应收利息　×××

　　　利息收入　×××

（三）抵押贷款的核算

抵押贷款与信用贷款、担保贷款是不同的，其主要区别在于有无物资作抵押。前者是银行要求借贷人提供一定的抵押品作为物资保证而发放的贷款。如借贷人逾期不能还贷，银行有权以其抵押品作为抵扣，以所得的收入作为补偿。

[例5-18] 北京某公司目前急需短期资金140 000元，以一台设备向中国工商银行北京市东城区支行申请抵押贷款，东城区支行应作如下会计分录：

借：贷款——抵押贷款　140 000

　贷：吸收存款——单位活期存款（北京某公司）　140 000

[例5-19] 承［例5-18] 贷款到期，银行收到借款人归还的本息143 200元，其应

作如下会计分录：

借：吸收存款——单位活期存款（北京某公司） 143 200
　贷：贷款——抵押贷款 140 000
　　　利息收入 3 200

假如公司未能及时还账，则银行要处理其抵押品以补偿本息。将固定资产出售后收到现金 143 200 元，银行应作如下会计分录：

借：现金 143 200
　贷：贷款——抵押贷款 140 000
　　　利息收入 3 200

如果拍卖所得净收入（拍卖所得收入减拍卖所付费用）大于抵押贷款本息，按照《担保法》第五十三条的规定：抵押物折价或者拍卖、变卖后，其价款超过债权数额的部分归抵押人所有，不足部分由债务人清偿。因此，拍卖所得的净收入超过贷款本息的余额应退还借款人，银行应作如下会计分录：

借：现金 ×××
　贷：贷款——抵押贷款 ×××
　　　利息收入（或应收利息等） ×××
　　　吸收存款——单位活期存款（××借款人） ×××

如果拍卖所得净收入小于抵押贷款本息，不足的部分应由债务人清偿，则银行应作如下会计分录：

借：现金 ×××
　　吸收存款——单位活期存款（××借款人） ×××
　贷：贷款——抵押贷款 ×××
　　　利息收入 ×××

如果将抵押品按其实物属性转入银行自己的资产账内，则银行应作如下会计分录：

借：固定资产 ×××
　贷：贷款——抵押贷款 ×××
　　　利息收入 ×××
　　　累计折旧等 ×××

五、结算业务的核算

结算业务包括银行汇票结算、商业汇票结算、委托收款结算、汇兑等几种，分述如下：

（一）银行汇票结算的核算

"汇出汇款"账户属于负债类账户，核算银行办理银行汇票业务所发生的收付款项以及汇出的外汇汇款。贷方登记汇出的款项，借方登记解付的汇款和发生退汇的汇款，余额在贷方，反映汇出汇款的结余数。该账户应设置"全国银行汇票户"、"区域性银行汇票户"、"汇出境内汇款户"和"汇出境外汇款户"四个明细账户，进行明细核算。

[例 5-20] 中国工商银行北京市东城区支行为某客户申请办理银行汇票一张，金额 40 000 元，东城区支行应作如下会计分录：

借：吸收存款——单位活期存款 40 000

贷：汇出汇款 40 000

[例5-21] 承［例5-20］，中国工商银行北京市东城区支行接到联行借方报单及解讫通知，交易金额为38 000元，东城区支行应作如下会计分录：

借：汇出汇款 40 000

贷：联行来账 38 000

吸收存款——单位活期存款 2 000

“联行往账”科目。本科目由发报行使用，是全国联行往来的专用科目。发报行在发生联行账务、填制联行报单时使用本科目，如填制借方报单，即代他行付款，记入该科目借方；如填制贷方报单，即代他行收款，记入该科目贷方。

“联行来账”科目。本科目由收报行使用，也是全国联行往来的专用科目。收报行在接到发报行寄来联行报单时，用本科目核算。收到借方报单，记入该科目贷方；收到贷方报单，记入该科目借方。

（二）商业汇票结算的核算

1. 商业承兑汇票结算的核算

[例5-22] 甲公司卖给乙公司一批原料，价值100 000元，乙公司签发并承兑商业汇票一张，面额100 000元，承兑期限3个月。甲公司在汇票到期前委托开户银行收款。乙公司开户行于到期日划款，应作如下会计分录：

借：吸收存款——单位活期存款（乙公司） 100 000

贷：联行往账 100 000

甲公司开户行在收到汇票款项时，应作如下会计分录：

借：联行来账 100 000

贷：吸收存款——单位活期存款（甲公司） 100 000

2. 银行承兑汇票结算的核算

[例5-23] 假设［例5-22］中乙公司签发的汇票是其开户行承兑的，其开户行应收取手续费100元（100 000×1‰），应作如下会计分录：

借：吸收存款——单位活期存款（乙公司） 100

贷：手续费收入 100

乙公司开户行在汇票到期时向乙公司收取票款，应作如下会计分录：

借：吸收存款——单位活期存款（乙公司） 100 000

贷：应解汇款——乙公司 100 000

乙公司开户行办理票款转账时，应作如下会计分录：

借：应解汇款——乙公司 100 000

贷：联行往账 100 000

“应解汇款”账户属于负债类账户，用于核算本行收到的待解付的结算款项。凡本行收到的未在本行开户的单位和个人待解付的款项以及本行签发的银行承兑汇票到期待付的款项等，均通过本账户核算。异地汇入待解付汇款或结汇款项，以及本行承兑的商业汇票到期待付、银行汇票待解付时，贷记本账户；解付汇入款项、结汇和支付汇票款项时，借记本账户；收款人要求将款项退汇或转汇时，也借记本账户。余额反映在贷方。本账户按收款人逐笔设户进行明细核算。

若乙公司在汇票到期时无力付款，其开户行应作如下会计分录：

借：贷款——短期贷款（乙公司逾期贷款） 100 000

　贷：应解汇款——乙公司 100 000

甲公司开户行在汇票到期收取票款时，应作如下会计分录：

借：联行来账 100 000

　贷：吸收存款——单位活期存款（甲公司） 100 000

（三）委托收款结算的核算

委托收款是收款人委托银行向付款人收取款项的一种结算方式。

［例5-24］北京市××机电公司向其开户行中国工商银行北京市东城区支行提出委托收款的申请，向北京市某厂收回所欠的贷款50 000元。当付款方付款时，其开户行（中国建设银行北京市东城区支行）的会计分录为：

借：吸收存款——单位活期存款（××机电公司） 50 000

　贷：联行往账 50 000

机电公司开户行收到对方开户行的有关凭证，在办理进账时，应作如下会计分录：

借：联行来账 50 000

　贷：吸收存款——单位活期存款（××机电公司） 50 000

（四）汇兑的核算

汇兑是汇款人委托银行将款项汇到外地的结算方式。

［例5-25］北京顺达公司到开户行中国工商银行北京市东城区支行办理业务，汇给天津兴东公司购原材料款200 000元。银行在汇出款项时，应作如下会计分录：

借：吸收存款——单位活期存款（北京顺达公司） 200 000

　贷：联行往账 200 000

天津兴东公司开户行在接到中国工商银行北京市东城区支行寄来的邮划贷方报单时，应作如下会计分录：

借：联行来账 200 000

　贷：吸收存款——单位活期存款（天津兴东公司） 200 000

小知识5-1

金融企业应当在期末分析各项贷款的可收回性，预计可能产生的贷款损失，计提贷款损失准备。贷款损失准备应根据借款人的还款能力、贷款本息的偿还情况、抵押品的市价、担保人的支持力度和金融企业内部信贷管理的因素，分析其风险程度和回收的可能性，合理计提。

计提的贷款损失准备应计入当期损益，会计分录为：

借：资产减值损失 ×××

　贷：贷款损失准备 ×××

核销贷款损失时，会计分录为：

借：贷款损失准备 ×××

　贷：贷款——逾期贷款 ×××

第三节　中央银行会计

一、中央银行会计的特点

中央银行是管理全国金融业的国家机关，是全国金融活动的中心。中央银行掌管货币发行，集中管理信贷资金，管理外汇、金银，经理国库，代理发行国家债券等，与各专业银行和其他金融机构以及财政部门等有密切的资金联系。

（一）中央银行的业务范围

1. 集中资金

中央银行的资金来源主要由四部分组成：

（1）自有资金，是指中央信贷基金、固定资产基金、专项基金等；

（2）各项存款，包括财政性存款、专业银行及其他金融机构缴存款、专业银行及其他金融机构存款、邮政储蓄转存款等；

（3）其他资金来源，包括结算资金、暂收款项及各项收入；

（4）货币发行，是指流通中的货币。

2. 分配资金

中央银行的资金运用有四个方面：

（1）各项贷款（包括对专业银行及其他金融机构贷款、各种专项贷款和再贴现等）；

（2）各项占款（包括拨付中央信贷基金、金银占款、固定资产占款、有价证券、投资、兑付国家债券本息款项等）；

（3）其他资金占用（如暂付款项、各项支出及费用等）；

（4）库存现金。

3. 宏观调控

中央银行对专业银行及其他金融机构等的业务活动实行金融宏观控制与调节。

（二）中央银行会计的特点

中央银行是管理全国金融事业的国家机关，与专业银行，其他部门、单位相比具有以下几个特点：

（1）中央银行会计具有金融宏观管理特征，是实现中央银行职能的工具。中央银行根据国家经济和金融政策，采取宏观调控手段，进行货币发行、回笼，存款和贷款等资金活动，这些活动都是通过会计体现出国家宏观金融管理的性质。

（2）中央银行的会计核算既反映了专业银行和其他金融机构本身的经营活动情况，又综合反映了一个地区和全国的金融活动状况。专业银行及其他金融机构必须在中国人民银行开立账户，其营运资金的收付要在中国人民银行开设的账户中进行。根据《全国银行统一会计基本制度》的规定，中央银行总行管理全国银行会计工作，中央银行各地分支机构管理本地区银行和其他金融机构的会计工作。各专业银行要根据《全国银行统一会计基本制度》的规定，使用全国银行统一会计科目，并向中央银行编报统一会计报表。

从会计核算的角度来看，中央银行的会计核算内容主要包括货币发行业务的核算、经理国库业务的核算、商业银行缴存存款和贷款的核算等。

二、货币发行业务的核算

中国人民银行是我国唯一的货币发行机构。货币发行，是指对货币的印制、保管、调拨，货币的发行与回笼，以及损伤货币的销毁等。

（一）货币发行业务概述

1. 发行基金和发行库

发行基金是指中国人民银行替国家保管的尚未发行的票币，是为调剂市场货币流通的准备基金。由印制厂印制完成但尚未投入流通的票币以及从流通领域回笼的票币，均为发行基金。

发行库是发行基金的保管库。中国人民银行设立人民币发行库，并在其分支机构设立分支库。为灵活调拨发行基金，总库在若干分库设立总行的重点库和后备库，代总库接收新票币入库，并保管和运送发行基金。发行库的主要职责是：根据国务院核定的货币发行额度，统一调度发行基金；具体办理货币发行工作和损伤票币的收回和销毁；保管和调运发行基金，调剂市场各种票币的流通比例；办理全国发行业务的会计核算，正确、及时地反映市场货币投放和回笼情况。

2. 应设置的会计科目

（1）发行库专用科目。

①“发行基金”科目，用于记载各发行库本身及其所辖发行基金的变动情况。

收方　　发行基金	付方
①印钞厂交来票币 ②其他发行库调入发行基金 ③商业银行交存回笼货币	①销毁损伤票币 ②向其他发行库调出发行基金 ③商业银行支取发行票币
余额：本身和所辖的库存发行基金	

②“总行重点库发行基金”科目，用于记载重点库发行基金的变动情况。

收方　　总行重点库发行基金	付方
调入发行基金	调出发行基金
余额：重点库发行基金的库存数	

③“印制及销毁票币”科目，用于记载有关票币的印制和销毁情况。

收方　　印制及销毁票币	付方
印钞厂交来票币	销毁损伤票币
余额：发行库的发行基金和流通货币之和	

上述科目均为发行库专用科目，因与其他中国人民银行业务的核算没有关联，核算时应采用单式记账法记账。

（2）银行统一会计科目。

①“发行基金往来”科目，用于记载货币的发行和回笼情况，中国人民银行各级行通用，但记账方向相反。

借方　　发行基金往来（基层行）	贷方
商业银行送存现金数	商业银行提取现金数
余额：货币回笼数	货币投放数

借方	发行基金往来（总行）	贷方
商业银行提取现金数		商业银行送存现金数
余额：货币投放数		货币回笼数

②“流通中货币”科目，用于记载流通中货币的变动情况。

借方	流通中货币	贷方
回笼货币		发行货币
		余额：流通中的货币量

（二）发行基金印制入库的核算

印制货币必须遵守印制计划，印制完成的所有合格货币，必须全数解缴总库指定的发行库保管。

合格货币解缴入库时，总行重点库应作如下会计处理：

收入：“总行重点库发行基金”

总库收到经重点库验收盖章入库的凭证时，应作如下会计处理：

收入：“发行基金——××重点库户”

收入：“印制及销毁票币——××券（币）别户”

对直接交给总库的新印票币，总库应作如下会计处理：

收入：“发行基金——总库户”

收入：“印制及销毁票币——××券（币）别户”

（三）发行基金调拨的核算

发行基金的调拨是发行库与发行库之间发行基金的转移，是组织货币投放的准备工作，有上下级库之间以及同级库之间的调拨两种。

1. 上下级库之间发行基金的调拨

（1）上级库调出发行基金给下级库时，上级调出库应作如下会计处理：

付出：“发行基金——本库户”

收入：“发行基金——××调入库”

下级调入库验收发行基金无误后，应作如下会计处理：

收入：“发行基金——本库户”

（2）下级库调拨发行基金给上级库时，下级调出库应作如下会计处理：

付出：“发行基金——本库户”

上级调入库的会计处理为：

收入：“发行基金——本库户”

付出：“发行基金——××调出库户”

2. 同级库之间发行基金的调拨

先由上级库签发命令，并分别通知调入库和调出库。

（1）上级库作如下会计处理：

收入：“发行基金——××调入库户”

付出：“发行基金——××调出库户”

（2）调出库的会计处理为：

付出：“发行基金——本库户”

（3）调入库的会计处理为：

收入：“发行基金——本库户”

（四）货币投放的核算

货币投放是指发行库将发行基金支付给商业银行的过程。货币投放后，发行基金减少。商业银行与中国人民银行的现金收付活动，是实现中国人民银行货币发行与回笼的主要手段。

［例5-26］某商业银行北京市××区支行向同级人民银行提取现金2 000 000元。发行库在办理投放业务时，应作如下会计处理：

付出：发行基金——本库户		2 000 000

同级人民银行应作如下会计分录：

借：现金	2 000 000	
贷：发行基金往来		2 000 000
借：商业银行存款	2 000 000	
贷：现金		2 000 000

北京市发行分库在接到通知后，应作如下会计处理：

付出：发行基金——××分库户		2 000 000

总库应在接到通知后，作如下会计处理：

付出：发行基金——北京分库户		2 000 000

总行应作如下会计分录：

借：发行基金往来	2 000 000	
贷：流通中货币		2 000 000

（五）货币回笼的核算

各商业银行将超过库存限额的货币交存中国人民银行发行库，称为货币的回笼。货币回笼表现为各商业银行送存现金给中国人民银行，其实质是流通中的货币退出流通领域，返回到发行基金的状态。

（1）发行库收到商业银行送存的现金时的会计处理为：

收入：“发行基金——本库户”

（2）中国人民银行的会计分录为：

借：发行基金往来

　贷：××银行存款

（3）总行的会计分录为：

借：流通中货币

　贷：发行基金往来

（4）总库在接到通知时，应作如下会计处理：

收入：“发行基金——××分库户”

（5）商业银行向中国人民银行送存现金时，应作如下会计分录：

借：存放中央银行款项

贷：现金

小思考 5–3

谁负责办理国库券的印制、调拨、发行、还本付息及销毁工作？为方便单位和个人认购，发行国库券的日常业务委托给谁来办理？

三、经理国库业务的核算

国库的全称为国家金库。按照国家规定，一切财政收入必须按期缴入国库，任何单位不得截留、坐支或保管。一切财政支出，必须凭各级财政机关的拨款凭证通过国库拨付。我国国库设在中央银行，经理国库业务是中国人民银行的重要工作。

目前，我国的国库分为中央国库和地方国库两部分。中央国库设总库、分库、中心支库、支库四级机构。中国人民银行总行经理总库，各省、自治区、直辖市分行经理分库，市、地（州）分行、支行经理中心支库，县（市）支行及城区办事处经理支库，支库以下设经收处，由有关商业银行的分支机构办理经收处业务。

国库会计核算应分中央金库和地方金库来设置会计科目。中央金库应设置的会计科目包括：中央预算收入、待报解中央预算收入、中央预算支出（总库专用）、财政预拨经费限额款（总库专用）等。

地方金库应设置的会计科目包括：地方财政库款、待报解地方预算收入、财政预算外存款等。

国库业务核算主要有：预算收入收纳的核算、库款报解和支拨的核算、发行国家债券和还本付息的核算等。这里只介绍前两种。

（一）预算收入收纳的核算

预算收入是国库收入的主要内容。预算收入由于来源不同，分别由税务、海关和财政等部门负责征收。各类预算收入根据规定的预算收入级次和收入分成留解比例，办理划分、留解，分别进入中央金库和各级地方金库。

1. 经收处代收预算收入的核算

经收处在收到缴款单位或缴款人交来的缴款书并审核无误后，应作如下会计分录：借记“××存款”，贷记“待结算财政款项——待报解预算收入户”。如果缴款单位缴纳的是现金，则会计分录为：借记“现金”，贷记“待结算财政款项——待报解预算收入户”。每日终了，应将当日的预算收入全数划转商业银行，其会计分录为：借记“待结算财政款项——待报解预算收入户”，贷记“联行存放款项”等。

“待结算财政款项”核算中国人民银行国库部门因预算收入级次不清等原因而待处理的款项。贷方登记收入数，划分处理后，借记本账户，余额轧差反映。

2. 支库收纳预算收入的核算

支库收纳的预算收入，主要由支库本身直接收纳和经收处代收后上划两部分组成。其会计分录为：借记“存放联行款项”等，贷记“待报解地方预算收入”或“待报解中央预算收入”等。

“待报解地方预算收入”科目属于负债类科目，核算国库各分支库当日收纳的、未报解及未结转的地方预算收入款项。本科目是过渡性科目，当日收纳款项时登记在贷方，划分报解、退付、结转时登记在借方，余额为零。

“待报解中央预算收入”科目属于负债类科目，核算国库各分支库当日收纳的、未报解的中央预算收入。本科目也是过渡性科目，当日收纳款项时登记在贷方，划分报解、退付时登记在借方，余额为零。

3. 分库收纳预算收入的核算

分库收纳的预算收入包括直接收纳和下级库上划两种。直接收纳的会计处理与支库相同。下级库上划的会计处理为：分库收到县支库上报的预算收入凭证办理转账时，借记“存放联行款项”，贷记“待报解中央预算收入”或“待报解地方预算收入”。

（二）库款报解和支拨的核算

国库对已入库的预算收入，应按照国家财政管理体制和分成留解比例划分各级预算收入和计算分成留解数，并及时向上级国库和各级财政机关报告预算收入和划解情况。预算收入可划分为：中央预算固定收入、地方预算固定收入以及中央与地方共享收入三部分。

1. 支库报解的核算

支库在报解库款时，应对中央与地方共享收入作如下会计分录：

借：待报解中央预算收入　　×××
　贷：中央预算收入　　×××
　　　待报解地方预算收入——省级收入户　　×××
　　　　　　　　　　　——地（市）级收入户　　×××
　　　　　　　　　　　——县级收入户　　×××

应对中央预算固定收入，作如下会计分录：

借：中央预算收入　　×××
　　待报解地方预算收入——省级收入户　　×××
　　　　　　　　　　　——地（市）级收入户　　×××
　贷：联行存放款项　　×××

应对县级预算固定收入，作如下会计分录：

借：待报解地方预算收入——县级收入户　　×××
　贷：地方财政库款　　×××

“地方财政库款”科目属于负债类科目，核算地方各级财政预算的固定收入、共享收入、补助收入、专项收入、基金预算收入和地方预算收入的退付以及地方预算支出拨款、拨款的缴回、补助支出、专项支出和基金预算支出等款项。收入增加时登记在贷方，拨款时登记在借方。本科目应按照与预算级次相对应的财政部门和收入、支出等分设明细账，进行明细核算。

2. 中心支库报解的核算

中心支库在收到支库上报的各种报解凭证时，对地（市）级固定预算收入，应作如下会计分录：

借：联行来账　　×××
　贷：待报解地方预算收入——省级收入户　　×××
　　　　　　　　　　　　——地（市）级收入户等　　×××

中心支库对上报来的中央与地方共享收入，应作如下会计分录：

借：待报解中央预算收入　　×××

贷：中央预算收入 ×××

待报解地方预算收入——省级收入户 ×××

——地（市）级收入户 ×××

3. 分库报解的核算

分库收纳预算收入和库款报解的核算方法与中心支库基本相同。

4. 总库报解的核算

总库是库款报解的终结单位。总库收到分库划来的各种报解凭证时，应编制汇总的中央预算收入日报表。

借：联行来账 ×××

贷：中央预算收入 ×××

库款支拨也称作预算拨款，它是指财政部门根据规定的预算计划将国库收纳的预算款项拨付给各预算单位。库款支拨的方式有实拨资金和限额拨款两种，我们只介绍前一种。

因为用款单位多在各类商业银行开户，而国库设在中央银行。因此，国库在支拨库款时，一方面减少国库存款，另一方面增加商业银行在中央银行的存款余额。国库支拨库款的会计分录为：

借：中央预算支出 ×××

地方财政库款 ×××

贷：××商业银行存款户 ×××

小知识 5-2

中国人民银行是国家授权管理和储备金银的机构，从事金银的收购、统管金银的销售、金银市场的管理、经营机构的管理、金银进出国境的管理等。一切厂矿单位生产和回收的金银，农村集体和个人所采炼的金银，都必须全部交售给中国人民银行或其委托机构，不得自行销售、交换和留用。国家保护个人持有合法所得的金银，但所有单位和个人不得使用金银计价，禁止私下买卖和借贷抵押金银。

四、商业银行缴存存款和贷款的核算

为充分发挥中央银行控制货币供应量的职能，我国实行存款准备金制度①，采取缴存存款的办法，即各金融机构应按规定比例缴存存款准备金。

根据国家规定，各商业银行吸收的存款以及财政性存款全部划归中国人民银行所有，其吸收的一般性存款，如企业存款、城乡储蓄存款、其他存款，必须按规定的比例缴存中国人民银行，由中国人民银行统一使用。中国人民银行为控制货币供应量，放松或紧缩贷款规模②，支持商业银行的业务发展，可向商业银行提供贷款。

（一）商业银行缴存存款（存款准备金）的核算

为了核算各商业银行缴存的财政性存款，应设置“××银行缴来财政性存款”科目。该科目为负债类科目，余额反映在贷方。

---

① 上缴中央银行的存款称存款准备金，上缴比例称存款准备率。

② 当中央银行根据市场货币流通情况而提高准备率时，则缩小信贷规模——紧缩银根；反之，则扩大信贷规模——放松银根。

为了核算各商业银行缴来的一般性存款，应设置“××银行缴来一般性存款”科目，该科目为负债类科目，余额反映在贷方。

[例 5-27] 中国工商银行大连分行 9 月末各项存款余额调整①后，已缴财政性存款 40 000 000元，已缴一般性存款 5 000 000 元。10 月 10 日②该分行各存款科目余额为：

财政性存款 45 000 000 元

企业存款 100 000 000 元

储蓄存款 70 000 000 元

各种存款缴存比例为：财政性存款 100%，一般性存款 13%。

应补缴财政性存款＝45 000 000－40 000 000＝5 000 000（元）

应补缴一般性存款＝170 000 000×13%－5 000 000＝17 100 000（元）

中国人民银行在办理转账时的会计分录为：

借：工商银行存款户——大连分行	22 100 000	
贷：工商银行缴来财政性存款		5 000 000
工商银行缴来一般性存款		17 100 000

中国工商银行大连分行在办理转账时的会计分录为：

借：存放中央银行款项——财政性存款	5 000 000	
——一般性存款	17 100 000	
贷：存放中央银行款项——备付金存款		22 100 000

（二）对商业银行再贷款③的核算

中央银行向商业银行贷款分为以下几种：

①年度性贷款——中国人民银行为解决专业银行因经济合理增长引起的年度性贷款资金不足而发放的贷款。一般期限为一年，最长不超过两年。

②季节性贷款——中国人民银行为解决专业银行因信贷资金先支后收或存、贷款季节性下降或上升等原因造成的暂时资金不足而发放的贷款。一般期限为两个月，最长不超过四个月。

③日拆性贷款——中国人民银行为解决商业银行因汇划款项未达而发生的临时性资金短缺而发放的贷款。一般期限为 10 天，最长不超过 20 天。

④再贴现——用于解决商业银行因办理票据贴现引起的暂时资金不足而融通的资金。期限从再贴现之日起到贴现票据到期日止，一般在六个月内。

[例 5-28] 交通银行大连分行向中国人民银行大连分行申请借得期限为一年的贷款 10 000 000 元。

中国人民银行大连分行应作如下会计分录：

借：交通银行贷款	10 000 000	
贷：交通银行存款		10 000 000

交通银行大连分行应作如下会计分录：

借：存放中央银行款项	10 000 000	

① 在初次缴存后，以后各次缴存均称为调整。
② 城市支行每 10 天调整一次，县以下支行每月调整一次。
③ 中央银行根据商业银行的借款计划向其发放的贷款，称为再贷款。

贷：向中央银行借款　　10 000 000

还款时作相反的会计分录，对发生的利息，中国人民银行大连分行应贷记“利息收入——金融机构利息收入”；交通银行大连分行应借记“金融企业往来支出——中央银行利息支出”。

（三）再贴现的核算

中国人民银行可以为专业银行办理再贴现业务，也就是说，专业银行可以将作为贴现收到的票据向中国人民银行办理再贴现。

[例5-29] 中国工商银行大连分行于2013年8月1日将一未到期的商业承兑汇票（到期日为10月1日，票面金额200 000元）向中国人民银行大连分行办理再贴现，月再贴现率为0.48%。

再贴现=200 000×0.48%×2=1 920（元）

再贴现金额=200 000-1 920=198 080（元）

中国人民银行大连分行应作如下会计分录：

借：再贴现——工商银行再贴现户　　200 000

　贷：工商银行存款　　198 080

　　　利息收入——金融机构利息收入　　1 920

中国工商银行大连分行应作如下会计分录：

借：存放中央银行款项　　198 080

　　利息支出——中央银行利息支出　　1 920

　贷：向中央银行借款——再贴现借款　　200 000

该汇票10月1日到期，则：

中国人民银行大连分行应作如下会计分录：

借：工商银行存款　　200 000

　贷：再贴现——工商银行再贴现户　　200 000

中国工商银行大连分行应作如下会计分录：

借：向中央银行借款——再贴现借款　　200 000

　贷：存放中央银行款项　　200 000

典型案例一

大华公司以价值2 000万元的设备向银行申请短期抵押贷款（半年）1 400万元，银行经审核批准。该笔贷款的利率为5%。

问题：

（1）银行发放该笔贷款时会计分录应如何编制？

（2）贷款到期时，银行该如何进行核算？

（3）贷款到期时，如果该公司无力偿还该笔贷款，银行如何应对？

（4）如果该笔贷款到期，该公司无力偿还，银行将其设备予以处置，处置价款为1 500万元，银行应如何核算？

（5）如果该笔贷款到期，该公司无力偿还，银行将其设备予以处置，处置价款为1 200万元，银行应如何核算？

[分析提示]

如果拍卖所得净收入大于抵押贷款本息，多余的部分应退还给借款人。如果拍卖所得净收入小于抵押贷款本息，不足的部分应由债务人清偿。

典型案例二

储户王山于2010年5月10日存入银行三年期整存整取储蓄存款10 000元，当时三年期整存整取存款的年利息是2.7%。

问题：

(1) 储户王山将现金10 000元存入银行开户时，银行如何进行账务处理？

(2) 储户王山三年期存款到期支取时，银行如何进行账务处理？利息是多少？怎样计算？

(3) 如果王山于2012年3月10日提前支取：

① 王山要履行什么手续？

② 计算利息的标准是什么？

③利息是多少？

(4) 如果王山的存款期限已过，于2013年6月10日到银行支取：

①超期部分是否有利息？按什么标准计算？

②超期利息是多少？

[分析提示]

整存整取储蓄存款提前支取按活期储蓄存款利率计息；逾期支取，超期部分也按活期储蓄存款利率计息。

本章小结

本章主要讲述商业银行业务的核算和中央银行业务的核算。商业银行会计核算主要讲述存款、贷款和结算业务的核算。存款包括单位存款和个人储蓄存款两部分。贷款业务主要有信用贷款、担保贷款和抵押贷款。结算业务核算包括：银行汇票、商业汇票、委托收款和汇兑等结算业务的核算。中央银行会计主要介绍了货币发行业务、经理国库业务和商业银行缴存存款和贷款的会计核算方法。

第六章

证券公司会计

第一节　证券公司会计概述

一、证券中介机构与证券公司的概念

（一）证券中介机构

证券中介机构，是指为证券市场参与者如发行人、投资人等提供各种服务的专职机构。按提供服务的内容不同，我国证券中介机构可以分为：证券经营机构、证券市场、证券投资咨询机构、证券结算登记机构和可从事证券相关业务的各类事务所等。

（1）证券经营机构指由证券主管机关依法批准设立的，在证券市场上经营如股票、债券、基金等业务的金融机构，也称证券商。我国的证券经营机构一般可分为证券专营机构和证券兼营机构。证券的专营机构就是证券公司，兼营机构主要指信托投资公司。

（2）证券市场指股票、债券、基金等证券发行和交易的场所。按市场职能的不同分为证券发行市场（一级市场或初级市场）和证券流通市场（二级市场或次级市场）；按交易对象的不同分为股票市场、债券市场和基金市场；按组织形式的不同分为证券交易所和场外市场。从组织形式看，目前我国只有证券交易所一种证券市场。

（3）证券投资咨询机构指为证券市场投资者提供专业性咨询的机构，包括证券咨询公司和证券评级公司。证券咨询公司在西方国家称为投资顾问，其主要职能已经演化为帮助投资者了解市场、分析投资价值和引导投资方向等。证券评级公司的职能，是对证券市场上的机构和证券的信用状况进行评定，以客观真实地反映证券发行人及其证券的资信程度。

（4）证券结算登记机构指专门为证券交易业务进行登记、存管、过户与资金结算和交收的机构，它是保证证券交易连续进行必不可少的环节，该系统的运转好坏、效率高低、稳定程度，对证券市场安全、高效、有序的运行有着极其重要的作用。目前我国主要有上海证券中央登记结算公司和深圳证券结算公司两家证券结算登记机构。

（5）可从事证券相关业务的事务所，主要包括会计师事务所、资产评估事务所和律师事务所等。

（二）证券公司

证券公司是指专门从事与证券有关的各种业务的证券经营机构。证券公司一般可分为三种类型，即证券承销公司（承销商）、证券经纪公司（经纪商）和证券自营公司（自营商）。证券承销商是代理发行证券的证券经营机构，其任务是帮助证券发行人卖出证券，筹集到所需的资金；证券经纪商是接受投资者委托，代理买卖证券的证券经营机构；证券自营商是自行买卖证券，独立承担风险，并从中寻求差价的证券经营机构。目前世界各国（包括我国）的证券经营机构已经将这三类业务合而为一。

根据《中华人民共和国证券法》（以下简称《证券法》）的规定，我国将证券公司分

为综合类证券公司和经纪类证券公司。综合类证券公司是指从事证券经纪业务、证券自营业务、证券承销业务和经国务院证券监督管理机构核定的其他业务的证券公司。经纪类证券公司是指专门从事证券经纪业务的证券公司。本章阐述的证券公司会计以综合类证券公司的业务为例。

小思考6-1

证券公司属于什么行业，金融业、服务业还是其他行业？

二、证券公司的主要业务及特点

（一）主要业务

证券公司的主要业务是与证券的发行和交易相关的业务，主要包括证券的承销业务、证券的经纪业务和证券的自营业务。

（1）证券承销也称证券的发行，指证券公司凭借自己在证券市场上的信誉和营业网点，代理证券发行人在规定的发行期内销售证券的证券业务，其包括股票的承销业务、债券的承销业务和基金的承销业务。

（2）证券经纪指证券公司以赚取佣金为目的，代理委托人买卖股票、债券和基金等证券的业务，也称为证券的代理交易业务或代理交易。

（3）证券自营指证券公司以自己的名义和资金买卖股票、债券和基金等证券从而获取利润的证券业务。

除以上与证券相关的业务外，证券公司还提供代理还本付息、支付红利、经批准的有价证券的代保管及鉴证、接受委托办理证券的登记和过户等证券业务。除与证券相关的业务之外，证券公司一般还开展公司并购、资产管理、投资咨询、项目融资、公司理财和创业资本融集等经证券监管机构批准的其他业务。

证券公司主要业务如图6-1所示。

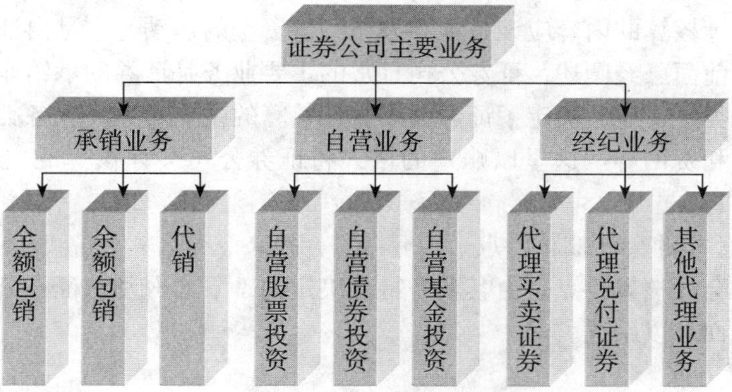

图6-1 证券公司主要业务

证券公司的主要收入来源于各种代理及服务业务的手续费收入，当然自营证券取得的差价收入也是经营证券取得的主营业务收入之一。除此之外，证券公司的主营业务收入还可能来自于证券公司资金运用取得的收益。我国证券公司可以开展的资金运用业务主要包括资金拆借、证券抵押贷款和证券的回购业务，这几类资金运用业务的会计核算方法与保险公司同类业务的核算方法相同，本章不再赘述。

（二）业务特点

与其他行业相比，证券公司的业务主要有以下几个特点：

（1）经营的对象比较特殊。工商企业经营的对象一般是有形商品，其账面价值一般反映其实际成本。证券公司经营的对象主要是各种特殊的金融商品，即股票、债券、基金等有价证券，这类商品的流通性比较强，但价格波动也比较大，其账面价值往往不能反映其实际价值，其真正的价值应该是市价。

（2）经营的场所比较特殊。一般的商品交易都是在有形市场中由买卖双方自由进行的，而证券交易则必须是在国家法定的证券交易所内进行。这个市场不允许投资者随便进入，只有具备会员资格的人才能进入，其他的证券投资者只能通过会员代理进入。从证券市场本身的结构来看，目前它正从有形的市场（传统的证券交易所大厅）向无形的市场（现代的电脑网络系统）发展。

（3）经营的方式比较特殊。证券公司的证券交易业务主要是以代理经营为主，如代理发行证券、代理买卖证券、代理兑付债券等，当然也有部分业务是自行经营，但代理业务的比重比较大。例如，经纪类证券公司的业务则全部是代理业务。

（4）经营的方法比较特殊。证券公司经营的各种证券业务可以在证券交易所内进行，也可以通过与证券交易所联网的计算机终端系统在网上直接操作，还可以在场外（证券交易所以外）与当事人直接进行。前者称为场内交易，后两者称为场外交易。

（5）结算的方式比较特殊。证券公司买卖证券时所涉及的资金的结算方式与普通商品交易的结算方式不同。证券公司为顺利买卖证券必须交存证券交易所足够的结算资金（或称清算资金），每次交割清算的款项也需通过证券交易所才能最后完成。证券交易所都通过自己的结算中心来处理证券交易过程中涉及的大量的资金往来和结算业务。

三、证券公司会计核算的内容及特点

（一）证券公司会计核算的内容

证券公司会计核算的内容应该是证券公司经营资金的运动，它是由证券公司经营的主要业务决定的。前面已经阐述，证券公司日常的主要业务是证券的承销业务、经纪业务和自营业务。这几类主要业务决定了证券公司会计核算的主要对象——各类资产、负债、所有者权益、收入和费用等。这里以账户的格式将证券公司会计核算的主要内容列示见表6-1和表6-2。

（二）证券公司的会计核算特点

证券公司的会计核算特点是由其业务特点决定的，下面分别从证券公司的会计要素和财务报表两个方面加以阐述。

1. 会计要素方面

（1）资产方面：从资产方面看，证券公司除包含与其他行业相同的资产之外，还包含证券自营及代理业务中形成的自营证券、代承销证券、代兑付证券、交易席位费、清算备付金（也称清算交割准备金）等证券公司所特有的资产以及因开展资金拆借和回购证券业务所形成的拆出资金、买入返售证券等。在这些内容中，清算交割备付金的核算非常特殊。我们从后面将要阐述的内容中可以看到，证券公司的各种业务，包括承销业务、经纪业务和自营业务都离不开清算备付金的核算，为此，证券公司往往单独设置“清算备付金”科目，专门用于核算它与证券交易所在自营和代理业务中发生的各种款项往来结算业务。

表 6-1　　资产、负债、所有者权益类项目

资产类：	负债类：
1. 证券资产：自营证券	1. 应付证券款：代承销证券款
代承销证券	代兑付证券款
代兑付证券	代买卖证券款
代买卖证券	卖出回购证券款
买入返售证券	2. 应付客户存款：委托买卖证券保证金存款
代客理财资产	委托买卖证券资金专户存款
代保管证券	3. 其他负债：拆入资金
2. 货币资金：清算备付金	质押借款
银行存款及库存现金	其他
3. 其他资金占用：拆出资金	所有者权益类：
交易席位费	1. 实收资本
质押贷款	2. 留存收益
其他	3. 一般风险准备

表 6-2　　损益类项目

费用类：	收入类：
1. 代理业务发生的支出	1. 代理业务手续费和佣金收入
2. 自营证券发生的支出	2. 自营证券投资收益
3. 利息支出	3. 利息收入
4. 业务及管理费用	4. 其他收入

（2）负债方面：从负债方面看，证券公司除包括与其他行业相同的负债之外，还包括因证券公司的代理业务引起的代买卖证券款、代承销证券款、代兑付证券款等证券公司特有的负债以及因拆借和回购证券业务而形成的质押借款、拆入资金和卖出回购证券款等。

（3）所有者权益方面：与其他行业相比，证券公司所有者权益的不同之处主要在于，其留存收益中除提留正常的盈余公积金外，为预防证券经营的特殊风险，还提留一般风险准备金。一般风险准备金通常按照税后利润的 10% 提取，达到注册资本的 50% 时，可不再提取。

（4）利润表要素方面：证券公司的业务特点决定了其收入主要来自于自营证券业务和各种代理业务，其中前者通过"投资收益"科目核算，后者通过"手续费及佣金收入"及"手续费及佣金支出"科目核算。另外，与保险公司类似，证券公司通常不单独设置"管理费用"、"经营费用"科目，而以"业务及管理费用"科目核算证券公司在证券的经营和管理中发生的各项经营费用。

2. 财务报表方面

证券公司的财务报表与一般工商业一样，也由资产负债表、利润表、现金流量表以及

所有者权益变动表构成。从体例结构方面看，证券公司的四张报表与一般工商业的报表类似，但由于证券公司业务的特殊性，2006 年我国《企业会计准则——应用指南》单独规定了证券公司的资产负债表、利润表、现金流量表以及所有者权益变动表的格式，分别见表 6-3、表 6-4 和表 6-5。证券公司的所有者权益变动表与保险公司的所有者权益变动表完全一样，可参见表 7-4，这里不再列示。表 7-4 也适合银行业以及其他金融机构，该表与一般企业所有者权益变动表略有区别，具有金融机构的共性特征，如在“利润分配”项目下，有“提取一般风险准备”项目；在“所有者权益内部结转”项目下，有“一般风险准备弥补亏损”项目。

表 6-3　　**资产负债表**　　会证 01 表

编制单位：　　年　月　日　　单位：元

资　产	期末余额	年初余额	负债和所有者权益（或股东权益）	期末余额	年初余额
资产：			负债：		
货币资金			短期借款		
其中：客户资金存款			其中：质押借款		
结算备付金			拆入资金		
其中：客户备付金			交易性金融负债		
拆出资金			衍生金融负债		
交易性金融资产			卖出回购金融资产款		
衍生金融资产			代理买卖金融资产款		
买入返售金融资产			代理买卖证券款		
应收利息			代理承销证券款		
存出保证金			应付职工薪酬		
可供出售金融资产			应交税费		
持有至到期投资			应付利息		
长期股权投资			预计负债		
投资性房地产			长期借款		
固定资产			应付债券		
无形资产			递延所得税负债		
其中：交易席位费			其他负债		
递延所得税资产			负债合计		
其他资产			所有者权益（或股东权益）：		
			实收资本（或股本）		
			资本公积		
			减：库存股		
			盈余公积		
			一般风险准备		
			未分配利润		
			所有者权益（或股东权益）合计		
资产总计			负债和所有者权益（或股东权益）总计		

表 6–4 **利润表** 会证 02 表

编制单位： 年度 单位：元

项目	本期金额	上期金额
一、营业收入		
手续费及佣金净收入		
其中：代理买卖证券业务净收入		
证券承销业务净收入		
受托客户资产管理业务净收入		
利息净收入		
投资收益（损失以“–”号填列）		
其中：对联营企业和合营企业的投资收益		
公允价值变动收益（损失以“–”号填列）		
汇兑收益（损失以“–”号填列）		
其他业务收入		
二、营业支出		
营业税金及附加		
业务及管理费用		
资产减值损失		
其他业务成本		
三、营业利润（亏损以“–”号填列）		
加：营业外收入		
减：营业外支出		
四、利润总额（亏损总额以“–”号填列）		
减：所得税费用		
五、净利润（净亏损以“–”号填列）		
六、每股收益		
（一）基本每股收益		
（二）稀释每股收益		

表 6-5　　　　现金流量表　　　　会证 03 表

编制单位:　　　　年度　　　　单位：元

项　目	本期金额	上期金额
一、经营活动产生的现金流量:		
处置交易性金融资产净增加额		
收取利息、手续费及佣金的现金		
拆入资金净增加额		
回购业务资金净增加额		
收到其他与经营活动有关的现金		
经营活动现金流入小计		
支付利息、手续费及佣金的现金		
支付给职工以及为职工支付的现金		
支付的各项税费		
支付其他与经营活动有关的现金		
经营活动现金流出小计		
经营活动产生的现金流量净额		
二、投资活动产生的现金流量:		
收回投资收到的现金		
取得投资收益收到的现金		
收到其他与投资活动有关的现金		
投资活动现金流入小计		
投资支付的现金		
购建固定资产、无形资产和其他长期资产支付的现金		
支付其他与投资活动有关的现金		
投资活动现金流出小计		
投资活动产生的现金流量净额		
三、筹资活动产生的现金流量:		
吸收投资收到的现金		
发行债券收到的现金		
收到其他与筹资活动有关的现金		
筹资活动现金流入小计		
偿还债务支付的现金		
分配股利、利润或偿付利息支付的现金		
支付其他与筹资活动有关的现金		
筹资活动现金流出小计		
筹资活动产生的现金流量净额		
四、汇率变动对现金及现金等价物的影响		
五、现金及现金等价物净增加额		
加：期初现金及现金等价物余额		
六、期末现金及现金等价物余额		

2009 年，财政部在企业会计准则解释第 3 号第七条指出，企业应当在利润表“每股收益”项下增列“其他综合收益”项目和“综合收益总额”项目。“其他综合收益”项目，反映企业根据企业会计准则规定未在损益中确认的各项利得和损失扣除所得税影响后

的净额。"综合收益总额"项目，反映企业净利润与其他综合收益的合计金额。"其他综合收益"和"综合收益总额"项目的序号在原有基础上顺延。此规定已在 2009 年在上市公司开始执行。根据 2006 年发布的企业会计准则以及 2009 年企业会计准则解释第 3 号的规定，上市证券公司利润表应为表 6-6 所示。

表 6-6 **利润表** 会证 02 表

编制单位： 年度 单位：元

项 目	本期金额	上期金额
一、营业收入		
手续费及佣金净收入		
其中：代理买卖证券业务净收入		
证券承销业务净收入		
受托客户资产管理业务净收入		
利息净收入		
投资收益（损失以"-"号填列）		
其中：对联营企业和合营企业的投资收益		
公允价值变动收益（损失以"-"号填列）		
汇兑收益（损失以"-"号填列）		
其他业务收入		
二、营业支出		
营业税金及附加		
业务及管理费用		
资产减值损失		
其他业务成本		
三、营业利润（亏损以"-"号填列）		
加：营业外收入		
减：营业外支出		
四、利润总额（亏损总额以"-"号填列）		
减：所得税费用		
五、净利润（净亏损以"-"号填列）		
六、每股收益		
（一）基本每股收益		
（二）稀释每股收益		
七、其他综合收益		
八、综合收益总额		

补充阅读资料 6-1

证券公司属于金融行业。金融行业，指经营货币信用业务的行业，包括银行业、保险业、信托业、证券业和租赁业。金融业具有指标性、垄断性、高风险性、效益依赖性和高负债经营性的特点。我国的金融业务具有相对的垄断性，信贷业务主要集中在四大商业银行，即中国银行、中国农业银行、中国工商银行、中国建设银行；证券业务主要集中在国泰、华夏、南方等几家大证券公司；保险业务主要集中在人保、平保和太保等几家大保险公司。

小知识 6-1

综合收益是指企业在某一会计期间由交易、其他事项和情况所引起的、非业主权益（即非业主提款和派得）的变动，包括已实现收益和所有未实现利得。在我国，综合收益主要包括净利润、外币报表折算价差、可供出售金融资产未实现利得以及权益法下长期股权投资非利润变动因素之调整等。综合收益的概念于 20 世纪 80—90 年代由英美等西方主要发达国家提出，并于 21 世纪初期开始在世界范围内广泛应用，我国于 2009 年开始要求上市公司披露综合收益。

第二节　证券发行与承销业务的核算

一、概述

（一）证券发行与承销的含义

在现实经济生活中，不同类型经济单位的货币收支不可能都完全相等，不论是企业、个人，还是政府部门，常会发生资金闲置或资金短缺的情况。证券发行就是指政府、金融机构、工商企业等资金的短缺者以募集资金为目的向资金盈余者出售代表一定权利的有价证券（主要包括股票和债券）的行为。在证券发行的市场上，证券的发行人一般是指拥有证券发行资格的资金需求者，证券的购买人一般是一些拥有闲散资金的投资者。证券发行业务有以下几个特点：第一，证券发行是企业、单位直接融资的一种形式，它的特点是可以迅速将社会的闲散资金化为生产建设资金，从而促进国民经济的发展。第二，证券发行在实质上是投资者出让资金使用权，同时取得权益性资本投资的过程。第三，证券发行必须按照法律规定的条件和程序进行。

证券发行人在发行证券时，既可以直接面向投资人发行，也可以通过证券市场来发行。当发行人通过证券市场筹集资金时，必须聘请证券经营机构来帮助销售证券。证券经营机构借助自己的信誉及发达的销售网点，在规定的时间内将证券销售出去，这个过程就是证券的承销。

可见，证券的发行与承销是密不可分的两项证券业务。一般情况下，证券公司往往拥有专职的承销人员，他们拥有丰富的市场承销经验，多年的经营使得证券公司可能拥有良好的信誉和广阔的市场，这一切使得证券公司在销售证券方面相对于发行人来说有着绝对的优势，因而证券公司承销证券比发行人自己发行证券更容易成功，所以，目前我国的证券发行多数是以委托证券公司承销的方式进行。

（二）证券发行与承销的条件及程序

一般来说，证券发行涉及三方面主体：资金需求者——发行商；资金供给者——投资人；中介的承销商——证券公司。证券发行的质量及成败将直接关系到这三方面的利益，尤其是投资者的利益。所以，我国的证券监管机构对证券的发行人及证券的承销人的资格以及证券发行与承销必须具备的条件、必须遵守的程序都作了严格的规定，以确保广大投资者的利益。

1. 证券发行及承销的条件

我国有关的法律法规对证券的发行和承销业务都规定了严格的限定条件，不是所有的公司都有资格发行证券，也不是所有的公司都有资格承销证券。

（1）证券发行的条件。

《中华人民共和国公司法》（以下简称《公司法》）、《股票发行与交易管理暂行条例》、《企业债券管理条例》等法律法规对发行股票和债券的条件及发行人的资格分别作了详细的规定，具体内容可以参见相关的法律法规。对于股票发行，国家分别就初次发行、增发新股和配股等股票发行业务应该具备的条件分别作了规定；对于债券，国家分别就金融债券、企业债券、公司债券和可转换债券等债券发行业务应该具备的条件等分别作了规定。

（2）证券承销的条件。

我国有关法律法规对证券公司承销股票或者债券应该具备的条件或拥有的资格进行了详细的规定。其中最重要的一点是，要求承销证券的公司必须获得证券承销的资格。这一资格是由中国证监会审核批准的，对于通过审核的证券公司，由中国证监会颁发《经营股票承销业务资格证书》。该资格证书的有效期为12个月，为维持承销资格，证券公司应在资格证书失效前3个月按规定重新接受中国证监会的审查，并换发资格证书。证券公司不论承销股票还是债券都必须拥有该资格证书。

2. 证券发行及承销的程序

（1）证券发行的程序。

一般情况下，证券的发行主要遵照下面的程序进行：

① 证券发行报批前的准备工作。其包括资信审查与评估，拟发行证券所必须准备的文件，了解报批手续、发行成本、证券市场的行情、证券的印刷及证券相关税率等一系列情况，起草发行证券所需要的各项文件等。

②报批发行的证券。其主要包括提出申请、企业主管部门审查、基层银行初审、上级银行复审、人民银行终审等程序。

③批准后的证券印刷。证券的票面格式必须经过中国人民银行批准后方可印刷，无纸化托管证券无需印刷。

④签订发行协议。发行协议是指发行方与受托的证券公司按照《经济合同法》及《证券法》的规定，就发行金额、双方职责、发行方式、发行日期、发行费用、发行分工、证券交接、款项划转、还本付息、违约责任及有效期限等签订的具有法律效力的合同或协议。

（2）证券承销的程序。

证券承销的一般程序是：

①尽职调查。发行人通过证券公司发行的证券，如果出现虚假陈述、重大遗漏等欺诈

投资人的行为，除发行人以外，包括承销商在内的所有中介机构都必须承担法律责任。因此，我国证券公司在代理发行各种证券之前，必须对发行人尽职地进行调查，以确保发行证券的真实性、完整性和准确性。

②签订承销协议。承销协议包括承销协议和承销团协议。承销协议是发行人与承销人就债券发行与承销事宜签订的具有法律效力的协议。当发行证券的票面总价值超过 5 000 万元时，我国规定必须由承销团来承销，因此，承销团中的主承销商应当与其他承销成员之间就承销团承销的各项事宜达成具有法律意义上的协议，该协议就是承销团协议。

③发售证券。在规定的期限内，主承销商及其他承销成员通过开展广泛的宣传活动，尽力向金融机构、企事业单位或个人销售证券。

④划转款项。规定的销售期间结束后，承销商应按协议规定将款项划转到发行企业的账户上。

（三）证券发行及承销的方式

1. 证券发行的方式

政府、金融机构、工商企业或公司发行的证券按照证券种类的不同可以分为股票发行、债券发行和基金发行；按照投资人的不同，证券发行可以分为私募发行和公募发行。私募发行的证券又称不公开发行或内部发行，是面向特定的投资人发行的证券，私募发行通常发行费用较低，发行手续比较简单，但流通性较差，因此投资者有限，发行金额一般不可能很大。公募发行又称公开发行，是面对社会上所有合法投资者广泛发行的。公募发行通常发行过程较复杂，发行费用较高，但流通性较强，发行金额一般也较大。

上述不同种类的证券通常可以采用以下两种方式发行：

（1）自营发行。

自营发行，又称直接发行，是指发行人不通过任何中介机构，自己销售自己的证券。目前银行发行的各类金融债券、企业内部集资发行的股票和债券及其他私募发行的证券大都采用自营发行的方式。这种方式的优点在于费用较低、手续比较简单，但适用范围较小，除金融证券以外，一般不适合于对社会公开发行的证券。

（2）委托发行。

委托发行，又称间接发行，是指发行人通过证券公司或其他金融机构代理发行其证券，证券中介机构拥有众多的专业人员和发达的销售网络，了解市场状况和发行技巧，所以委托发行证券虽然费用较高，但发行风险较小。一般情况下，公募发行的证券都采用委托发行的方式进行。

2. 证券承销的方式

不论是股票还是债券都有两种承销方式：代销和包销。包销按照具体操作方式的不同又可分为全额包销和余额包销。

（1）代销。

代销是指承销商并不保证证券的全部发行，而只是利用自己的经验、网点和专业力量尽力推销，在承销期届满后将所筹集的资金和剩余证券交还给发行人。这种承销方式下承销商和发行人之间纯粹是一种代理关系，证券发行的风险全部由发行人自行承担，承销机构不承担任何风险，因此承销商取得的手续费或佣金比较低。代销发行一般适合于信誉好、知名度高的大中型企业，它们的证券不但容易被社会公众所接受，而且发行成本又低。

（2）全额包销。

全额包销是指发行人与承销人签订证券承销合同，由承销人按照一定价格买下全部证券，然后按稍高的价格向社会公众出售，并按合同规定时间将价款一次性付给发行人。在全额包销过程中，证券发行人和承销人之间已经不是一种代理关系，而是一种买卖关系，即承销机构将证券低价买进，然后高价卖出，从而赚取中间差价。对于发行人来说，采用全额包销的方式既能保证如期得到所需的资金，又无需承担发行过程中价格变动的风险，因此，全额包销是西方成熟证券市场中最为常见、使用最广的承销方式。全额包销的发行风险全部由证券公司承担，因此，手续费率较高。

（3）余额包销。

余额包销是指发行人委托证券机构在约定的期限内发行证券，到销售截止日，未售出的余额由承销商按约定的价格认购。这种方式的实质是代销和全额包销的结合，即先代销发行，后全额包销。目前我国公开发行的股票普遍采用余额包销的方式。余额包销的发行风险也是由证券商承担，因此，发行费用也比较高。

我国《公司法》规定，股份有限公司向社会发行新股，应当由依法设立的证券公司承销，签订承销协议，在承销协议中应当载明承销的方式是代销还是包销。承销期满后，尚未出售的股票应当按照承销协议的规定来处理。

（四）证券销售的方法

证券销售的方法是指证券商承销的各种证券通过何种方法销售给广大投资人，是证券向投资者发售的具体办法。我们以股票和国债为例来说明证券发售的具体方法。

1. 股票的销售方法

（1）网上定价、竞价发售方式。

网上定价或竞价发售方式是指主承销商作为唯一的"卖方"，通过证券交易所的网上交易系统，由投资者在公布的期间内申购股票的股票发售方式。

采用网上定价发售时，投资者需要预先将认股款全额交存到与证券交易所联网的证券公司指定的账户中，交易所将在申购期间3个工作日内冻结投资者的资金，申购后第3天由主承销商摇号抽签，并于当日公布中签结果，证券交易所根据中签结果进行清算交割和股东登记。申购后第4个工作日，证券交易所将中签款项划入主承销商指定账户，对未中签的申购款予以解冻，在次日主承销商将款项划入发行公司账户。

采用网上竞价发售时，在公布的发售期间内，由投资者以不低于销售底价的价格竞价购买，然后由交易系统主机按照认购总额等于拟发行总额的原则自动生成发售价格（认购总额低于拟发行总额时，按底价发售），高于该价格以上的申购为有效申购。

（2）法人配售发行方式。

这种方式是指经中国证监会批准后，将发行股票的一部分（一般在发行总额的25%至75%之间）通过召开配售法人问答会等方式，将股票直接发售或通过抽签、比例等方式配售给法人的股票发售方式。法人配售方式可以与网上对一般投资者的发售方式同时进行，这种情况下两者的发行价格应该相同。

（3）全额预交、比例配售的方式。

全额预交、比例配售的方式是指投资者在规定的申购时间内（一般为3个连续工作日)，将全额申购款交存主承销商指定的银行账户中，申购后资金全部冻结，由主承销商根据股票发行量和申购总量的比例进行股票配售的发行方式。认购后多余的款项按规定退还认购者或转为认购者的专项存款。

对于证券发售的基本方法，发行公司有权选择。股本在4亿元以下的公司，一般采用网上发售或全额预缴、比例配售等方式；股本在4亿元以上的公司，可以采用网上发售和法人配售相结合的方式。

2. 国债的销售方法

(1) 场内挂牌分销。

场内挂牌分销是指主承销商在分得包销的国债以后，在证券市场挂牌分销国债的一种方式。投资者买入国债时，可以免交佣金，证券交易所也不向代理机构收取国债的经手费用。场内分销的记账式国债在买卖成交后，客户认购的国债自动过户至客户的账户内，认购款由证券交易所锁定后划转到承销商在证券交易所的清算账户上，从而完成国债的认购手续。场内分销的无记名国债在分销后一般托管在证券交易所的库房内。

(2) 场外分销。

场外分销是指主承销商在分得包销的国债以后，在证券交易所之外或券商的柜台进行分销的一种方式。场外分销的记账式国债应于到期日，由证券交易所按照承销商指定的数量过户至分销商或客户的账户内，完成债券的认购手续。场外分销的无记名国债一般以发售实物券的方式在柜台销售或提供给分销商，从而完成国债的发行。

(3) 银行销售。

凭证式国债一般通过银行进行销售，各地财政部门和各国债一级自营商也可以参与发售，发售采取向购买人开具凭证式国债收款凭证的方式进行。

二、全额包销业务的核算

关于证券承销业务的核算，2006年企业会计准则和1999年《证券公司会计制度》的规定差别较大。1999年《证券公司会计制度》规定，企业应设置“代发行证券”、“证券发行”、“代转发行费用”、“清算备付金”、“代保管证券”等账户，而2006年企业会计准则要求直接通过“交易性金融资产”、“可供出售金融资产”、“投资收益”、“公允价值变动损益”等账户核算，无需设置证券发行之类的账户。本教材将根据2006年《企业会计准则》的规定来说明全额包销的会计核算方法。

证券公司的承销业务可以通过柜台销售，也可以在证券交易所通过网上销售，两种销售方式的主要差别在于对发行费用的处理不同。通过柜台销售时，发行费用可以直接通过“投资收益”账户核算；通过网上销售时，由于证券公司使用证券交易所的交易系统，所以需向证券交易所支付网上发行费用，因此，发行费用一般由证券交易所在发行结束后与证券公司交割清算时，直接从发行收入中扣除。

全额包销业务实质上是一种买卖证券的业务，即证券公司先以较低的价格买入代发行的证券，然后再以略高的价格卖出，从而赚取中间的差价。根据现行企业会计准则的规定，全额包销会计核算的一般程序是：当证券公司以承购的价格买入证券时，应借记“交易性金融资产”、“可供出售金融资产”等科目，贷记“银行存款”或“清算备付金——公司”科目；支付各项发行费用时，借记“投资收益”科目，贷记“银行存款”科目；当证券售出时，应按实际收到的发行收入（如通过网上销售，需要减去上网费用)，借记“银行存款”、“清算备付金——公司”等科目，按已售证券的账面价值，贷记“交易性金融资产”、“可供出售金融资产”等科目，按差额贷记“投资收益”科目。

“交易性金融资产”是资产类科目，用于核算企业为交易目的所持有的股票投资、债券投资和基金投资等交易性金融资产的公允价值。证券公司以全额包销方式购入的证券如果在取得时被分类为交易性金融资产，则通过该账户进行核算。购入交易性金融资产中发生的交易费用一般应计入投资收益。

“可供出售金融资产”是资产类科目，用于核算企业购入被分类为交易性金融资产、持有至到期投资和长期股权投资以外的股票投资、债券投资和基金投资。证券公司以全额包销方式购入的证券如果在取得时被分类为可供出售的金融资产，则通过该账户进行核算。购入可供出售金融资产中发生的交易费用一般应计入可供出售金融资产的成本。

全额包销的会计核算中涉及的另一个重要的会计科目是“清算备付金”科目。该科目是资产类科目，用于核算证券公司为证券交易的资金清算与交收而存入证券交易所指定清算机构的款项。该科目有“公司”与“客户”两个明细科目，前者用于核算公司因自营业务等存入指定清算机构的款项；后者用于核算因代理客户买卖证券等业务存入指定清算中心的款项。证券公司在承销证券过程中，若通过证券公司的网上系统进行分销，则必须按规定预先在证券交易所指定的清算机构开立专门的清算账户，用于存储投资人认购证券的款项，这类款项一般也可以通过“清算备付金——公司”账户进行核算。

[例6-1] 甲证券公司与乙公司签约，以全额包销的方式代理承销200万股的股票，承购价3元/股，发行价3.5元/股。甲公司通过柜台发行，并在代理这批股票时将其分类为交易性金融资产。发行业务结束后，共销售190万股，支付交易费用4万元。对于未售出的股票，甲公司将其作为自营证券，仍作为交易性金融资产处理。甲公司的有关会计分录如下：

(1) 承购乙公司股票时：

借：交易性金融资产——成本　　6 000 000

　贷：银行存款　　6 000 000

(2) 支付发行费用时：

借：投资收益　　40 000

　贷：银行存款　　40 000

(3) 发行结束确认收入时：

借：银行存款　　6 650 000

　贷：交易性金融资产——成本　　5 700 000

　　　投资收益　　950 000

一般情况下，交易性金融资产应设置“成本”、“公允价值变动”等明细科目，以反映交易性金融资产的成本及其价值变动；也可以按照金融资产的种类设置二级明细科目，再设置“成本”、“公允价值变动”等三级明细科目。在会计实务中，公司可以根据其具体持有的交易性金融资产情况，自行设置二级明细科目或三级明细科目。

[例6-2] 承[例6-1]，假设甲公司通过网上定价方式获得全额包销的证券，然后又通过网上系统发售，发行结束后，支付网上发行费用30 000元。有关会计分录如下：

(1) 承购证券时：

借：交易性金融资产　6 000 000

　贷：清算备付金——公司　6 000 000

(2) 网上发行结束，收到清算款6 620 000元（1 900 000×3.5−30 000）时：

借：清算备付金——公司　6 620 000

　贷：交易性金融资产　5 700 000

　　投资收益　920 000

一般情况下，在发行期结束之前，代理发行的证券不能够上市交易，所以，在发行期内，代理发行的证券不存在价值变动。在发行期结束后，企业作为自营证券留存的部分，应根据这批证券上市交易后的公允价值，正常核算其持有期间的价值变动，其中，交易性金融资产的价值变动记入"公允价值变动损益"账户；可供出售金融资产的价值变动记入"资本公积"账户，并在其销售时结转至"投资收益"账户。

[例6-3] 2012年12月31日，甲证券公司以网上定价方式全额包销乙公司股票10 000万股，承购价4元/股，发行价5元/股。甲公司在接受这批股票时将其划分为交易性金融资产。甲公司在承销期内共销售了9 300万股乙公司股票，假设支付网上发行费用90万元。剩余700万股转为自营证券，甲公司将其重新分类为可供出售金融资产。2013年6月30日，发行期结束，乙公司股票的公允价值为6元/股。2013年年末，甲公司将剩余的700万股股票以7元/股的价格全部销售。有关会计分录为：

(1) 2012年12月31日承购乙公司股票时：

借：交易性金融资产——股票（成本）　400 000 000

　贷：清算备付金——公司　400 000 000

(2) 承销期内销售9 300万股乙公司股票时：

借：清算备付金——公司　464 100 000

　贷：交易性金融资产——股票（成本）　372 000 000

　　投资收益　92 100 000

(3) 承销期结束，将剩余700万股转为自营证券时：

借：可供出售金融资产——股票（成本）　28 000 000

　贷：交易性金融资产——股票（成本）　28 000 000

(4) 2013年6月30日，确认自营股票公允价值变动时：

借：可供出售金融资产——股票（公允价值变动）　14 000 000

　贷：资本公积——其他资本公积　14 000 000

(5) 2013年年末销售700万股股票时：

借：清算备付金——公司　49 000 000

　贷：可供出售金融资产——股票（成本）　28 000 000

　　　　　　　　——股票（公允价值变动）　14 000 000

　　投资收益　7 000 000

借：资本公积——其他资本公积　14 000 000

　贷：投资收益　14 000 000

三、余额包销业务的核算

2006 年企业会计准则对余额包销业务核算的规定与 1999 年《证券公司会计制度》的规定基本相同。对于余额包销的核算，两者都要求通过“代理承销证券款”和“手续费及佣金收入”等账户核算。对于承销的证券先在备查账户中登记，并于收到承销款时确认为“代理承销证券款”，然后与委托方进行结算。对于证券承销业务中取得的代理收入可以通过“手续费及佣金收入”账户核算。

“代理承销证券款”是负债类科目，用于核算证券公司接受委托采用余额包销或代销的方式代理发行证券时所收到的应付委托人的承销资金。该科目贷方登记收到的应付代承销证券款，借方登记交还委托方的承销证券款及结转至“手续费及佣金收入”账户的金额。该账户余额一般在贷方，反映尚未支付委托代销方的代承销证券款。“代理承销证券款”账户应按委托单位和发行证券的种类设置明细账。

“手续费及佣金收入”是证券公司设置的一个主要收益账户，用于核算办理结算业务、咨询业务、担保业务、代保管业务以及其他各项代理业务的收入，如结算手续费收入、佣金收入、基金托管收入、咨询服务收入、担保收入、代保管收入、代理买卖证券收入、代理承销证券收入、代理兑付证券收入、代理保管证券收入等。该科目应该按照手续费及佣金的类别进行明细分类核算。企业实现的手续费及佣金收入，按应收的金额，借记“应收手续费及佣金”、“代理承销证券款”等科目，贷记“手续费及佣金收入”科目；实际收到手续费及佣金时，借记“清算备付金”等科目，贷记“应收手续费及佣金”等科目。

余额包销的会计核算程序与全额包销的会计核算程序不完全相同。余额包销的特点是先代理销售，后包销余额。对于余额包销，在证券公司接受委托人代理发行的证券时，无需即刻支付价款，而是先视为纯代理，并由证券公司尽力对外销售，待合同规定的发行期结束后，证券公司再将剩余的股票作购进处理，并与委托方结算。其会计核算的一般程序是：

（1）发行证券时，柜台销售应于收到委托单位发行的证券之日、网上销售应于上网发行之日，按约定的发行价格，在备查簿中登记承销证券的情况。

（2）发行结束时，柜台销售应按实际发行的金额，借记“银行存款”科目，贷记“代理承销证券款”科目；网上销售应按实际发行的金额减去上网费用，借记“清算备付金——客户”科目，按代委托单位垫付的上网费用，借记“应收账款——应收代垫上网费”科目，按实际发行的金额，贷记“代理承销证券款”科目。

（3）对于发行结束后剩余的证券，无论是柜台销售还是网上销售，都应按发行价格转为证券公司的自营证券，并根据证券公司对自营证券持有的目的，借记“交易性金融资产”、“可供出售金融资产”等科目，贷记“代理承销证券款”科目。

（4）与委托单位清算证券款时，按应收取的手续费，借记“代理承销证券款”科目，贷记“手续费及佣金收入”科目；按实际支付委托单位的款项，借记“代理承销证券款”科目，贷记“银行存款”等科目，同时转销“应收账款——应收代垫上网费”科目的金额。

［例 6-4］甲公司接受乙公司委托，代其以余额包销的方式通过网上发行记名股票 1 000万股，约定的发行价格为 2 元/股，手续费率为发行额的 0.4%。在规定的发行期结

束时，有10万股股票尚未出售，甲公司转为自营证券，并将其分类为交易性金融资产。发行期内甲公司代乙公司垫付的上网费为3万元。双方结算时，甲公司扣除手续费和代垫的上网费后，余款以银行存款支付给乙公司。有关会计分录如下：

（1）上网发行日，甲公司在备查簿中登记代理承销股票，无需编制会计分录。

（2）网上发行结束，收到交易所发行股票款1 977万元（990×2-3）时：

借：清算备付金——客户　　19 770 000
　　应收账款——应收代垫上网费（乙公司）　　30 000
　贷：代理承销证券款——乙公司（股票）　　19 800 000

（3）发行款划回银行存款账户时：

借：银行存款　　19 770 000
　贷：清算备付金——客户　　19 770 000

（4）剩余10万股股票转为自营证券时：

借：交易性金融资产——股票（乙公司）　　200 000
　贷：代理承销证券款——乙公司　　200 000

（5）与乙公司清算股票款时：

借：代理承销证券款——乙公司（股票）　　20 000 000
　贷：应收账款——应收代垫上网费（乙公司）　　30 000
　　　手续费及佣金收入　　80 000
　　　银行存款　　19 890 000

在余额包销业务中，证券公司收取的手续费或佣金应按承销的全部证券或股票的发行价计算。在本例中，甲公司余额包销的1 000万股股票虽然在规定的承销期内销售了990万股，但剩余10万股由该证券公司作为自营证券购进，因此，甲公司代理该业务的手续费及佣金收入应该按2 000万元（1 000×2）的0.4%即8万元计算。

四、代销业务的核算

代销证券业务与余额包销业务的会计核算方法大同小异，所不同的是对于合同承销期内尚未销售的代理承销证券的处理。在代销的情况下，剩余证券最终应退还给委托发行方，而不是由证券公司认购。下面举例说明代销业务的会计核算方法。

[例6-5] 甲公司接受乙公司委托，采用代销的方式在网上代其发行500万股记名股票，发行价格为3元/股，手续费率为0.3%。发行期结束后，有10万股尚未发售，按规定退还给乙公司，为乙公司代垫的上网费为25 000元。双方结算时，甲公司扣除代垫的上网费和手续费后，其余款项以银行存款支付给乙公司。有关会计分录为：

（1）上网发行日，甲公司在备查簿中登记代理承销股票，无需编制会计分录。

（2）发行期结束，与证券交易所结算时：

借：清算备付金——客户　　14 675 000
　　应收账款——应收代垫上网费　　25 000
　贷：代理承销证券款——乙公司　　14 700 000

（3）发售证券款划回银行存款账户时：

借：银行存款　　14 675 000
　贷：清算备付金——客户　　14 675 000

（4）与乙公司结算股票价款时：

借：代理承销证券款——乙公司　　14 700 000

　贷：应收账款——应收代垫上网费　　25 000

　　手续费及佣金收入　　44 100

　　银行存款　　14 630 900

（5）将剩余股票退还乙公司，无须编制会计分录。

代销业务是一种纯粹意义上的代理销售证券业务，对于发行期结束后尚未发售出去的证券，证券公司应如数退还给委托人，并按已售证券金额的百分比收取手续费。在本例中，甲公司接受代理发行的证券为 1 500 万元（500×3），发行期结束时实际对外发售了 490 万股，价值 1 470 万元（490×3），因此，证券公司收取了 4.41 万元（1 470×0.3%）的手续费。

小知识 6-2

《证券日报》市场研究中心和 WIND 数据统计显示，截至 2010 年 7 月，我国共有 56 家券商参与了 187 家 IPO（Initial Public Offerings，首次公开募股）公司的承销，承销总金额达 4 906.67 亿元，总承销收入 77 亿元；2011 年的券商 IPO 总承销金额（新股募资金额）为 2 720 亿元，同比下降 45%，而券商的承销收入为 129 亿元，同比下降 23%；2012 年券商 IPO 承销数量同比减少 45.6%，承销收入也随之大幅缩水，与 2011 年相比，同比降幅高达 58.7%。2013 年 IPO 暂停一年，2014 年重启。近年来，承销业务领域开始不断爆出丑闻。比如，云南锡业高层人士表示，国信证券允许每个项目拿出承销费的 10% 作为公关费用，不过，这并非国信证券一家独有。投行界以财务顾问费形式支付项目介绍费等已是圈内公开的秘密，而这类支出的大部分最终将落入对项目拥有话语权的个人口袋。证监会为此对国信证券采取了出具警示函的监管措施。

第三节　证券自营业务的核算

一、证券自营业务概述

1. 自营证券的概念

证券自营业务，简单地讲，就是证券经营机构以自己的名义和资金买卖股票、债券和基金等各种有价证券的证券业务。与其他买卖证券业务一样，证券自营业务会给证券公司带来一定的利润，同时，证券公司也需承担一定的证券投资风险。证券经营机构的证券自营业务按业务场所一般分为两类：场外自营买卖和场内自营买卖。场外，指柜台。场外自营买卖，又称柜台交易，指证券经营机构通过柜台交易等方式直接洽谈成交的证券交易，但这种交易不通过与证券交易所联网的席位进行，因此，也称网下交易。场内，指证券交易所。场内自营买卖，是指证券经营机构在证券交易所等集中交易的场所进行的证券交易，这种交易一般通过证券商在证券交易所的席位进行，因此，也称网上交易。在我国，证券自营业务多数表现为场内自营买卖业务，即网上交易。

证券经营机构从事证券自营业务，必须取得中国证监会认定的自营业务资格，经中国证监会的资格审定后，领取中国证监会颁发的《经营证券自营资格证书》。证券公司在开展自营业务中，必须遵守中国证监会在《证券经营机构自营业务的管理办法》中的有关规定，必须将证券的自营业务和证券的经纪业务分开操作，不得有违反证券法规的内幕交易、操纵市场、欺诈客户等行为。

2. 自营证券的特点

首先，自营证券，从本质上讲，就是证券公司的一种投资业务。我们知道，任何企业因为利益驱动都会进行投资，包括长期投资和短期投资。短期投资的目的是单纯为赚取资金收益，企业可以通过购买变现能力较强的证券这一方式进行，但通常情况下，这些企业买卖证券的行为不会直接在场内（交易所）进行，而是在证券公司进行，或者说通过证券公司在场内进行，而证券公司的自营业务却是直接在场内进行的，这是证券公司自营证券投资区别于一般行业证券投资的特点之一。

其次，因为证券公司是专门从事证券经营业务的公司，因此，其自营的证券不论是场内交易还是场外交易，流动性都比较强，可以随时变现。证券公司从事自营证券的目的与其他企业投资的目的一样，都是为了赚取差价收入，以提高资金的利用率和收益率，而证券公司本身从事的这种特殊业务为其有效地提供了这种机会，使得证券公司既可以投机，又可以保证其资金的流动性，正因为如此，自营证券在证券公司往往被列为交易性金融资产。

再次，由于自营证券是在场内交易，因此其买进、卖出的证券数量较大，速度较快。由于不存在佣金，所以，证券公司自营业务的交易成本较低。

最后，应该指出的一点是，证券商是证券市场的主体之一，其金额巨大的自营业务往往会给证券市场的稳定性带来一定的影响，因此，我国证券公司开展的自营业务必须依据证券主管机关的有关规定办理。证券主管机关根据市场的实际情况，为保证证券市场的稳定性，可以限制参与自营业务证券商的数量以及证券商自营买卖证券的数量，若证券商不按规定开展自营业务，证券主管机关有权作出必要的处罚，甚至可以撤销其营业许可证。

3. 自营证券的核算内容

证券公司自营证券的会计核算方法与一般企业的投资核算方法基本相同，一般应按照证券投资的种类进行。自营证券的种类主要包括股票投资、债券投资和基金投资三种。相应地，自营证券的会计核算内容应包括自营股票业务的核算、自营债券业务的核算和自营基金业务的核算。不论是自营股票业务、自营债券业务还是自营基金业务，都包括证券买入业务、证券卖出业务以及期末计价等。另外，证券公司新股认购和自营证券的配股派息业务也属于证券的自营业务。

小思考 6-2

证券公司的自营业务与一般工商业的证券投资业务有何区别？

二、自营证券买入业务的核算

自营证券的买入业务指证券公司以自有资金购入股票、债券和基金的业务。为核算买入的自营证券，证券公司应该设置“交易性金融资产”、“可供出售金融资产”、“持有至到期投资”和“清算备付金——公司”等科目。

“交易性金融资产”是资产类科目，用于核算企业购入的各种短期投资性质或随时准备交易的股票、债券和基金的实际成本。该科目借方登记买入交易性自营证券的实际成本，贷方登记结转已售交易性自营证券的实际成本。期末余额一般在借方，反映交易性自营证券的实际成本。

“可供出售金融资产”是资产类科目，用于核算企业购入的非交易性股票、债券和基金投资以及不准备持有至到期证券的实际成本。该科目借方登记买入可供出售自营证券的实际成本，贷方登记结转已售可供出售自营证券的实际成本。期末余额一般在借方，反映可供出售自营证券的实际成本。

“持有至到期投资”是资产类科目，用于核算证券公司以自有资金买入的准备持有至到期自营证券的实际成本。该科目借方登记买入持有至到期自营证券的实际成本，贷方登记结转已售持有至到期自营证券的实际成本。期末余额一般在借方，反映持有至到期自营证券投资的实际成本。

“清算备付金——公司”是资产类科目，专门用于核算公司为进行自营证券交易等业务的资金清算和交收而存入证券交易所指定清算代理机构的款项。公司开展自营业务时，应当在证券交易所清算机构设立该账户，用于核算与证券交易所在自营业务中发生的各种款项往来业务。该科目借方登记存入清算机构的资金和卖出证券时收到的实际价款，贷方登记买入证券时支付的实际成本。期末余额一般在借方，反映证券公司存于证券交易所指定清算机构的款项余额。

自营证券购入的会计核算方法是：公司购入自营证券时，根据购入证券持有目的以及购入成本，借记“交易性金融资产”、“可供出售金融资产”、“持有至到期投资”等科目，贷记“清算备付金——公司”、“银行存款”等科目。证券公司采用余额包销或代销的方式将到期尚未卖出的证券转为自营证券时，借记“交易性金融资产”、“可供出售金融资产”、“持有至到期投资”等科目，贷记“代理承销证券款”科目。

自营证券买入业务在会计核算时，应注意以下几个问题：

（1）关于买入自营证券的实际成本。证券公司在场内买入的自营股票、债券和基金的实际成本构成内容大同小异，一般包括股票、债券和基金的实际成交金额、相关业务发生的交易经手费、过户费、证券市场监督管理费（证管费）和印花税等在证券交易所进行证券交易时按规定必须交纳的费用。

（2）买入证券中所含的应收股息和应收利息与一般企业一样，应该单独核算，不能计入交易性金融资产、可供出售金融资产或持有至到期投资的成本。

（3）证券款的结算办法。在场内交易时，自营证券应通过证券交易所指定清算机构的资金账户进行，在会计上通过“清算备付金——公司”账户进行核算；在柜台交易时，可直接通过“银行存款”账户进行核算。这种资金清算方法同样适合于配股派息、认购新股和卖出回购证券业务的核算。

（4）交易费用的处理。在购入金融资产时，企业所支付的交易费用的账务处理不完全相同。根据现行会计准则的规定，企业如果通过网上购入股票、债券等，且买价中包含着交易费用，则直接将其计入所购证券的成本。如果是单独支付的交易费用，则对于交易性金融资产来说，应记入“投资收益”账户；对于可供出售的金融资产和持有至到期投资来说，应记入所购证券成本的“利息调整”明细账中。

[例6-6] 2013年年末，甲证券公司以自有资金从证券交易所网上购入乙公司股票

500 万股，购入成本为 8 元/股（含网上交易费用），将其分类为交易性金融资产。同时，将代丙公司承销剩余的 5 万股股票转为可供出售金融资产，成本为 4 元/股。有关会计分录如下：

（1）购入乙公司股票时：

借：交易性金融资产——股票（乙公司）　　　　40 000 000

　贷：清算备付金——公司　　　　　　　　　　　40 000 000

（2）将代丙公司发行股票转为自营股票时：

借：可供出售金融资产——股票（丙公司）　　　　200 000

　贷：代理承销证券款——丙公司　　　　　　　　　200 000

[例 6-7] 承［例 6-6］，假设甲公司在购入乙公司股票时另行支付手续费 4 万元，则会计分录如下：

借：交易性金融资产——股票（乙公司）　　　　40 000 000

　　投资收益　　　　　　　　　　　　　　　　40 000

　贷：清算备付金——公司　　　　　　　　　　　40 040 000

[例 6-8] 承［例 6-7］，假设甲公司在购入乙公司股票时另行支付手续费 4 万元，且将这批股票分类为可供出售金融资产，则会计分录如下：

借：可供出售金融资产——成本　　　　　　　　40 040 000

　贷：清算备付金——公司　　　　　　　　　　　40 040 000

三、自营证券配股派息业务的核算

公司因持有股票而享有配股派息权。配股指上市公司向原股东进一步发行新股、筹集资金的行为。按照惯例，配股时原股东有优先认购权。派息指上市公司向股东分派的股息，可以是现金股利，也可以是股票股利。

1. 配股的核算

通过网上配股时，公司应在与证券交易所清算配股款时，按实际支付的配股款，借记"交易性金融资产——股票"、"可供出售金融资产"等科目，贷记"清算备付金——公司"科目。通过网下配股时，证券公司应按实际支付的配股款，借记"交易性金融资产——股票"、"可供出售金融资产"等科目，贷记"银行存款"科目。

2. 派息的核算

证券公司因持有股票而分得的股票股利，应于股权登记日，根据本公司持有的股份数及送股比例，计算确定本公司分配的股票股利数量，并在"交易性金融资产——股票"、"可供出售金融资产"等账户的"数量"栏内进行登记，不用编制会计分录。因持有股票分得现金股利时，应借记"清算备付金——公司"科目，贷记"投资收益"科目。

[例 6-9] 假设甲证券公司持有乙公司 100 万股股票，持有丙公司 10 万股股票，均分类为可供出售金融资产。2013 年年末，乙公司和丙公司发生如下配股业务：

（1）乙公司按 2 : 1 的比例在网上进行配股，配股价 10 元/股，甲公司支付乙公司配股款 500 万元。

（2）丙公司按 5 : 1 的比例派送股票股利，甲公司获得 2 万股股票股利。

甲公司根据上述资料应编制如下会计分录：

（1）通过证券公司进行网上配股时：

借：交易性金融资产——股票（乙公司）　　5 000 000

　贷：清算备付金——公司　　5 000 000

（2）收到丙公司的股票股利时，无须编制会计分录。

在［例6-9］中，由于丙公司发放的是股票股利，因此，甲公司不必编制任何会计分录，只需要在“可供出售金融资产——股票（丙公司）”明细账的“数量”栏内对增加的2万股股票进行登记即可。登记后，甲公司持有丙公司的股票应为12万股。

四、自营认购新股的核算

自营认购新股指证券公司通过席位或柜台以自有资金申请购入新股的证券业务。按照惯例，申购中签时才能成功地购入新股，否则申购款将会被退回。自营认购新股分为网上认购新股和网下认购新股。两者的会计核算方法大同小异。

1. 网上认购新股的核算

证券公司通过网上认购新股时，证券交易所将按申购款将公司资金从“清算备付金——公司”账户中划出并冻结，证券公司应借记“应收账款——应收认购新股占用款”科目，贷记“清算备付金——公司”科目；当认购新股中签、申购成功时，证券公司应按中签新股的实际成本，借记“交易性金融资产”、“可供出售金融资产”等科目，贷记“应收账款——应收认购新股占用款”科目；当申购失败、退回申购款时，证券公司应借记“清算备付金——公司”科目，贷记“应收账款——应收认购新股占用款”科目。

2. 网下认购新股的核算

证券公司通过网下认购新股时，按规定应将认购新股款存入认购新股时指定的金融机构，并借记“应收账款——应收认购新股占用款”科目，贷记“银行存款”科目；申购成功时，应按新股成本，借记“交易性金融资产”、“可供出售金融资产”等科目，贷记“应收账款——应收认购新股占用款”科目；申购失败时，应按退回的款项，借记“银行存款”科目，贷记“应收账款——应收认购新股占用款”科目。

［例6-10］甲证券公司本月通过证券公司网上系统申购M公司股票20万股，发行价2元/股，认股款已划到证券交易所账户并被冻结。数日后中签10万股，证券公司将其分类为交易性金融资产，其余未中签款项解冻。甲证券公司编制的有关会计分录如下：

（1）将认股款划转到证券公司账户时：

借：清算备付金——公司　　400 000

　贷：银行存款　　400 000

（2）申购股票资金被冻结时：

借：应收账款——应收认购新股占用款　　400 000

　贷：清算备付金——公司　　400 000

（3）申购中签时：

借：交易性金融资产——股票（M公司）　　200 000

　贷：应收账款——应收认购新股占用款　　200 000

（4）未中签认股款解冻时：

借：清算备付金——公司　　200 000

　贷：应收账款——应收认购新股占用款　　200 000

五、自营证券销售业务的核算

自营证券的卖出业务包括自营股票、债券等证券的未到期转让及债券的到期收回。证券公司销售自营证券时，应按实际收到的金额，借记“清算备付金——公司”或“银行存款”科目；按账面价值，贷记“交易性金融资产”、“可供出售金融资产”等科目；按差额，贷记“投资收益”科目。如果交易性金融资产和可供出售金融资产的公允价值曾经发生了变动，并已经在“公允价值变动损益”、“资本公积——其他资本公积”账户中确认，则在自营证券销售时，还必须将累计价值变动结转到“投资收益”账户中。

［例6-11］沿用［例6-6］中资料，假设在2010年年末，甲公司将其持有的“交易性金融资产——乙公司股票”以12元/股的价格销售了50万股。经查账获悉，“交易性金融资产——乙公司股票（公允价值变动）”账户的借方余额为1 000万元。则甲公司在销售乙公司股票时，应编制如下会计分录：

借：清算备付金——公司　　6 000 000
　贷：交易性金融资产——乙公司股票（成本）　　4 000 000
　　　　　　　　　　——乙公司股票（公允价值变动）　　1 000 000
　　投资收益　　1 000 000

同时，将“交易性金融资产——乙公司股票（公允价值变动）”中的100万元转入投资收益，分录如下：

借：公允价值变动损益　　1 000 000
　贷：投资收益　　1 000 000

在［例6-11］中，由于甲公司只销售了10%的乙公司股票，因此，“交易性金融资产——乙公司股票（公允价值变动）”也只能结转10%。

［例6-12］甲公司于2012年通过证券交易所购入500万元M公司债券，将其分类为可供出售金融资产。2013年，甲公司将这批债券全部出售，卖价为520万元，已知“资本公积——其他资本公积”贷方余额为5万元。则甲公司应编制如下会计分录：

（1）2012年购入M公司债券时：

借：可供出售金融资产——成本　　5 000 000
　贷：清算备付金——公司　　5 000 000

（2）确认M公司债券公允价值变动时：

借：可供出售金融资产——公允价值变动　　50 000
　贷：资本公积——其他资本公积　　50 000

（3）销售M公司债券时：

借：清算备付金——公司　　5 200 000
　贷：可供出售金融资产——成本　　5 000 000
　　　　　　　　　　　——公允价值变动　　50 000
　　投资收益　　150 000
借：资本公积——其他资本公积　　50 000
　贷：投资收益　　50 000

六、自营证券的期末计价

通过上面的阐述，我们知道，证券公司的自营证券主要包括证券公司以自有资金购买的股票、债券和基金等金融资产。对于购入的自营证券，证券公司应根据购买的目的不同在购买日将其分别分类为交易性金融资产、持有至到期投资或可供出售金融资产等。根据现行企业会计准则的规定，交易性金融资产、持有至到期投资和可供出售金融资产的期末计价方法是不完全相同的。

交易性金融资产期末应以公允价值计量，并将当期公允价值变动记入“公允价值变动损益”账户；可供出售的金融资产期末也以公允价值计量，应将当期公允价值变动记入“资本公积——其他资本公积”账户；而持有至到期投资在期末应以摊余价值计量。

［例 6-13］2013 年年末，甲证券公司自营证券包括交易性金融资产、可供出售金融资产两项，两项金融资产的账面价值和公允价值情况见表 6-7。

表 6-7　**甲证券公司自营证券汇总表**　单位：万元

项目	2012 年年末账面价值	2013 年年末公允价值	公允价值变动
交易性金融资产	9 500	9 900	400
可供出售金融资产	16 700	18 000	1 300

根据表 6-7，甲公司在 2013 年年末应编制如下会计分录：

借：交易性金融资产——公允价值变动　4 000 000

　贷：公允价值变动损益　4 000 000

借：可供出售金融资产——公允价值变动　13 000 000

　贷：资本公积——其他资本公积　13 000 000

根据现行企业会计准则规定，除交易性金融资产之外，证券公司在其持有的可供出售金融资产和持有至到期投资出现资产减值迹象时，应通过“资产减值损失”、“可供出售金融资产减值准备”和“持有至到期投资减值准备”等账户，计提相应的资产减值准备。当可供出售金融资产和持有至到期投资的价值得以回升时，证券公司应在以前计提的资产减值损失的范围内将金融资产的减损价值予以转回。

这里应注意的是，证券资产的资产减值转回分录不完全相同。对于持有至到期投资的资产减值转回，应借记“持有至到期投资减值准备”账户，贷记“资产减值损失”账户；对于可供出售金融资产（债券投资）的资产减值转回，应借记“可供出售金融资产减值准备”账户，贷记“资产减值损失”账户；对于可供出售金融资产（股票投资）的资产减值转回，应借记“可供出售金融资产减值准备”账户，贷记“资本公积——其他资本公积”账户。

［例 6-14］2013 年年末，甲证券公司在年终结账时，重新核查了其持有的自营证券期末价值，发现以前减值的部分持有至到期投资和可供出售金融资产价值有所回升，具体情况见表 6-8。

表 6-8　**甲公司 2013 年年末自营证券价值变动一览表**　单位：万元

项目	2012 年年末账面价值		2013 年年末公允价值	公允价值变动
持有至到期投资	原值	5 000	4 900	+150
	减：减值准备	250		
	报告价值	4 750		
可供出售金融资产（股票）	原值	6 900	7 005	+525
	减：减值准备	420		
	报告价值	6 480		

根据表6-8，甲公司在2013年年末应编制如下会计分录：

借：持有至到期投资减值准备　　1 500 000

　贷：资产减值损失　　1 500 000

借：可供出售金融资产减值准备　　4 200 000

　贷：资本公积——其他资本公积　　4 200 000

补充阅读资料6-2

证券公司的自营证券业务与一般工商业的金融资产投资业务基本上是一样的，主要包括股票投资、债券投资和基金投资等，在会计核算中，根据所购买的证券的种类、性质和目的不同，可分别分类为交易性金融资产、可供出售金融资产和长期股权投资等。它们核算的原则基本上是一致的，只是核算中所涉及的会计科目和会计流程可能会略有不同，比如自用证券会计核算中会涉及“清算备付金”科目，而一般工商业则不会涉及此科目。

小知识6-3

一般而言，证券公司将其购入的股票、债券或基金在初始分类为“交易性金融资产”、“持有至到期投资”或“可供出售金融资产”以后，是不能够随便进行重分类的。但对于持有至到期投资，如果企业的经营状况发生巨大变化而使企业难以继续持有至到期时，可以将其重新分类为可供出售金融资产；反过来，重分类的可供出售金融资产在满足一定条件的前提下，也可以再次重新分类为持有至到期投资。

第四节　证券经纪业务的核算

一、证券经纪业务概述

1. 证券经纪业务的含义

在证券交易所内从事证券交易业务的证券商有两种：一种是自营商，它是用自有资金和账户为自身投资的需要买卖证券，以获取投资收益；另一种是经纪商，它接受委托人的委托，按委托人的要求在交易市场中买卖证券，以获取佣金。证券经纪商，也称证券经纪人，它所从事的业务就是证券经纪业务。证券经纪业务，是指具有资格的证券公司接受投资人的委托，代理投资人在证券交易所买卖证券并收取佣金的证券业务。它是证券经营机构的一项主要业务，在证券业务总量中占有很大的比重。证券经纪业务是随着证券集中交易制度的实行而产生和发展起来的。由于证券交易所内的证券种类繁多、数额巨大，而交易厅内的席位又有限，一般的投资人不能直接进入证券交易所内进行交易，因此，只能通过特许的证券经纪商作为中介来促成交易。

证券经纪业务的实质是委托人和受托人之间的委托代理关系，受托的证券公司完全按照委托人的意愿进行买卖证券，其收取的佣金以每一次的委托为依据。在这类委托代理业务中，委托人预先必须全额缴纳保证金，因此，证券经纪业务对于证券公司而言全无风险。委托证券业务和自营证券业务的内容基本相同，一般都包括证券的买入、卖出、认购新股、配股派息等，但由于前者是代理业务，后者是自己经营，所以两者各有特点，具体差别见表6-9。

表6-9　**委托买卖和自营买卖对照表**

对照项目	委托买卖	自营买卖
证券商的地位	处于交易的一种中介地位	处于交易的买方或卖方
成交的时机	受多种因素影响，不一定能满足投资者需求	证券商比较容易把握，一般均可按希望成交
价格的决定	客户自定，即使证券商认为不合理也不能拒绝	由证券商自行决定，随时可变
价格的变动	频繁，具有较大的波动性	波动性相对较小
价格的意向	“代理买卖证券委托单”中提出的“理想”价格	证券商根据市场行情随行就市
交易的品种	一般以股票、基金买卖为主	根据实际行情，各种类证券均有
交易的数量	成交量少、委托笔数多而散	成交量较大，交易笔数较少
清算的单位	以每个投资人每笔委托交易进行清算	以每个席位统一清算
交割的方式	通过资金账户的转账及现金收付	通过内部转账实现交割
保证金缴纳	必须缴纳全额保证金	一次性缴纳清算交割准备金
投资的成本	加收佣金、过户费、印花税、委托手续费	经手费、印花税、一半过户费、证管费
缴纳的税金	交易所代扣印花税及按佣金收取的营业税	交易所代扣印花税、按买卖价差收取的营业税

2. 证券经纪业务的基本程序

证券经纪业务实质上是一种委托证券的买卖业务，需经过以下几个程序才能完成：

（1）登记和开户。投资人在委托业务开展之前应到证券商处填写“个人名册登记表”，同时按证券商的要求开设“委托买卖证券资金专户”，或者在登记结算公司开立专户，用于双方资金的往来和结算。

（2）委托买卖。在登记和开户后，投资人可以随时委托证券公司代其买卖各种证券。委托买卖证券的过程是证券经纪业务最重要的组成部分，通过委托，投资人交易的目标得以实现，经纪人的佣金得到落实，国家的税收得到保证。委托的方式主要有当面委托、电话委托、电报委托、传真委托、信函委托、磁卡委托等。

（3）场内交易。证券商在接受委托后，应当通过证券交易所的电脑终端系统对客户的委托进行竞价买卖，撮合成交后，投资者不得反悔，但在成交以前，投资者可以撤单。

（4）清算交割。委托买卖成交以后，证券商需及时将“成交交割凭单”交给投资人，并进行货、钱两清的交接手续。

证券经纪业务的基本程序如图6-2所示。

一般情况下，证券公司开展的证券经纪业务主要包括代理买卖证券业务、代理兑付证券业务、代理认购新股业务、代理配股派息业务、代理保管证券业务和代理客户理财业务

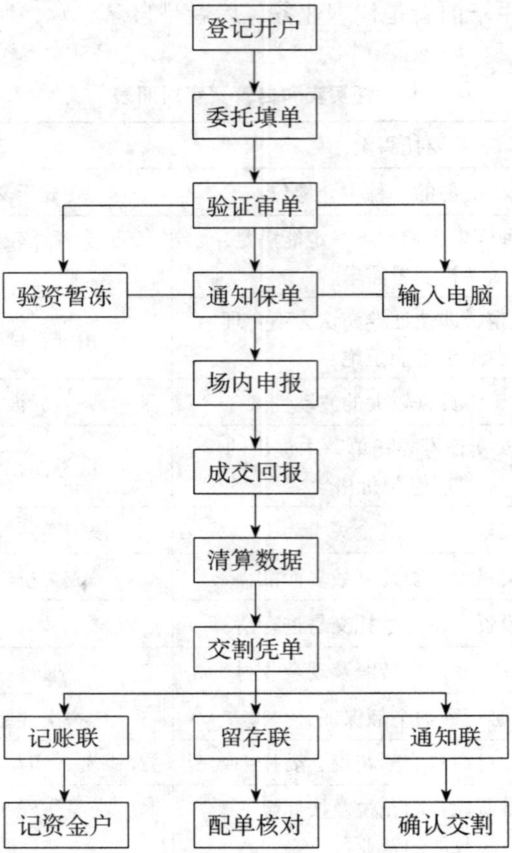

图 6-2 证券经纪业务的基本程序图

等。近年来，经有关部门批准，我国证券公司也允许开展融资融券业务。下面将具体阐述几个主要的证券经纪业务的会计核算方法。

二、代理买卖证券的会计核算

代理买卖证券是指证券公司接受客户的委托，代客户买卖股票、债券和基金的业务。根据现行会计准则的规定，为核算代理买卖证券的业务，证券公司应设置“代理买卖证券款”、“清算备付金——客户”、“手续费及佣金收入”和“手续费及佣金支出”等科目。

“代理买卖证券款”是负债类科目，核算代客户买卖证券、认购新股和配股时按规定由客户交存证券公司的款项以及公司代客户领取的现金股利和债券利息等。该科目贷方登记公司收到的客户交纳的各项款项、代客户收取的现金股利和债券利息等；借方登记支付客户的款项、代客户向证券公司买入证券支付的款项、认购新股及配股时交纳的款项及相关税费（包括支付给证券公司的手续费）等。该科目的余额在一般在贷方，反映客户交存证券公司款项的余额或证券公司欠委托方的债务。该科目应按客户名称设置明细账。

“清算备付金——客户”是资产类科目，用于核算公司因代客户在证券交易所进行证券交易而存入清算代理机构的款项。该科目的借方登记公司为客户代理证券交易而存于清算中心的款项以及代客户收取的现金股利和利息收入；贷方登记代客户买入证券、认购新股和配股时支付的成交价、相关税费（包括支付给证券公司的手续费）以及从清算中心收回的款项。期末余额在借方，反映为代理客户买卖而交存清算中心的款项或证券公司从证券交易所结算公司代客户收回的债权。

“手续费及佣金支出”是损益类科目，用于核算证券公司各种代理业务中发生的手续费和佣金支出。该科目借方登记支付的手续费和佣金，贷方登记结转到“本年利润”中的数额，结转后，本科目无余额。

代理买卖证券的会计处理主要包括以下几个步骤：

（1）收到客户交存的各种委托买卖证券款项时，借记“银行存款”科目，贷记“代理买卖证券款”科目。

（2）为代理业务而将款项存于证券交易所指定的结算中心时，借记“清算备付金——客户”科目，贷记“银行存款”科目。

（3）接到客户买卖证券的委托时，一般无需做会计分录。但买入证券时委托人需要有足够的资金作保证；卖出证券时委托人需足额缴付证券。

（4）买入证券成交后，应按成交价加支付的印花税、过户费及支付证券商的手续费等，借记“代理买卖证券款”科目，贷记“清算备付金——客户”科目；卖出证券成交后，应按成交价减印花税、过户费及支付证券商的手续费等，借记“清算备付金——客户”科目，贷记“代理买卖证券款”科目；按代理业务中证券商自己负担的证券交易所的交易费，借记“手续费及佣金支出——代买卖证券手续费支出”科目，贷记“清算备付金——公司”科目；按代理业务中证券商应收取委托人的手续费，借记“代理买卖证券款”或“应收手续费及佣金”等科目，贷记“手续费及佣金收入——代买卖证券手续费收入”科目。

（5）当证券公司既有买入证券业务又有卖出证券业务时，也可以根据买卖成交业务总量汇总编制如下会计分录：

①当买入证券成交总量大于卖出证券成交总量时：

借：代理买卖证券款（买卖证券成交价的差额+代扣代缴印花税+代理买卖手续费收入）

　　手续费及佣金支出（公司支付证券交易所的手续费）

　贷：清算备付金——客户（买卖证券成交价差额+代扣代缴印花税+公司支付证券交易手续费）

　　　手续费及佣金收入（代理买卖证券手续费收入）

②当卖出证券成交总量大于买入证券成交总量时：

借：清算备付金——客户（买卖证券成交价的差额-代扣代缴印花税-公司支付证券交易手续费）

　　手续费及佣金支出（公司支付证券交易手续费）

　贷：代理买卖证券款（买卖证券成交价的差额-代扣代缴印花税-代理买卖手续费收入）

　　　手续费及佣金收入（代理买卖证券手续费收入）

[例6-15] 甲证券公司本月发生如下几笔与代理买卖证券有关的业务：

（1）收到乙公司交来的代买卖证券款1 000 000元，次日存入证券交易所。

（2）代乙公司买进某公司A股80万元，代扣代缴印花税1 600元（按0.2%收取），收取手续费2 800元（按0.35%收取）。

(3) 代丙公司销售某公司B股50万元，代扣代缴印花税1 000元，收取手续费2 150元（按0.43%收取）。

(4) 支付证券交易所手续费346元。

根据上述有关业务应做如下有关会计分录：

(1) 收乙公司存款时：

借：银行存款　　1 000 000

　贷：代理买卖证券款——乙公司　　1 000 000

(2) 将款项交存证券交易所时：

借：清算备付金——客户　　1 000 000

　贷：银行存款　　1 000 000

(3) 代乙公司购入证券时：

借：代理买卖证券款——乙公司　　804 400

　贷：清算备付金——客户　　804 400

借：清算备付金——公司　　2 800

　贷：手续费及佣金收入　　2 800

(4) 代丙公司销售证券时：

借：清算备付金——客户　　496 850

　贷：代理买卖证券款——丙公司　　496 850

借：代理买卖证券款——丙公司　　2 150

　贷：手续费及佣金收入　　2 150

借：清算备付金——公司　　2 150

　贷：清算备付金——客户　　2 150

(5) 划转公司承担的交易费时：

借：手续费及佣金支出　　346

　贷：清算备付金——公司　　346

(6) 偿还乙公司和丙公司的代理买卖证券款时：

借：代理买卖证券款——乙公司　　192 800

　　　　　　　　——丙公司　　494 700

　贷：清算备付金——客户　　687 500

通过上述例题，可以看出，在代理买卖证券业务时，客户无论是委托买进还是委托卖出，证券公司都需按成交额的一定比例向客户收取手续费，而证券交易所又按证券公司获得手续费的一定比例向其收取手续费，同时，证券公司还要代理证券交易所向客户收取一定比例的印花税。代理买卖证券交易中应该收取的税费及比例由证券管理部门具体规定。

三、代理认购新股的核算

代理认购新股是指证券公司接受客户的委托，代客户认购新发行股票的业务。代理认购新股的核算通常涉及“代理买卖证券款”、“清算备付金”和“手续费及佣金收入”等科目。代理认购新股的会计处理方法是：公司收到认股款时，借记“银行存款”科目，贷记“代理买卖证券款”科目；公司将认购款划转交易所时，借记“清算备付金——客户”科目，贷记“银行存款”科目；公司代客户申购、认股款被冻结时，借记“代理买卖证券款”科目，贷记“清算备付金——客户”科目；未中签认股款解冻时，借记“清算备付金——客户”科目，贷记“代理买卖证券款”科目；公司将未中签认股款划回公司账户时，借记“银行存款”科目，贷记“清算备付金——客户”科目；公司将未中签认股款退还给委托人时，借记“代理买卖证券款”科目，贷记“银行存款”科目。

[例6-16] A证券公司代理B公司认购新股，收到客户认股款500万元，中签100万元，其余款项退还B公司，手续费率为0.35%。有关会计分录如下：

(1) 收到B公司认股款时：

借：银行存款	5 000 000	
贷：代理买卖证券款——B公司		5 000 000

(2) 将认股款交存证券公司时：

借：清算备付金——客户	5 000 000	
贷：银行存款		5 000 000

(3) 申购股票款被交易所冻结时：

借：代理买卖证券款——B公司	5 000 000	
贷：清算备付金——客户		5 000 000

(4) 未中签认股款解冻时：

借：清算备付金——客户	4 000 000	
贷：代理买卖证券款——B公司		4 000 000

(5) 认股款由交易所划转回公司时：

借：银行存款	4 000 000	
贷：清算备付金——客户		4 000 000

(6) 认股款划转给B公司时：

借：代理买卖证券款——B公司	4 000 000	
贷：手续费及佣金收入		3 500
银行存款		3 996 500

(7) A公司将中签新股与B公司进行交接。

四、代理配股派息的核算

代理配股派息是指证券公司接受客户的委托，代客户办理配股及分派股息的业务。公司按客户要求代理配股业务时，与证券交易所有两种结算方法：一种是即时结算配股款；另一种是定期结算配股款。两种方式的会计处理方法大同小异：前者应于配股当日将配股款划到证券交易所的账户上；后者应定期将配股款划到证券交易所的账户上。

代理配股派息的会计处理方法与自营证券配股派息的会计处理方法基本程序是相同的，只是涉及的账户有所差别。自营证券配股派息应通过“交易性金融资产”、“清算备付金——公司”、“手续费及佣金收入”等账户核算，而代理配股派息则通过“代理买卖证券款”、“清算备付金——客户”、“手续费及佣金收入”等账户核算。在代理配股派息业务中，公司收到客户交来的配股款时，借记“银行存款”科目，贷记“代理买卖证券款”科目；交存证券交易所配股款时，借记“清算备付金——客户”科目，贷记“银行存款”科目；配股完成时，借记“代理买卖证券款”科目，贷记“清算备付金——客户”科目；代客户收到现金股利时，借记“清算备付金——客户”科目，贷记“代理买卖证券款”科目。下面举例说明代理配股派息的会计核算方法。

［例6-17］某月甲证券公司代理乙公司办理了如下几笔业务：

（1）代理配购A公司股票50万元，并确认代理手续费收入2 000元；

（2）代理收取B公司现金股利5万元；

（3）代理收取C公司债券利息5万元。

有关会计分录如下：

（1）收到配股款时：

借：银行存款　　500 000

　贷：代理买卖证券款——乙公司　　500 000

（2）将配股款存到交易所时：

借：清算备付金——客户（乙公司）　　500 000

　贷：银行存款　　500 000

（3）配股清算时：

借：代理买卖证券款——乙公司　　500 000

　贷：清算备付金——客户（乙公司）　　500 000

（4）确认配股手续费时：

借：代理买卖证券款——乙公司　　2 000

　贷：手续费及佣金收入　　2 000

（5）收到现金股利时：

借：清算备付金——客户（乙公司）　　50 000

　贷：代理买卖证券款——乙公司　　50 000

（6）收到债券利息时：

借：清算备付金——客户（乙公司）　　50 000

　贷：代理买卖证券款——乙公司　　50 000

（7）与乙公司清算时：

借：清算备付金——公司　　2 000

　贷：清算备付金——客户（乙公司）　　2 000

借：代理买卖证券款——乙公司　　98 000

　贷：银行存款　　98 000

五、代理兑付债券的核算

代理兑付债券是指证券公司代理国家或企业兑付已到期债券的业务。这里以代理兑付国债为例，来说明代理兑付债券的会计核算方法。

1. 国债的种类

国债有多种分类方式，按照用途不同可以分为国库券、国家重点建设债券、财政债券、国家建设债券、保值公债、特种国债、定向债券和转换债等；按照记名与否可以分为无记名债券和记名债券；按照债券的存在形式及特点不同，可以分为实物券、凭证式国债、记账式国债、收据式国债、收款单式国债、非实物券代保管单等；按照可否流通可以分为可流通债券、不可流通债券和不能流通债券。这里主要阐述目前在我国比较流行的实物券、凭证式国债和记账式国债的兑付业务。

实物券又称国债现券，它是一种不记名、不挂失的无记名式债券，这种债券可以上市流通，支取本息、流通转让都需要以实物券为凭证，到期兑付时必须将实物券交回代理兑付的机构。凭证式国债是一种记名式的国家储蓄债，这种国债可记名、可挂失，但不能上市流通，可提前兑取，其认购和兑取的形式与办理长期存款单类似，它一般由银行代国家发行。记账式国债也是一种记名式债券，它主要是指在证券交易所开立账户的投资者在场内以记账的形式买卖的债券，由于其认购、兑付都没有真正的实物券，只是在有关账户上对此项业务进行记录，因而，它又称为“无纸化国债”。凭证式国债和记账式国债都是非实物券，两者在认购、转让和兑付时，都没有相应的实物券。

2. 国债兑付的程序

无记名实物券的兑付程序是：（1）债券到期时，客户到债券兑付机构交回债券，申请兑付；（2）银行对债券审核无误后，将现金和兑付清单交客户收执。

凭证式记名债券的兑付程序是：（1）债券到期时，客户持债券收款收据到原签发银行申请兑付；（2）原签发银行审核无误后将兑付清单交客户收执，并以现金或转账方式将本息交给客户。

记账式债券的兑付程序是：（1）债券到期时，客户可以直接委托证券公司向证券交易所申请兑付；（2）证券公司与证券交易所清算交割后，将款项直接划转到客户账户中。

3. 会计核算方法

为核算债券兑付业务，证券公司应该设置“代兑付债券款”、“代兑付债券”和“手续费及佣金收入——代兑付债券手续费收入”等科目。

“代兑付债券款”是负债类科目，用于核算委托兑付单位预付的兑付资金。该科目贷方登记收到的代兑付的债券资金；借方登记兑付的记名债券或无记名债券（实物券）的本金及利息；期末贷方余额反映已经收到但尚未兑付的代兑付债券款。“代兑付债券款”科目应该按委托兑付的单位设置明细账。

“代兑付债券”是资产类科目，用于核算代理兑付债券时收到的实物券。该科目借方登记收到的代兑付实物券金额，贷方登记交给委托单位的代兑付实物券金额。期末余额在借方，反映已代理兑付的实物券金额。“代兑付债券”科目应按委托兑付的单位设置明细账。

“手续费及佣金收入——代兑付债券手续费收入”是损益类科目，用于核算证券公司代理兑付债券时取得的手续费收入。该科目贷方登记取得的手续费收入，借方登记结转到“本年利润”中的数额。

在代兑付债券的会计核算中，记名债券和无记名债券的会计处理不完全相同，主要表现在：无记名债券需要收回实物券。根据有关规定，收回这些实物券时，应当通过“代兑付债券”账户核算，待把这些实物券交给委托单位时，再与预先收到的“代兑付债券款”账户对销；而记名债券的兑付业务因无实物券而无需通过“代兑付债券”账户核算，它直接通过“代兑付债券款”账户核算即可。下面举例对代兑付债券的会计核算方法加以说明。

[例 6-18] 甲公司代理乙公司兑付到期实物债券，收到乙公司兑付资金 503 万元，其中手续费 3 万元。兑付期结束，500 万元全部兑付。有关会计分录如下：

（1）收到乙公司兑付资金时：

借：银行存款　　5 030 000

　贷：代兑付债券款——乙公司　　5 030 000

（2）收到实物券，予以兑付时：

借：代兑付债券　　5 000 000

　贷：银行存款　　5 000 000

（3）将实物券交给乙公司，并进行清算时：

借：代兑付债券款——乙公司　　5 000 000

　贷：代兑付债券——乙公司　　5 000 000

（4）确认手续费收入时：

借：代兑付债券款——乙公司　　30 000

　贷：手续费及佣金收入——代兑付债券手续费收入　　30 000

［例6-19］甲公司代理丙公司兑付无纸化债券，收到丙公司兑付资金402万元，其中含2万元手续费。兑付期满，400万元全部兑付。有关会计分录如下：

（1）收到兑付资金时：

借：银行存款　　4 020 000

　贷：代兑付债券款——丙公司　　4 020 000

（2）客户到公司兑付债券时：

借：代兑付债券款——丙公司　　4 000 000

　贷：银行存款　　4 000 000

（3）兑付期结束，将2万元转为手续费收入时：

借：代兑付债券款——丙公司　　20 000

　贷：手续费及佣金收入——代兑付债券手续费收入　　20 000

六、受托理财业务的核算

受托理财业务是指证券公司受客户委托，接受客户的资产并代其进行理财的业务。受托理财业务的风险在委托方（即客户），证券公司不承担任何的风险。一般情况下，证券公司将根据理财收益分享部分理财收益。

根据现行企业会计准则的规定，为核算受托理财业务，证券公司应设置“代理业务资产”、“代理业务负债”和“手续费及佣金收入”等科目。

“代理业务资产”和“代理业务负债”是证券公司专门用于核算企业从客户方收到的不承担任何风险的理财资金的科目，包括受托投资资金和受托贷款资金等。其中“代理业务资产”科目应设置“成本”和“已实现未结算损益”两个二级科目。受托理财业务的会计核算方法如下：当企业收到理财资金时，应按实收金额，借记“银行存款”等科目，贷记“代理业务负债”科目；用理财资金购入各类证券时，应借记“代理业务资产——成本”科目，贷记“银行存款”等科目；将购买的证券出售时，应按实收的金额，借记“清算备付金”等科目，按成本，贷记“代理业务资产——成本”科目，按其差额，贷记“代理业务资产——已实现未结算损益”科目；定期或在合同到期与委托客户进行结算时，按代理资产的已实现未结算损益，借记“代理业务资产——已实现未结算损益”科目，贷记“代理业务负债”（委托客户的收益）、“手续费及佣金收入”（证券公司的收益）等科目。下面举例说明代理理财业务的会计核算方法。

[例6-20] 某证券公司受客户委托代其进行资产理财，合同规定，证券公司可享有净收益的30%。2013年3月1日，证券公司收到客户理财资金30万元；3月10日用委托资金购入股票，共计30万元；4月8日，证券公司将该股票出售，扣除印花税和有关费用后，净收入为35万元；4月底，证券公司与客户结算。有关会计分录如下：

(1) 3月1日收到理财资金时：

借：银行存款　300 000

　贷：代理业务负债　300 000

(2) 3月10日购买股票时：

借：代理业务资产——成本　300 000

　贷：银行存款　300 000

(3) 4月10日销售股票时：

借：银行存款　350 000

　贷：代理业务资产——成本　300 000

　　　　　　　　——已实现未结算损益　50 000

(4) 与客户结算时：

借：代理业务资产——已实现未结算损益　50 000

　贷：代理业务负债　35 000

　　　手续费及佣金收入　15 000

(5) 将委托款偿还客户时：

借：代理业务负债　335 000

　贷：银行存款　335 000

七、代保管证券业务的核算

代保管证券业务是指证券公司代理客户保管有价证券的业务。公司代保管证券业务不需要单独设置表内科目。无论采取何种保管方式，只需在专设的备查账户中设置“代保管证券”这一表外科目，记录代保管证券的情况。如果代保管证券业务收取手续费，其手续费收入应于代保管服务完成时予以确认，并通过“手续费及佣金收入”科目核算。预先收取的手续费，可以作预收账款处理。如果公司代保管证券不收取手续费，则只需在备查簿中登记即可。

[例6-21] 某证券公司代甲客户保管企业债券1万张，面值1 000元/张，总价值共计1 000万元。该债券保管业务到期结束后，按照双方的约定，甲公司支付该证券公司1 000元保管手续费。有关账务处理如下：

(1) 证券公司收到甲公司代保管债券时，应在“代保管证券登记簿”中进行登记，登记的内容包括委托代保管的单位，收到债券的种类、数量、金额、到期日、手续费及双方的责任等。

(2) 证券公司归还甲公司代保管债券并收到手续费时，除应该在“代保管证券登记簿”中作相应的登记以外，还应该编制以下会计分录：

借：银行存款　1 000

　贷：手续费及佣金收入　1 000

八、融资融券业务的核算

融资融券业务是指向客户出借资金供其买入公开上市交易的有价证券或者出借公开上市交易的有价证券供其卖出，并收取担保物的经营活动。在我国，证券公司开展融资融券业务试点，必须经证监会批准。未经批准，任何公司不得向其客户融资、融券，也不得为其客户与客户、客户与他人之间的融资融券活动提供任何便利和服务。

企业发生的融资融券业务，分为融资业务和融券业务两类。根据我国2010年企业会计准则解释第4号第九条的规定：关于融资业务，证券公司及其客户均应当按照《企业会计准则第22号——金融工具确认和计量》（2006）的有关规定进行会计处理。证券公司融出的资金，应当确认应收债权，并确认相应利息收入；客户融入的资金，应当确认应付债务，并确认相应利息费用。关于融券业务，证券公司融出的证券，按照《企业会计准则第23号——金融资产转移》（2006）的有关规定，不应终止确认该证券，但应确认相应利息收入；客户融入的证券，应当按照《企业会计准则第22号——金融工具确认和计量》（2006）的有关规定进行会计处理，并确认相应利息费用。

根据企业会计准则解释第4号的规定，对于融资业务，证券公司应将借给客户的资金形成一项应收的债权，这与银行贷款业务并无本质区别，因此证券公司和客户完全根据银行贷款的业务做相似的会计处理。而对于融券业务的会计处理，证券公司由于仅是暂时性借出证券，在约定的期限之后，客户必须归还证券公司相同数量和种类的证券，证券公司并没有真正转移借出证券的风险和报酬，因此不应该终止确认该证券，但是为了反映该证券已被借出的事实，可以将证券的"自营账户"金额转移到"融券账户"。"融券账户"则按照以前相同的会计计量方法核算，正确核算其相应的风险与报酬。对客户而言，借入的证券一方面应确认"交易性金融资产"，同时因承担着未来归还证券公司融入证券的义务，所以，近期还必须回购该证券，因此在其融券出售期间可以相对应地确认一笔"交易性金融负债"，用以反映因该证券价格浮动而带来投资损益的变动。

[例6-22] 假设2013年10月1日沪市大盘位于3 000点，甲企业预期大盘有可能进一步走低，因此向乙证券公司融券，做空交易。甲企业融券A股票10万股，此时A股票市价10元/股，约定3个月后于2013年12月31日按年利率12%归还给A股票，同时按照股票市值的60%缴纳保证金60万元。2013年12月31日A股票市价8元，不考虑相关交易的手续费。相关的会计分录如下：

（1）甲企业的会计处理如下：

①10月1日交付融券缴纳保证金时：

借：其他应收款——融券保证金　600 000

　贷：银行存款——自有资金　600 000

②10月1日实际融券时：

借：交易性金融资产——A股票——融券（成本）　1 000 000

　贷：交易性金融负债——A股票——融券（本金）　1 000 000

③10月1日出售股票时：

借：其他货币资金——融券存款　1 000 000

　贷：交易性金融资产——A股票——融券（成本）　1 000 000

④12月31日A股票市价跌至8元，公允价值变动=（10-8）×10=20（万元），甲企

业的会计分录为：

借：交易性金融负债——A股票——融券（公允价值变动） 200 000

贷：公允价值变动损益——A股票（融券） 200 000

⑤12月31日甲企业将购入的10万股A企业股票归还乙证券公司，此时应冲销交易性金融负债科目余额，会计分录如下：

借：交易性金融资产——A股票——融券（成本） 800 000

贷：其他货币资金——融券存款 800 000

借：交易性金融负债——A股票——融券（本金） 1 000 000

贷：交易性金融负债——A股票——融券（公允价值变动） 200 000

交易性金融资产——A股票——融券（成本） 800 000

借：公允价值变动损益——A股票（融券） 200 000

贷：应付利息——乙证券公司 30 000

投资收益 170 000

通过"交易性金融负债"及其对应的"公允价值变动"会计科目，确认和计量融券业务因证券价格浮动而带来负债金额的变动及其收益，最终甲企业通过融券做空交易获得20万元利得，扣除融券利息费用3万元，净利润17万元。

需要注意的是，乙证券公司是逐日盯市，假如12月20日A股票的价格与甲企业预期相反，上升到15.7元，那么3万元融券利息和57万元的负债浮亏将抵消60万元保证金，如果甲企业没有追加保证金，则其证券账户中资金将会被强制平仓，购买A股票以归还乙证券公司的股票，相关会计处理如下：

借：公允价值变动损益——A股票（融券） 570 000

贷：交易性金融负债——A股票——融券（公允价值变动） 570 000

借：交易性金融负债——A股票——融券（本金） 1 000 000

——A股票——融券（公允价值变动） 570 000

应付利息——A股票（融券） 30 000

贷：其他应收款——融券保证金 600 000

其他货币资金——融券存款 1 000 000

（2）乙证券公司的会计处理：

假设2013年10月1日A股票在乙证券公司的账面价值如下："交易性金融资产——A股票——成本（自营账户）"借方余额40万元，"交易性金融资产——A股票——公允价值变动（自营账户）"借方余额60万元。则乙证券公司的相关会计分录如下：

①10月1日乙证券公司收到甲企业融券保证金时：

借：银行存款——融券保证金 600 000

贷：存入保证金——融券保证金 600 000

②乙证券公司从自营账户借出A股票10万股，但因乙证券公司没有放弃对该股票的控制，应该将交易性金融资产"自营账户"转入交易性金融资产"融券账户"，因此自营账户A股票数为0，融券账户中A股票10万股，乙证券公司的会计分录如下：

借：交易性金融资产——A股票——成本（融券账户） 400 000

——A股票——公允价值变动（融券账户） 600 000

贷：交易性金融资产——A 股票——成本（自营账户） 400 000

——A 股票——公允价值变动（自营账户） 600 000

③12 月 31 日 A 股票市价跌到 8 元，融券账户公允价值变动=（8−10）×10=−20（万元），会计分录如下：

借：公允价值变动损益——A 股票（融券） 200 000

贷：交易性金融资产——A 股票——公允价值变动（融券账户） 200 000

④假设甲企业于 12 月 31 日购入 10 万股 A 股票，则乙证券公司应该将交易性金融资产“融券账户”余额再转入“自营账户”，同时归还甲企业的融券保证金，并确认相应的利息收入，会计分录如下：

借：交易性金融资产——A 股票——成本（自营账户） 400 000

——A 股票——公允价值变动（自营账户） 400 000

贷：交易性金融资产——A 股票——成本（融券账户） 400 000

——A 股票——公允价值变动（融券账户） 400 000

借：存入保证金——融券保证金 600 000

贷：银行存款——融券保证金 600 000

借：应收利息——甲公司 30 000

贷：利息收入 30 000

同样假如 12 月 20 日 A 股票的价格上升到 15.7 元，如果甲企业没有追加保证金，则其账户中的资金将会被乙证券公司强制平仓，即按照 15.7 元购入 10 万股 A 企业股票，以归还乙证券公司的股票，相关会计处理如下：

借：交易性金融资产——A 股票——公允价值变动（融券账户） 570 000

贷：公允价值变动损益——A 股票（融券） 570 000

借：存入保证金——融券保证金 600 000

贷：应收利息——融券 30 000

银行存款——融券保证金 570 000

借：交易性金融资产——A 股票——成本（自营账户） 400 000

——A 股票——公允价值变动（自营账户） 1 170 000

贷：交易性金融资产——A 股票——成本（融券账户） 400 000

——A 股票——公允价值变动（融券账户） 1 170 000

小知识 6−4

目前国际上存在的融资融券模式基本有四种：证券融资公司模式、投资者直接授信模式、证券公司授信模式以及登记结算公司授信的模式。中国融资融券模式包括券商对投资者的融资、融券和金融机构对券商的融资、融券。融资是看涨，因此向证券公司借钱买证券，证券公司借款给客户购买证券，客户到期偿还本息，客户向证券公司融资买进证券称为“买多”。融券是看空，借证券来卖，然后以证券归还，证券公司出借证券给客户出售，客户到期返还相同种类和数量的证券并支付利息，客户向证券公司融券卖出称为“卖空”。

典型案例一

2012年5月6日，甲证券公司支付1 016万元（含交易费用1万元和已宣告未发放的现金股利15万元），从证券交易所直接购入乙公司发行的股票200万股，占乙公司有表决权股份的0.5%，甲公司将该股票划为交易性金融资产。在以后的几年中，发生了如下一些相关事项：

（1）2012年5月10日，甲公司收到乙公司发放的现金股利15万元；

（2）2012年6月30日，该股票市价为5.2元；

（3）2012年12月30日，该股票市价为5元；

（4）2013年5月9日，乙公司宣告发放4 000万元的现金股利；

（5）2013年5月13日，甲公司收到乙公司于5月9日宣告发放的现金股利；

（6）2014年5月20日，甲公司以每股4.9元的价格将乙公司股票全部转让。

[分析提示]

甲证券公司购入的乙公司股票应该通过“交易性金融资产——成本”账户核算，并应于会计期末通过“公允价值变动损益”和“交易性金融资产——公允价值变动”两个账户对该股票价值变动予以调整。在该股票销售时，应通过“投资损益”账户核算，同时还应将“公允价值变动损益”的累计调整数结转到“投资收益”账户。

典型案例二

甲证券公司是一家上市公司，2007年1月1日开始执行新的企业会计准则。2013年，甲证券公司发生了如下证券代理业务：

（1）以余额包销方式代乙公司发行2 000万股股票，发行价格为4元/股，手续费率为发行额的0.8%。在规定发行期结束时，有20万股尚未出售，甲公司将其作为自营证券处理。

（2）收到客户交来的代买卖证券款1 000万元，均存入证券交易所结算中心。

（3）代客户买进股票8 000万元，代扣代缴印花税160万元，收取手续费280万元。

（4）代客户销售股票5 000万元，代扣代缴印花税100万元，收取手续费175万元。

（5）支付证券交易所手续费34万元。

根据2006年新企业会计准则，甲证券公司应如何处理其2013年发生的上述代理业务？

[分析提示]

关于证券的自营业务、代理买卖业务以及代理发行业务的会计核算，新旧准则的规定有一定的差异。根据2006年新企业会计准则，自营证券的核算应考虑证券公司的持有目的，并分别通过“可供出售金融资产”、“交易性金融资产”以及“持有至到期投资”等账户核算；余额包销证券业务应通过“代理承销证券款”账户核算；代买卖证券业务通过“代理买卖证券款”科目核算。

典型案例三

表6-10是海通证券股份有限公司2013年度编制的利润表，通过该利润表，分析海通

证券2013年度的主要收入及利润来源，并分析其结构的合理性。

表6-10 **利润表** 会证02表

编制单位：海通证券股份有限公司 2013年度 单位：元

项 目	行次	本期金额	上期金额
一、营业收入	1	8 851 670 566.07	6 398 366 714.06
手续费及佣金净收入	2	6 786 595 230.61	4 267 691 179.93
其中：代理买卖证券业务净收入	3	6 240 051 433.70	4 020 396 316.10
证券承销业务净收入	4	337 550 740.40	168 355 391.03
资产管理业务净收入	5	35 053 958.01	16 554 521.42
利息净收入	6	1 055 858 571.92	977 942 946.57
投资收益（损失以"-"号填列）	7	1 263 817 753.05	1 913 399 119.90
其中：对联营企业和合营企业的投资收益	8	66 079 996.86	97 516 709.10
公允价值变动收益（损失以"-"号填列）	9	-274 176 557.81	-819 847 869.64
汇兑收益（损失以"-"号填列）	10	-191 472.80	-12 447 192.89
其他业务收入	11	19 767 041.10	71 628 530.19
二、营业支出	12	3 541 958 865.97	2 888 652 580.46
营业税金及附加	13	426 771 177.05	301 013 994.99
业务及管理费	14	3 108 727 707.27	2 532 502 553.45
资产减值损失	15	3 098 952.70	51 702 653.55
其他业务成本	16	3 361 028.95	3 433 378.47
三、营业利润（亏损以"-"号填列）	17	5 309 711 700.10	3 509 714 133.60
加：营业外收入	18	174 218 764.04	54 783 373.84
减：营业外支出	19	-52 188 164.98	20 857 298.99
四、利润总额（亏损总额以"-"号填列）	20	5 536 118 629.12	3 543 640 208.45
减：所得税费用	21	121 811 399.93	250 596 415.42
五、净利润（净亏损以"-"号填列）	22	4 318 004 829.19	3 293 043 793.03
六、每股收益	23		
（一）基本每股收益	24	0.52	0.40
（二）稀释每股收益	25	0.52	0.40
七、其他综合收益	26	1 353 098 755.50	-1 147 682 527.16
八、综合收益总额	27	5 671 103 584.69	2 145 361 265.87

[分析提示]

在这里，要注意营业利润和利润总额之间的区别，合理的利润应主要来源于营业利润。证券公司的主要业务是证券的承销业务、代理买卖业务和自营业务，因此，其营业利润应该主要来源于代理买卖证券业务收入、证券承销业务收入、资产管理业务收入和投资收益等。

本章小结

本章主要阐述了证券公司的三大主要业务，即证券承销业务、证券自营业务和证券代理业务的会计核算方法。其中，证券承销业务全面阐述了证券公司全额包销、余额包销和代销业务的会计核算方法；证券自营业务全面阐述了证券公司利用自有资金购入证券、销售证券、配股派息以及自营证券期末计价的会计核算方法；证券代理业务全面阐述了代理买卖证券业务、代理配股派息业务、代理兑付证券业务、代理理财业务和代保管证券业务的会计核算方法。

第七章

保险公司会计

第一节　保险公司会计概述

一、保险的含义及分类

（一）保险及保险合同的概念

保险是指投保人根据保险合同规定，向保险人支付保费，保险人对于合同中约定的可能发生的事故因其出险所造成的财产损失承担赔偿保险金责任或当投保人死亡、伤残和达到合同约定的年龄、期限时承担给付保险金责任的商业行为。其中，保险人（也称承保人）是指与投保人签订保险合同，并承担赔偿或给付保险金责任的保险公司。投保人是指与保险公司签订保险合同，并负有支付保险费义务的公司、单位或个人。保险合同就是保险人和投保人用于约定保险权利义务关系的协议。

从经济学的角度讲，保险是对灾害事故损失进行分摊的一种经济保障制度和手段；从法律的角度讲，保险是保险人和投保人之间的一种合同行为。保险是一种非常特殊的行业，它是以特定的风险为经营对象，以补偿风险事故所造成的损失为目的，以投保人相互共济为基础，由全体投保人共同承担保险补偿基金，并保证保险公司的正常开支及获取利润。

（二）保险的分类

保险有许多分类方法，归纳起来主要有以下几种：

1. 根据保险标的不同分类

根据标的的不同，保险可分为财产保险和人身保险。财产保险指以财产及其相关利益为标的的保险，包括财产损失险、责任保险及信用保证保险等；人身保险指以人的寿命和身体为标的的保险，包括人寿保险、长期健康保险、人身意外伤害保险和短期健康保险等。人寿保险和长期健康保险主要是针对人的寿命进行的保险，具有长期性，往往终生伴随投保人，因此又称为寿险保险；而人身意外伤害保险和短期健康保险，一般期限较短（一般为一年或短于一年），因此，往往被称为非寿险保险。

2. 根据保险人承保方式不同分类

根据保险人承保方式不同，保险可分为原保险（或原保险合同）以及再保险（或再保险合同）。原保险合同指保险人和投保人直接订立的保险合同；再保险合同指原保险人为分散风险而将其承保的风险转移给其他保险人所形成的保险关系，它是保险人进行的保险。

3. 根据经营目的不同分类

根据经营目的不同，保险可分为商业保险和社会保险。商业保险是指以营利为目的、按照商品经营的基本原则运作的保险，一般情况下，财产保险和人身保险都属于商业保险；社会保险是指国家通过立法形式强制性地为其社会成员安排的一种社会保障制度，如生育保险、失业保险等。社会保险的保费一般由国家、雇主和个人共同承担。

4. 根据保险实施方式不同分类

根据实施方式不同，保险可分为自愿保险和强制保险。自愿保险是指保险人和投保人在双方自愿的前提下建立起来的保险；强制保险是指依法在保险人和投保人之间必须建立的保险。

5. 根据保险保障对象不同分类

根据保障对象不同，保险可分为个人保险和团体保险等。个人保险指投保人为个人的保险；团体保险指投保人为团体的保险。

二、保险公司的主要业务及特点

（一）保险公司的主要业务

保险公司的业务很多，也很复杂，但能直接创造利润的业务主要有以下两项：一是保险的经营业务；二是保险资金的运用业务。

1. 保险的经营业务

保险的经营业务指保险公司开展的各种各样的保险业务。根据《中华人民共和国保险法》（以下简称《保险法》）的规定，保险公司可直接承保的业务范围有财产保险和人身保险。另外，为分散风险、稳步发展，许多保险公司都将其原保险业务，即财产保险或人身保险进行再保险，这样财产保险、人身保险和再保险便构成了我国保险公司的主要经营业务。

财产保险和人身保险是具有不同性质的保险。按照国际保险业的惯例，这两种业务不能由同一家保险公司同时经营。我国《保险法》也规定，同一保险公司不得同时兼营财产保险和人身保险，这就是所谓的“保险的分业经营”。保险分业经营是国际保险业长期实践的结果，从理论上讲其理由也是很充分的，归纳起来最重要的原因在于：财产保险的期限一般较短，风险具有不确定性，财产保险基金只适合于短期投资，以便应付随时可能发生的巨额财产损失；而人身保险的期限一般较长，其风险具有相对的稳定性，人身保险基金比较适合于长期投资，如果将两种业务兼营，保险公司很容易忽视两种基金的性质，进行交叉投资、交叉使用，从而造成保险公司财务上的混乱，严重时会影响保险公司的理赔质量，给保险公司的信誉和发展带来不良影响。

保险的经营业务一般包括保险的展业、承保和理赔几大业务环节。简单地讲，保险的展业就是指宣传保险，争取让人们参加保险的过程；保险的承保就是指保险人和投保人对保险合同进行协商，进而签订保险合同的过程；保险的理赔就是指保险人受理出险合同的过程。

2. 保险资金的运用业务

保险资金的运用业务是指保险公司在经营过程中，将不断聚集的资金部分地用于投资，使保险公司的资金不断增值的过程。保险公司的经营业务决定了保险公司在展业过程中将不断地累积保险基金。与金融业一样，保险基金的保值、增值是保险公司健康发展的重要保证。保险资金的运用业务主要包括保险资金的投资业务、贷款业务、拆借业务、证券回购业务等。简单地讲，投资业务就是指将闲置的保险资金用于股票、债券和基金等方面的投资活动；贷款业务就是指保险公司对外进行贷款的业务；拆借业务就是指保险公司与其他金融、保险公司之间的临时资金融通业务；证券回购业务就是指保险公司在银行间同业市场进行中国人民银行批准的证券回购业务。

保险公司的主要业务如图 7-1 所示。

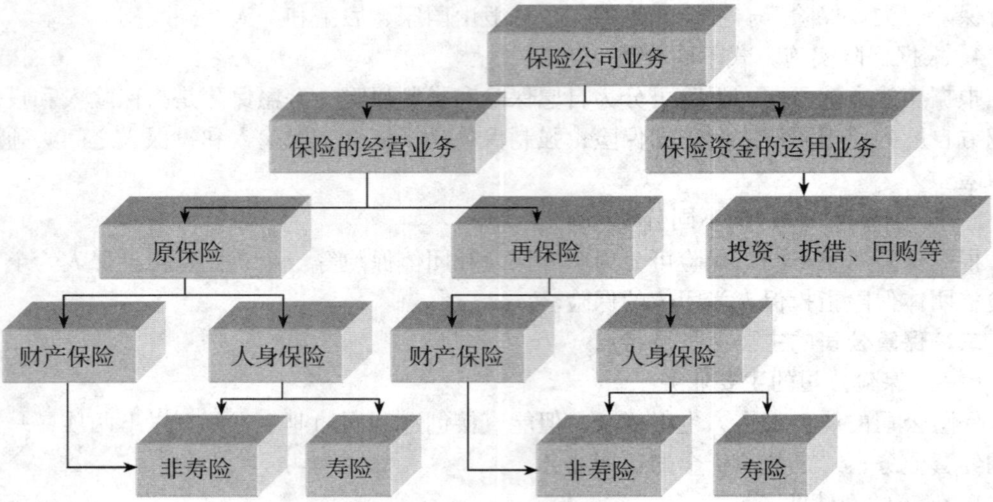

图 7-1 保险公司的主要业务

小思考 7-1

保险公司的资金运用业务与证券公司的自营业务有何异同？

（二）保险公司业务的特点

与一般行业相比，保险公司的业务呈现出以下特点：

1. 经营产品的无形性

保险公司经营的产品是无形的，因此它不需任何生产车间和仓库，只需要拥有必要的办公设备和一批精于经营保险的队伍。

2. 经营产品的风险性

风险的客观存在是保险产生和发展的前提条件之一，没有风险就没有保险。可以说保险是一个经营风险的行业，它通过承保其他风险管理手段所无法处置的巨大风险来为社会提供风险管理服务，世界上有 80% 以上的风险是通过保险公司来安排的。保险公司应当通过精算，合理设置保险产品，精心选择保险合同，力争既能服务于社会，又能不断发展壮大。

3. 资金营运的重要性

大中型保险公司收取的保费是非常可观的，而且一般短期内不会进行赔偿或给付，这样把这部分暂时闲置的保险资金合理地加以利用，对保险公司来说是非常重要的。在西方发达国家，保险资金已经成为金融市场上举足轻重的力量。正因为如此，保险公司的资金运用比普通工商业的资金运用重要得多。在会计处理上，保险资金运用业务带来的利润与保险经营业务带来的利润同样被看成是主营业务利润。

补充阅读资料 7-1

保险公司的资金运用业务主要包括投资业务、贷款业务、拆借业务、证券回购业务等，这些业务同时也是其他金融业（包括证券公司）可以开展的业务。保险公司的投资业务与证券公司的自营业务范畴是一致的，贷款业务、资金拆借业务、证券回购业务等属于所有金融业开展的正常的资金融通业务。

小知识 7-1

从法律角度讲，保险就是指保险合同，保险公司的会计核算就是各种保险合同的核算。财政部在 2006 年 2 月 15 日新发布的企业会计准则中，将保险合同区分为原保险合同和再保险合同，并分别发布了《企业会计准则第 25 号——原保险合同》（CAS25）和《企业会计准则第 26 号——再保险合同》（CAS26）两个准则，CAS25 和 CAS26 从寿险业务和非寿险业务角度对原保险合同和再保险合同的核算方法进行了规范。

三、保险公司会计核算的特点

保险公司往往是由总公司、分公司和支公司等组成的庞大的组织体系，所以在会计核算上，下级保险公司需要按照上级保险公司或总公司的规定进行。通常保险总公司统管整个保险公司的会计核算（包括会计核算方法及会计政策等），下级保险公司一般通过收支两条线进行核算，日常收到的保费应全额上交上级保险公司，而各种开支包括奖金等由上级保险公司按规定拨付。保险公司的流转税及所得税一般由总公司和分公司分别缴纳。

保险公司属于金融业，因此，其开展的某些业务属于金融界的通用业务，如资金拆借、质押贷款等，但它又不同于银行，在会计核算上有自己的特点，这些特点主要来自于保险特殊的风险经营业务。在这里，我们可以从会计要素和财务报表两方面来分析。

（一）在会计要素方面的特点

1. 关于资产要素

与一般行业相比，保险公司的流动资产具有存货少、存出准备金大等特点。保险公司经营的产品是无形的，所以其存货的比例必然很小。保险公司的经营风险较大，为此，再保险业务比较普遍，而再保险公司在经营中会形成大量的存出准备金，这部分准备金属于流动资产。另外，根据我国《保险法》的规定：“保险公司成立后，应当按照其注册资本总额的 20% 提取保证金，存入金融监督管理部门指定的银行，除保险公司清算时用于清偿债务外，不得动用。”这样，存出资本保证金便构成了保险公司一项比较特殊的固定资产。

2. 关于负债要素

与一般行业相比，保险公司的负债中往往有大量的保险准备金。保险准备金是保险公司为履行未来赔偿或给付责任而专门计提的特殊负债，主要包括未决赔款准备金、未到期责任准备金、长期责任准备金、寿险责任准备金、长期健康险责任准备金、保险保障基金等。另外，因保险往来业务所形成的应付保户利差、保户储金等也构成了保险公司所特有的负债。

3. 关于所有者权益要素

与一般行业相比，保险公司所有者权益的特殊性表现在总准备金的核算上。为确保生存能力和健康发展，保险公司一般将按有关规定从税后利润中提取一定比例的总准备金。在这一特点上，保险公司与银行、证券公司的做法类似。

4. 关于损益要素

与一般行业相比，保险公司在损益核算方面有以下几个特点：

（1）保费收入的记账基础有所不同。财产保险收入一般以权责发生制为基础，但寿险收入往往采用修正的收付实现制为基础，即平时采用收付实现制，年末决算时采用权责发生制。

（2）期间费用的核算有所不同。根据 2006 年颁布的《企业会计准则——应用指南》

的规定，保险公司可设置“业务及管理费”、“利息收入”、“利息支出”和“汇兑损益”等账户来核算保险公司在经营中发生的各项保费业务费用、管理费用和财务费用。保险公司一般不设置“管理费用”或“经营费用”账户；而财务费用也往往被分解为“利息收入”、“利息支出”和“汇兑损益”三个账户。

（3）会计结算年度和业务结算年度并用。通常情况下，保险公司的长期责任险、再保险业务以外的保险业务按会计年度结算损益，即实行一年期结算损益。具体地说，就是保险业务的各项收支，不分哪个业务年度，均按收付实现制确认为当期的收入和费用，并确认当期损益。长期责任险和再保险等业务按业务年度结算，即实行多年期结算损益。具体地说，就是非结算年度的收支差额，全额作为长期责任准备金提存，不确认利润，并于次年转回滚存，到结算年度终了时结算损益。

（二）在财务报表方面的特点

保险公司的财务报表与一般工商企业一样，也由资产负债表、利润表、现金流量表以及所有者权益变动表构成。从体例结构方面看，保险公司的四张报表与一般工商企业的报表类似，但由于保险公司业务的特殊性，2006 年颁布的《企业会计准则——应用指南》单独规定了保险公司的资产负债表、利润表、现金流量表以及所有者权益变动表的格式，分别见表 7-1、表 7-2、表 7-3、表 7-4。

表 7-1 **资产负债表** 会保 01 表

编制单位： 年 月 日 单位：元

资产	期末余额	年初余额	负债和所有者权益（或股东权益）	期末余额	年初余额
资产：			负债：		
货币资金			短期借款		
交易性金融资产			拆入资金		
衍生金融资产			交易性金融负债		
买入返售金融资产			衍生金融负债		
拆出资金			卖出回购金融资产款		
保户质押贷款			预收保费		
应收利息			应付手续费		
应收代位追偿款			应付佣金		
应收保费			应付分保账款		
应收分保账款			应付职工薪酬		
应收分保未到期责任准备金			应交税费		
应收分保未决赔款准备金			应付赔付款		
应收分保寿险责任准备金			应付保单红利		
应收分保长期健康险责任准备金			保户储金及投资款		
保户质押贷款			未到期责任准备金		
定期存款			未决赔款准备金		
可供出售金融资产			寿险责任准备金		
持有至到期投资			长期健康险责任准备金		
长期股权投资			长期借款		
存出资本保证金			应付债券		
投资性房地产			独立账户负债		
固定资产			递延所得税负债		
无形资产			其他负债		
独立账户资产			负债合计		
递延所得税资产			所有者权益（或股东权益）：		
其他资产			实收资本（或股本）		
			资本公积		
			减：库存股		
			盈余公积		
			一般风险准备		
			未分配利润		
			所有者权益（或股东权益）合计		
资产总计			负债和所有者权益（或股东权益）总计		

表 7-2 **利润表** 会保 02 表

编制单位： 年度 单位：元

项 目	本期金额	上期金额
一、营业收入		
已赚保费		
保险业务收入		
其中：分保费收入		
减：分出保费		
提取未到期责任保险金		
投资收益（损失以“-”号填列）		
其中：对联营企业和合营企业的投资收益		
公允价值变动收益（损失以“-”号填列）		
汇兑收益（损失以“-”号填列）		
其他业务收入		
二、营业支出		
退保金		
赔付支出		
减：摊回赔付支出		
提取保险责任准备金		
减：摊回保险责任准备金		
保单红利支出		
分保费用		
营业税金及附加		
手续费及佣金支出		
业务及管理费		
减：摊回分保费用		
其他业务成本		
资产减值损失		
三、营业利润（亏损以“-”号填列）		
加：营业外收入		
减：营业外支出		
四、利润总额（亏损总额以“-”号填列）		
减：所得税费用		
五、净利润（净亏损以“-”号填列）		
六、每股收益		
（一）基本每股收益		
（二）稀释每股收益		
七、其他综合收益*		
八、综合收益总额		

* 本表中“其他综合收益”项目和“综合收益总额”是根据 2009 年 6 月 11 日财政部发布的《企业会计准则解释第 3 号》第七条的规定增加的。第七条要求上市公司从 2009 年开始在利润表“每股收益”项下增列“其他综合收益”项目和“综合收益总额”项目。

表7-3　　现金流量表　　会保03表

编制单位：　　年度　　单位：元

项　目	本期金额	上期金额
一、经营活动产生的现金流量		
收到原保险合同保费取得的现金		
收到再保险业务现金净额		
保户储金及投资款净增加额		
收到其他与经营活动有关的现金		
经营活动现金流入小计		
支付原保险合同赔付款项的现金		
支付手续费及佣金的现金		
支付保单红利的现金		
支付给职工以及为职工支付的现金		
以现金支付的手续费		
支付的各种税费		
支付其他与经营活动有关的现金		
经营活动现金流出小计		
经营活动产生的现金流量净额		
二、投资活动产生的现金流量		
收回投资收到的现金		
取得投资收益收到的现金		
收到其他与投资活动有关的现金		
投资活动现金流入小计		
投资支付的现金		
质押贷款净增加额		
购建固定资产、无形资产和其他长期资产支付的现金		
支付其他与投资活动有关的现金		
投资活动现金流出小计		
投资活动产生的现金流量净额		
三、筹资活动产生的现金流量		
吸收投资收到的现金		
发行债券收到的现金		
收到其他与筹资活动有关的现金		
筹资活动现金流入小计		
偿还债务支付的现金		
分配股利、利润或偿付利息支付的现金		
支付其他与筹资活动有关的现金		
筹资活动现金流出小计		
筹资活动产生的现金流量净额		
四、汇率变动对现金及现金等价物的影响		
五、现金及现金等价物净增加额		
加：期初现金及现金等价物余额		
六、期末现金及现金等价物余额		

表 7-4 **所有者权益变动表** 会保 04 表

编制单位： 年度 单位：元

项目	本年金额							上年金额						
	实收资本（或股本）	资本公积	减：库存股	盈余公积	一般风险准备	未分配利润	所有者权益合计	实收资本（或股本）	资本公积	减：库存股	盈余公积	一般风险准备	未分配利润	所有者权益合计
一、上年年末余额														
加：会计政策变更														
前期差错更正														
二、本年年初余额														
三、本年增减变动金额（减少以“-”号填列）														
（一）净利润														
（二）其他综合收益 *														
1. 可供出售金融资产公允价值变动净额														
(1) 计入所有者权益的金额														
(2) 转入当期损益的金额														
2. 现金流量套期工具公允价值变动净额														
(1) 计入所有者权益的金额														
(2) 转入当期损益的金额														
(3) 计入被套项目初始确认金额中的金额														
3. 权益法下被投资单位其他所有者权益变动的影响														
4. 与计入所有者权益项目相关的所得税影响														
5. 其他														
综合收益总额 **														
（三）所有者投入和减少资本														
1. 所有者投入资本														
2. 股份支付计入所有者权益的金额														
3. 其他														
（四）利润分配														
1. 提取盈余公积														
2. 提取一般风险准备														
3. 对所有者（或股东）的分配														
4. 其他														
（五）所有者权益内部结转														
1. 资本公积转增资本（或股本）														
2. 盈余公积转增资本（或股本）														
3. 盈余公积弥补亏损														
4. 一般风险准备弥补亏损														
5. 其他														
四、本年年末余额														

* 此处是根据 2009 年 6 月 11 日财政部发布的《企业会计准则解释第 3 号》第七条的规定修改的项目名称，原表中称为“直接计入所有者权益的利得和损失”。

** 此处是根据 2009 年 6 月 11 日财政部发布的《企业会计准则解释第 3 号》第七条的规定修改的项目名称，原表中称为“上述（一）和（二）合计”。

小知识 7-2

1993 年，财政部发布了《保险公司会计制度》，该制度于 1998 年 12 月 8 日被财政部新发布的《保险公司会计制度》取代。2006 年 2 月 15 日，财政部全面发布了新的企业会计准则，其中包括《企业会计准则第 25 号——原保险合同》（CAS25）和《企业会计准则第 26 号——再保险合同》（CAS26）。2006 年的新准则已于 2007 年 1 月 1 日在上市保险公司中全面执行，非上市保险公司暂时将继续执行 1998 年发布的《保险公司会计制度》。

小知识 7-3

2009 年 6 月 11 日财政部发布了《企业会计准则解释第 3 号》，其中第七条明确规定上市公司应当提供其他综合收益和综合收益总额。根据此规定，保险公司从 2009 年度开始分三个层次提供综合收益信息，首先在利润表中披露其他综合收益和综合收益总额信息，然后在所有者权益变动表中提供其他综合收益的各项来源及净额，最后在财务报告附注中具体披露各项来源及其他综合收益的具体计算方法。财务报表中的其他综合收益应为税后净额，对于本期实现的往年已入账其他综合收益，应从本期相应的其他综合收益中扣除。

第二节　财产保险业务的核算

一、财产保险及其会计核算特点

（一）财产保险的基本概念

财产保险是指根据保险合同约定，投保人向保险人交付保费，保险人对所承保的财产及其相关利益因自然灾害或意外事故造成的损失承担赔偿责任的保险。财产保险的标的是财产及其相关利益，它可以是有形的（如汽车），也可以是无形的（如信用），一般分为财产损失险、责任保险、保证保险以及信用险。本节财产保险业务主要指原保险中的财产保险业务。

财产保险遵循的核心原则是损失补偿原则。当被保险人因保险事故发生而造成经济损失时，保险公司应当赔偿这种损失，赔偿的尺度是此项保险的金额。某项财产保险的保险金额不得超过该保险标的的实际价值（即保险价值），超过保险价值的那部分保险无效。投保的财产出险时，保险公司应在保险金额的范围内，根据保险事故实际造成的损失予以赔偿。

财产保险遵循的另一条原则是重复保险分摊原则，它是由损失补偿原则派生出来的，指在投保人对同一保险标的、同一保险利益、同一保险事故进行重复保险，且重复保险金额总和超过保险价值的情况下，被保险人因其出险提出索赔时，其实际损失必须在各个保险人之间进行分摊，而且被保险人所得赔偿总额不得超过保险价值。

（二）财产保险的会计核算特点

财产保险的会计核算特点是相对人寿保险业务而言的，具体表现在以下几个方面：

（1）财产保险保费收入一般于签订保单时确认，而人寿保险的保费收入一般于收到保费时确认。

(2) 财产保险业务一般只发生手续费支出，不发生佣金支出。

(3) 短期财产保险业务按会计年度（一年）结算损益，长期财产保险业务按业务年度（长期保险的期限）结算损益，而人寿保险业务一般按会计年度结算损益。

(4) 财产保险业务的未到期责任准备金按当年自留保费的50%提存，而人寿保险业务则按有效保单的全部净值提存。

(5) 财产保险业务不具有储蓄性质，不涉及保户利差支出的核算，而人寿保险业务因其具有储蓄性质，因而有时涉及保户利差支出的核算。

二、财产保险保费收入的核算

（一）保费收入的计算

保费是投保人购买保险的价格，其计算公式为：

保费=保险金额×保险费率×保险期限

或 =基本保费+保险金额×保险费率×保险期限

可见，在保险期限既定的情况下，保费的多少与保险金额和保险费率成正比。保费计算的关键在于确定保险费率。保险费率即单位保险价格，是保险公司向投保人收取保费的标准。保险费率，通常称毛费率，它可分为纯费率和附加费率两部分。其中，纯费率是基本费率，对应于每个单位保险金额的可能损失额，按纯费率收取的保费称为纯保费，构成保险人的赔偿准备金，用于将来赔付保险损失。附加费率是对应于保险公司每个单位的业务开支和预期利润，按附加费率收取的保费称为附加保费，用于保险公司的保险业务、手续费、税费和工资等方面开支，同时形成利润。

1. 纯费率的确定

第一，计算各年的保额损失率。保额损失率是同类业务在一定期间的保险赔偿金额与保险金额之比。应该注意的是，保额损失率是保险赔偿金额与保险金额之比，不是财产的损失额与保险金额之比，因此这些数据只是来源于保险公司内部的统计资料，而不是来自社会同类财产的损失率。

第二，计算平均保额损失率。选择一组适当的历年保险损失率，并计算其算术平均值，得到的平均保险损失率，可以近似代替损失概率。

第三，附加均方差，确定纯费率。在实际业务中，一般不能将上述的平均保额损失率定为纯费率，而是在它的基础上，附加上述历年保险损失率的一个、两个或三个标准差（均方差），从而确定纯费率，这样对保险公司来说更加安全。

2. 附加费率的计算

附加费率的计算比较简单，可以按单位保额的附加费用来确定，即：

附加费率 = 附加费÷保险金额×100%

在确认附加费时，通常需要考虑预计营业费、预计利润及安全附加费等因素。在实际业务中，为方便起见，通常按保险费的一定比例提取附加费，因此上述公式可改为：

附加费率 =保险费附加费提取比例÷保险金额

另外，附加费率也可以由纯费率的一定比例来确定。

（二）保费收入的确认原则

根据《企业会计准则第25号——原保险合同》的规定，保费收入应在下列条件均能满足时予以确认：

（1）原保险合同成立并承担相应保险责任。原保险合同成立并承担相应保险责任是指保险人和投保人已经签订保险合同，从法律的角度看，该保险合同已经生效。

（2）与原保险合同相关的经济利益很可能流入企业。与原保险合同相关的经济利益很可能流入企业是指保费收回的可能性超过50%。

（3）与原保险合同相关的经济利益能够可靠地计量。对于非寿险保险合同而言，保费收入一般就是保险合同中确认的保费总额；对于寿险合同而言，由于一般为分期收款，因此，需要根据每期收款金额确认。

（三）保费收入的会计核算方法

我国保费收入的会计处理方法是：在收取保费时，暂时全额确认为保费收入；在会计期末，通过提取未到期责任准备金的方式，将本期未实现的保费收入调整为负债。

为核算保险业务收入，保险公司可设置"保费收入"、"应收保费"、"预收保费"、"保户储金"等会计科目。其中，"保费收入"账户用于核算保险公司取得的各种形式的保费收入，财产保险中发生的退保、续保时的折扣以及无赔款奖励等支出也在该科目核算。"保户储金"是一个非流动负债性质的科目，用于核算财产保险中收到以及返还的两全保险金。两全保险是指投保人将一定数目的资金储存在保险公司，保险公司将其用来进行债券投资或存入银行，并以其取得的收益作为投保人应该缴纳的保费的一种保险。

保费收入的原始凭证是保险公司业务部门填制的"保费日报表"或"保费收据"。财产保险收入一般应该按照财产保险公司所开展的财产保险的种类设置总分类账和明细分类账，并于每日营业终了，对收到的原始凭证进行审核，审核无误后进行明细分类核算，并定期进行总分类核算。下面举例说明保费收入的会计处理。

[例7-1] 财产保险公司会计部门收到业务部门交来的基本财产保险保费收据及支票一张，金额30 000元。会计分录应为：

借：银行存款　　30 000

　贷：保费收入　　30 000

[例7-2] 某企业向保险公司投保财产综合险，保费为100 000元，保险公司与其商议分两期付款，保险合同签订后收到首期保费50 000元，其余保费两个月后如数收到。有关会计分录如下：

（1）签订保险合同、收到首期保费时：

借：银行存款　　50 000

　　应收保费　　50 000

　贷：保费收入　　100 000

（2）两个月后收到剩余保费时：

借：银行存款　　50 000

　贷：应收保费　　50 000

三、赔款支出的核算

财产保险理赔是指在财产保险标的出险时，保险人根据保险合同规定，对被保险人履行经济补偿义务所进行的工作。理赔的程序一般包括以下几个步骤：第一步，受理案件，包括接受报案、查找保险底单、报告案情、登记立案等工作。第二步，现场勘察，指出险后，理赔人员到事故现场了解出险的实际情况。第三步，责任审核，指确认赔案是否属于责任保险范围，并作出赔与不赔以及赔偿范围的结论。第四步，核定损失。受损财产经过施救、保护、整理后，由被保险人提供财产损失清单和费用支出单据，并根据现场勘察掌握的情况逐项核实，最终确定赔款数额。

（一）赔款支出的计算

赔款应该遵照补偿实际损失的原则。赔款额的计算一般分为以下两种情况：

1. 财产全部损失时赔款支出的计算

当出险财产是足额保险时，对于全部损失的财产应该按资产的重置价值或账面净值赔偿；当出险财产不是足额保险时，对于全部损失的财产赔款额不能超过保险金额。

2. 财产部分损失时赔款支出的计算

当出险财产是足额保险时，对于部分损失的财产应该按实际损失予以赔偿；当出险财产不是足额保险时，对于部分损失的财产只能按保险金额占资产公允价值的比例进行赔偿。

（二）赔款支出的账务处理

为核算赔款支出，保险公司应该设置“赔付支出”、“预付赔付款”、“应付赔付款”、“损余物资”等账户。

“赔付支出”是损益类账户，借方登记赔款支出、理赔勘察费等金额，贷方登记收回损余物资转作物料用品的金额及错赔、骗赔等追回的赔款等，期末该账户余额应结转到“本年利润”账户，结转后本账户无余额。“赔付支出”应按险种设置明细账，进行明细分类核算。

“预付赔付款”是资产类账户，借方登记公司预付的各种赔款（包括分保业务预付的赔款），贷方登记结案后转为赔款支出的金额，余额反映预付给投保人的赔款。“预付赔付款”账户可按险种或分保分出人设置明细账。

“应付赔付款”是负债类账户，借方登记保险公司支付的应付赔款，贷方登记结案后应付未付的赔款，贷方余额反映应付的赔款。该账户可按险种或分保分出人设置明细账。

“损余物资”核算保险公司按照原保险合同约定承担赔偿保险金责任后取得的损余物资成本。保险公司取得的损余物资，应该按照同类或类似资产市场价格借记“赔付支出”账户；处置损余物资时，应按实际收到的金额借记“库存现金”等账户，贷记“赔付支出”账户；该账户期末余额反映损余物资的成本。损余物资减值时，应计提损余物资跌价准备，并比照“存货跌价准备”科目核算。

下面举例说明赔款支出的核算。

[例7-3] 某保险公司某月有如下几笔赔款支出业务：

(1) 支付车辆损失赔款300 000元。

(2) 预付某财产综合险赔款100 000元。

(3) 支付理赔财产评估费5 000元。

(4) 收到某商场火灾后损余物资一批，估价20 000元。

依照上面顺序做有关会计分录如下：

(1) 借：赔付支出　　　　300 000

　　贷：银行存款　　　　　　300 000

（2）借：预付赔付款　　100 000
　　贷：银行存款　　100 000
（3）借：赔付支出　　5 000
　　贷：银行存款　　5 000
（4）借：损余物资　　20 000
　　贷：赔付支出　　20 000

四、财产保险准备金的核算

财产保险准备金是保险公司为履行其承担的保险责任或者备付未来的赔款，从所收取的保费中提存的资金准备，主要包括未决赔款准备金、未到期责任准备金。

（一）未决赔款准备金的核算

1. 未决赔款准备金的内容及计算方法

未决赔款准备金是指保险人在会计期末为本期已发生但尚未结案的赔案所提存的准备金，一般包括以下三种情况：

（1）已发生已报案未决赔案准备金。

所谓已发生已报案未决赔案准备金，是指索赔案件已经处理完毕，赔偿款已经明确但尚未支付的案件。我国会计准则规定，此类赔案准备金按最高不超过当期已经提出的保险赔款或给付金额的100%提存。从会计的角度来看，已决赔案准备金对于企业来说是一种金额已经明确的负债。

（2）已发生未报案未决赔案准备金。

所谓已发生未报案未决赔案准备金，是指被保险人就出险事故已经提出索赔，但保险公司与索赔人之间就索赔案件的责任范围、赔款金额等尚未达成协议的案件。在这种情况下，赔款准备金额只能进行估计，估计的方法有三种：第一种，逐案估计法，指理赔人员对未决赔案逐一估计赔款额，然后进行汇总。这种方法适合于未决赔款的金额相对确定、赔款金额相差比较悬殊、难以统计个案平均赔款额的情况，如火灾。第二种，平均估计法，指根据保险公司以往同类索赔事故赔款的数据，计算出同类案件的平均赔款额并加以修正，再乘以本期未决赔案的数目，就可以得出未决赔款的准备金。这种方法适合于索赔案多、赔款金额相差不大、易于统计个案赔款平均值的业务，如汽车保险。第三种，赔付率法，即选择一个时期的赔付率来估计本期某类业务的最终赔付金额。这种方法比较简单，但不够准确，尤其是在预计赔付率与实际赔付率相差比较大的情况下。从会计的角度来看，未决赔案准备金对于企业来说是一种金额尚未明确的负债。

（3）理赔费用准备金。

所谓理赔费用准备金，是指保险人为保险事故可能发生的律师费、诉讼费、损失检验费和相关理赔人员薪酬等理赔勘查费用提取的准备金。根据与具体赔案的关系，理赔费用准备金可以分为直接理赔费用准备金和间接理赔费用准备金两种。直接理赔费用准备金是指保险人为直接发生的具体赔案的律师费、诉讼费、损失检验费等理赔勘查费用提取的准备金。间接理赔费用准备金是指保险人为非直接发生的相关理赔人员薪酬提取的准备金。在计算确定间接理赔费用准备金金额时，保险精算部门通常采用比率分摊法。

2. 未决赔款准备金的账务处理方法

为核算未决赔款准备金，保险公司应当设置“保险责任准备金”和“提取保险责任准备金”两个账户。

“保险责任准备金”是负债类账户，用以核算保险公司提取和使用的未决赔款准备金、寿险责任准备金和长期健康险责任准备金。在本节，该账户用于核算未决赔款准备金，贷方登记本期提取的未决赔款准备金，借方登记支付的赔付款金额，余额为可供使用的未决赔款准备金。本账户应按险种设置明细账。

“提取保险责任准备金”是损益类账户，用于核算保险公司提取的各种责任准备金，包括未决赔款准备金、寿险责任准备金和长期健康险责任准备金。在本节，该账户用于核算未决赔款准备金，借方登记本期提存的未决赔款准备金，贷方登记本期支付的赔付款金额，期末应将本账户余额结转到“本年利润”账户中，结转后，本账户无余额。

为了核算方便，保险公司也可以单独设置“未决赔款准备金”和“提取未决赔款准备金”两个账户。在这种情况下，寿险责任准备金和长期健康险责任准备金也应该单独设账。未决赔款准备金的核算方法与坏账准备类似，每年年末根据保险公司精算部门的计算结果，补提不足的未决赔款准备金或冲销多提的未决赔款准备金。下面举例说明未决赔款准备金的核算方法。

[例7-4] 某财产保险公司期末计提未决赔款准备金，对已决赔付案按初步认定的赔款1 000 000元计提；对已经发生未报告的赔案按当年实际赔款支出1 500 000元的4%计提。在计提之前，未决赔款准备金贷方余额为800 000元。有关会计分录如下：

(1) 提存未决赔款准备金：

借：提取未决赔款准备金	260 000	
贷：未决赔款准备金		260 000

(2) 结转“提取未决赔款准备金”账户：

借：本年利润	260 000	
贷：提取未决赔款准备金		260 000

（二）未到期责任准备金的核算

1. 未到期责任准备金的核算内容及计算方法

未到期责任准备金，又称保费准备金，是指损益核算期在一年以内（含一年）的财产险，为尚未终止责任的保险提存的准备金。《保险法》第九十三条规定：“除人寿保险以外，经营其他保险业务，应当从当年自留保费中提取未到期责任准备金。提取和结转的数额，应当相当于当年自留保费的50%。”通常情况下，对同一尚未终止的保险责任而言，保险人在资产负债表日按照保险精算重新计算确定的未到期责任准备金金额，应当小于上一资产负债表日已确认的未到期责任准备金金额。为了真实地反映保险人当期期末未赚取的保费收入，保险人应当在资产负债表日按照保险精算重新计算确定的未到期责任准备金金额与已确认的未到期责任准备金余额的差额，对未到期责任准备金余额进行调整。未到期责任准备金的计算方法有以下三种：

(1) 年平均估计法。

假定所有保单都是在一年内均匀发生的，每天签订的保单数量、保额及收取的保费都大体相同。由于这类保单的保险责任是假定在一年之内均匀地履行的，这样年末便可以合理地假设有50%的有效保单已经到期，另外50%的有效保单尚未到期，所以应提取当年有效保单的50%作为准备金。

（2）月平均估计法。

假定所有保单都是在 12 个月内均匀发生的，且每天签订的保单数量、保额及收取的保费大体均匀。由于这类保单的保险责任是假定在 12 个月内均匀地履行的，这样保单每过一个整月将履行年保险责任的 1/12，从而未完成责任便减少 1/12。但对于每天均匀签订的保单而言，签单当月月末已经履行的保险责任应当为 1/12 的 50%，即 1/24，未完成的保险责任应当是 23/24，以后每过一个月已完成责任将增加 1/12，未完成责任将减少 1/12，这样一来，到年末，1 月份签订的保单已到期责任应当是保单的 23/24，未到期责任应当是保单的 1/24，因此未到期准备金应该是全年保费的 1/24；2 月份签订的保单已到期责任应当是保单的 21/24，未到期责任应当是保单的 3/24，因此未到期责任准备金应该是全年保费的 3/24……12 月份签订的保单已到期责任是保单的 1/24，未到期责任应当是保单的 23/24，因此未到期责任准备金应该是全年保费的 23/24。

（3）季平均估计法。

假定所有保单都是在 4 个季度内均匀发生的，且每天签订的保单数量、保额及收取的保费都大体相同。由于这类保单的保险责任是假定在 4 个季度内均匀地履行的，因此每过一个季度，保单便完成全年责任的 1/4，从而未完成责任便减少 1/4。但对于每天均匀签订的保单而言，签单的季度末，已完成责任应该是保单 1/4 的 50%，即 1/8，未完成责任应该是保单的 7/8，以后每过一个季度，已完成责任将增加 1/4，未完成责任将减少 1/4，这样一来，在年末，第一个季度开立的保单已到期责任应当是保单的 7/8，未到期责任应当是保单的 1/8，因此未到期准备金应该是全年保费的 1/8；第二、三、四季度开立的保单已到期责任应当分别是保单的 5/8、3/8、1/8，未到期责任应当分别是保单的 3/8、5/8、7/8，因此未到期责任准备金应该分别是全年保费的 3/8、5/8、7/8。

2. 未到期责任准备金的账务处理方法

为核算未到期责任准备金，保险公司应当设置“未到期责任准备金”和“提取未到期责任准备金”两个账户。

“未到期责任准备金”是负债类账户，用以核算保险公司按规定提存的非寿险原保险合同准备金，包括长短期财产保险未到期责任准备金、人身意外伤害保险责任准备金以及短期健康保险责任准备金。再保险公司提取的再保险合同准备金也通过“未到期责任准备金”账户核算。该账户贷方登记提存的各种准备金数额，借方登记转回的未到期责任准备金，余额在贷方，反映保险公司已提存但尚未转回的未到期责任准备金。

“提取未到期责任准备金”是损益类账户，与“未到期责任准备金”账户类似，用以核算保险公司按规定提存的非寿险原保险合同准备金以及再保险合同准备金。借方登记提存的各种准备金数额，贷方登记结转到“本年利润”中的数额，结转后该账户无余额。

从本质上看，未到期责任准备金属于保费准备金，是对保费收入的调整。每年年末，保险公司的财务部门应该根据保险公司精算部门的计算结果，通过以上两个会计科目，调整未到期责任准备金的金额。下面举例说明未到期责任准备金的核算方法。

［例 7–5］某财产保险公司第一年自留保费收入为 10 000 000 元，采用年平均估计法按全年自留保费的 50% 计提未到期责任准备金。第二年经该公司精算部门计算，应提存的未到期责任准备金为 4 000 000 元，第二年计提之前，未到期责任准备金余额为

5 000 000元。有关会计分录如下：

（1）第一年提取未到期责任准备金时：

借：提取未到期责任准备金 5 000 000

　贷：未到期责任准备金 5 000 000

（2）第二年提取未到期责任准备金时：

借：未到期责任准备金 1 000 000

　贷：提取未到期责任准备金 1 000 000

财产保险业务核算的关键是理解财产保险收入的确认过程。理论上讲，在保险合同到期前，保费收入只能构成保险公司的一项负债。因此，我国的保险公司虽然在日常收到保费时，全额将其确认为保费收入，但期末必须通过提取未到期责任准备金的方式，将当期收到的保费调整为相对合理的保费收入。保费收入的确认过程如图 7-2 所示。

保费收入（当期实际收取）

加：分保费收入

减：分保费支出

自留保费

加：转回未到期责任准备金

减：提取未到期责任准备金

保费收入（当期实际确认）

图 7-2　财产保险保费收入的确认过程

小思考 7-2

财产保险与人寿保险是否可以在同一家保险公司同时经营呢？

小知识 7-4

2009 年 12 月 22 日，为进一步缩小 A+H 股上市公司分别在两地公布的财务报告差异，使 A+H 股上市公司的会计政策和会计估计在两地保持一致，财政部印发了《保险合同相关会计处理规定》（财会［2009］15 号），就保费收入确认和保险合同准备金计量等相关会计处理问题进行了明确。该规定颁布以后，A+H 股保险公司在中国香港和内地就保费收入确认和保险责任准备金的精算方法基本趋于一致。

第三节　人身保险业务的核算

一、人身保险业务概述

（一）人身保险的种类及特征

1. 人身保险的种类

人身保险是以人的生命和身体为保险标的的保险，一旦被保险人遭受人身伤亡、疾病或生存至保险期满，由保险公司向被保险人或其受益人给付保险金。根据我国《保险法》的规定，人身保险按其保障的范围一般分为人寿保险、健康保险和人身意外伤害保险（简称人意险），具体种类如图 7-3 所示。

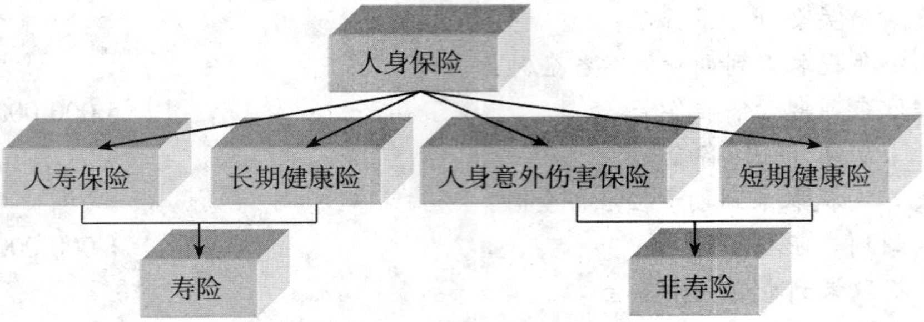

图 7-3　人身保险的种类

（1）人寿保险。

人寿保险是以人的生命为保险标的、以人的生存和死亡为保险事故的一种人身保险。在实务中，通常将人寿保险分为死亡保险、生存保险、生死两全保险或生死合险、年金保险等。死亡保险是指在约定的保险期限内，如果被保险人死亡，由保险公司给付约定保险金的保险，分为定期死亡保险和终生死亡保险。生存保险是指被保险人生存到保险单指定的日期后，由保险公司按保险合同约定给付保险金的保险。生死两全保险是指不论被保险人在保险期限内死亡或者满期生存，保险公司都要给付保险金的保险。年金保险属于生存保险，是指在被保险人生存的期间内，保险人依照合同的规定定期给付一定保险金的生存保险。人寿保险是人身保险中最重要的部分。

（2）健康保险。

健康保险是指以人的身体为保险标的，保证被保险人在疾病或意外事故所致伤残产生的费用或损失能够获得补偿的一种人身保险。根据保险期限的不同可以分为长期健康险和短期健康险；根据险种的不同可以分为重大疾病保险、住院医疗保险、手术保险、意外伤害医疗保险、收入损失保险等。长期健康险与人寿保险具有相同的特征，而短期健康险与财产保险具有相同的特征。

（3）人身意外伤害保险。

人身意外伤害保险（简称人意险）是指被保险人因意外事故死亡或伤残需住院治疗，由保险公司按照保险合同规定给付死亡保险金、残废保险金或医疗保险金的保险。

根据 2006 年新会计准则的规定，由于人意险和短期健康险具有财产保险业务的特征，因此，与财产保险业务一并称为非寿险业务；而由于长期健康险具有寿险业务的特征，与人寿保险业务一并称为寿险业务。人身保险中的寿险业务与非寿险业务的区别非常明显，从会计核算的方法来看，非寿险业务与财产保险的核算方法完全相同，因此，本节将主要阐述寿险业务（包括长期健康险）的会计核算特征及会计核算方法，人意险和短期健康险可比照财产保险的会计核算方法。

2. 人身保险业务的主要特征

人寿保险、人意险和健康保险具有共性，但更多地表现为差别。各种人身保险的共性在于其保单均具有定额给付性质。财产保险通常具有补偿性质，即照价赔偿损失。而人身保险是以人的生命为保险标的，但人的生命是难以用价值来衡量的，因此，人身保险通常表现为定额给付的性质。不论是人寿保险、长短期健康险还是人身意外伤害保险，在保单出险的时候，都只能以定额给付的方式予以补偿，难以像财产保险一样按照出险标的损失的公允价值予以赔偿。然而，人寿保险、人意险和健康保险又各具特征，主要表现在：

（1）影响保费的因素不同。寿险费率的高低主要受死亡率和利率等因素的影响；人身意外伤害费率的高低主要受保险金额损失率的影响；健康险费率的高低主要受患病率的影响。

（2）期限一般较长。重大疾病保险和人寿保险中大多数业务都是长期业务，如终生保险、两全保险、年金保险等，其保险期间长达十几年、几十年，甚至终身。但人身意外伤害保险和短期健康险期限较短，其保险期限一般为一年或几个月。

（3）计提的责任准备金不同。人身意外伤害保险和短期健康险提取未到期责任准备金；长期健康险提取长期健康险责任准备金；而寿险提取寿险责任准备金。不同保险责任准备金的计算方法不尽相同。

（4）保单的性质不同。长期人身保险具有储蓄性质，其保费迟早会由保险公司返还给投保人，这笔保费对投保人来说就像自己在银行的储蓄一样。正因为如此，人寿保险的投保人具有保险单质押贷款、退保、选择保险金给付方式等储蓄性质的权利。但人身意外伤害保险、短期健康险和定期死亡保险等一般没有储蓄功能。

（二）寿险业务的会计核算特点

与非寿险业务相比，寿险业务的会计核算主要有以下几个特点：

（1）保费收入和保险金的给付一般按照收付实现制的原则记账。寿险保单一般在实际收到保险费以后生效；趸交保费时，在交费时一次性记入“保费收入”账户。

（2）寿险和长期健康险责任准备金一般按有效保单的全部净值提取，而非寿险责任准备金一般按当年自留保费的50%提取。

（3）寿险业务按会计年度结算损益，而非寿险业务可以按会计年度或业务年度结算损益。

（4）寿险中途退保时，应通过“退保金”账户核算；非寿险退保时，一般通过“保费收入”账户核算。

（5）寿险属于定额给付性质保险，非寿险属于照价赔偿性质保险，两者在理赔或给付环节的计算以及会计核算上都有明显的差别。

（6）寿险业务非常特殊，其利润表往往不能真实体现某段会计期间该业务的真实损益，因此，寿险在年终决算时，还必须计算“三差损益”，以便分析某个会计期间真实的经营成果。

二、寿险保费收入的核算

（一）寿险保费的计算

与财产保险的保费类似，寿险的保费也是由两部分组成：纯保费和附加保费。纯保费形成人寿保险公司未来给付的各种保险金，它是根据生命表、保险基金的投资收益等许多因素制定出来的；附加保费主要用于人寿保险公司的各项开支并形成人寿保险公司的利润。

1. 寿险费率的影响因素

影响寿险费率确定的因素主要有以下几项：

（1）年龄。这是制定费率时需要考虑的最重要的因素，因为不同年龄的人，其死亡的概率相差很大。

（2）性别。根据生命表统计的结果，从平均情况上看，80 岁以下女性死亡率比男性低 20% ~30%，80 岁以上男女死亡率接近，但女性的寿命通常比男性高出 3 ~4 岁。因此，承保男女寿险的费率可能会不同。

（3）保险品种。不同品种的保险风险以及未来给付投保人的保障不完全相同，所以费率也不完全相同。例如，20 岁的人投保 10 年期的死亡保险的费率比其投保 10 年期的生存保险的费率要低，因为前者未来给付的保险金远低于后者未来给付的保险金。

（4）生命表。生命表是反映一定时期、一定国家或地区一定人群死亡规律的统计表，它是计算人寿保险费率的重要依据。

（5）利率。人寿保险通常是长期保险，投保人从投保到领取保险金可能间隔几十年的时间，因此在制定投保人未来领取的保险金时，必须考虑这段期间的利息因素。保险人对保费所支付的利息是由寿险基金的投资收入作保证的，所以寿险基金的投资收入对寿险保险费率有很大影响。

（6）经营费用。经营费用主要影响附加费率的确定。

2. 寿险保费的计算原理

（1）趸交保费的计算原理。所谓趸交保费，即一次付清的保费。根据公平合理的原则，趸交保费的计算原理应该是：保险人将来给付投保人保险金的现值总和，应该等于投保人在投保时趸交的纯保费之和。用公式表示就是：

投保人趸交保费 = 保险人未来给付投保人保险金的现值总和

（2）年交纯保费的计算原理。年交纯保费的保费交纳方式就是投保人每年交付相同金额的保险费。同样是根据公平合理的原则，年交纯保费的计算原理应该是：投保人每年交纳的保险金现值总和等于保险人未来给付投保人保险金的现值总和，而这一金额应该与趸交保费的金额相等。用公式表示就是：

投保人年交纳保费的现值总和 = 趸交保费金额

（3）纯费率与附加费率的确定。不论采取哪种交纳方式，只要得到纯保费的数额，然后除以保险金额，就可以得到纯费率。用公式表示就是：

纯费率=纯保费÷保险金额

长期健康险保费的确定原理与人寿保险保费的确定原理基本相同，可以参照进行。人寿保险保费的计算比财产保险要复杂得多，在实际业务中，必须由人寿保险公司专门聘用的精算师才能完成。

（二）寿险保费收入的会计核算

人寿保险公司保费收入核算所涉及的账户与财产保险保费收入核算所涉及的账户基本相同，不同之处在于：前者采用收付实现制核算，而后者采用权责发生制核算；前者于收款时保单生效，后者于签单时保单生效。另外，在寿险的实际业务中，“应收保费”的业务较少，几乎所有的保单都要求即时付清保费。下面举例加以说明。

［例 7-6］2013 年 12 月 31 日，某保险公司与张嘉签订一份定期寿险合同，保险金额为 1 000 000 元，保险期限自 2014 年 1 月 1 日至 2024 年 12 月 31 日；保费总金额为 50 000 元，分 5 年交清，合同生效当天，该保险公司收到第一期保费 10 000 元，保险公司应做如下会计分录：

借：银行存款　　　　10 000

　　贷：保费收入　　　　10 000

本例题以后各年收取保费时的会计分录与上面的会计分录相同。

三、寿险给付的核算

人寿保险合同规定，被保险人在保险期内发生保险责任范围内的事故或保险满期，保险公司应按规定给付被保险人保险金。保险金给付业务主要包括满期给付业务、死伤医疗给付业务、年金给付业务等。

（一）满期给付业务的核算

为核算满期给付业务，保险公司应设置“满期给付”账户。该账户是损益类账户，借方登记满期给付时实际支付的金额，贷方登记结转到“本年利润”中的金额，结转后，本账户无余额。“满期给付”账户应按人寿保险的险种设置明细账。

［例7-7］某日，人寿保险公司发生如下满期给付业务：

（1）投保人甲某个人生存险满期，甲某持有关证件到保险公司领取满期给付保险金20 000元。

（2）投保人乙某两全保险满期，乙某持有关证件到保险公司领取满期给付保险金150 000元，保险公司扣除乙某尚欠的质押贷款本金100 000元、利息20 000元后，余额返还给乙某。

（3）投保人丙某简易寿险在保险公司宽限交费期内满期，丙某持有关证件到保险公司领取满期给付保险金，扣除尚欠的保费2 000元后，实领8 000元。

有关会计分录如下：

（1）支付甲某满期给付保险金时：

借：满期给付——甲某　　20 000

　　贷：库存现金　　　　20 000

（2）支付乙某满期给付保险金时：

借：满期给付——乙某　　150 000

　　贷：利息收入　　　　20 000

　　　　保户质押贷款　　100 000

　　　　库存现金　　　　30 000

（3）支付丙某满期给付保险金时：

借：满期给付——丙某　　10 000

　　贷：库存现金　　　　8 000

　　　　保费收入　　　　2 000

（二）死伤医疗给付业务的核算

死伤医疗给付是指投保人在投保人寿保险和长期健康险期间，发生保险责任范围内的责任，保险公司应按保险合同的规定给付投保人或其受益人保险金，包括死亡给付和医疗给付。在给付死伤医疗保险金时，应该与满期给付一样将投保人尚未偿还保险公司的保护质押贷款、利息及欠缴保费一并扣除。

为核算死伤医疗给付业务，保险公司应该设置“死伤医疗给付”账户。该账户是损益类账户，借方登记实际支付的死伤医疗给付金额，贷方登记结转到“本年利润”中的金额，结转后，本账户无余额。该账户应该设置“死亡给付”和“医疗给付”两个二级科目，并按具体险种进行三级明细分类核算。

[例7-8] 某月，某人寿保险公司发生如下死伤医疗给付业务：

(1) 甲某投保重大疾病险，现经医院诊断为部分心肌坏死。保险公司核实后，给付医疗保险金60 000元。

(2) 乙某因车祸死亡，生前投保人寿保险。现其受益人持证领取死亡给付保险金50 000元，乙某尚欠2 000元保费未交纳，保险公司予以扣除。

有关会计分录如下：

(1) 支付甲某医疗给付保险金时：

借：死伤医疗给付——医疗给付（重大疾病险） 60 000

　贷：库存现金 60 000

(2) 支付乙某死亡给付保险金时：

借：死伤医疗给付——死亡给付（寿险） 50 000

　贷：库存现金 48 000

　　保费收入 2 000

（三）年金给付业务的核算

年金给付是指人寿保险的投保人生存至规定的年龄，由保险公司按规定定期给付投保人保险金。为核算年金给付业务，保险公司应设置“年金给付”账户，该账户借方登记实际支付的年金数额，贷方登记结转到“本年利润”中的金额，结转后，本账户无余额。

[例7-9] 丁某投保终身年金保险，每月交保费180元，现已到领取年金的年龄，丁某持有关证件到保险公司办理手续，按规定每月领取保险金650元，经复核，会计部门每月以现金支付，所编制的会计分录为：

借：年金给付 650

　贷：库存现金 650

与财产保险理赔的会计核算方法类似，满期给付、死伤医疗给付和年金给付也可以通过“赔付支出”科目核算，在这种情况下，则不必单独设置“满期给付”、“死伤医疗给付”和“年金给付”账户。

四、人身保险寿险责任准备金的核算

人身保险责任准备金是根据人身保险合同，为支付将来的保险给付而设置的准备金，主要包括寿险责任准备金、长期健康险责任准备金、未到期责任准备金和未决赔款准备金。其中，未到期责任准备金的计提方法和会计处理与财产保险一样，这里不再赘述。本节只介绍寿险责任准备金和长期健康险责任准备金的核算方法。

（一）寿险责任准备金的计算

寿险责任准备金是为履行未到期的保险责任，从寿险保费中提取的专项基金。理论上讲，寿险责任准备金应该等于投保人缴付的纯保费加上其产生的利息扣除已给付的保险金后的余额。我国《保险法》规定，长期人身保险责任准备金应该按照有效保单的全部净值提取，这个全部净值就是在某个时点上，保险公司已经取得的保费收入扣除已经给付的保险金支出后的余额。但在实际提取时，通常对上述理论数字修正以后进行提取。

长期健康险是介于短期健康险和普通寿险之间的一类业务，其责任准备金有类似于寿险责任准备金的性质。从保险精算原理来看，长期健康险责任准备金与寿险责任准备金的保险精算原理是相同的，但由于长期健康险以人的健康为保险标的，因而，未来给付的金额难以准确预测，风险相对较大，费率相对较高。本节以寿险为例简单说明两类准备金的计算原理。

前面已经阐述，人寿保险的保费由纯保费和附加保费构成。纯保费用于未来保险金的给付，附加保费用于未来保险公司的业务开支和利润。与财产保险费率制定的原则相同，寿险纯费率也是依据收支相等的原则制定的。根据这一原则，可以得出下面的结论：对于每一张保单而言，在保险期间的任何一个时点上，其保费收入和保费支出都存在下面的等式关系：

t 年以前的收入+ t 年以后的收入= t 年以后的支出+ t 年以前的支出

这个公式又可以改写为：

t 年以前的收入 – t 年以前的支出 =t 年以后的支出 – t 年以后的收入

通过改写后的公式，可以得到两种寿险责任准备金的推算方法：

（1）过去法，又称已缴保费推算法。其计算公式是：

寿险责任准备金=t 年以前已收保费的终值–t 年以前已付保险金的终值

（2）将来法，又称未缴保费推算法。其计算公式是：

寿险责任准备金=t 年以后应付保险金的现值–t 年以后应收保费的现值

过去法和将来法如果采用相同的利率，两者的计算结果在理论上应该是完全一致的。一般来说，当责任准备金按险别、年龄别和经过年数别等进行计算时，采用将来法比过去法对保险公司更为有利。

寿险责任准备金和长期健康险责任准备金是一个非常复杂的数学问题，所以人寿保险公司在一定期间内提取的这两类准备金，都要通过人寿保险总公司专门设置的精算部门进行计算，期末，总公司将各个分公司应该提取的各种准备金数额传达下来，各个分公司按照总公司的指令进行提存。

（二）寿险和长期健康险责任准备金的会计处理

为核算寿险责任准备金和长期健康险责任准备金，保险公司一般应单独设置“寿险责任准备金”、“提取寿险责任准备金”、“长期健康险责任准备金”和“提取长期健康险责任准备金”等账户。根据2006年新企业会计准则的规定，保险公司也可以通过“保险责任准备金”和“提取保险责任准备金”两个账户来核算寿险和长期健康险责任准备金。

“寿险责任准备金”是负债类账户，用于核算人寿保险业务应该提取的准备金。该账户贷方登记提取的准备金；借方登记转回的准备金；余额在贷方，反映已提取但尚未转回的寿险责任准备金。

“提取寿险责任准备金”是损益类账户，用于核算每期提取的准备金。该账户借方登记提取的寿险责任准备金；贷方登记结转到“本年利润”账户中的金额；结转后，该账户无余额。

“长期健康险责任准备金”是负债类账户，用于核算长期健康险应该提取的准备金。该账户贷方登记提取的准备金；借方登记转回的上期提取的准备金；余额在贷方，反映已经提取但尚未转回的长期健康险责任准备金。

“提取长期健康险责任准备金”是损益类账户，用于核算每期从利润中提取的责任准备金。该账户借方核算提取的准备金；贷方登记结转到“本年利润”中的金额；结转后，该账户无余额。

以上几个账户都应该按险种设置明细账，进行明细分类核算。

[例 7-10] 年末，某保险公司提取和转回有关准备金资料如下：

(1) 本期应提取未决赔款准备金350 000元，计提之前的余额是300 000元。

(2) 本期应提取长期健康险责任准备金550 000元，计提之前的余额是450 000元。

(3) 本期应提取寿险责任准备金600 000元，计提之前的余额是520 000元。

有关会计分录如下：

(1) 借：提取未决赔款准备金　　50 000

　　贷：未决赔款准备金　　50 000

(2) 借：提取长期健康险责任准备金　　100 000

　　贷：长期健康险责任准备金　　100 000

(3) 借：提取寿险责任准备金　　80 000

　　贷：寿险责任准备金　　80 000

(4) 期末，结转“本年利润”时：

借：本年利润　　230 000

　贷：提取未决赔款准备金　　50 000

　　　提取长期健康险责任准备金　　100 000

　　　提取寿险责任准备金　　80 000

五、其他寿险业务的核算业务

(一) 加保与退保业务的核算

人寿保险业务的期限较长，其特点决定了保险人可以根据个人的实际情况随时进行加保或退保。加保业务即增加保险金额的业务，它需要对原保险合同进行变更，加保的手续与新投保的手续是一样的，会计处理方法也是一样的。退保业务指允许退保的保单在保险期限未满的情况下，投保人提出退还保费的业务。退保人在业务部门办妥手续后，可持有关凭据到会计部门领取退保金。

退保业务在会计上通过“退保金”账户核算。“退保金”是损益类账户，借方登记支付投保人的退保金，贷方登记结转到“本年利润”中的数额，结转后，本账户无余额。在退保时，投保人若有预交保费，保险公司应予以退还；投保人若有尚未偿还的质押贷款本息，保险公司应予以抵扣。

[例 7-11] 某保户因经济困难要求退保，经业务部门计算应退保费为35 000元，该保户有5 000元的应交保费尚未交纳，扣除后，该保户实得退保金30 000元，财务部门以现金支付。会计分录为：

借：退保金　　35 000

　贷：库存现金　　30 000

　　　应收保费　　5 000

(二) 保单转移与保单复效的核算

保单转移是指投保人因迁移外省市，而将保险公司允许转移的保险关系转入外地同系统保险公司的业务。保单复效是指因没有按期缴纳保险金而失效的保单，投保人在保险公司规定的申请复效期内，缴足保单失效期间的保费及相应利息，使原保单恢复有效的业务。

[例7-12] 甲某因工作调动申请转移养老保险金关系，甲某当年已交保费800元，以前年度交纳的养老保险金已提寿险责任准备金6 000元。两地保险公司之间已经办妥转移手续，当年交纳的保费和以前年度提取的寿险责任准备金已经通过银行进行了款项划拨，其会计分录为：

(1) 转出保险公司的会计分录为：

借：保费收入	800	
寿险责任准备金	6 000	
贷：银行存款		6 800

(2) 转入保险公司的会计分录为：

借：银行存款	6 800	
贷：保费收入		800
寿险责任准备金		6 000

(三) 衍生保险产品的核算

人寿保险公司除了提供风险保障以外，有的还提供诸如附加储蓄、投资等服务功能，如投资连接保险、万能保险、变额保险等。这种附加的储蓄和投资功能不是保险业务的本质，而是保险合同的衍生产品。同时，这些产品有一个明显的特征就是附加储蓄和投资等服务功能所取得的收入能从保险收入中单独分离出来，并可单独确认和计量。作为附加储蓄和投资的资金流入不属于保费收入确认和计量的范畴，从严格意义上来看是一种代客理财服务的性质，根据2006年新企业会计准则的规定，保险公司可以通过"独立账户资产"和"独立账户负债"账户对其进行单独核算、单独报告，从而实现与保险业务的分离核算。总之，保险公司从这类衍生产品中实现的保费收入以及相关的代理服务收入应该分别核算，并在财务报告中分别予以披露。

六、寿险业务的利源分析

人寿保险的期限非常长，其利益的形成非常特殊，不能简单地用一般行业的收支观来理解人寿保险公司的利益形成过程。从理论上看，人寿保险公司的利益应该来源于附加保费中贡献的利润，附加营业费率主要用于保险业务的支出；纯费率由于在制定时严格遵循了收支相等的原则，即纯保费收入的现值和未来给付保险金的现值相等，所以也不可能为保险公司带来利润，但在实际保险经营业务中，附加营业费率和纯费率都会给保险公司带来利润，为此所作的分析就是所谓的寿险业务利源分析。

寿险业务的利源分析应当从寿险产品的定价入手。人寿保险公司在制定寿险产品价格时，必须依据一定的利率、费率（营业费用率）和死亡率指标，而这几个指标都是预定或估计出来的，因此保险产品的成本（保费）属于预定成本。正是因为保险成本源于预计，其与实际指标不可能正好相等，于是形成了保险定价成本与实际成本之间的差异，这种差异便形成了保险公司的利益来源。这种利源主要包括死差益（损）、利差益（损）和费差益（损）三个部分。

1. 死差益（损）

死差益（损）是由于实际死亡率低于预计死亡率，保险公司按照预定死亡率收取的纯保费支付实际死亡成本后尚有盈余而产生的利益。当实际死亡率高于预定死亡率时，会产生死差损。死差益（损）的计算公式为：

死差益（损）=（预定死亡率-实际死亡率）×危险保费（死亡险保费）

= 实收危险保费总额-实付危险保险金总金额

2. 利差益（损）

当人寿保险公司资金运用的实际收益率（或投资回报率）高于预定利率时，保险公司实际赚取的收益率高于按照预定利率给付投保人的利率的差异形成利差益。当投资实际收益率低于预定利率时，将形成利差损。利差益（损）的计算公式为：

利差益（损）=（实际收益率-预定利率）×责任准备金总额（资金运用总额）

= 实际收益总额-预计收益总额

3. 费差益（损）

当保险公司的实际经营费用率低于预计经营费用率时，从保费中按预定费率收取的经营费用便形成了一部分节余，即费差益；当实际经营费用率高于预定经营费用率时，便形成了费差损。费差益（损）的计算公式为：

费差益（损）=（预定经营费用率-实际经营费用率）×保费总额

= 实收附加保费金额-实际经营费用额

人寿保险公司在进行年终结算时，应计算“三差损益”，进行利源分析，以便认清公司的经营现状及发展趋势，不断强化保险公司的经营管理，提高经济效益。

补充阅读资料 7-2

尽管目前保监会仍没有放开对保险公司混业经营的管制，但2006年国务院颁布的《国务院关于保险业改革发展的若干意见》（简称“国十条”）已经在实质上促使了保险公司加快混业经营的步伐。据了解，目前多家寿险公司正向财险公司进军，而财险公司也将目光瞄准寿险领域，战斗在销售一线的几百万保险代理人，已有开始自救式“混业经营”，即销售保险产品的同时，也向客户提供银行理财、信托、基金等产品。

小知识 7-5

1995年6月30日，第八届全国人民代表大会常务委员会第十四次会议通过了《保险法》，这是新中国成立以来我国第一次颁布保险基本法。《保险法》采用了国际上一些国家和地区集保险业法和保险合同法为一体的立法体例，是一部较为完整、系统的保险法律。2002年，根据我国加入世贸组织的承诺，《保险法》作了首次修改，并于2003年1月1日起实施。

目前在用的《保险法》是中华人民共和国第十一届全国人民代表大会常务委员会第七次会议于2009年2月28日修订通过的。

第四节 再保险业务的核算

一、再保险业务概述

（一）再保险的概念及特点

再保险，即再保险合同，又称分保，是指保险公司将其承担的保险业务，以承保的形式，部分转移给其他保险人。再保险是保险人的保险，是保险发展到一定程度的产物。再保险可以在本国范围内进行，也可以在世界范围内进行。

在再保险业务中，通常将分出保险的公司称为原保险公司、原保险人或分出人，将接受保险的公司称为再保险公司、再保险人、分保接受人或分入人。原保险人分出的那部分风险责任金额成为分保额或分出额，而自己保留责任的那部分金额成为自留额。如果再保险人又将分入的再保险业务分给其他保险公司进行保险，就是转分保，双方当事人分别成为转分保分出人和转分保接受人。

在再保险关系中，原保险人因转移风险和责任而应向再保险人支付一部分保费，称为分保保费；而原保险人因承揽原保险业务将花费一定的开支，因而再保险人应该向原保险人支付一定的分保手续费，又称分保佣金。有时再保险人还会从分保盈余中支付一定比例的佣金给分出人，作为分出人良好经营的报酬，这种佣金称为盈余佣金，又称纯益手续费。盈余佣金根据盈余的多少确定百分比，盈余越高，比例越高，这样可以促使分出人更加注意保险业务的质量。

再保险的主要目的是分散原保险公司的经营风险，提高原保险公司的经营能力和竞争能力。为保护我国保险业，维护保单持有人的权利，我国2009年新《保险法》第一百零二条规定："经营财产保险业务的保险公司当年自留保险费，不得超过其实有资本金加公积金总和的四倍。"第一百零三条规定："保险公司对每一危险单位，即对一次保险事故可能造成的最大损失范围所承担的责任，不得超过其实有资本金加公积金总和的百分之十；超过的部分应当办理再保险。"

与原保险相比，再保险的主要特点是：

（1）再保险是保险公司之间的一种业务经营活动。再保险业务只涉及原保险公司和再保险公司两个当事人，与投保人之间没有任何关系。投保人将保费按保险合同规定交给原保险人，出险时直接向原保险人索赔，原保险人理赔以后，凡是已经进行分保的业务，日后应按分保合同规定要求分保接受人分摊部分赔款（摊赔）。

（2）再保险合同是独立合同。原保险合同是再保险合同的基础，没有原保险合同就不能有再保险合同，但再保险合同与原保险合同没有任何继承关系，因为除法定分保外，再保险业务是保险公司自愿进行的。

（3）再保险合同是双务合同。双务是指在再保险业务中，原保险公司作为分散风险、分出保险责任的一方，有向分入公司支付再保险费的义务，而再保险公司对于原保险公司发生的在合同范围内的赔款有摊赔的义务。

（4）再保险合同是补偿性合同。再保险合同与财产保险合同一样具有补偿性质，而人身保险合同具有给付性质。

小思考7–3

再保险是保险人的保险，从历史上看，它是怎样发展起来的呢？

（二）再保险业务的种类

再保险从不同的角度划分有不同的分类，我国比较流行的分类方式有以下两种：

1. 按保险责任分配形式分类

（1）比例分保。比例分保是指原保险人和再保险人签订合同，按原保险金额的一定比例计算原保险人的自留保额和再保险人承保额的再保险。它又可以分为成数分保、溢额分保、成数溢额混合再保险等方式。

①成数分保：是指原保险人将每一风险单位保险金和保费，都按一定比例（即成数）作为自留额，然后把其余部分分给再保险人。当原保险发生赔款时，再保险人应按同样的比例摊赔。例如，某保险公司的成数再保险合同规定，保险责任自留比例为45%，分出责任为55%，则一份保险金额为500万元的保单，自留保险责任应为225万元（500×45%），分出保险责任应为275万元（500×55%）。

②溢额分保：是指原保险人预先确定某一风险单位保险金额的自留额，然后将超额的部分分给再保险人。再保险人的溢额责任，通常以原保险人自留额的线数（即倍数）为最高承保限额，1线相当于分出公司的自留额。当原保险发生赔款时，再保险人按其分保金额占原保险额的比例摊赔，当然分出保费也按这一比例计算。例如，某保险公司的溢额再保险合同规定，保险责任的自留额为10万元，再保险人分保的最高限额为3线，则一份保险金额为50万元的保单，分出公司自留保险责任为10万元，分出保险责任为30万元，另外10万元保险责任，原保险人或自留或进行其他再保险。

③成数溢额混合再保险：是指将成数分保和溢额分保组织在一个合同内，以成数保险的金额作为溢额保险的自留额，自留额以内的保险金可以进行成数分保，超出自留额的保险金可以以合同中规定的线数为限，进行溢额分保。例如，某保险公司成数溢额混合再保险合同规定，保险金额为200万元之内的保单进行成数分保，其中自留比例为40%（80万元），分出责任为60%（120万元）；超过200万元以上的部分进行溢额分保，溢额分保的最高线数为4线（800万元），这样这份成数溢额混合再保险合同的最大容量为1 000万元。

（2）非比例分保。非比例分保，又称超额损失分保，是指分保分出人和分保接受人协议，以赔款为基础计算自赔金额和分保责任限额的再保险。它又分为超额赔款分保和超额赔付率分保。

①超额赔款分保：简称超赔分保，是指分保分出人和分保接受人协议，对每一单位保险损失或多次保险累计损失规定一个免赔额，在这一范围内的损失，分保接受人不负责任；超出这一范围的损失，分保接受人负担全部赔款或大部分赔款。在实际业务中，这类保险又可进一步划分为险位（风险单位）超赔分保和事故超赔分保。险位超赔分保指以每一个风险单位损失赔款为基础，计算自留责任额或起赔额。险位超赔分保可以对一次事故中超赔分保的风险单位规定最高限量或最高赔付额；事故超赔分保是以一次事故所造成的赔款总和为基础计算自留责任额或起赔额，它不受险位的限制，但通常也有最高赔付额的规定。

②超额赔付率分保：是指以一定时期（一般为一年）的责任累计为基础来计算赔款，当赔款总额过高，赔付率超过合同中规定的赔付率时，超过部分应由分保接受人负责。

2. 按合同安排方式分类

（1）临时分保。临时分保，是指保险人有分保需求时，临时同分保接受人达成协议的再保险，又称选择性再保险或自愿再保险。这类保险历史较长，现在一般适用于固定合同保险以外的分保业务。

（2）合同分保。合同分保，又称固定分保，指原保险公司和再保险公司预先订立分保合同，在合同期内，凡是合同中规定的业务，分出人有义务分出，接受人有义务接受，双方无权选择。合同再保险有许多优点，业务比较稳定，普遍用于比例再保险和非比例再保险，是国际再保险市场上最流行的保险方式。

（3）预约分保。预约分保，是指原保险人和再保险人事先订立保险合同，并约定对于合同范围内的业务，分出人有业务选择自由，不必一定分出，而接受人无权选择，有义务接受分入业务。预约分保对再保险人不利，所以不太受再保险人的欢迎，业务量一般较少。

除上面两种主要分类以外，再保险还可以按照分保对象或分保险种的不同，分为财产险再保险和人身险再保险。财产险再保险按照分保对象又可以进一步分为货物运输险再保险、运输工具险再保险、火灾险再保险、工程险再保险、水险再保险和各种责任险再保险等。

（三）再保险业务的会计核算特点

与原保险业务相比，再保险业务的会计核算主要有以下几个特点：

（1）再保险业务同时涉及分保分出人和分保分入人的核算。分保分出人作为分出责任、分散风险的一方，主要涉及分出保费、摊回分保赔款、摊回分保费用、扣存和转回分保准备金的计算与核算；分保分入人作为接受风险、分摊分险的一方，主要涉及分保费收入、分保赔款支出、分保费用支出、存出分保准备金等业务。

（2）分保账单是再保险业务核算中使用的唯一重要的原始凭证，由分保分出人填制。再保险业务双方当事人在会计核算、资金结算和往来款确认中都应以分保账单作为直接依据。

（3）再保险公司是按业务年度结算损益，在非结算损益的业务年度，再保险合同的收支差额全部作为长期责任准备金提取。再保险公司每年结算的损益应该是业务年度已经到期的再保险业务。

（4）由于分保接受人是按业务年度结算损益，所以对于接受的分保业务，只提取未决赔款准备金和长期责任准备金，不提取未到期责任准备金。

（5）因为再保险业务不是委托保险代理人进行的，所以不涉及向保险代理人支付手续费或佣金的问题，但分保接受人应该摊回一部分由原保险人支付的手续费或佣金。

（四）分保账单

分保账单是由分保分出人就分保活动中的各项指标，如分出保费、摊回分保赔款、摊回分保费用、扣存和返还准备金等填制的原始凭证，是再保险双方当事人进行往来账务清算的依据，是会计部门记账的直接依据。分保账单按分保的方式一般可分为比例分保账单和非比例分保账单，两种账单的内容、格式大同小异，但要求编制和报送的时间不同，比例分保账单一般半年编制一次，并在编制账单以后的6周内寄送，若寄送后2周之内分保接受人未提出异议，则分保分出人就可以结付账单。非比例分保账单一般要求在业务成交后即刻报送，最迟不得超过业务起始后的2周，并立即支付保费，在分保双方未同意按固定保费计算的情况下，分保人通常要送预付分保账单和调整分保账单两期账单。

分保账单既有国家统一规定的标准格式，也有保险公司自己设计的非标准格式，这两种格式之间有些差异，但主要内容基本相同，见表7-5。

表 7-5 **分保账单**

保险公司名称： 分保接受人名称：

账单期限： 业务年度：

险别： 货币单位：

合同名称： 单位：

借方		贷方	
项目	金额	项目	金额
摊回分保手续费 摊回转分保手续费 摊回分保赔款 保费准备金扣存 赔款准备金扣存 摊回税款及杂费 纯益手续费 合　计		分出保费 保费准备金返还 赔款准备金返还 准备金利息	
应付我方金额		应付你方金额	
未决赔款金额：			

下面就分保账单中常见的几个项目加以说明：

1. 分出保费

分出保费，也称分保费，是指分保分出人从原保费中分给分保接受人的保费。当原保险保费是分期收取时，分保费也应该分期支付。另外比例分保和非比例分保要求交纳分保费的时间是不同的，比例分保可以定期结清保费，非比例分保一般要求分保业务开始后即刻交清分保费或预交最低分保费。

2. 摊回分保手续费

分保手续费，也称分保佣金，是指分保分出人支付的手续费或佣金中应由分保接受人承担的份额，它实质上是分保接受人分摊的、原保险人已经花费的承揽原保险业务的手续费。分保手续费一般取决于分出公司手续费用的多少和保险合同业绩的好坏。在实际业务中，分保手续费率有以下两种确认方法：（1）单一比例法：是指分保手续费按原保险手续费的一个固定比例计算，比如25%，因该方法计算简单，因而广泛地为我国保险公司所使用。（2）比例递增或递减法：为鼓励分保分出人加强承保管理，分保手续费率一般在25% ~40%的范围内，赔付率每增加1%，分保手续费率减少0.5%。在这种方法下，暂定费率一般为30%。

3. 摊回转分保手续费

转分保手续费是针对转分保合同而言的，是指在转分保合同中规定的、按照原手续费的一定比例计算的、用以支付转分保业务的手续费。一般情况下，转分保手续费率为2.5% ~7.5%，并根据转分保业务质量、险种以及原保费等综合因素确定。

4. 摊回分保赔款

摊回分保赔款指分保业务发生的赔款额应由分保接受人承担的份额，它分为已决赔款和未决赔款两种。已决赔款在分保账单的借方登记，表示分保分出人已经支付投保人的赔款中应由分保接受人分摊的部分。未决赔款只在分保账单的附注中登记，作为一种参考提供给分保接受人。

5. 准备金的扣存及返还

分保账单中涉及“保费准备金扣存”、“赔款准备金扣存”和“保费准备金返还”及“赔款准备金返还”等内容。其中“保费准备金扣存”在分保账单的借方，是分保分出人从分保费中扣存分保分入人的再保险保障基金，它有两层含义：一是保费准备金扣存；二是赔款准备金扣存。两项准备金都是由分保分出人在分保当年扣存、并于次年返还给分保接受人的，返还给分保接受人的准备金在分保账单贷方的“保费准备金返还”和“赔款准备金返还”中列示。在分保账单中，准备金的扣存和返还也可以分别设“准备金扣存”和“准备金返还”两个项目列示。

保费准备金属于未到期责任准备金，是分保分出人为保证分保接受人的未来赔付能力，从当年分保费中按一定比例（一般是40%）扣存的，并于次年同期归还给分保接受人。在编制年度分保账单时，只要有保费付出，分保分出人就按40%的比例扣存，而分保接受人也认可这一做法。赔款准备金是分保分出人从当年剩余分保费（分保费扣除有关保费准备金等后的余额）中，按当年估计未决赔款中应由分保接受人承担份额的90%或100%扣存的，结案后若有余额应于次年返还。为弥补资金占用损失，分保分出人对于扣存的保费准备金和赔款准备金需支付给分保接受人一定的利息，利息通常由双方商定。

6. 纯益手续费

纯益手续费，又称盈余手续费，是指分保接受人在分保业务取得利润的情况下，按照双方的约定，分给原保险人一定的报酬。纯益手续费的计算公式为：

纯益手续费=（合同收入合计-合同支出合计）×纯益手续费率

其中，收入项目和支出项目由合同规定。收入项目一般包括分保费收入和利息收入等，支出项目一般包括分保手续费支出、分保赔款支出以及相关税费等。纯益手续费率可以根据赔付率或利润率为基础计算，并在合同中加以确定。对于当年能结清再保险合同的纯益手续费账单，应在当年年底合同结束后编制；对于当年不能结清再保险合同的纯益手续费账单，一般在第二年年底编制，以后进行调整。

7. 摊回税款及杂费

摊回税款及杂费指分保分出人按保费实际收入计算缴纳的营业税费及其他杂项费用中应由分保接受人分摊的部分。摊回税款及杂费一般与摊回分保手续费、纯益手续费在一个科目，即“摊回分保费用”科目核算。

8. 准备金利息

准备金利息指分保分出人因扣存分保准备金而支付给分保接受人的利息。

9. 余额

余额是分保账单中借贷双方收支相抵后的差额。分保账单的借方反映分保分出人的现金流入或分入人的现金支出，；贷方反映分保分出人的现金支出或分入人的现金流入。所以期末分保账单的借方大于贷方的余额，应该是分保分出人应收分入人的再保险往来款，即应付我方余额；贷方大于借方的余额是分出人应付分入人的再保险往来款，即应付你方余额。

二、分出业务的核算

分出业务是指分保分出人因再保险而形成的各项业务。对于分保分出人而言，再保险业务的程序主要包括再保险人的选择、最优再保险方案的确定、再保险合同的签订、赔款合同及分保账单的编制与发送等。再保险合同生效以后，保险公司的会计部门应根据定期编制的分保账单进行会计处理。

（一）分出保费的计算

保费的计算是任何保险业务会计核算的基础。分出保费是再保险业务中，因再保险业务而由分保分出人向分保接受人交纳的保费，其计算方法因保险方式的不同而有所不同。其中，比例分保分出保费的计算比较简单，可直接根据比例分保合同中预定的分保比例和原保费两个指标确定，计算公式为：

分出保费 = 原保费 × 合同分保比例

而非比例分保分出保费的计算比较复杂，这里简单介绍两种方法：

（1）变动再保险费制。变动再保险费制指原保险公司根据其业务数量和质量等具体情况预先制定最低再保险费率和最高再保险费率，然后在分保时再根据分保的情况调整费率的一种计算方法。这种方法在计算非比例分保分出保费时比较常用。

（2）固定再保险费制。固定再保险费制指再保险双方当事人就某再保险业务按事先约定的固定保费来计算的一种方法。固定再保险费制主要针对新业务和以往没有办理过超额赔款的再保险业务而言，并作为向变动再保险费制过渡的一种方法，待积累资料和经验后，再采用变动再保险费制。

（二）分出保费的会计处理

为核算再保险业务，分保分出公司一般应设置“应付分保账款”、“应收分保账款”、“存入保证金”、“分出保费”、“摊回赔付支出”、“摊回分保费用”、“应收分保合同准备金”、“摊回分保合同准备金”等账户。

“应付分保账款”是往来性质科目，用以核算分保业务中形成的各种应付账款。该科目贷方登记应付的各种往来款项，借方登记偿付或调整的各种应付款项，贷方余额反映尚未支付的分保应付款项。该科目一般按往来的单位设置明细账。

“应收分保账款”是往来性质科目，用以核算分保业务中形成的各种应收款项。该科目借方登记应收的各种往来款项，贷方登记收回或调整的各种应收款项，借方余额反映尚未收回的应收款项。该科目一般按往来的单位设置明细账。

“存入保证金”是负债类科目，用于核算分保分出人按规定扣存分保接受人分保费形成的准备金。该科目贷方登记扣存的分保费准备金，借方登记返还上期扣存的分保费准备金，贷方余额反映已扣存尚未返回的分保准备金。该科目按分保接受人设置明细账。

“分出保费”是损益类科目，用于核算分保分出人向分保接受人分出的保费。该科目借方登记分出的保费数，贷方登记结转到“本年利润”中的数额，结转后该科目无余额。该科目按险种设置明细账。

“摊回赔付支出”是损益类科目，用于核算分保赔款中应该由分保接受人分摊的部分赔款。该科目贷方登记由接受人分摊的分保赔款，借方登记结转到“本年利润”中的数额，结转后该科目无余额。该科目按险种设置明细账。

“摊回分保费用”是损益类科目，用于核算分保业务中应该由分保接受人分摊的各项费用，包括分保手续费、税款及杂费以及纯益手续费等。该科目贷方登记由分保接受人分摊的各项费用，借方登记结转到“本年利润”中的数额，结转后该科目无余额。该科目按险种设置明细账。

“应收分保合同准备金”用于核算分保分出人应收以及影响分保分入人摊回的保险责任准备金，包括未到期责任准备金、未决赔款准备金、寿险责任准备金和长期健康险责任准备金。该科目借方登记分保分出人在某个会计期间应收或应向分保分入人摊回的保险责任准备金，贷方登记在某会计期间冲减或转销的保险责任准备金。该科目可按保险责任准备金类别设置明细账。

“摊回分保合同准备金”用于核算分保分出人应向分保分入人摊回的保险责任准备金，包括未决赔款准备金、寿险责任准备金和长期健康险责任准备金。该科目贷方登记分保分出人在某个会计期间应向分保分入人摊回的保险责任准备金金额，借方登记在某会计期间因赔款等业务而应冲减或转销的分保责任准备金。该科目可按保险责任准备金类别设置明细账。在会计期末，该科目的余额应全部结转至“本年利润”科目。

分保分出人在会计期末应按规定计算有关指标，包括分出保费、保险责任准备金的扣存与返还、摊回赔款和摊回费用等，填制分保账单，并据以进行会计处理。下面举例说明分出业务的会计处理方法。

［例 7–13］甲保险公司对火险采用固定合同成数分保方式安排分保，自留额比例为80%，其余20%由乙保险公司接受再保险。某个会计期末，甲保险公司编制的分保账单见表7–6。

表 7–6　　　　　　　　　　　　　　**分保账单**

保险公司名称：甲保险公司　　　　　　分保接受人名称：乙保险公司

账单期限：第4季度　　　　　　　　　业务年度：2013年

险别：火险　　　　　　　　　　　　　货币单位：千元

合同名称：　　　　　　　　　　　　　单位：

借方		贷方	
项目	金额	项目	金额
摊回分保手续费	3 750	分出保费	15 000
摊回分保赔款	7 500	保费准备金返还	4 800
保费准备金扣存	6 000	赔款准备金返还	2 400
赔款准备金扣存	2 700	准备金利息	360
摊回税款及杂费	1 380		
应付我方金额	21 330	应付你方金额	22 560
未决赔款金额：			

有关会计分录为：

(1) 根据分保账单贷方：

借：分出保费	15 000 000	
存入保证金	7 200 000	
利息支出	360 000	
贷：应付分保账款		22 560 000

(2) 根据分保账单借方：

借：应收分保账款	21 330 000	
贷：摊回赔付支出		7 500 000
摊回分保费用		5 130 000
存入保证金		8 700 000

(3) 结转本年利润：

借：本年利润	15 360 000	
贷：分出保费		15 000 000
利息支出		360 000
借：摊回赔付支出	7 500 000	
摊回分保费用	5 130 000	
贷：本年利润		12 630 000

三、分入业务的核算

分入业务指分保接受人因再保险而形成的各种业务。就分保接受人而言，再保险业务的程序主要包括受理分保建议、研究最优分保方案、签订分保合同、审核赔款账单、分保账单及会计处理等。再保险合同生效后，分入公司的会计部门应根据分出公司编制的分保账单等进行分保业务收支的会计处理并提取责任保险金。

根据企业会计准则的规定，为核算分入业务，保险公司应设置“保费收入”、“存出保证金”、“赔付支出”、“分保费用”、“应收分保账款”和“应付分保账款”等账户。

“存出保证金”是资产类科目，用于核算保险公司因分入分保业务而存于分保分出人的准备金。该科目借方登记存出的分保准备金数额，贷方登记收回的分保准备金数额，余额在借方，反映存于分保分出人处的准备金数额。“存出保证金”科目按分保分出人设置明细账。

“分保费用”是损益类科目，用于核算由分保接受人分摊的分保费用，包括分保手续费、税款及杂费以及纯益手续费等。该科目借方登记分保接受人分摊的分保费用，贷方登记结转到“本年利润”中的数额，结转后该科目无余额。“分保费用”科目按险种设置明细账。

[例 7-14] 仍以 [例 7-13] 的业务为例，并假设2013年第4季度末正好是分保业务的结算年度。当乙保险公司接到甲保险公司编制的分保账单后，乙保险公司应做如下会计分录：

(1) 根据分保账单贷方：

借：应收分保账款	22 560 000	
贷：保费收入		15 000 000

贷：利息收入　　360 000

　　存出保证金　　7 200 000

（2）根据分保账单借方：

借：存出保证金　　8 700 000

　　赔付支出　　7 500 000

　　分保费用　　5 130 000

　贷：应付分保账款　　21 330 000

（3）结转本年利润：

借：保费收入　　15 000 000

　　利息收入　　360 000

　贷：本年利润　　15 360 000

借：本年利润　　12 630 000

　贷：分保费用　　5 130 000

　　赔付支出　　7 500 000

四、再保险合同准备金的核算

再保险合同准备金应该由分保接受人（再保险人）计提，主要包括未决赔款准备金、未到期责任准备金、长期责任准备金和寿险责任准备金等，这些准备金的计提方法与原保险合同的计提方法相同，这里不再赘述。从分保分出人的角度看，由于原保险的保费收入分出一部分给了再保险人，因此原保险人按全额计提的保险责任准备金（不包括未到期责任准备金）在分保时应该进行适当的调整，并将应由再保险人分摊的保险责任准备金确认为一种收款权利，即应由分保分入人补偿给分保分出人的准备金。

从理论上讲，未到期责任准备金属于保险公司尚未赚取或尚未实现的保费，原保险公司将某一保险项目进行再保险时，意味着将部分风险、部分保费出让给再保险人，这样未到期责任准备金（即未实现保费）亦将相应地分给再保险人，并由再保险人自行核算其分入保险项目的未到期责任准备金。

现行企业会计准则规定，原保险人应该根据原保险合同完整计提保险责任准备金，但由于分保责任准备金实际上是由再保险人计提的，所以，原保险人只能通过“应收分保合同准备金”科目核算。并且在财务报表上，应收分保合同准备金等与原保险合同形成的负债（即保险责任准备金）不能相互抵消。为正确核算应收分保合同准备金，现行准则要求保险公司同时应设置“摊回保险责任准备金”科目 。

“应收分保合同准备金”科目用于核算再保险业务中原保险人应收分保接受人的保险责任准备金，包括未到期责任准备金、未决赔款责任准备金、寿险责任准备金和长期健康险责任准备金四项内容。保险公司应在确认非寿险原保险合同保费收入的当期，按相关再保险合同约定计算的应收分保接受人的分保未到期责任准备金，借记本科目，贷记“提取未到期责任准备金”科目；在提取原保险合同未决赔款责任准备金、寿险责任准备金和长期健康险责任准备金三项准备金的当期，借记本科目，贷记“摊回保险责任准备金”科目；在保险公司因赔款而冲减未决赔款准备金、寿险责任准备金和长期健康险责任准备金时，借记“摊回保险责任准备金”科目，贷记本科目。

根据再保险人的会计核算惯例，“应收分保合同准备金”账户亦可拆分成“应收分保未到期责任准备金”、“应收分保未决赔款准备金”、“应收分保寿险责任准备金”、“应收分保长期健康险责任准备金”四个科目分别核算不同的应收保险责任准备金。

“摊回保险责任准备金”科目核算再保险业务中原保险人应向再保险人摊回的保险责任准备金，包括未决赔款准备金、寿险责任准备金、长期健康险责任准备金三项内容。保险公司在计提这三项原保险合同准备金的当期，应按相关再保险合同约定计算的应向分保接受人摊回的保险责任准备金，借记“应收分保合同准备金”科目，贷记本科目。在原保险出险赔付的情况下，原保险人应在冲减这三项原保险责任准备金的当期，根据再保险人相应冲减的应收分保合同责任准备金，借记本科目，贷记“应收分保合同责任准备金”科目。

根据再保险人的会计核算惯例，“摊回保险责任准备金”科目亦可拆分成“摊回未决赔款准备金”、“摊回寿险责任准备金”和“摊回长期健康险责任准备金”三个科目，分别核算不同保险责任准备金的摊回。

下面举例说明再保险责任准备金的会计核算方法。

[例7-15] 2013年年末，甲保险公司与乙保险公司签订了一项成数分保财产再保险合同，将合同规定范围内的原保险合同向乙保险公司办理分保，期限一年，合同约定分保比例为10%。2014年1月，甲保险公司收到再保险合同范围内保费120万元，并据此计提了110万元的未到期责任准备金。2014年3月，甲保险公司就当月出现案件计提了75万元未决赔款准备金。针对保险责任准备金，甲、乙保险公司相应的会计处理如下：

(1) 甲公司：

①2014年1月份的会计分录：

借：提取未到期责任准备金　　1 100 000

　贷：未到期责任准备金　　1 100 000

借：应收未到期责任准备金　　110 000

　贷：提取未到期责任准备金　　110 000

②2014年3月份的会计分录：

借：提取未决赔款准备金　　750 000

　贷：未决赔款准备金　　750 000

借：应收未决赔款准备金　　75 000

　贷：摊回未决赔款准备金　　75 000

(2) 乙公司：

①2014年1月份的会计分录：

借：提取未到期责任准备金　　110 000

　贷：未到期责任准备金　　110 000

②2014年3月份的会计分录：

借：提取未决赔款准备金　　75 000

　贷：未决赔款准备金　　75 000

补充阅读资料 7-3

再保险最早产生于欧洲海上贸易发展时期，从 1370 年 7 月在意大利热内亚签订第一份再保险合同到 1688 年劳合社建立，再保险仅限于海上保险。17、18 世纪由于商品经济和世界贸易的发展，特别是 1666 年的伦敦大火，使保险业产生了巨灾损失保障的需求，为国际再保险市场的发展创造了条件。从 19 世纪中叶开始，在德国、瑞士、英国、美国、法国等相继成立了再保险公司，办理水险、航空险、火险、建筑工程险以及责任保险的再保险业务，形成了庞大的国际再保险市场。第二次世界大战以后，发展中国家的民族保险业随着国家的独立而蓬勃发展，使国际再保险业进入了一个新的历史时期。20 世纪末，世界各国的保险公司，作为一个独立的经济部门，无论规模大小都要将其所承担的风险责任依据大数法则及保险经营财务稳定性的需要，在整个同业中分散风险，从此，再保险成为保险总体中不可缺少的组成部分。

第五节　保险资金运用业务的核算

一、保险资金运用业务概述

（一）保险资金运用的含义

保险资金的运用是指保险公司为了提高偿付能力、增强竞争实力，在保险业务的经营中，将不断积聚的各种保险资金进行有利的投资，使其不断地保值和增值以及进行有效融资的各项活动，是保险公司的重要经营业务。

就保险原理而言，提供风险保障和开展保险业务是保险公司生存和发展的基础业务，但保险资金的运用业务同样是保险公司生存和发展的重要保证。纵观世界保险业，凡是发达的保险市场，也都是发达的资金市场，就是说，强大的保险公司必须有良好的资金运用作保证，这是由保险业的特点决定的。我们知道，保险公司收取的保费及赔偿或给付行为在时间上和数量上有显著的差异，这会使保险公司的巨额资金暂时闲置，如何运用这笔雄厚的资金成为保险公司至关重要的业务。当然，没有承保业务，资金的运用便成为“无米之炊”，但对承保业务揽来的资金若不进行有利的投资、不保值、不增值，保险公司同样难成大业。

（二）保险资金运用的原则

保险公司的活动具有金融业的特点，资金金额巨大，而且负债较大，资金中的大部分将来要用于赔偿或给付，因此为保证整个金融市场的秩序，各个国家都规定了保险公司在资金运用时必须遵守的原则。2009 年 2 月 28 日，中华人民共和国第十一届全国人民代表大会常务委员会第七次会议修订通过了新《保险法》。关于保险资金的运用原则，新《保险法》第一百零六条指出：“保险公司的资金运用必须稳健，遵循安全性原则。”所谓安全性原则主要是指，保险公司在投资时，必须充分分析其投资项目的安全性，谨慎投资，尽量减少风险投资。

保险公司的资金运用必须稳健，遵循安全性原则。可见，关于保险资金的运用，安全性是最为重要的一条原则。

（三）保险资金运用的形式

2009 年新《保险法》明确提出了保险公司资金的运用仅限于以下几种形式：第一，银行存款；第二，买卖债券、股票、证券投资基金份额等有价证券；第三，投资不动产；第四，国务院规定的其他资金运用形式。保险公司资金运用的具体管理办法，由国务院保险监督管理机构制定。应该说，在上述保险公司资金可以运用的几种形式中，证券投资的风险是比较大的，因此，2010 年 2 月 1 日，中国保险监督管理委员会主席办公会审议通过了《保险资金运用管理暂行办法》，其中就保险公司有价证券投资问题，进行了更明确的规范，其主要内容包括：

（1）保险资金投资的债券，应当达到中国保监会认可的信用评级机构评定的，且符合规定要求的信用级别，主要包括政府债券、金融债券、企业（公司）债券、非金融企业债务融资工具以及符合规定的其他债券。

（2）保险资金投资的股票，主要包括公开发行并上市交易的股票和上市公司向特定对象非公开发行的股票。投资创业板上市公司股票和以外币认购及交易的股票由中国保监会另行规定。

（3）保险资金投资证券投资基金的，其基金管理人应当符合下列条件：①公司治理良好，净资产连续三年保持在人民币一亿元以上；②依法履行合同，维护投资者合法权益，最近三年没有不良记录；③建立有效的证券投资基金和特定客户资产管理业务之间的防火墙机制；④投资团队稳定，历史投资业绩良好，管理资产规模或者基金份额相对稳定。

在会计实践活动中，我国保险公司的资金除存放于银行和进行必要的不动产投资之外，主要运用在以下几个方面：①有价证券投资业务；②同行业资金拆借业务；③证券回购业务；④贷款业务。有价证券投资业务（包括股票、债券和基金）与一般工商业的会计核算方法完全相同，主要遵循现行《企业会计准则第 2 号——长期股权投资》、《企业会计准则第 22 号——金融工具确认和计量》等规定，这里不再赘述，这节将主要阐述资金拆借业务、证券回购业务和贷款业务的会计核算方法。

二、资金拆借业务的核算

（一）资金拆借业务的核算内容

资金拆借业务是具有法人资格的金融保险机构及经法人授权的非法人金融机构之间进行短期资金融通，以调剂头寸（收支差额）和临时性资金余缺的经济活动。金融保险机构之间进行资金拆借活动的场所或网络，称为同业拆借市场。资金拆借行为产生于金融保险机构头寸管理的需要。头寸管理要求保险公司应随时保证资金的收支平衡，然而在实际经营过程中经常会出现收支不平衡的情况，这时头寸短缺的保险公司需要借入资金，以平衡收支；而头寸多余的保险公司有必要借出资金，以赚取短期收益，因此保险公司之间经常发生资金拆借的行为。资金多余者借出资金的行为称为拆出；资金短缺者借入资金的行为称为拆入。目前参与同业拆借的机构主要是商业银行和保险公司，这从根本上保证了资金拆借的安全性。

同业拆借市场主要以短期资金融通为主，七天以下的拆借特别是隔夜拆借占较大的比重，由此可见，资金拆借实质上就是金融和保险机构为了最大化运用流动资金而产生的一种资金运用行为。对保险公司而言，拆借的优点表现为：①当保险公司的流动资金富余时，将其拆出可以收到比银行存款利息更多的收益，从而保证保险公司资金收益最大化的要求。②当保险公司流动资金短缺时，拆入资金可以迅速满足需求，保证足够的支付能力，从而确保保险公司的信誉。③同业拆借市场的发展和繁荣可以保证拆借业务的及时和迅速，从而保证整个保险市场流动资金的高效运转。

保险公司的资金拆借业务主要包括资金的拆出和资金的拆入两部分。拆出资金是保险公司的一项流动性资产，拆入资金是保险公司的一项流动性负债。

（二）资金拆借业务的会计核算

为核算资金拆借业务，保险公司应该设置“拆入资金”和“拆出资金”两个科目。

“拆入资金”是负债类科目，贷方登记收到的拆入资金本金，借方登记偿还的拆入资金本金，余额在贷方，反映尚未偿还的拆入资金本金。“拆入资金”按拆出单位设置明细账。

“拆出资金”是资产类科目，借方登记拆出资金本金，贷方登记收回的拆出资金本金，余额在借方，反映尚未收回的拆出资金本金。“拆出资金”科目按拆入单位设置明细账。

资金拆借会计核算中的主要问题是利息费用的处理问题：

1. 资金拆入方的利息支出

拆入资金的利息支出一般应该按照权责发生制的原则核算，分期确认为利息费用。但如果拆借资金的期限较短，利息费用金额也不大，可以于实际支付时一次性确认为利息费用。

2. 资金拆出方的利息收入

按照企业会计准则的规定，利息收入的确认原则是：第一，与交易相关的利益能够流入企业；第二，收入的金额能够可靠地计量。由于我国的资金拆借业务仅限于经国家严格审核的金融、保险机构之间，因此利息回收的可能性极大，所以保险公司完全可以按权责发生制的要求确认利息收入。但是由于资金拆借期限一般较短，所以在会计实务中，资金拆出的利息收入可以于实际收到时确认。

[例7-16] 甲、乙两家保险公司之间于某年9月15日发生了一笔资金拆借业务，甲公司拆出资金2 000万元给乙公司，期限为30天，年利率为6%。甲、乙公司有关会计分录如下：

（1）甲公司拆出资金时：

借：拆出资金	20 000 000	
贷：银行存款		20 000 000

（2）甲公司收回拆出资金本息时：

借：银行存款	20 100 000	
贷：拆出资金		20 000 000
利息收入		100 000

（3）乙公司收到拆入资金时：

借：银行存款	20 000 000	
贷：拆入资金		20 000 000

（4）乙公司偿还拆入资金本息时：

借：拆入资金　　　　　　　　　　　　　　　　　　20 000 000
　　利息支出　　　　　　　　　　　　　　　　　　　100 000
　贷：银行存款　　　　　　　　　　　　　　　　　　　　　20 100 000

三、贷款业务的核算

（一）贷款业务核算的内容

贷款是指保险公司对外单位或个人提供贷款的经济活动。我国《保险法》规定，保险公司只能从事用户质押贷款业务，不得从事除用户质押贷款以外的贷款。贷款本身具有内在的风险性，从发放之日起就有收不回来的可能，这将会直接影响保险公司的赔偿能力和给付能力，从而影响保险公司的信誉和保险市场的稳定。我国《保险法》对保险公司的贷款业务种类进行了严格的限制，这使得保险公司的贷款业务风险较小，会计核算也比较简单。

保户质押贷款通常指保户以保险单作为抵押取得的贷款，这里一个重要的前提就是保单必须有“资格”作抵押，而有无抵押“资格”的标准应该是它的价值性。一般情况下，有储蓄性的保单价值比较大，可以用来进行质押贷款，而没有储蓄性或储蓄性较小的保单价值较小，一般不可以用来进行抵押贷款。前面已经阐述，保险按其标的不同可分为财产保险和人寿保险。财产保险的期限较短，保单一般不具有储蓄性，而寿险及长期健康险的储蓄性较强，因此可以用以抵押贷款。我国保户质押贷款的业务主要是在人寿公司开展的。

（二）保户质押贷款的会计核算

为核算保户质押贷款，人寿保险公司应设置“保户质押贷款”科目。该科目借方登记发放的保户质押贷款的数额，贷方登记收回的保户质押贷款的数额，余额在借方，反映尚未收回的保户质押贷款数。“保户质押贷款”科目应按借款人设置明细账，进行明细分类核算。保险公司发放的保户质押贷款一般期限都不长，因此保户质押贷款在资产负债表中通常被列为流动资产。

由于贷款本身有风险，因此一般情况下，对发放的贷款应该像坏账准备一样提取准备金，但保户质押贷款不同于普通贷款，其贷款额度通常被控制在保单有效价值以内，所以一般都能保证收回，可以说，保户质押贷款基本上没有风险，所以对它可以不提取坏账准备金。

[例 7-17] 某保户持有效保单到保险公司申请质押贷款 50 000 元，经审核同意发放为期 1 年的保户质押贷款。年利率为 9%。有关会计分录如下：

（1）发放贷款时：

借：保户质押贷款　　　　　　　　　　　　　　　　50 000
　贷：库存现金　　　　　　　　　　　　　　　　　　　　50 000

（2）收回贷款时：

借：库存现金　　　　　　　　　　　　　　　　　　54 500
　贷：保户质押贷款　　　　　　　　　　　　　　　　　　50 000
　　　利息收入　　　　　　　　　　　　　　　　　　　　　4 500

四、证券回购业务的核算

（一）证券回购业务核算的内容

证券回购业务是指保险公司在银行间同业市场办理中国人民银行批准交易的国债、中央银行融资券、政策性银行金融债券等债券回购的经济活动。保险公司回购的债券必须在中央国债登记结算有限责任公司托管和结算，不得转托管到证券交易所。

证券回购业务包括买入返售证券业务和卖出回购证券业务。买入返售证券业务是指保险公司与全国银行间同业市场其他成员以合同或协议的方式，按一定的价格买入证券，于到期日再按合同或协议的规定卖出该批证券，以获取买入价与卖出价差价收益的业务，买入返售证券业务实质上是一种投资业务。卖出回购证券业务，是指保险公司与全国银行间同业市场其他成员以合同或协议的方式，按一定的价格卖出证券，到期日再按一定的价格买入该批证券，以获得一定时期内资金使用权的业务，卖出回购证券业务实质上是一种融资业务。

与此相对应，证券回购业务的会计核算主要包括买入返售证券业务的会计核算和卖出回购证券业务的会计核算。

（二）买入返售证券业务的会计核算

为核算买入返售证券业务，保险公司应设置“买入返售金融资产”、“利息收入”等科目。

“买入返售金融资产”是资产类科目，用于核算买入返售证券的业务。该科目借方登记买入证券支付的价款，贷方登记返售买入证券时结转的成本。余额一般在借方，反映保险公司已经买入但尚未到期返售的证券金额。“买入返售金融资产”科目应按买入返售证券的种类设置明细账，进行明细分类核算。

[例7-18] 某保险公司按规定买入返售证券一批，价值300万元，数月后以309万元的价格将其销售。有关会计分录为：

（1）买入返售证券时：

借：买入返售金融资产	3 000 000	
贷：银行存款		3 000 000

（2）返售买入证券时：

借：银行存款	3 090 000	
贷：买入返售金融资产		3 000 000
利息收入		90 000

（三）卖出回购证券业务的会计核算

为核算卖出回购证券业务，保险公司应该设置“卖出回购金融资产款”和“利息支出”等科目。

“卖出回购金融资产款”是负债类科目，用于核算卖出回购证券的业务。该科目贷方登记卖出回购证券时取得的款项，借方登记到期回购卖出证券时结转的证券成本。该科目余额一般在贷方，反映已经卖出但尚未回购的证券金额。“卖出回购金融资产款”科目一般按卖出回购证券的种类设置明细账，进行明细分类核算。

[例7-19] 某保险公司按规定卖出回购证券一批，价值300万元，数月后以309万元将其购回。有关会计分录为：

（1）卖出回购证券时：

借：银行存款	3 000 000	
贷：卖出回购金融资产款		3 000 000

(2) 回购卖出证券时：

借：利息支出　　90 000

　　卖出回购金融资产款　　3 000 000

　贷：银行存款　　3 090 000

小知识 7-6

2010 年 7 月 30 日，国际会计准则理事会（IASB）发布《征求意见稿——保险合同》（以下简称征求意见稿），对有关保险合同的确认原则和计量方法、列示项目和披露信息等内容进行了规范。同年 11 月 30 日，国际会计准则理事会（IASB）《保险合同》圆桌会议在北京召开，与会各方就 IASB 于 7 月份发布的《保险合同》征求意见稿进行了广泛深入的讨论。时任财政部会计司司长杨敏、保监会财务会计部主任王新棣、国际会计准则理事会国际活动总监韦恩·奥普顿、中国人寿股份有限公司总裁万峰等国内多家保险公司和相关会计师事务所代表出席了本次圆桌会议。预计近期 IASB《保险合同》准则（修订版）将正式出台。

典型案例一

2012 年年末，X 保险股份有限公司（以下简称 X 公司）与刘某签订了一份人身意外伤害保险合同，保险金额 360 万元，自 2013 年 1 月 1 日起生效，保险期限为 1 年。刘某于合同生效当日一次性交纳了保险费 7 200 元，X 公司确认了保费收入。该保单属于 X 公司与 Y 公司签订的溢额再保险合同约定的业务范围。根据该再保险合同，X 公司的自留额是 100 万元；Y 公司分保最高限额是 300 万元，分保手续费率是 25%。2013 年 7 月 10 日，刘某车祸身亡。X 公司向刘某家属赔付了 360 万元，并从 Y 公司摊回分保赔款 260 万元。要求从 X 公司角度思考以下问题：

(1) X 公司在保单生效并收到保费时，应怎样核算？

(2) X 公司在赔付刘某家属保险金时，应怎样核算？

(3) 根据本题资料，计算 X 公司应向 Y 公司支付的分出保费，并据以核算。

(4) 根据本题资料，计算 X 公司应从 Y 公司摊回的分保费用，并据以核算。

(5) X 公司从 Y 公司摊回分保赔款时，应怎样核算？

[分析提示]

X 公司属于分保合同中的分保分出人，因此，应从分保分出人角度考虑本题。收取保费和赔款分别通过"保费收入"和"赔付支出"账户核算；关于分出保费和摊回分保费用可根据分出保险额占保险总额的百分比计算，并通过"分出保费"和"摊回分保费用"账户核算；摊回分保赔款通过"摊回赔付支出"核算。

典型案例二

2012 年 12 月 22 日，M 保险股份有限公司（以下简称 M 公司）与 N 保险股份有限公司（以下简称 N 公司）签订了一份成数再保险合同，接受 N 公司分出的原保险业务。合同约定的分保比例为 40%，分保手续费率为 35%。合同起始日为 2013 年 1 月 1 日，保险责任期为一年。M 公司经验和技术比较成熟，采用预估方法预计每期的分保费收入，并据以确认每期的分保费用。假设M公司估计的2013年第一季度各月份分保费收入金额分别为：1月份680万元；2月份730万元；3月份600万元。2013年5月末，M公司收到N公司发来的第一季度分保业务账单，其中显示：第一季度分保费收入总额为2 100万元，分保手续费为735万元。要求从M公司角度思考以下问题：

（1）M公司2013年第一季度各月份的分保费收入应怎样核算？

（2）M公司2013年第一季度各月份的分保费用应怎样核算？

（3）M公司2013年5月末应怎样调整分保费收入和分保费用？

[分析提示]

M公司属于分保合同中的分保分入人，因此，应从分保分入人角度考虑本题。一季度各月份的分保费收入按照预估金额先入账，并按分保手续费率35%计算出每月相应的分保费用。在5月末收到分保账单时，根据分保账单的金额调整已入账的分保费收入和分保费用。

典型案例三

A股市场中国人寿2013年度利润表的主要信息见表7-7。

表7-7 **利润表** 会保02表

编制单位：中国人寿保险股份有限公司 2013年度 单位：万元

项 目	本期金额	上期金额
一、营业收入	34 172 300	31 277 800
已赚保费	27 507 700	26 517 700
保险业务收入	27597 000	26 565 600
其中：分保费收入	200	0
减：分出保费	(15 800)	(15 600)
提取未到期责任准备金	(73 500)	(32 300)
投资收益	6 271 300	5 376 900
其中：对联营企业和合营企业投资收益	70 400	(5 600)
公允价值变动损益	163 400	(830 600)
汇兑损失	(2 800)	(90 500)
其他业务收入	232 700	304 300
二、营业支出	(30 010 500)	(29 294 900)
退保金	(2 332 000)	(2 548 500)
赔付支出	(5 930 800)	(7 158 100)
减：摊回赔付支出	10 700	7 700

续表

项　目	本期金额	上期金额
提取保险责任准备金	(15 453 100)	(13 500 500)
减：摊回保险责任准备金	1 400	4 400
保单红利支出	(1 448 700)	(167 100)
营业税金及附加	(114 500)	(98 500)
手续费及佣金支出	(2 293 600)	(2 420 000)
业务及管理费	(1 866 800)	(1 691 100)
减：摊回分保费用	(1 700)	13 000
其他业务成本	(364 700)	(363 500)
资产减值损失	(216 700)	(1 372 700)
三、营业利润	4 161 800	1 982 900
加：营业外收入	13 000	7 700
减：营业外支出	(21 200)	(11 800)
四、利润总额	4 153 600	1 978 800

要求：根据表7-7，分析中国人寿2012年度和2013年度以下几项指标，并比较两年的财务业绩：

(1) 原保险合同收入。

(2) 再保险合收入。

(3) 当年实际赚取的保费。

(4) 再保险中分出的保费。

(5) 原保险计提的未到期责任准备金净额。

(6) 原保险计提的责任准备金。

(7) 再保险业务分摊的责任准备金。

(8) 原保险理赔支出及再保险摊赔额。

(9) 原保险业务及管理费及其摊回金额。

(10) 营业收入、营业支出及营业利润。

[分析提示]

表7-7中列示了中国人寿2013年度收入、费用及利润情况，根据现行会计准则的规定，该表采用了比较报表的格式，其中非常清晰地披露了原保险合同收入（即保险业务收入）、分保费收入、已赚取保费以及各种准备金、赔付支出及其摊回情况。通过分析不难看出，中国人寿2013年度的业绩显然好于2012年度。

本章小结

本章主要阐述了保险公司两大主营业务：保险经营业务和保险资金运用业务的会计核算方法。根据运营特征的不同，保险经营业务可以分为寿险（包括人寿保险和长期健康险）和非寿险（包括财产保险、人身意外伤害保险和短期健康险）；根据承保方式的不同，保险经营业务又可分为原保险业务和再保险业务。根据保险经营业务的分类特点，本章分别从财产保险、人身保险和再保险的角度，全面阐述了保险经营业务的核算。关于保险资金运用业务，本章主要阐述了资金拆借业务、质押贷款业务和证券回购业务的会计核算方法。

第八章

运输企业会计

运输企业会计是专门核算和监督运输企业生产经营资金运动的一门行业会计。本章将阐述运输企业的分类、业务特点及会计核算特点，并具体阐述最具特色的两大运输企业——铁路运输企业和航空运输企业的会计核算方法。

第一节　运输企业会计概述

一、运输企业的主要业务及分类

运输企业是指利用运输工具专门从事运输生产或直接为运输生产服务的企业。运输企业的主要业务就是提供客货运输，运输生产活动的结果是使得劳动对象发生空间位置上的转移，从而使旅客到达目的地、货物到达经销商或消费者手中。运输企业属于第三产业，它能够把社会再生产过程中的生产、分配和消费过程有机地结合在一起。与一般工商企业相比，运输企业的生产经营过程比较特殊，具有较强的个性。

按照运输方式的不同，常见的客货运输企业一般可分为公路运输企业、水路运输企业、铁路运输企业、航空运输企业等。

（一）公路运输企业

公路运输是产生最早的一种交通运输方式。公路运输企业是以汽车为主要运输工具的运输企业，一般分为长途运输业和短途运输业两种，其运输对象为货物和旅客。目前我国公路运输的客运周转量已经超过铁路运输，但货运周转量只是铁路运输的一半。

（二）水路运输企业

水路运输企业是以船舶为主要运输工具的运输企业。根据运输对象不同，一般分为客运和货运；根据运输路线不同，一般分为内河运输业和海洋运输业。海洋运输业又可分为沿海运输业和远洋运输业。我国水路货运的比重与铁路运输接近，但客运市场只占较小的份额。

（三）铁路运输企业

铁路运输在19世纪初出现。铁路运输企业是以火车为运输工具对外提供运输劳务以获得经营收入的生产部门，一般有货运和客运之分。铁路运输是目前我国客货运输的主要方式，约占客货运输市场份额的40%左右。

（四）航空运输企业

航空运输企业是以飞机为运输工具对外提供运输劳务以获得经营收入的生产部门，包括货运业和客运业两种。在几种运输方式中，航空运输出现得最晚，但发展得最快。在20世纪90年代中期，我国航空运输在客运中只占5%左右，但一些发达国家航空运输的客运量占市场份额的50%以上。我国航空运输的货运周转量更小，只占市场份额的1%。

除此之外，管道运输业也属于运输企业，但它只从事特殊货物的运输，比如石油。从广义上讲，邮电企业也属于运输企业，但邮电企业是从事特殊物品运输的企业，比如文字、声音等。另外，在公路、水路、铁路和航空四类常见的运输企业中，公路运输企业和水路运输企业的会计核算方法与一般企业的差异较小，而铁路运输企业和航空运输企业的业务特点非常突出，会计核算方法也比较独特，为此，本章只以铁路运输企业和航空运输企业为对象来阐述运输企业独特的会计核算方法。

应该说明的是，2006 年财政部发布的《企业会计准则应用指南》对各类企业交易和事项中涉及的主要业务规定了会计科目，其中没有针对航空运输和铁路运输企业单独规定特别的会计科目，可见，这两类运输行业在会计科目设置上可与一般工商业会计科目保持一致。根据《企业会计准则应用指南》关于“会计科目”设置的基本思想，不同企业在不违反 2006 年《企业会计准则》中关于确认、计量和报告规定的前提下，可以根据本单位的实际情况自行增设、拆分或合并会计科目。由于铁路运输企业和航空运输企业经济业务与一般工商业相比，具有一定的特殊性，因此，在会计核算中，铁路运输企业和航空运输企业可以根据其自身行业特点，设置一些专有会计科目。

二、运输企业的业务特点

为阐述运输企业会计核算的特性，我们先分析一下运输企业的业务特点。应该说，公路、水路、铁路及航空等各个运输企业都各具特点，但与一般的工商企业相比，它们又具有业务上的共性特征，并足以使运输企业与一般工商企业区别开来。归纳起来，运输企业的特征主要包括：

（一）运输生产的过程比较特殊

运输过程通常也被称为运输的生产经营过程，但在运输的生产经营过程中，只能消耗劳动工具，不能像工业企业一样消耗劳动对象，也不能改变劳动对象（旅客和货物）的属性和形态，如果运输生产过程中消耗了劳动对象，则意味着交通事故的发生。在特殊的运输生产过程中，不会产生任何有形产品，运输生产的唯一功能就是把人员及货物的空间位置转移，是一种纯粹的运送服务。

（二）运输生产的产品非常特殊

运输业的产品表现为运输服务的完成，这种产品的特殊性就在于它是无形的，而且不能保存和积累。运输过程既是生产过程，同时也是销售和消费过程。运输业务的开始意味着收入赚取过程和消费过程的开始，运输业务的结束意味着营业收入的实现和消费过程的结束。因此，运输业对于产品质量的要求比其他任何行业都更加细致和严格，因为运输产品无法退换，一旦运输质量出现了问题，就可能造成永远无法挽回的损失。

（三）运输生产的形式比较特殊

一般工商企业的生产经营活动都是在某一个固定地点进行的，如生产企业的生产一般在车间进行、商品销售活动一般在商场进行等。而运输生产则具有极强的流动性，它不可能在室内某一个固定的场所进行，而是在户外广阔的空间进行。因此，运输生产受自然条件甚至外界环境的影响较大，安全问题比较突出。与一般工商企业相比，运输生产收入的实现过程更加复杂。比如，铁路运输就需要通过铁路运输部门以及运输沿线各单位、各部门、各工种的工作人员，在不同空间和时间内的密切配合和分工协作才能完成。

三、运输企业的会计核算特点

从会计核算方法来看，公路运输、水路运输、铁路运输以及航空运输等各行业都各具特点，彼此之间很难像一般的工商业会计一样予以统一，尤其是铁路运输和航空运输。当然，与一般工商企业相比，这些运输企业在会计核算上也可以归纳出几个共同的特点，主要表现在以下几个方面：

（一）资产和负债要素的核算

由于运输服务的完成需要依赖于运输工具，而运输工具在运输企业是作为固定资产核算的，因此，在运输企业固定资产中，运输工具的比重比一般行业多得多，金额也大得多。另外，由于运营中需要大量的油料、燃料、备品备件、维修设备等，因此，在运输企业流动资产中，燃料、轮胎、备品备件、维修设备、低值易耗品的比重也比一般行业多得多，金额也大得多。总之，汽车、轮船、火车、飞机等交通工具属于运输企业特有的固定资产，也是运输企业固定资产核算的主要对象；而燃料、轮胎、备品备件、维修设备等是运输企业存货的主要存在形式，也是运输企业流动资产核算的主要对象。

从负债方面看，由于运输企业在运输工具方面的投资可能性比较大，并且贷款购置运输工具的情况较多，因此，有时会产生金额较大的负债，这些负债可能是从金融机构取得的贷款，也可能是因融资租赁形成的负债。比如，航空公司一般都会因为融资租赁飞机而产生金额巨大的长期应付款。

（二）营运成本及费用的核算

从基本框架上看，运输企业营运成本及费用的核算原则与一般工商企业的营运成本及费用的核算原则是一样的。但由于公路运输、水路运输、铁路运输以及航空运输等运输企业的业务特点与一般工商企业并不一致，因此，运输企业成本费用的核算方法也不可能与一般工商企业的核算方法完全一致。事实上，由于业务特点有所差异，这几类运输企业彼此之间成本费用的构成和核算方法也并不完全一致，主要表现在营运成本和营运费用的归集和分配上。关于营运成本及费用的核算，本章将在“铁路运输成本费用的核算”、“航空运输成本费用的核算”等相关各节具体阐述。

（三）营运收入的核算

相对而言，运输企业在营运收入核算方面的特点是最突出的。以铁路为例，其运输企业的生产需要由运输部门以及运输沿线各单位、各部门、各工种的工作人员的密切配合和分工协作来完成，因此，其运输收入就必须在承担运营任务的各个环节之间分配。再以航空公司为例，一次航空运输需要有售票网点、承运公司、机场、空中服务等多家企业和部门共同配合才能完成，因此，机票收入也需要在各个环节、各个部门之间分摊和分配。总之，运输企业尤其是铁路运输企业和航空运输企业营运收入的核算是其会计核算的焦点问题。本章将在“铁路运输营业收入的核算”以及“民航收入的会计核算方法”等相关各节中具体阐述运输企业收入的会计核算方法。

在公路、水路、铁路和航空四大运输业中，铁路运输和航空运输的业务特点最突出，会计核算方法也最独特，为此，本章将主要阐述铁路企业和航空公司的会计核算方法。

小思考 8–1

具体思考一下几种不同运输方式在运输经营方面各有什么特点呢？

小知识 8-1

财政部于1993年发布了8大行业13种会计制度，其中包括《铁路运输企业会计制度》和《航空运输企业会计制度》。2000年12月29日，财政部统一了各行业会计制度，并发布了适合所有行业的（金融业除外）《企业会计制度》。2006年2月15日，财政部发布了新的企业会计准则，适合所有上市公司。从会计规范角度看，除行业会计制度外，新制度和新准则都没有对铁路运输企业和航空运输企业的会计核算作出特别规定，因此，在会计核算中，这两类企业应在《企业会计准则应用指南》指导下，根据本行业业务特点，设置相应会计科目，并根据通用财务报告模式编制财务报表。

第二节　铁路运输企业会计

我国铁路运输企业的运输生产是在铁道部（现称中国铁路总公司，以下简称铁路总公司或总公司）的统一指挥和领导下，由各个铁路局及其下属的各个铁路分局相互配合、共同完成的。在会计核算上，铁路运输企业实行分级核算，各铁路局是一级核算单位，其下属的铁路分局是二级核算单位，铁路分局下属的各个站段是三级核算单位。这三级核算单位需层层负责，各铁路局直接对铁路总公司负责。铁路运输生产和管理体制具有一定的特殊性，这从根本上决定了其会计核算的特殊性。

一、铁路运输企业概述

（一）铁路运输企业的业务特点

铁路运输企业除了具有前面阐述的运输企业共有的特点之外，还具有以下两个特点：

1. 业务周转量较大

与西方发达国家相比，我国的铁路客货运输业务量是非常大的。我国幅员辽阔，人口众多，铁路运输生产具有运输距离长、站点多、覆盖面广的特点，服务的范围涉及全国各个地区和角落，日常铁路客货运输的周转量较大，应该说，不论是客运还是货运，铁路运输在我国所有各类交通运输方式中基本上都排在第一位，铁路运输是我国最主要和最重要的客货运输手段。

2. 组织结构和管理体制比较复杂

由于铁路是国民经济的命脉，所以，多年以来，我国的铁路运输一直是由国家铁路总公司直接控制。铁路总公司在全国下设若干铁路局，一个铁路局管辖几千公里线路，拥有几十万职工和几百亿元固定资产。生产中广大职工的劳动不是固定在一个地点，而是分散在铁路沿线。为适应这种点多线长的客观要求，在铁路局内部又设置有机务、车辆、工务、电务、车站、材料供应等基层单位，各部门在铁路局的统一指挥和领导下，从事各项铁路运输的生产经营活动。整个铁路局的铁路运输工作是由铁路局、铁路分局或主管业务处以及机务、车辆等基层单位分级管理并完成的。

（二）铁路运输企业的会计核算特点

铁路运输企业的会计核算特点是由其业务特点决定的，主要表现在以下三个方面：

1. 实行分级核算

分级核算是指铁路运输企业实行铁路局、铁路分局和基层单位分层次进行会计核算的做法。在分级核算中，由铁路局掌管全局的资金，根据铁路总公司批准的生产计划，组织生产、计算运输收入、确定经营成果；铁路分局和基层单位属于铁路运输企业内部的经济核算单位，对铁路企业的经济活动进行局部的、独立的核算，按计划核收铁路局划拨的运营资金，正确核算本单位的运输支出，并计算应取得的运输清算收入。

2. 上下级往来业务较多

铁路运输企业的分级核算方式决定了上下级单位之间的往来业务较多，主要包括：

（1）投资资金转拨业务。

投资资金转拨是指铁路运输企业内部上下级之间转拨投资资金的经济业务。投资资金在企业内部转拨时，上级单位的“拨付所属投资”增加，下级单位的“上级拨入投资”增加。拨出资金对上级来说是一种投资，对下级来说是一种集资。

（2）运营资金清算拨款业务。

运营资金清算拨款业务是指铁路运输企业内部上下级之间因运输工作需要发生的运营资金预付和结算的经济活动。为了保证生产的正常进行，在铁路运输企业内部，上级单位要定期向下级单位预付营运资金。拨款以后，上级单位应收下级的款项增加，下级单位应付上级的款项也将增加。完成运输工作以后，下级单位要向上级单位清算所拨付的运营资金。

（3）运输收入结算业务。

运输收入结算就是铁路运输企业内部上下级之间因完成运输工作而形成的内部收入的结算。铁路运输企业的运输收入由铁路局集中核算，实行独立核算的铁路分局和基层单位分别向铁路局结算，并取得相应的收入，以弥补支付的成本费用。完成运输工作的运输收入结算款，对下级单位来说是收入，对上级单位来说是支出。

（4）利润解缴业务。

解缴利润是通过基层单位上缴到铁路分局、铁路分局上缴到铁路局、铁路局再上缴铁路总公司到方式完成的。对于下级单位来说，解缴利润时“利润分配”增加；对于上级单位来说，解缴利润时“所属上缴利润”增加。表8-1列示了铁路运输企业上下级之间往来的主要内容及核算方法。

表8-1　**铁路运输企业上下级之间往来的主要内容及核算方法**

经济业务	铁路局	铁路分局	基层单位
1. 铁路局按规定预拨运营款	借：上下级往来（分局） 　贷：银行存款	借：银行存款 　贷：上下级往来（局）	
2. 铁路分局按规定预拨运营款		借：上下级往来（基层） 　贷：银行存款	借：银行存款 　贷：上下级往来
3. 铁路局为所属基层单位支付燃料、线上料款	借：上下级往来（分局） 　贷：银行存款	借：上下级往来（基层） 　贷：上下级往来（局）	借：材料采购或燃料 　贷：上下级往来

续表

经济业务	铁路局	铁路分局	基层单位
4. 基层单位上缴税金		借：上下级往来（基层） 贷：应交税费	借：应交税费 贷：上下级往来
5. 铁路分局上缴税金	借：上下级往来（分局） 贷：应交税费	借：应交税费 贷：上下级往来（局）	
6. 铁路局上缴税金	借：应交税费 贷：上下级往来（总公司）		
7. 基层单位上缴利润		借：上下级往来（基层） 贷：所属上缴利润	借：应缴利润 贷：上下级往来
8. 铁路分局上缴利润	借：上下级往来（分局） 贷：所属上缴利润	借：应缴利润 贷：上下级往（局）	
9. 铁路局上缴利润	借：应付利润 贷：上下级往来（总公司）		
10. 基层单位向分局清算完成运输工作款		借：完成工作清算 贷：上下级往来（基层）	借：上下级往来 贷：完成工作清算
11. 分局向铁路局清算完成运输工作款	借：完成工作清算 贷：上下级往来（分局）	借：上下级往来（局） 贷：完成工作清算	
12. 铁路局向总公司清算完成工作运输款	借：上下级往来（总公司） 贷：主营业务收入		
13. 基层单位通过分局清算货车修理费	借：内部供应和销售支出 贷：上下级往来（分局）	借：上下级往来（局） 贷：上下级往来（基层）	借：上下级往来 贷：内部销售收入
14. 铁路局向总公司算货车修理费	借：上下级往来（总公司） 贷：内部销售收入		

*表 8-1 中涉及的会计科目基本上都是铁路系统涉及的专有会计科目。在后面的会计核算中涉及的会计科目基本上也都是能够反映铁路企业特点的会计科目。

3. 铁路运输收入进款单独进行会计核算

铁路运输收入进款是指在铁路沿线各个点上实现的，由列车站的各收款点收取的，以车站（段）为单位按有关规定的手续通过银行向铁路分局、铁路局逐级解缴的客货运输收入。对于铁路运输收入进款，各站段应当在银行开立运输收入进款存款专户专项存储，逐级上缴到铁路总公司，再由铁路总公司按照规定的方法重新分配到各铁路分局。总之，在铁路运输企业会计中，对铁路运输收入进款应实行单独核算，单独设立会计科目和账户，单独编制会计报表，不能与各核算单位的其他核算业务混淆进行。

二、铁路运输收入进款的会计核算

（一）铁路运输收入进款会计概述

铁路运输企业所属各营业站、列车段（客运段）在办理客货运输中，按照客货运规章及有关规定向旅客、托运人、收货人核收的票价、运费、杂费以及其他各项款项，称为铁路运输收入进款。铁路运输收入进款是在铁路沿线各个点上实现的，由列车站的各收款点集中后，以车站（段）为单位按有关规定的手续通过银行向铁路分局、铁路局逐级解缴。运输收入进款集中到铁路总公司后，主要用于两个方面：一是按规定向国家缴纳税金和利润；二是用于补偿运输支出和铁路扩大再生产等方面。

1. 铁路运输收入进款的主要来源

铁路运输收入进款主要来源于运输收入、铁路建设基金和代收款。

（1）运输收入。

铁路运输企业在完成旅客和货物运输工作时，按照国家规定的运价，向旅客和货主核收的货币资金称为运输收入。运输收入按运送对象的不同，可分为：①货物运费收入；②旅客票价收入；③行李运费收入；④包裹运费收入；⑤邮运运费收入；⑥客货运服务收入；⑦保价收入；⑧其他收入等。

（2）铁路建设基金。

铁路建设基金是国家为支持铁路建设，允许向货主收取的专门用于铁路建设的收费。铁路建设基金是从 1991 年开始设置的，从 1991 年 3 月 1 日起每吨公里货物运输加收 2 厘的铁路建设基金，1992 年 7 月和 1993 年 7 月又对建设基金作了调整。目前，建设基金包括两项：建设基金①，指按规定货物品类核收的建设基金；建设基金②，指按全部货物品类核收的建设基金。应该指出的是，铁路建设基金可能会根据国家宏观经济政策的调整而调整。

（3）代收款。

在铁路运输收入进款中，除运输收入和铁路建设资金外，还有一些不属于铁路运输企业应得的收入，而属于代理收费性质的款项，由车站按规定核收，随客、货运费收入一并上缴，然后由铁路分局、铁路局或铁路总公司按实际情况拨付有关单位。代收款主要包括路外装卸费和路内装卸费，运输收入银行存款专户的存款利息，国际联运外国铁路运费，水陆联运水运段运杂费，水陆联运属于水运部门垫付费，无主货物、货底、遗失品变价收入，拣拾款和无法处理的多缴款，多收款以及国家和地方铁路联运的地方铁路段运杂费等。

2. 铁路运输收入进款的核收方式

铁路运输收入进款的核收方式分为现付、到付和后付三种。

（1）现付。

现付是指旅客和发货人购买客票和托运行李、包裹、货物时向始发站交纳票价和运费的核收方式。目前，我国铁路票价、运杂费实行发送核算制，即由发站负责计费收款、发局审核列账的办法，因此，现付是铁路运输收入进款最基本的核收方式。

（2）到付。

到付是指由于特殊需要或经铁路总公司、铁路局批准的由收货人向终到站缴付货物运杂费的核收方式。目前，按到付核收的项目主要有：进口国际联运货物运杂费；到达水陆联运货物运杂费；变更到站货物运杂费；经铁路总公司、铁路局批准的其他按到付办理的货物运杂费。

（3）后付。

后付是指由于特殊需要，由铁路局或铁路分局按规定在运输终止后直接与发货单位结算运杂费的核收方式。目前，采用后付核收的项目只有军运运费和邮运运费。

3. 铁路运输收入进款的管理办法

现阶段，我国对铁路运输收入进款实行车站、铁路分局、铁路局分别在中国人民银行开设运输收入存款专户办理存款和结算，单独核算，按时逐级上缴，最后集中到铁路总公司的办法。铁路运输收入进款不能由基层单位、铁路分局和铁路局直接用于购买材料、支付工资等项支出，必须专户存储，并按规定时间及时上缴。车站核收的运输收入进款，应由专人负责，对收进的各种款项要做到当日整理算清，次日送存银行，并将进款的收、存登记到运输收入进款日记账，按规定日期汇缴铁路分局。铁路分局收到各车站的运输收入进款，除将路内装卸费等代收款拨付有关单位以外，其余款项全部汇缴铁路局。铁路局除收到铁路分局汇缴的运输收入进款以外，还会收到后付运费和运营单位归还的垫款，这些收款也存入运输进款专户，按规定日期汇缴铁路总公司。

铁路运输收入进款是直接上缴铁路总公司的专用资金，除退还旅客和发、收货人的客货运杂费之外，一般情况下，各级部门均无权动支。但对于某些特殊情况，如垫付旅客和路外人员意外伤亡急救费和埋葬费、应付自然灾害急需款等经铁路总公司批准的意外情况下可支的项目，允许按规定办法和手续动支。

4. 铁路运输收入进款会计的核算内容

铁路运输企业的客货运输分为管内运输和直通运输两种。管内运输由一个铁路局完成，直通运输由两个或两个以上的铁路局完成。铁路运输收入进款一般采用发送核算制，即由发送客货的铁路局核收列账。这样，在完成直通运输时，就会使发送铁路局完成一部分运输工作而获得了全部收入，而通过铁路局和到达铁路局完成了一部分运输工作，却得不到运输收入，为补偿通过铁路局和到达铁路局完成运输工作发生的各项费用，正确地反映各个铁路局的财务成果，铁路运输企业一般将“营业资金”和“进款资金”两项内容单独记账，实行收支两条线，如图 8-1 所示。

其中，运输进款收入核算的内容主要包括：进款资金的增减变动和结存情况；铁路总公司与铁路局以及铁路局内部上下级之间应缴、已缴运输收入进款的结算关系；铁路局内部进款资金和营业资金之间应收、应付的结算关系；铁路局与收发货人、其他企业及个人之间的结算关系；各个铁路局之间应收、应付的结算关系。

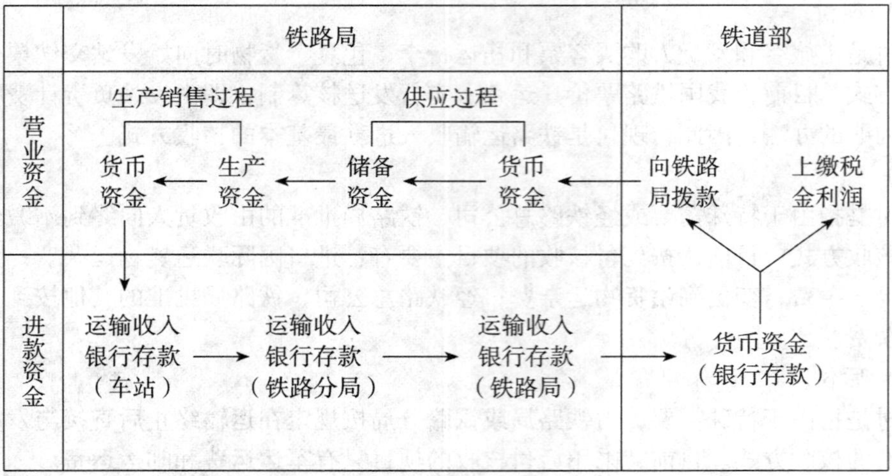

图 8-1　铁路运输企业的资金运动过程

（二）铁路运输收入进款的会计核算方法

1. 铁路运输收入进款涉及的会计科目

为了正确反映运输收入进款经济业务，铁路运输企业需要设置两类专门的会计科目。一类是反映货币资金的增减变动和结算情况的科目，并按货币资金所处的不同状态分别设置“车站在途”和“其他货币资金”等科目。另一类是反映结算关系的科目，主要包括四个方面：一是反映铁路运输企业内部各级收款责任的科目，比如“运输进款”科目；二是反映铁路分局与铁路局、铁路局与铁路总公司之间以及铁路总公司与参加国际联运清算的各国之间的结算关系的科目，比如“应缴运输收入”、“已缴运输进款”、“下级欠缴运输进款”和“欠缴上级运输进款”等会计科目；三是反映铁路企业内部营业资金与进款资金之间的结算关系的账户，比如“应收运营款”和“应付运营款”等会计科目；四是反映铁路企业与其他企业和个人之间的结算关系的账户，比如“其他应收款”和“其他应付款”等会计科目。根据运输进款会计核算的要求，每一会计科目又可分设若干个明细科目。运输收入进款涉及的主要会计科目及其核算内容见表 8-2。

表 8-2　**运输收入进款常用会计科目表**

会计科目名称	核算的内容
库存现金	铁路局和铁路分局人民币及外币现金
银行存款	铁路局和铁路分局运输收入进款在指定专户的存款
车站在途	车站已收未存进款、暂存车站的进款和汇缴上级的途中款
其他货币资金	铁路局和铁路分局向上级汇缴的途中款
应收账款	铁路局和铁路分局应收外单位（不包括运营单位）的各种票款和运杂费，包括应收的各种少收款、运杂费、邮运运费、军运后付运费、国际联运清算款、水运运杂费、外局代收款等

续表

会计科目名称	核算的内容
应收运营款	铁路局和铁路分局应收营运部门的各种款项，包括后付运费、路外人员伤亡费、超过 180 天未收回的少收款等
其他应收款	铁路局和铁路分局应收账款和应收运营款以外的款项
运输进款	铁路分局应收和已收的运输收入进款
下级欠缴运输进款	铁路分局欠铁路局、铁路局欠铁路总公司的进款，该科目一般由铁路局和铁路总公司使用
应付账款	铁路局和铁路分局应退或应付外单位（不包括运营单位）的运杂费或进款，包括应付的各种多收款、国际联运清算款、水运运杂费、代收外局款等
应付运营款	铁路局和铁路分局应付运营单位的运营款项，包括路内装卸费、路外装卸费、运营临管线收入、利息收入等
其他应付款	铁路局和铁路分局应付账款和应付运营款以外的款项
应缴运输收入	铁路局和铁路分局应缴的运输收入，包括旅客票价收入、行李运费收入、包裹运费收入、邮运运费收入、货物运费收入、客货运服务收入、旅游车票价上浮收入等
应缴铁路建设基金	铁路局和铁路分局应缴的铁路建设基金
应缴外汇结汇损益	铁路局和铁路分局应缴的外币汇兑损益
应缴保价收入	铁路局和铁路分局应缴的保价费收入
应缴其他进款	铁路局和铁路分局应缴运输收入、铁路建设基金、外汇结汇损益和保价收入以外的其他应缴上级的进款
已缴运输进款	铁路局和铁路分局向上级缴纳的进款
欠缴上级运输进款	铁路局和铁路分局欠缴上级的进款

2. 铁路运输收入进款的会计处理方法

运输收入进款应在铁路局、铁路分局和站段分级部门分别核算。从核算内容来看，站段是运输收入进款的初级核算，主要负责收缴各项进款；铁路分局和铁路局则是由专职会计人员根据站段报送的原始凭证及汇总表，按规定的会计科目进行会计核算。

（1）站段运输收入进款核算。

在铁路运输中，客货运输收入进款大部分由站段核收。为了保证运输收入进款的完整和及时上缴，站段应配备专职的进款人员负责进款的管理，并在当地银行开设运输收入进款专户，办理运输收入进款的存入和解缴，每天的运输收入进款要按规定的结账时间当日结清，并在次日将进款全部送存银行。站段在组织运输收入进款的核算中，应设置“运输收入进款日记账”（见表8-3），以便与铁路分局核账。

表8-3 运输收入进款日记账

	项目金额＼日期	1	2	3	4	5	6	7	8	9	10	旬计	…	合计
收方	客运收入													
	其中：填写式客票收入													
	货运收入													
	其中：国际联运收入													
	行李收入													
	其中国际联运收入													
	其他收入													
	客货运服务													
	路内整车装卸费													
	路外装卸费													
	收回垫付款													
	收回少缴款													
	收回欠缴款													
	银行存款利息													
	多收款													
	多缴款													
	收方合计													
支方	退旅客票价款													
	退货主款													
	支出垫款													
	发生欠款													
	少收款													
	少缴款													
	应汇缴款													
	支方合计													

（2）铁路分局运输收入进款的核算。

铁路分局的运输收入进款核算主要包括审核凭证、试算平衡、编制记账凭证、登记会计账簿、编制财务报表等几项内容。铁路分局应在审核车站运输收入进款收支报告的基础上，汇总编制铁路分局的“运输收入总表”，以反映应收、应付、应缴等结算情况，并据以编制相关的会计分录，正确地登记有关账簿。下面举例说明铁路分局运输收入进款的会计核算方法。

[例 8–1] 银行通知，收到车站汇缴的运输收入进款 915 万元。

借：银行存款　　9 150 000

　贷：车站在途——汇缴途中款　　9 150 000

[例 8–2] 银行通知，收到机务段上缴机车租金 4 万元。

借：银行存款　　40 000

　贷：应缴运输收入——其他收入　　40 000

[例 8–3] 以银行存款支付路外装卸费 38 万元，路内整车装卸费 36 万元。

借：应付运营款——路外装卸费　　380 000

　　　　　　——路内整车装卸费　　360 000

　贷：银行存款　　740 000

[例 8–4] 以银行存款上缴运输收入进款 650 万元。

借：已缴运输进款——上缴运输进款　　6 500 000

　贷：银行存款　　6 500 000

[例 8–5] 以运输收入银行存款支付港务局水陆联运运费 40 万元。

借：应付账款——应付水陆联运运费　　400 000

　贷：银行存款　　400 000

[例 8–6] 银行通知，收到港务局支付的水陆联运运费 3 万元。

借：银行存款　　30 000

　贷：应收账款——应收水陆联运运费　　30 000

[例 8–7] 某铁路分局某月运输收入进款总表各收支项目见表 8–4。

表 8–4　**某铁路分局某月运输收入进款总表**　单位：万元

收方		支方	
项目	金额	项目	金额
客运收入	23.5		
货运收入	49.5		
行李收入	2.5	退客票支出	5
邮运收入	0	其他退款	1.5
其他收入	7	路外伤亡垫款	2
客货运服务收入	1	机煤支出（路内记账）	4
收回垫款	3	防洪料支出（路内记账）	1.5
路外装卸费	4.5	货主欠款	5
路内整车装卸费	4	退多收款	5
收回货主欠款	2	少收款	1.5
收回少缴款	1.5	车站途中款	76.5
多收款	1.5		
其他	2		
收方合计	102	支方合计	102

根据表 8–4，该铁路分局应编制如下相关的会计分录。

①运输收入进款总表的收方反映一定时期内铁路分局各种来源的进款。其中收回的货

主欠款、少缴款、垫款以及多收款等属于往来款，应该分别记入“应收账款”、“其他应收款”、“应付账款”、“其他应付款”等账户；路内整车装卸费、路外装卸费和银行存款利息等按规定应支付给运营部门的款项应该记入“应付运营款”账户；客运收入、货运收入等运营收入按规定均应记入应缴铁路局的“应缴运输收入”账户。就本例，相关的会计分录为：

借：运输进款	1 020 000	
贷：应缴运输收入——客运收入		235 000
——货运收入		495 000
——行李收入		25 000
——其他收入		70 000
——客货运服务收入		10 000
应付运营款——路外装卸费		45 000
——路内整车装卸费		40 000
——其他		20 000
应付账款——多收款		15 000
其他应收款——垫款		30 000
——少收款		15 000
应收账款——货主欠款		20 000

②运输收入进款总表的支方项目反映当期进款的存在或占用形态。其中，退客票支出等退还旅客和货主的款项应冲减“应缴运输收入”账户；路外伤亡垫款、防洪料支出、机煤支出等按规定应该由运营部门统一结算的款项应该记入“应收运营款”账户；货主发生的欠款、少收的运输款、退还的多收款等往来性质的款项应分别记入“应收账款”、“其他应收款”、“应付账款”、“其他应付款”等账户；编表时尚未进入铁路分局的运输收入进款专户的运输收入进款一般可能尚未存储在车站的存款户中或在汇缴途中，应记入“车站在途”账户。就本例，相关的会计分录为：

借：车站在途——途中款	76 5000	
应缴运输收入——客运收入	50 000	
——其他收入	15 000	
应收运营款——路内记账	55 000	
——伤亡垫款	20 000	
应收账款——少收款	15 000	
——货主欠款	50 000	
应付账款——多收款	50 000	
贷：运输进款		1 020 000

[例8-8] 年度终了，将“应缴运输收入”、“已缴运输进款”账户的累计结余分别转入“欠缴上级运输进款”账户。假设“应缴运输收入”账户累计结余为990万元，“已缴运输进款”账户累计结余为945万元。记账分录如下：

借：应缴运输收入	9 900 000	
贷：欠缴上级运输进款		9 900 000

借：欠缴上级运输进款　　　　　　　　　　　　　　9 450 000

　贷：已缴运输进款　　　　　　　　　　　　　　　　　9 450 000

通过上面的会计分录可以看出，铁路分局日常的会计核算主要就是关于进款取得和上缴的核算。在核算过程中，如果没有其他的往来情况，则取得的运输收入进款应全部作为"应缴运输收入"，但由于大量往来业务的存在，使得运输收入进款的经济业务相对复杂，因此，铁路分局通常设置"运输进款"账户作为中介账户。为清晰地反映铁路分局运输收入进款业务的会计核算方法，下面将前面的经济业务登记T字账，以便了解"运输进款"和"欠缴上级运输进款"两个账户的核算流程，如图8-2（图中带＊号的数字为期初余额）所示。

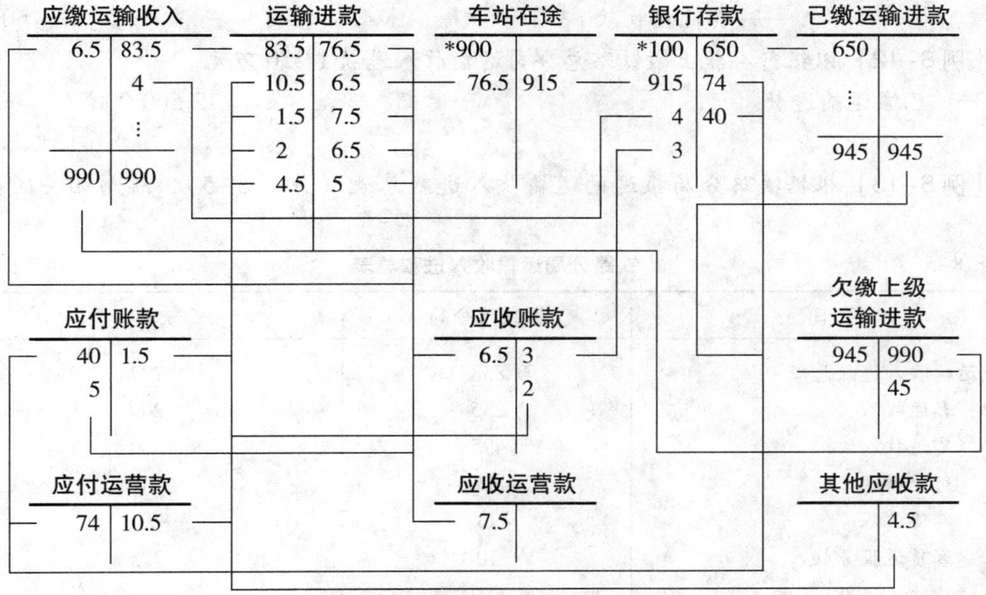

图8-2　铁路分局运输收入流程图（单位：万元）

（3）铁路局运输收入进款的核算。

铁路运输收入进款实行分级核算以后，客货票据的审核、票款的核对、进款资金与营业资金之间的往来结算等工作大部分由铁路分局完成。铁路局运输收入进款核算的主要内容包括：审核军运、邮运、国际联运客票及行包票据，编制军运、邮运运输收入总表；审核铁路分局的收入会计报表和收入总表；核对银行收款回单，掌握各个铁路分局应缴运输收入进款、已缴运输收入进款和运输收入在途款；办理各种往来结算，及时清理应收和应付款项；按规定向铁路总公司解缴运输收入进款。下面举例说明铁路局运输收入进款的会计处理方法。

[例8-9] 甲铁路分局通知，其运输收入进款650万元已经通过银行汇出；乙铁路分局通知，其运输收入进款600万元已经通过银行汇出。两分局的汇款在月末均未到账。

借：其他货币资金——汇缴途中款（甲分局）　　　　6 500 000

　　　　　　　——汇缴途中款（乙分局）　　　　6 000 000

　贷：应缴运输收入　　　　　　　　　　　　　　　　12 500 000

[例8-10] 银行通知，收到铁路分局上缴运输收入途中款1 250万元，其中，甲分局

650 万元，乙分局 600 万元。

借：银行存款　　　　12 500 000

　贷：其他货币资金——汇缴途中款（甲分局）　　　　6 500 000

　　　　　　　　——汇缴途中款（乙分局）　　　　6 000 000

［例 8–11］银行通知，收到后付单位运费 20 万元，其中，军运运费 10 万元，邮运运费 5 万元，专运运费 5 万元。

借：银行存款　　　　200 000

　贷：应收账款——应收军运后付运费　　　　100 000

　　　　　　——应收邮运运费　　　　50 000

　　　　　　——其他应收款　　　　50 000

［例 8–12］以银行存款上缴铁路总公司运输收入进款 1 250 万元。

借：已缴运输进款　　　　12 500 000

　贷：银行存款　　　　12 500 000

［例 8–13］根据铁路分局报送的运输收入进款总表（见表 8–5），编制相关的会计分录。

表 8–5　　**铁路分局运输收入进款总表**　　单位：万元

项目	甲铁路分局	乙铁路分局
应缴运输收入进款总额	838	787
其中：客运收入	235	200
货运收入	495	460
行李收入	25	40
其他收入	73	79.5
客货运服务收入	10	7.5
已缴运输收入进款	650	600
欠缴运输收入进款	188	187

①借：下级欠缴运输进款——甲分局　　　　8 380 000

　贷：应缴运输收入——客运收入　　　　2 350 000

　　　　　　　　——货运收入　　　　4 950 000

　　　　　　　　——行李收入　　　　250 000

　　　　　　　　——其他收入　　　　730 000

　　　　　　　　——客货运服务收入　　　　100 000

②借：下级欠缴运输进款——乙分局　　　　7 870 000

　贷：应缴运输收入——客运收入　　　　2 000 000

　　　　　　　　——货运收入　　　　4 600 000

　　　　　　　　——行李收入　　　　400 000

　　　　　　　　——其他收入　　　　795 000

　　　　　　　　——客货运服务收入　　　　75 000

③借：其他货币资金——汇缴途中款（甲分局）　　　　8 380 000

借：其他货币资金——汇缴途中款（乙分局） 7 870 000

贷：下级欠缴运输进款——甲分局 8 380 000

——乙分局 7 870 000

［例8-14］根据铁路局运输收入进款总表（见表8-6）的收方和支方，分别编制有关的会计分录。

表8-6 **铁路局运输收入进款总表** 单位：万元

收方项目	金额	支方项目	金额
客运收入	600	应收军运进款	900
货运收入	2 250	报部集中结算款	1 400
行李收入	400	应收专运进款	400
邮运收入	500	应收邮运进款	500
其他收入	90	应收旅游局进款	670
应付代收外局款	80	应收外局款	60
应付国外铁路运费	60	应收国外铁路运费	50
合 计	3 980	合计	3 980

①根据运输收入进款总表的收方，编制会计分录如下：

借：运输进款 39 800 000

贷：应缴运输收入——客运收入 6 000 000

——货运收入 22 500 000

——行李收入 4 000 000

——邮运收入 5 000 000

——其他收入 900 000

应付账款——应付外局款 800 000

——应付国际联运清算款 600 000

②根据运输收入进款总表的支方，编制会计分录如下：

借：应收账款——应收军运后付运费 9 000 000

——应收邮运进款 5 000 000

——应收外局款 600 000

——应收国际联运清算款 500 000

——其他 10 700 000

已缴运输进款——报部集中结算款 14 000 000

贷：运输进款 39 800 000

［例8-15］年度终了，将“应缴运输收入”和“已缴运输进款”账户的累计结余额分别转入“欠缴上级运输进款”账户。若全年“应缴运输收入”累计结余为6 715万元，“已缴运输进款”累计结余为2 650万元，记账如下：

借：应缴运输收入 67 150 000

贷：欠缴上级运输进款 67 150 000

借：欠缴上级运输进款 26 500 000

贷：已缴运输进款 26 500 000

上述记账分录登记账簿后，各个会计科目之间的对应关系如图 8-3（图中带＊号的数字为期初余额）所示。

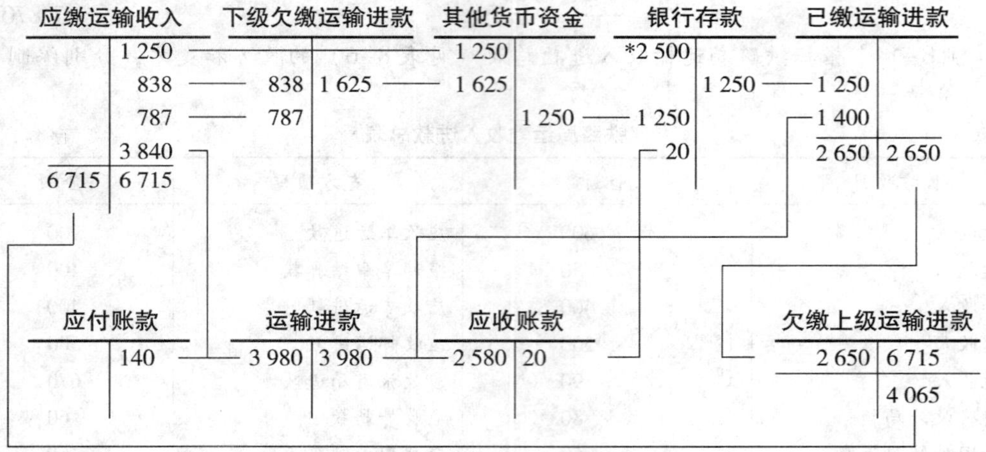

图 8-3 铁路局运输收入核算流程图（单位：万元）

三、铁路运输营业收入的核算

（一）铁路运输营业收入的特征

前面已经阐述，铁路运输企业对旅客票价和货物运杂费采用发站核算制，运输收入进款单独运转，首先自下而上，逐级上缴；然后再自上而下，层层划拨，即使是管内运输的运输收入，也不能归收取运费的车站和车务段所有，而应当在所有参与运输生产的部门之间进行分配，也就是说，参与运输业务的企业只有经分配后取得的收入才是企业当期实现的运输收入。铁路各级运输收入部门将运输进款逐级解缴到铁路总公司后，铁路总公司按规定的清算办法将取得的全部运输收入在各铁路局之间进行分配的过程，称为运输工作结算。各级铁路部门通过运输工作结算而取得的收入称为运输清算收入，即一般工商企业所称的营业收入，在运输企业也称为运输收入。

客货运输收入、运输收入进款和运输清算收入三个概念之间存着密切的联系。没有客货运输收入，就没有运输收入进款，更没有运输清算收入。客货运输收入即运输产品的销售收入，是运输企业营业收入的原生概念，而运输收入进款和运输清算收入则是派生概念，是铁路运输企业的特殊业务所导致的两个特殊概念。从本质上看，三个概念都指运输收入，运输收入进款只是一种过渡形态的资金，而运输清算收入才是运输企业取得的真正收入。

总之，每年上缴到铁路总公司的客货运输收入必须以某种方式分配到各铁路局，铁路局再分配到铁路分局，铁路分局再分配到基层站段，才能保证各级铁路部门取得其应有的营业收入。运输总收入的层层分配的方法很多，目前可供使用的分配方法主要有管内归己、直通分配法，平均收入率法，“三大块”法，以运输进款作为运输收入法，清算单价法，双挂钩法等。由于这些分配方法比较专业，这里不再详尽阐述。应该说明的是，随着经营方式的变化，运输收入的计算和分配的方法也在不断地变革。

（二）铁路运输收入的会计核算方法

铁路运输企业的运输收入应分别在铁路局、铁路分局和基层站段等不同主体间进行核算。在核算时涉及的会计科目主要有“运输收入”、“铁路建设基金”、“完成工作清算”、“上下级往来”、“运输收入往来”等。

“运输收入”是损益类科目，用于核算铁路局按规定方法分配取得的运输收入。该科目贷方登记铁路局向铁路总公司清算应得的运输清算收入，借方登记期末结转到“本年利润”的数额，结转后本科目无余额。该科目一般下设两个明细科目：一个是“铁路运输收入”明细科目，用于核算铁路提供客货运输服务实现的收入；另一个是“铁路建设基金收入”明细科目，用于核算铁路运输系统各级单位随运输收入进款收取的铁路建设基金。

“铁路建设基金”用于核算铁路系统按规定随运费收到的铁路建设基金。日常随运输收到铁路建设基金时，先登记在“运输收入——铁路建设基金”账户中，月末结转到“铁路建设基金”账户中，年末再结转到“实收资本”账户中。

“完成工作清算”是损益类科目，用于核算企业内部运营单位上下级之间对完成运输工作进行的内部清算。上级单位使用本科目时，借方登记上级单位拨付所属单位的清算款；贷方登记期末结转“本年利润”的数额；下级单位使用本科目时，贷方登记按规定清算方法向上级单位清算的完成运输工作款，借方登记期末结转“本年利润”科目的数额。结转后，本科目无余额。

“上下级往来”用于核算铁路运输系统上下级之间的往来款项，包括预拨的运营款，燃料、线上料等垫付款，完成运输工作清算款，营业外支出清算款，上缴上级的款项等。该账户借方登记应收的往来款和偿还的应付款；贷方登记应付的往来款和收到的应收款。上下级之间的投资不应在本科目核算，应在“拨付所属投资”和“上级拨入投资”科目核算。

“运输收入往来”科目用于核算铁路总公司及铁路局之间有关运输收入的上缴、拨付及按规定抵拨款项的往来业务。该账户借方登记铁路总公司应收铁路局的运输收入以及铁路局将铁路总公司抵拨款项转为投资的金额，贷方登记铁路总公司收到铁路局上缴的运输收入以及铁路局收到的铁路总公司委托进款部门抵拨回来的款项。

关于运输收入的账务处理方法，铁路局、铁路分局和基层运营单位的处理不完全相同。

（1）铁路局的主要会计处理是：将每月应得的运输清算收入用通知书上报到铁路总公司财务司时，借记“上下级往来——总公司”科目，贷记“运输收入”科目；将所属铁路分局完成运输工作结算的运输清算收入作为本局的运输支出入账时，借记“完成工作清算”科目，贷记“上下级往来——铁路分局”科目；将运输收入减去对铁路分局的运输清算支出后，按规定计算营业税时，借记“营业税金及附加”科目，贷记“应交税费”科目；期末，结转运输收入及支出时，借记“运输收入”科目，贷记“本年利润”科目；借记“本年利润”科目，贷记“完成工作清算”、“营业税金及附加”等科目。

（2）铁路分局的主要会计处理是：按规定的清算方法向铁路局清算完成工作应得的运输清算收入时，借记“上下级往来——铁路局”科目，贷记“完成工作清算”科目；对所属基层运营单位按规定清算时，借记“完成工作清算”科目，贷记“上下级往来——基层单位”科目；计算应缴纳的营业税时，借记“营业税金及附加”科目，贷记“应交税费”科目；结转本年利润时，借记“本年利润”科目，贷记“完成工作清算”、

“营业税金及附加”科目。

(3) 基层运营单位的主要会计处理是：取得清算收入时，借记“上下级往来”科目，贷记“完成工作清算”科目。结转本年利润时，借记“完成工作清算”科目，贷记“本年利润”科目。

下面举例说明有关的账务处理方法。

[例8-16] 某铁路局某月完成运输工作应得清算收入9 000万元，已上报到铁路总公司财务司。该铁路局同时与所属分局清算了完成工作款，其中，甲分局应得清算收入2 000万元；乙分局应得清算收入3 000万元。有关会计分录如下：

借：上下级往来——总公司　　90 000 000

　贷：运输收入　　90 000 000

借：完成工作清算　　50 000 000

　贷：上下级往来——甲分局　　20 000 000

　　　　　　　　——乙分局　　30 000 000

[例8-17] 月末，某铁路局将运输收入中的铁路建设基金10万元转为国家对铁路部门的建设基金。会计分录为：

借：运输收入——铁路建设基金　　100 000

　贷：铁路建设基金　　100 000

[例8-18] 年末，某铁路局将当年的基本建设基金50万元全部转为国家投资。会计分录为：

借：铁路建设基金　　500 000

　贷：实收资本　　500 000

[例8-19] 某铁路局按本月运输支出计划，在运输进款中获得铁路总公司批准的抵拨款10 000万元。会计分录为：

借：银行存款　　100 000 000

　贷：运输收入往来——总公司　　100 000 000

[例8-20] 月份终了，某铁路局将本月已收到的抵拨款10 000万元转到铁路总公司往来账户。会计分录为：

借：运输收入往来——总公司　　100 000 000

　贷：上下级往来——总公司　　100 000 000

[例8-21] 某月某铁路局运输工作取得的运输收入为4 800万元，铁路分局完成运输工作的结算收入为3 200万元，基层运营单位完成运输工作的结算收入为1 850万元。各级单位应做会计分录如下：

①铁路局：

借：上下级往来——总公司　　48 000 000

　贷：运输收入　　48 000 000

借：完成工作清算　　32 000 000

　贷：上下级往来——铁路分局　　32 000 000

②铁路分局：

借：上下级往来——铁路局　　32 000 000

贷：完成工作清算 32 000 000

借：完成工作清算 18 500 000

贷：上下级往来——基层单位 18 500 000

③基层单位：

借：上下级往来——铁路分局 18 500 000

贷：完成工作清算 18 500 000

四、铁路运输成本费用的核算

铁路运输企业在营运过程中发生的各种成本费用主要包括运输成本、管理费用和财务费用。其中，管理费用和财务费用与一般企业没什么差别，但运输成本的特点比较突出，这里简单介绍。

（一）铁路运输成本概述

1. 铁路运输成本的会计核算特点

与工业企业相比，铁路运输成本有如下几个特点：

（1）由于铁路运输企业不创造实物产品，因而运输成本中没有原材料支出，运输工具、设备的折旧费、修理费、燃料消耗以及其他营运费用占的比重比较大。

（2）铁路运输企业成本耗费的多少与完成的客货周转量不直接相关，主要取决于运输距离的长短。

（3）铁路运输企业的主要业务是使旅客和货物发生位移，因此，成本核算对象一般按运输的种类设置，如旅客运输成本、货物运输成本或客货综合运输成本。

（4）铁路运输企业的成本计算单位为周转量，分为换算吨公里、人公里和吨公里三个基本单位。

（5）铁路运输的成本核算是分散在各级单位进行的。各基层单位分别核算与自身业务相关的成本，最后在铁路分局和铁路局进行汇总。

2. 运输成本的内容及成本项目

运输成本是铁路运输企业营运生产过程中实际发生的与运输、装卸和其他业务等营运生产直接有关的各种支出。其主要包括：

（1）企业在营运过程中实际消耗的各种燃料、材料、润料、备品备件、动力照明和低值易耗品等直接支出的材料费用。

（2）企业直接从事营运生产活动人员的工资、福利费、奖金、津贴和补贴等直接支出的人工费用。

（3）企业在营运生产中发生的固定资产折旧费、修理费、租赁费，铁路线路灾害防治费，铁路线路绿化费，铁路护路护桥费，乘客紧急救护费，集装箱费用，倒载费，行车杂费，车辆牌照检验费，车辆清洗费，车辆冬季预热费，养路费，设计制图费，劳动保护费，职工福利费，事故净损失等间接支出的费用。

3. 铁路运输成本的计算方法

因经营管理特点不同，运输企业的成本计算方法与工业企业的成本计算方法有一定的差别。首先，成本计算单位不同。由于运输是空间位移，不能以旅客人数和货物吨数为单位来计算成本，而只能采用复合单位（如旅客人公里、货物吨公里和换算吨公里）作为成本计算的产品单位。其次，运输成本中的间接费用较大。由于铁路运输生产设备中的固定性设备（如通信信号等）为客货运输所共用，这些设备的维修支出和折旧支出在成本计算时都应该采用适当的方法进行分配。另外，直通运输跨局进行，在成本计算时，有些费用要在相关铁路局之间进行分配。最后，铁路运输生产费用按分级核算制要求，分散在基层运营站段、铁路分局和铁路局进行核算，而运输产品成本计算主要在铁路局和铁路分局进行，因此，运输企业成本计算不像工业企业那样简单，而必须通过编制“成本计算表”才能进行。

铁路运输企业通常要计算铁路运输的总成本、单位成本、专项成本、作业成本和分线运输成本。其中，总成本指全局、铁路局、铁路分局为完成客货运输生产任务而发生的运输总支出；单位成本指单位运输产品应负担的运输总成本（也称平均成本），包括旅客人公里成本（元/万人公里）、货物吨公里成本（元/万吨公里）、换算吨公里成本（元/万换算吨公里）；专项成本指铁路运输企业承运不同等级、不同席别的旅客和不同运输方式、不同种类的货物而分别计算的运输成本；作业成本指铁路运输企业为完成某项具体生产作业而应负担的运输支出；分线运输成本指根据某一铁路线路进行客货运输生产所发生的客货运输支出和所完成的客货周转量而计算的各种运输成本。

（二）铁路运输成本费用的会计核算

前面已经阐述，铁路运输企业实行分级管理。为便于分析和汇总，日常运输支出的核算应该分散在各级核算部门，通过“运输支出”账户进行。各部门、各单位应按照管什么、核算什么、分析什么的原则，将发生在本部门的运输生产成本按照规定的成本对象和成本项目分别进行核算，最后由铁路分局和铁路局进行统一的成本计算。在归集成本费用项目时，必须注意如下特殊费用的处理方法：

1. 清算与互不清算的费用

客货列车跨局运行所发生的运输生产费用，按照会计核算的重要性原则，有些应该在各局之间进行清算，有些不必进行清算。铁路总公司为此规定了应该清算和互不清算的费用。需要清算的费用包括互相提供劳务及代办工作费用、对外局机车上燃料、跨局机车长交路运行费用、超过规定限额的损失赔偿费用和事故倒装费用。互不清算的费用包括对外局机车的装备费（燃料、材料除外）、旅客运输途中维修及服务费（换车轮除外）、规定标准以下的行李包裹损失赔偿费、规定标准以下的货运损失赔偿费、不足一车的事故倒装费等。

2. 集中费

集中费是指铁路总公司集中管理、服务于各铁路局，并经分配计入各局运输支出的各项费用。集中费主要包括总公司专运处经费，总公司直属通信段经费，总公司驻铁路工厂的机车车辆验收员经费，总公司老战士协会经费，总公司机务经费，总公司体协经费，总公司统一印发给铁路局、分局、基层单位的有关运输业务规章、制度的印刷费、购置费，总公司统一印发的各种免费乘车证的费用，其他服务于各铁路局的集中性开支。

3. 外委代办工作应摊费用

铁路运营单位在完成运输工作的同时，接受路外单位委托的机车车辆修理、专用线维修以及本单位和上级单位其他款源的工程施工、劳务作业等，称为代办工作。代办工作费用应与铁路运输企业自身的运输支出分开核算，单独计算其成本。

4. 冲减运输支出的收入款项

铁路基层单位在发生运输生产费用时，经常发生一些与之相关而又不宜列入客货运输收入的收入。为简化核算，在取得收入时，直接列入“运输支出——收入冲减”科目。属于这样的收入款项主要有为外单位进行衡器检修取得的收入，售冰、盐水收入，售炉灰及自卸煤收入，售水、售电收入，售废柴油、废机油收入，售树苗及砍伐树赔偿收入，电报、电话及通信设备出租收入，救援列车设备出租收入，路产专用线（含电务部门）、机车出租收入，房屋建筑出租收入，站场出租收入，其他固定资产出租收入，其他收入等。

五、铁路运输企业利润的核算

由于铁路运输企业实行分级核算，所以，在营业利润核算时，也是分别在各级核算单位进行。总体上讲，铁路运输企业利润的会计核算与一般行业没有实质性的差别，但它有三个层次的利润，在会计核算中，应注意它们之间的区别。

（一）基层运营单位营业利润的核算

基层运营单位不能单独生产运输产品，是铁路运输企业内部相对独立的经济核算单位，无需缴纳税金（包括营业税和所得税），但为了考核基层单位的工作效率，计算所谓的营业利润还是非常必要的。其营业利润的计算公式如下：

基层运营单位营业利润 = 基层运营单位运输清算收入-基层运营单位运输支出

（二）铁路分局营业利润的核算

铁路分局的营业利润分两部分：一部分是铁路分局本身实现的营业利润，另一部分是基层单位实现的利润。其计算公式如下：

铁路分局营业利润=运输清算收入-运输支出-对基层运营单位运输清算支出-营业税金及附加

铁路分局汇总营业利润 = 铁路分局营业利润+ 基层运营单位营业利润

由于铁路局对各铁路分局运输清算支出之和应该与各基层单位运输清算收入之和相等，因此，铁路分局营业利润的公式又可改写为：

铁路分局汇总营业利润= 运输清算收入-运输支出-基层运营单位运输支出-营业税金及附加

（三）铁路局营业利润的核算

铁路局营业利润也由两部分组成：一部分是铁路局本身实现的营业利润；另一部分是铁路分局实现的营业利润。有关计算公式如下：

铁路局营业利润= 运输清算收入-运输支出- 对分局运输清算支出-营业税金及附加

铁路局汇总营业利润= 铁路分局营业利润 + 铁路局营业利润

由于铁路局对各铁路分局运输清算支出之和等于各铁路分局运输清算收入之和，因此，上述公式又可以写为：

铁路局汇总营业利润 = 铁路局运输清算收入 - 铁路局运输支出 - 铁路分局运输支出 - 基层运营单位运输支出 - 铁路局及分局缴纳的营业税金及附加

由于铁路局及分局都是独立的经济实体，因此，均独自计算缴纳营业税及所得税。为避免重复纳税，铁路局在计算营业税时，应该将对铁路分局运输清算支出（即铁路分局的运输清算收入）扣除，再按规定的税率计算；在计算所得税时，按其自身实现的营业利润计算缴纳。铁路分局应按实际取得的运输清算收入计算缴纳营业税，按实现的汇总利润总额计算缴纳所得税。

补充阅读资料 8-1

一般来讲，公路运输的特点是，机动性很强，运输量比较大，快捷方便，运输网络密度大，能伸入到全国各个角落，包括村寨。水路运输的特点是，运输量极大（比如庞大的集装箱运输），特别适合大宗货物运输，经济安全。铁路运输的特点是，运输量极大，快捷方便，安全经济，但受运输线路限制，适合点对点运输。航空运输的特点是，快捷迅速，但运输量小，而且费用较高。在几种运输方式中，只有公路可以依托自身完成整个运输过程，其他运输方式都要用公路进行辅助。

小知识 8-2

目前我国铁路运输类上市公司有 3 家，包括大秦铁路（sh601006）、铁龙物流（sh600125）和广深铁路（sh601333）。其中，大秦铁路主要从事货运服务，为国家控股公司，其股权结构如图 8-4 所示。

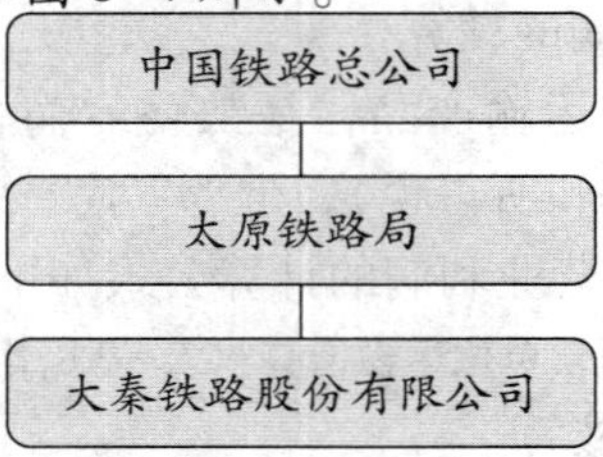

图 8-4 大秦铁路股权结构图

第三节 航空运输企业会计

航空运输企业是一类技术密集、资本密集、对安全要求很高、国际影响很大的特殊运输企业，一般国家对它都实行全方位的管理和控制。与交通运输企业相比，航空运输企业的特殊性主要表现在民航收入及运输票证的核算上。

一、航空运输企业会计概述

（一）航空运输企业与民航系统

一般而言，航空运输是使用飞机等飞行器从事空中运输的活动。广义的航空运输包括民航运输和军事运输。民航运输（简称民航）是使用各类航空器（主要是飞机）从事除了军事性质（包括国防、警察和海关）以外的所有航空活动，是独立于军事航空和航空制造业的航空活动。民航有商业航空和通用航空之分。其中，商业航空是指以飞机进行经营性的客货运输的航空活动。商业航空运输与铁路、公路、船运和管道运输等共同组成交通运输系统。通用航空运输指商业航空以外所有的民用航空活动，包括工业航空、农用航空、航空科研、航空探险、飞行训练、航空体育运动、公务航空、私人航空等很多项目。总之，本文所指的航空运输企业是指专门从事商业性客货运输的民事航空运输企业，简称民航企业。

从组织结构上看，航空运输企业不是民航企业的全部，它只是民航系统中的一个重要组成部分。我国民用航空系统一般由以下三个部分组成：

1. 民航总局

民航对安全的要求高，涉及国家主权和外事交往的事务比较多，一般要求国家能够迅速地协调和统一地调度航空运输工具，因此，几乎各个国家都设立独立的政府机构来管理民航事务，我国是由中国民航总局来统一管理。我国民航总局主要负责制定民用航空的各种法规及条例，并监督执行；审批和管理航空运输企业；规划和管理航空路线，实行空中交通管制；审核和监督民用航空器的技术及安全，调查航空事故；代表国家交涉国际航空事务；规划和管理民航机场；培训和考核民航工作人员等。

2. 民航企业

从广义上讲，民航企业包括从事与民航运输业有关的所有企业，除了商业航空运输企业以外，还有从事油料、航空器材等生产与经营的企业。狭义的民航企业仅指商业航空运输企业，即专门从事商业性客货运输的民事航空运输企业。本章所指的民航企业取其狭义上的概念。

3. 民航机场

民航机场也称航空港或空港，是民用航空和整个社会的一个结合点，也是一个地区的公共服务设施。一般而言，机场既具有以营利为主的企业性质，又具有为地区公众服务的事业单位性质，因而，世界上大多数机场都是地方政府管辖下的半企业性质的机构。机场的主要职责是为民航运输服务，它是航空运输系统的重要组成部分。

民用航空系统的构成如图 8-5 所示。

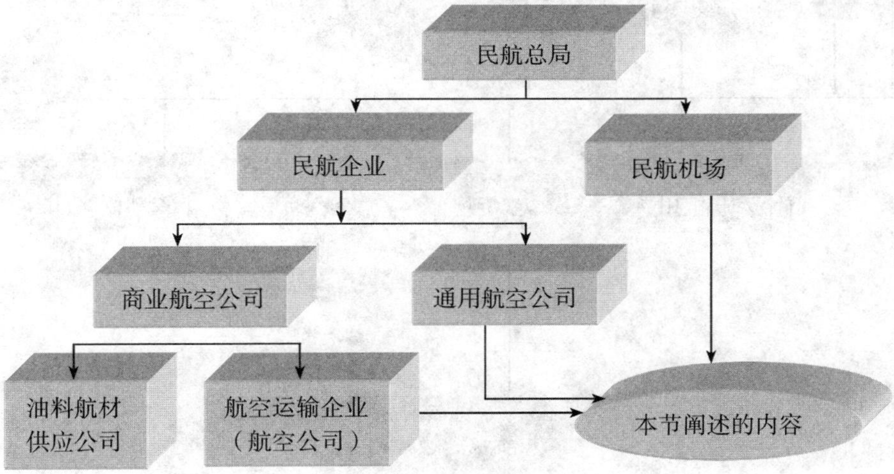

图 8-5　民用航空系统的构成

（二）航空运输企业的主要业务及特点

1. 主要业务

航空运输企业的主要业务一般可分为两大部分：一是基础业务——飞机的维修；二是主营业务——航空运输的生产与经营。另外，有些航空运输公司可能还从事一些通用航空业务。

（1）飞机的维修。

飞机的维修与其他运输企业运输工具的维修具有完全不同的性质。为保证安全飞行和降低飞行成本，飞机在每一次飞行前的维修是必不可少的，并成为飞机每次运输生产的必要组成部分。据统计，飞机平均每 1 小时的飞行都要有 3.5 ~4 小时的维修工作做准备，飞机的维修成本大约占每次直接运输成本的 18% ~25%，可以说，飞机的维修是航空运输公司运输业务的重要组成部分，是飞机执行飞行任务的基础。飞机的维修是一项非常复杂的工作，航空公司一般应在先进的维修理论指导下，制订合适的维修方案，并与试航部门、飞机的制造厂商以及航材供应商密切配合，才能保证飞机维修工作的质量以及飞机的安全飞行。

（2）航空运输的生产与经营。

在维修业务提供安全保障的基础上，航空公司的主营业务应该是提供客货的空中运输。飞机从始发航站起飞，经过中间的经停站，最后到达终点站，从而完成一个运输生产过程，也称一个航班。组织一个航班并保证它的正点飞行需要航空公司的多个部门相互配合才能完成，民用航空企业的业务流程如图 8-6 所示。

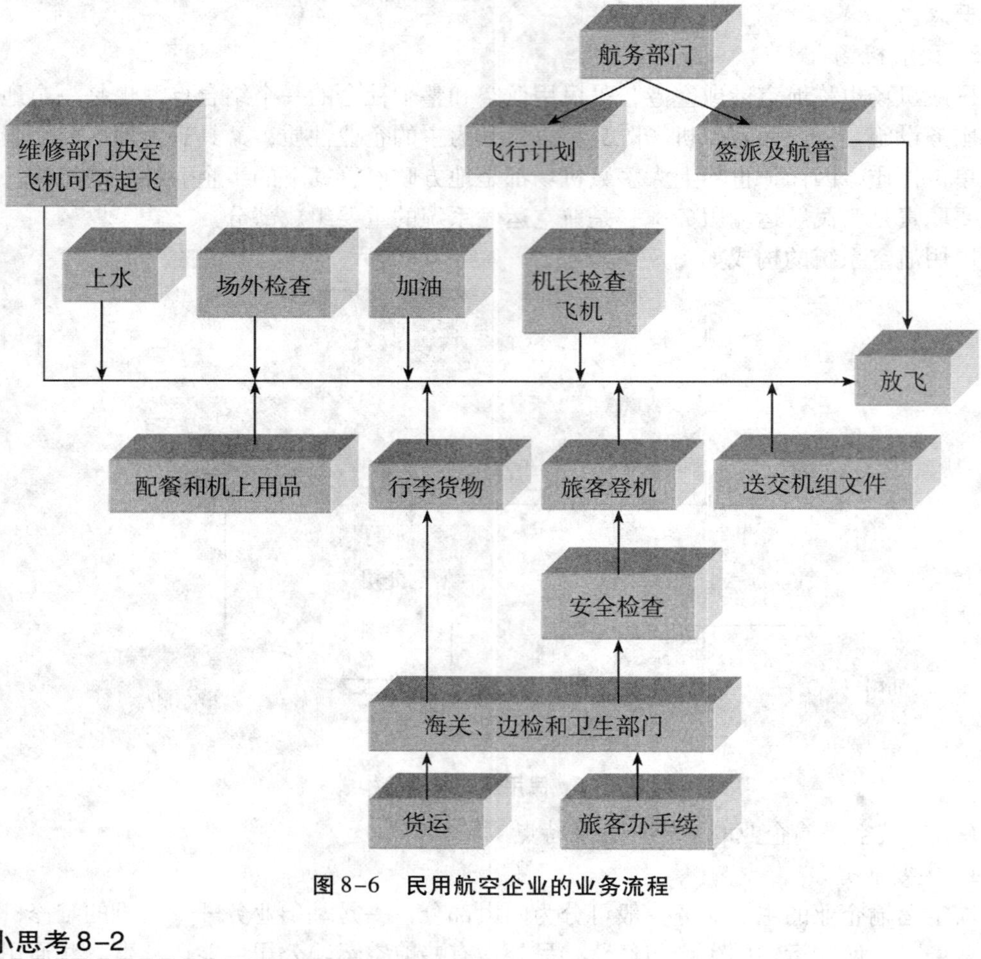

图 8-6　民用航空企业的业务流程

小思考 8-2

飞机的起飞与降落是由谁指挥的，是当地机场吗？

（3）通用航空业务。

通用航空业务一般由通用航空公司完成，但我国的航空公司也可以通过设立通用航空分部或直接由飞行大队兼营通用航空业务。兼营通用航空与专营通用航空相比的特点是，它不必设置整套的行政机构、维修和后勤保障系统，因而效益较高。

2. 业务特点

航空运输企业具有一般运输业的共同特点，比如经营产品的无形性、产品的生产与消费的一致性等，此外，它还具有以下几个主要的特点：

（1）航空运输企业受政府的管制较大，属于国家控制的产业。

航空运输是国民经济的命脉，其国际影响较铁路运输大，对技术性和安全性的要求较高，所以，各国政府一般对它们的管制比较详细，诸如航空运输公司的设立、航线的分配、票价的制定、安全管理、飞行及维修人员的训练考核等无一例外。

（2）航空运输的成本昂贵，投资较大。

首先，劳动工具（即飞机）的获取及维护成本较大，比如一架波音 747 需要 1.5 亿美元，这笔钱可以建立一个年产 3 万辆汽车的汽车制造厂。其次，劳动资料和劳动者的成本投入也比较大，因为飞机运营中需要消耗大量的燃油，并且飞机的运行与维护需要有高技术、高素质劳动者。这种高投资的产业要求航空运输企业应当进行规模经营，通常只有在具备 3 架以上同一级别的运输飞机时，航空运输企业才能在市场中生存。

（3）国内外航空运输企业之间的关系非常密切。

在线长点多的情况下，跨国界、跨地区的运输业务往往是由多家航空运输企业共同完成的，每一家航空公司除负责运输本公司出售的客货业务，也需要运输其他航空公司出售的客货业务。这种联程运输一般称为联运，是国际航空运输的惯例，有利于拓展所有航空公司的市场并降低经营成本。联运是航空运输企业区别于一般运输企业的最大特点。

（4）航空运输的技术含量大，操作比较复杂。

它需要有飞行员高超的驾驶技术，需要有导航设备为它提供导航服务，需要有机场和航管站为它提供空中交通服务，需要有专门的技术人员为它提供每一次飞行前的维修服务等，这些庞大的系统和技术结合在一起才能完成每一次运输生产，这是其他行业以及其他运输企业所无法比拟的。

（三）航空运输企业的会计核算特点

由于民航运输企业具有较强的业务特点，因此，其会计核算方法也有其独特的地方。归纳起来，民航运输企业的会计核算特点主要有以下几个方面：

1. 资产方面的会计核算特点

（1）在流动资产方面：由于飞机的维修是其生产经营活动的重要组成部分，因此，维修中使用的器材物资以及航材消耗件就成为航空运输企业存货的主要组成部分。由于航材消耗件、高价周转件等单价高、消耗量大，因而，在会计核算上具有一定的灵活性。

（2）在固定资产方面：由于航空公司的主要生产设备是飞机，而飞机的价格相当昂贵，每架飞机都以亿美元为单位计算，所以，很多航空公司的飞机往往以融资租赁的手段购入。总之，融资租赁固定资产在航空公司固定资产中占的比重比较惊人，是其他任何行业所无法比拟的。

2. 负债方面的会计核算特点

由于航空运输中各个民航联运及互为代理的业务较多，所以航空公司因出售票证而形成的待结算销售款非常多；又由于航空公司独特的融资租赁飞机业务，因此，在账面上，应付长期融资租赁款以及相关的负债金额较大。

3. 收入方面的会计核算特点

由于联运业务的大量存在，航空公司的运输收入不能根据已经销售的运输票证确认，而只能在提供了运输服务以后根据实际撕收的票证收入确认。另外，由联运业务所引起的收入结算业务量也非常巨大。

4. 成本费用方面的会计核算特点

航空运输公司的运输成本费用与其他运输企业的成本费用在科目的设置、核算的程序与方法等方面都有许多相同之处，但在航空运输成本的具体构成内容及相关费用的分摊方面仍有较大差别。

二、器材物资的核算

用于维护和修理飞机、发动机以及地面各种设备的各种器材及物资，统称为器材物资。由于民航飞机的机型较多，各种机型的器材基本上相互通用，所需器材向国外订货的周期较长，而且飞机在国内、国际航线上飞行，或为工农业生产从事专业飞行，停经各地，均需进行维护和修理，均需储备器材。另外，各种地面设备（如地面通讯、导航设备、机动车辆、房屋建筑物等）也需要进行维护和修理，也需储备器材物资，因此，航空公司器材物资的储备量较大，占用的资金较多。下面简单介绍器材物资的会计核算方法。

（一）器材物资的分类及核算原则

器材物资按照使用的对象以及在运营中的作用不同，可以分为：

1. 航空器材

航空器材指专供维护和修理飞机机体、动力装置、电子仪表装置以及其他系统的各种器材。飞机由机体、动力装置和电子仪表装置三部分构成。机体由机身、机翼、尾翼、起落架等组成，是飞机的躯干；动力装置由发动机、螺旋桨、辅助动力装置等组成，是飞机的心脏；电子仪表装置由通讯系统、导航系统和飞机控制仪表等组成，是飞机的大脑和神经系统。为保证飞机的正常飞行，航空公司必须储备相关的器材物资，包括机体所需的飞机轮胎、起落架、方向舵、作用筒、滑油管，动力装置所需的气缸活塞环、火星塞、磁电机、尾喷管、压气管等，维修电子仪表装置所需的气压高度表、空速表、电子综合仪表、油量表、自动驾驶仪及通讯导航器材等。

航空器材按价值高低、使用时间长短、是否采用序号跟踪管理等，又可分为航材消耗件和高价周转件。

（1）航材消耗件，一般指一次性领用并被消耗的零附件。航材消耗件价值较低，日常收发的数量较多，装机以后一般不再修理，只有少数航材消耗件装机以后进行修理，如飞机的轮胎和发动机的叶片等。

（2）高价周转件，包括两部分：一部分指飞机在正常情况下经常维修和经常更换的、价值较高、有时间限制、有序号进行跟踪管理的零附件，如飞机的自动驾驶仪、惯性导航设备、气象雷达等；另一部分指大型成套、价值较高、不经常使用，又必须准备的零附件，如起落架、操纵面等。

2. 普通器材

普通器材指用于维护和修理各种地面设备的器材。其主要包括：（1）通讯器材，指维修地面通讯、导航设备用的各种器材；（2）车辆器材，指维修各种机动车辆用的器材；（3）建筑材料，指维修房屋建筑物用的材料；（4）金属材料，指维修用的各种有色金属和黑色金属等；（5）其他油料及材料，指航材油料和材料之外的其他各种油料及材料。

3. 低值易耗品

低值易耗品指使用年限在一年以内的各种物资，如各种工具、管理用具、仪器、飞行制服、工作服等。

4. 机上供应品

机上供应品指在飞机上为旅客提供的各种用品，如书报杂志、食品、纪念品等。机上供应品可以外购、自制或委托加工。每次飞行结束后，剩余的机上供用品应该退库，日后对外销售或作其他处理。

在实际工作中，为加强器材物资的管理，航空器材通常在上述分类的基础上，再根据飞机的机型进行细分，如 B-737、B-747、B-757、B-767、A-300、A-310、MD-80、MD-82、MD-11、SAAB-340、TU-154、BAE-146、C-130 等。由于器材物资种类繁多，所以，会计部门除进行总分类和明细分类核算之外，还应编制“器材物资目录”，以列明器材物资的类别、编号、名称、规格、性能、计量单位等。

（二）器材物资的会计核算方法

与原材料相似，器材物资有两种核算方法：实际成本核算法和计划成本核算法。从会计核算方法来看，可以比照原材料进行。但由于器材物资的性质、用途及特点与原材料不完全相同，因而，一般应该设置不同的账户，比如“航空消耗件”、“高价周转件”、“低值易耗品”、“普通器材”、“机上供应品”、“器材采购”或“物资采购”等。根据新企业会计准则，也可以设置各行业通用的账户，比如“周转材料”、“材料采购”等来核算器材物资。

1. 航材消耗件的核算

航材消耗件的核算需设置“航材消耗件”科目。“航材消耗件”科目用来核算企业库存的航材消耗件的实际成本。该科目借方登记入库航材消耗件的实际成本，贷方登记出库航材消耗件的实际成本，余额在借方，表示月末库存航材消耗件的实际成本。该科目应按航材消耗件的种类和机型设置明细科目。下面举例说明按实际成本计价的航材消耗件的核算。

[例 8-22] 东方航空公司购买的航材消耗件入库，价款及运杂费共 268 000 元，根据发票账单和入库单按实际成本记账，应做会计分录如下：

借：航材消耗件	268 000	
贷：银行存款		268 000

[例 8-23] 维修部门领用航材消耗件共计 200 000 元，用于维护和修理收音机、发动机。根据领料单，按实际成本记账，应做会计分录如下：

借：运输成本	200 000	
贷：航材消耗件		200 000

2. 高价周转件的核算

在航空公司的器材物资中，高价周转件的核算比较特殊。高价周转件价值较高，可以多次参加运输生产而不改变其实物形态，其价值是逐渐转移到航空运输成本中的，使用期间在一年以上，根据现行企业会计准则，它可以列为固定资产管理。但从性质来看，它属于维修飞机的零附件，因此，在会计实务中，高价周转件往往作为存货管理，会计核算方法类似于施工企业的周转材料。下面简单说明高价周转件在增加、减少和摊销时涉及的主要会计分录。

（1）高价周转件增加时的会计分录：

① 外购高价周转件时：

借：物资采购
　贷：银行存款
借：高价周转件——在库
　贷：物资采购
借或贷：材料成本差异

② 维修、索赔以后重新入库的高价周转件：

借：高价周转件——在库
　　材料成本差异——高价周转件
　贷：银行存款等

高价周转件维修与一般器材维修的不同之处在于，高价周转件维修的维修费用不列入当期损益，而是在重新入库时作为可用件成本记入“高价周转件”账户中，并随着高价周转件一并进行摊销。

（2）高价周转件减少时的会计分录：

① 维修部门领用高价周转件维修飞机时：

借：高价周转件——摊销
　贷：高价周转件——在库
借或贷：材料成本差异

② 对外销售和报废时：

借：其他业务成本
　贷：高价周转件——在库
借：银行存款
　贷：其他业务收入

（3）高价周转件摊销的方法及会计分录。

① 高价周转件的摊销方法。

高价周转件一般按四年摊销：第一年摊销高价周转件总价值的50%；第二年摊销总价值的25%；第三年摊销总价值的15%；第四年摊销总价值的10%。用公式表示如下：

$$\text{高价周转件年摊销额}=\text{四年前高价周转件增加额}\times10\%+\text{三年前高价周转件增加额}\times15\%+\text{两年前高价周转件增加额}\times25\%+\text{一年前高价周转件增加额}\times50\%$$

例如，某航空公司高价周转件2009年增加500万元，减少200万元；2010年增加300万元，减少150万元；2011年增加400万元，减少200万元；2012年增加450万元，减少150万元，则各年购入的高价周转件在2013年的摊销额应为252.5万元，计算过程如下：

2012 年净增加高价周转件摊销额 =（450-150）× 50% = 150（万元）
2011 年净增加高价周转件摊销额 =（400 -200）×25% = 50（万元）
2010 年净增加高价周转件摊销额 =（300 - 150）×15% = 22.5（万元）
2009 年净增加高价周转件摊销额 =（500 - 200）× 10% = 30（万元）

2013 年摊销额合计为 252.5 万元。

高价周转件在摊销时应该注意以下几点：第一，高价周转件摊销额是根据其库存量、消耗量和周转天数确定的。购入的高价周转件不管是几月份购入的，当年都不摊销成本，一律从第二年开始摊销，按季度或月摊销。第二，对于两种和两种以上机型通用的高价周转件的摊销，原则上将通用高价周转件摊入最新的机型中，其次列入数量最多的机型中，当然也可以按照机型的比例摊销。第三，高价周转件的维修费，一般作为可用的高价周转件价值入库，所以，在计算摊销额时，应将其作为购入的高价周转件数额参与摊销。第四，财务部门根据航材库每月报来的高价周转件进出汇总凭证，编制季度、月份或年度的高价周转件进出汇总表（见表 8-7），并据以编制季度、月份或年度的高价周转件摊销表（见表 8-8）。

表 8-7　　**2013 年度高价周转件进出汇总表**　　单位：万元

季度	增加额			减少额			待摊销高价周转件的成本（净增加额）
	购入数调入数	可用件维修费用	合计	本单位领用	所属单位领用	合计	
1	75	75	150	25	25	50	100
2	50	50	100			—	100
3	50	50	100	25	25	50	50
4	50	50	100	25	25	50	50
合计	225	225	450	75	75	150	300

表 8-8　　**2013 年度购进高价周转件摊销表**　　单位：万元

季度	成本	2014 年（50%）	2015 年（25%）	2016 年（15%）	2017 年（10%）	合计
1	100	50	25	15	10	100
2	100	50	25	15	10	100
3	50	25	12.5	7.5	5	50
4	50	25	12.5	7.5	5	50
合计	150	75	45	30	300	

表 8-7 和表 8-8 中的高价周转件是按季度摊销，2013 年度高价周转件净增加额是 300 万元，按照四年摊销法这 300 万元应该分别在 2014 年、2015 年、2016 年和 2017 年摊销完，每年摊销的比例分别是高价周转件净增加额的 50%、25%、15% 和 10%，摊销的金额分别是 150 万元、75 万元、45 万元和 30 万元，为准确核算摊销额，每个季度的摊销额可以按照 2013 年每个季度高价周转件增加额的净额计算。

② 高价周转件摊销时的会计分录。

借：运输成本

借或贷：材料成本差异

贷：高价周转件——摊销

3. 机上供应品的核算

为核算航空公司机上供应品的计划成本或实际成本，企业应设置“机上供应品”科目。该科目借方登记验收入库机上供应品的计划成本或实际成本，贷方登记发出机上供应品的计划成本或实际成本，期末借方余额表示库存机上供应品的计划成本或实际成本。当按规定领用航线运营中免费为旅客提供的机上供应品时，乘务员应按领用清单上的数量和金额计入运输成本。航空公司销售机上供应品而取得的收入记入“其他业务收入”账户，其成本结转到“其他业务成本”账户中。与机上供应品核算相关的会计分录如下：

（1）领用免费机上供应品时：

借：运输成本

贷：机上供应品

（2）当飞行结束，剩余机上供应品办理退库时：

借：机上供应品

贷：运输成本

（3）销售机上供应品，并结转成本时：

借：库存现金

贷：其他业务收入

借：其他业务成本

贷：机上供应品

三、民航收入的会计核算

（一）民航收入的会计核算特征

1. 民航收入的构成

民航收入是指民航企业取得的各项收入，主要包括：

（1）航空运输收入。

航空运输收入是指航空公司的飞机在国际、国内航线上承运客、货、邮件、行李和执行专包机任务，按照规定的运价或国际航空业之间的协议价格或国际民航组织发布的运价应得的业务收入。航空运输收入分为国际航线运输收入（包括国际航线国内段飞行收入）和国内航线收入（不包括国际航线国内段飞行收入）。航空运输收入可能来自于该公司自己销售票证、自己承运所得，也可能来自于不同航空公司之间的联合运输分摊所得。

（2）通用航空业务收入。

通用航空业务收入是指航空公司的飞机完成专业飞行任务按照规定计算应得的业务收入。它包括：工业航空收入，指航空摄影收入、磁力仪器测矿收入、吊挂飞行作业收入等；农业飞行收入，指利用飞机在空中喷洒化学药品，为农业消灭病虫害、施肥、除草等农业飞行取得的收入；林业飞行收入，指为防止火灾而利用飞机在林业上空进行巡逻飞行或空中播撒树种、灭虫害等林业飞行取得的收入；其他收入，指进行人工降雨、救灾、拍电影等取得的收入。

（3）机场服务收入。

机场服务收入是指机场为飞机起降或过港旅客提供各种地面服务按国家或民航总局规

定的收费标准向航空公司或旅客收取的服务费收入以及机场出租场地和柜台取得的租金收入。

（4）其他业务收入。

其他业务收入是指材料收入、技术转让收入、地面运输收入、广告费收入、代理售票手续费收入、旅客服务收入、延伸服务收入、代理保险手续费收入、航空公司地面服务收入、机场费收入、到付运费收入等。

2. 民航收入的会计核算特点

民航收入的会计核算具有以下几个特点：

（1）民航运输收入必须定期或不定期地在各大航空公司之间进行清算和分摊。

由于联运业务的大量存在，在民航企业会计实务中，必须采用一定的方法将运输收入在各承运的航空公司之间进行分配，常用的分配方法有销售承运配比法、比例分摊法、联运账单清算法等。另外，民航收入的计算过程比较复杂，必须借助于计算机系统才能准确地进行数据处理，原因在于：①不同类型的票证运价不同，如头等舱运价、公务舱运价、经济舱运价以及多种折扣运价等。②票证所列一个或多个航段可能由另一家或多家航空公司承运，因此，需要对票证全额运费进行计算，按规定的分摊规则进行分摊。③结算票证的数量较大，涉及的航空公司较多。④结算票证可能涉及多个货币币种，且需要按多个币种之间的汇率进行换算。

（2）民航收入必须在航空运输过程结束后，经过分摊和清算，才能确认个别航空公司的运输收入。

根据国际航空运输协议的规定，为简化客货运输出票程序，减少联程运输的票证数量，第一承运人、第二承运人，甚至不提供任何服务的承运人均可为旅客出具客票或运单，并收取票证款。由于在销售时，出票航空公司尚未提供运输服务或可能全程都不提供运输服务，且票证上所列明的内容可能还会因旅客旅行计划的更改而更改，因此，航空公司在销售时点所收取的票款必须先确认为负债，通常被称为待结算销售款，并根据承运的情况以及清算协议，确认个别航空公司实现的营业收入。

（3）民航收入的核算具有国际性。

民航运输尤其是国际航空公司，具有跨国运输的特点，按照国际航空业惯例，各国航空运输收入的确认和结算受国际航协规定的约束较大，日常多币种业务的处理、国际资金清算的业务比较多，汇率兑换业务量较大，汇兑损益经常发生。

（二）民航收入的摊销和清算

1. 民航收入的摊销

民航运输的一个显著特征就是存在大量的联运。联运就是联合运输，是指由两家或两家以上的航空公司联合提供航空运输，将旅客或货物从始发地运到目的地。旅客将空中旅行所需费用全部交给出票公司而得到客票，在运输途中，可以得到两个以上航空公司提供的空中运输服务。空中运输任务结束后，出票航空公司将取得的待结算销售款按照相关的协议，在承运航空公司之间进行清算。清算后，属于航空公司的部分所得即为航空运输收入。联运收入的分摊方法主要有：

（1）双边比例分摊。

双边比例分摊是指航空公司与每一个联运伙伴分别签订比例分摊协议，按每一个联运伙伴承运的直达运价分摊联运收入。双边比例分摊一般适用于两个外航联运的情况，由联运的双方签订双边比例分摊协议。

（2）多边比例分摊。

多边比例分摊是指在两个以上多航段航程的各承运人之间根据国际航协规定的《客运分摊手册》和《货运分摊手册》公布的分摊系数按加权平均法分摊所收取的联运收入。多边比例分摊适用于两个或两个以上外航联运的情况。多边比例分摊的方法非常复杂，一般由国际航协比例分摊局定期组织召开比例分摊大会，并制定适合于全球的多边比例分摊协议，多边比例分摊协议一般三年更新一次。

2. 民航收入的清算

当航空公司之间有了联运，即产生了相互之间的交易。航空公司之间交换债权报告和对账单，通过银行对双方的交易账目实施收付款，以结清双方之间的债权债务账目，称为联运收入的清算。联运收入的清算方法有以下两种：

（1）双边清算。

双边清算是航空联运伙伴在双边联运协议基础上清算联运收入的一种方式。其基本程序是债权人或承运人向债务人提交债权报告，债务人审核无误后直接向债权人承付款项。双边清算的特点是一对一的关系。

（2）多边清算。

多边清算是航空联运伙伴在多边联运协议基础上清算联运收入的一种方式。其基本程序是债权人向债务人提交债权报告，同时将所有报告提交中介清算所，由清算所将每一个参加清算成员的应收应付金额实行多边相抵计算，并把结果通知清算成员，作为债务一方的清算成员向清算所汇款结清债务，清算所再向每一个债权成员汇款，由此一个清算成员与多个清算成员的往来关系全部结清。多边清算的特点是一对多的关系。国际航协清算所位于加拿大的蒙特利尔。我国的多边清算一般在中国航空结算中心通过国内票证清算网络进行。

下面分别阐述航空公司之间联运收入的分摊和航空运输企业运输收入的核算方法。

（三）待结算销售款的核算

前面已经阐述，航空票证在出售时，由于航空服务尚未提供，首先应作为待结算销售款处理。为核算待结算销售款，航空公司应设置“票证结算”科目。该科目贷方用于反映根据客票会计联计算出的待结算销售款；借方反映待销售结算款的结算情况，包括转入本公司运输收入及支付联运款的金额。贷方余额反映尚未结算的待结算销售款。下面分别从航站销售、代理人销售、代理手续费及折扣、票证管理等几个角度阐述待结算销售款的核算。

1. 航站销售业务

航站指民航机场（即空港）。航空公司的客票可以通过本公司的售票处或机场的航站直接对外销售。根据销售月报制度，每个航站要定期向会计部门报告销售和退票活动。在航站，销售报告的编制可经由联网的计算机处理来完成，也可用手工来完成。销售日报根据客票号码按照现销或赊销予以分类，两种方式都是将存款单和销售日报及客票会计联送交会计部门以供审核。会计部门收到凭证时，即可根据航空公司的会计政策和处理程序进行审核，并根据现销和赊销协议审核销售报告，检查存款单与销售日报以及与会计联金额的一致性。

航站现金销售票证时，其收取的现金应于当天或最迟不超过第二天存入当地的开户银行。为确保资金的安全，航空公司通常在各航站当地银行开设两个银行账户，即 A 账户和 B 账户，对资金实行收支两条线管理，所有的收入应及时存入 A 账户，B 账户是支取账户。下面举例说明航站销售的会计处理方法。

[**例 8-24**] 航站销售 10 张票证，每张票证为 1 700 元，会计分录为：

借：银行存款　　17 000

　贷：票证结算　　17 000

[**例 8-25**] 航站本期赊销客票 45 000 元，会计分录为：

借：应收账款　　45 000

　贷：票证结算　　45 000

[**例 8-26**] 本期信用卡销售客票全额为 20 000 元，手续费费率为 4%，会计分录为：

借：应收账款——信用卡中心　　19 200

　　销售费用　　800

　贷：票证结算　　20 000

[**例 8-27**] 航站按规定代国家有关部门向旅客收取税款时，根据票证上的税项栏的金额进行会计处理，假设共收取税款 1 300 元，会计分录为：

借：银行存款　　1 300

　贷：应交税费　　1 300

航空公司代表国家、当地政府或机场当局于出售客票时向旅客收取所规定的税款等，不应包括在待结算销售款中，应直接通过有关的负债账户核算。

2. 代理人销售业务

目前航空公司客票的大部分是通过代理人销售的。按照代理范围，代理人可分为一般代理和总代理；按是否加入开账及清算系统（billing and settlement plan，SP），代理人又可分为 BSP 代理和非 BSP 代理。BSP 代理出售的客票称为 BSP 中性票，它是由国际航协认可的、由代理人出售的、具有统一规格的票证。

BSP 是国际航协根据国际航空运输代理业发展的需要而建立的，供航空公司和航协指定代理人之间使用的销售清算系统。它是国际航空运输协会在全世界推行的“代理人系统”的一个重要组成部分。BSP 的特点是采用统一规格的中性运输文件进行销售，按照世界统一标准的计算机程序制作销售报告并通过银行集中统一付款，从而简化了出票、报表以及付款的过程，使航空公司和代理人节约了大量的成本和管理费用开支，极大地提高了工作效率和工作质量。我国也有 BSP 系统。在会计核算方面，不论是哪种方式的代理人销售，其会计处理方法都基本相同。

代理人销售的结算应按销售代理协议的规定进行，可以每周或每半月结算一次。航空公司定期收到代理人送交的销售报告、客票会计联以及支票或汇款时，应该按扣除手续费之后的净额借记“银行存款”、“应收账款”等账户，贷记“票证结算”账户。

[**例 8-28**] 某代理人的销售报告中扣除其手续费之后的销售净额为 300 000 元。航空公司收到销售报告和付款单后，应做如下会计分录：

借：银行存款　　300 000

贷：票证结算 300 000

BSP代理销售的为中性票，代理人每周向地区BSP提交客票会计联、信用卡凭证，确认应付给航空公司的金额。地区BSP通过指定的数据处理中心处理这些凭证并编制清算所需的账单和报告，BSP代理根据收到的账单将销售款转入地区BSP指定的清算银行，地区BSP通过清算银行将销售款汇入各航空公司的账户。

[例8-29] 航空公司收到地区BSP编制的销售报告，待结算销售款为3 600 000元。会计分录为：

借：应收账款——地区BSP 3 600 000

贷：票证结算 3 600 000

如果是信用卡销售，航空公司在收到地区BSP的销售报告和信用卡凭证后直接与信用卡中心结算，手续费由航空公司负担。

[例8-30] 地区BSP转来的销售报告中，其中有10 000元为信用卡销售，航空公司与信用卡中心进行结算，假设信用卡手续费费率为4%。会计分录为：

借：应收账款——信用卡中心 9 600

销售费用 400

贷：票证结算 10 000

航空公司根据指定的代理人或地区BSP提供的销售报告来记录待结算销售款和手续费，并对进入销售系统的票证进行审核，审核中的差异可借记或贷记代理人账户。

[例8-31] 经审核发现代理人由于出票错误少付了销售款1 350元，需向代理人补收差额。根据航空公司发出的借项账单，会计分录为：

借：应收账款——某代理人 1 350

贷：票证结算 1 350

代理人应在下次的销售报告中补交差额。如果代理人申诉多付了销售款300元，经审核无误向代理人退还差额时，根据航空公司发出的贷项账单，会计分录为：

借：票证结算 300

贷：应收账款——某代理人 300

票证结算科目的管理是航空公司运输收入会计核算的重要环节。在运输收入会计核算中，票证结算科目处在中心的地位，它连接销售与运输两方面的核算，与运输收入会计核算中的其他会计科目有直接的关系。从某种程度上说，票证结算科目的管理水平决定着运输收入会计核算的水平，因此，加强对票证结算科目的管理是至关重要的。

对票证结算科目的管理应当从纵横两方面进行。从纵的方面来看，科学地设置票证结算科目的二级科目或三级科目，分门别类地反映正常的票证销售、销售的调整、退票和换票等业务，此外，还应将票证结算科目中所记入的数据划分时段，一般可将数据分为当期的、超过一年的、超过两年的。航空公司应对票证结算的相关数据及时处理，凡超过两年的数据应定期清理。从横的方面来看，票证结算科目与应收账款、银行存款、运输收入、销售费用等平行科目有着直接的联系，如果这些科目的入账方式不规范，将直接影响票证结算科目的准确性，进而影响航空公司运输收入的真实性。为此，每一笔入账事项都应当有凭据、有检查、可追踪，避免将票证结算科目当做一个筐，什么数据都往里面装。

由于票证结算科目中的数据是由每张客票的会计联及乘机联数据构成的，票证数量较大，数据计算复杂繁琐，为确保每张票证计算的准确，进而确保收入报告的准确，在现行实务中，往往是利用计算机系统来处理这些庞大的数据，为此，软件系统的设计就成为准确核算运输收入的必要条件。

（四）航空运输收入的核算

航空公司的收入主要来自于客货运输业务中产生的收入。航空运输收入确认的基本原则是：在客货运输完成以后再确认运输收入。前面已经阐述，在客票出售的环节，航空公司首先应将销售票款作为待结算销售款处理，当客货运输服务结束以后，再确认为运输收入。在确认航空运输收入时应注意：第一，运输收入应在提供服务的会计期间确认。第二，提供运输服务的成本应与运输收入在同一个会计期间确认，符合配比原则。航空运输收入应根据客票销售人以及承运人的情况分别处理。

1. 承运本公司销售客票的核算

航空公司承运本公司航站销售的机票，应在运输服务完成之后，根据撕收的乘机联总额，确认运输收入。

[**例 8–32**] 本期航空公司承运本公司航站销售的机票，共计 52 000 元。会计分录为：

借：票证结算　　52 000

　贷：运输收入　　52 000

2. 承运代理人销售客票的核算

目前航空公司客票的大部分是通过代理人销售的。航空公司通常按公布的票价给予代理人一定百分比的手续费，作为代理人提供代理售票服务的报酬。但在更多的情况下，航空公司是通过给予代理人提供折扣机票的方式，作为其代理售票服务的报酬。按照现行航空运输业会计的惯例，航空公司通常在确认运输收入的同时确认手续费和折扣的成本，即在客票销售时，不确认销售费用或折扣，而是在每期根据收回的运输票证确认收入时，再确认销售费用和折扣。

航空客票代理手续费分为标准手续费和总代理手续费。标准手续费是航空公司对代理人支付的一种正常的劳务支出，一般按某一会计期间运输收入的一定百分比计算，并在确认运输收入的同时将其确认为销售费用，在利润表中作为运输收入的抵减列示。总代理手续费是航空公司对总代理人的一种管理性费用支出，航空公司指定总代理的目的是让其承担航站的部分功能，所以，支付的总代理手续费具有管理费用的性质，在会计核算中应当作为管理费用处理。

[**例 8–33**] 某航空公司当月确认的与一般代理人确认的运输收入为 3 900 000 元，其中手续费为 350 000 元。会计分录为：

借：票证结算　　3 550 000

　　销售费用　　350 000

　贷：运输收入　　3 900 000

[**例 8–34**] 某航空公司按总代理协议应付给某地区总代理附加手续费，共计 18 000 元。会计分录为：

借：管理费用——总代理费　　18 000

　贷：应付账款　　18 000

航空公司承运其他航空公司销售的机票，也应在双方确认运输收入时，确认手续费。

[例 8-35] 根据联运协议，某航空公司承运了其他航空公司销售的运输票证，运输收入为 12 000 元，扣除 9% 的代理手续费 1 080 元后，应收账款为 10 920 元。会计分录为：

借：应收账款　　10 920
　　销售费用　　1 080
　贷：运输收入　　12 000

折扣是支付给代理人的除代理手续费以外的另一种形式的代理收入，它既是一种手续费，也是一种奖励，目的是刺激销售。在以折扣方式代理的情况下，代理人可以灵活地制定销售价格，从而更易于占领市场，因此，与纯粹代理手续费的代销方式相比，折扣这种代理销售方式更加有利于票证的销售。折扣的会计处理方法是每期按客票的公布价格（即收回客票的票面价格）确认运输取得的毛收入，按折扣后的净运输收入结转待结算销售款，按两者之间的差价确认销售折扣。这样每期的运输净收入应该等于毛收入减去销售折扣。

[例 8-36] 本期航空公司折扣后所产生的运输收入为 50 万元。按其公布票价总金额计算的运输收入为 62.5 万元，销售折扣为 12.5 万元。会计分录如下：

借：票证结算　　500 000
　　销售折扣　　125 000
　贷：运输收入　　62 5000

[例 8-37] 本期航空公司完成的运输收入总计 4 588 022 元，其中，手续费为 356 672 元，折扣为 125 000 元。会计分录为：

借：票证结算　　4 106 350
　　销售费用　　356 672
　　销售折扣　　125 000
　贷：运输收入　　4 588 022

3. 承运外航销售客票的核算

当本公司为其他航空公司销售的票证提供运输服务时，航空公司应根据撕收的乘机联，按照协议确定的比例或固定收费，确定本公司承运航段的收入，进行应收联运款的开账，同时进行会计处理。

[例 8-38] 本公司根据撕收甲航空公司售出的机票乘机联计算本公司提供的航段运输收入应为 50 000 元，扣除甲公司客票代理手续费 4 500 元后，应收账款为 45 500 元。会计分录为：

借：应收账款——甲公司　　45 500
　　销售费用　　4 500
　贷：运输收入　　50 000

对于其他航空公司由于承运本公司销售票证进行的开账，会计部门经过审核后，应确认应付账款和代理手续费收入。

[例 8-39] 本公司收到乙航空公司的联运开账，经审核后确认应付账款为 22 500 元，应得客票代理销售手续费 2 225 元。会计分录为：

借：票证结算　　24 725
　贷：应付账款——乙公司　　22 500

贷：其他业务收入——手续费收入 2 225

在运输收入确认中涉及的应收账款和应付账款的计算基础是乘机联，因此，对于乘机联这一运输凭证的收集及传送必须要有严格的管理。会计部门应及时掌握并处理某一会计期间本公司撕收的各航空公司销售的机票乘机联，并通过双边清算或多边清算协议，与各航空公司准确地进行票款清算。运输凭证（即乘机联）的延迟传递或丢失都将是航空公司收入的损失。

[例8-40] 本公司某会计期间在应收账款和应付账款的清算过程中，收到应收运输收入款45 500元，支付应付账款22 500元。会计处理为：

借：银行存款 45 500

　贷：应收账款 45 500

借：应付账款 22 500

　贷：银行存款 22 500

4. 运输收入中特殊业务的处理

（1）票证结算配比差额的处理。

对于本公司销售的机票，无论是本公司承运还是联运方开账都需从“票证结算”科目中转出，最终使待结算销售款总额等于收回机票乘机联总额，这个过程称为销售票证的配比。在实际结算时，由于各种各样的原因，销售票证配比后，“票证结算”账户可能会出现差额，即待结算销售款总额不等于各乘机联运输收入之和。销售票证配比后出现差额的主要原因包括：①出票错误；②阴阳票；③比例分摊错误；④重复开账或多开账；⑤汇率变动；⑥漏开账或少开账；⑦汇兑损益。

在联运收入清算过程中，每个航空公司都有责任审核所收到的联运费账单。在多边清算的情况下，这种审核通常是在清算所清算后进行的。在多边清算中，通常各个航空公司都是先付款，然后再对联运费账单审核调整。在审核后，如果发现错误，对于限额内的差额，直接调整运输收入即可。对于限额外的差额，航空公司应及时查明原因，对于清算中的错误，应在以后月份向有关航空公司或代理人等调整开账。在调整开账时，一方面应调整与其他航空公司之间的往来款，另一方面要调整相关的损益账户。对于销售票证配比中无法查明原因的差额，一般应于两年后按相关规定进行清理，并调整运输收入。

[例8-41] 假设清算以后，本公司发现乙公司多收本公司700元运输收入，相应的手续费为69元，则本公司本期与乙公司进行调整开账。会计分录为：

借：应付账款——乙公司 700

　　其他业务收入——手续费收入 69

　贷：票证结算 769

[例8-42] 本公司销售票证完全配比后，“票证结算”借方尚有余额1 460元，属于定额内差额。会计分录为：

借：运输收入 1 460

　贷：票证结算 1 460

如果“票证结算”出现定额内贷方差额，则会计分录为：

借：票证结算 1 460

贷：运输收入　　1 460

［例 8-43］由于客票代理人计算错误，某航空公司少收其 1 920 元票款（不考虑手续费），该航空公司向代理人补充开账 1 920 元。会计处理为：

借：应收账款　　1 920

　贷：票证结算　　1 920

如果上述金额是航空公司多收客票代理人的款项，则会计分录为：

借：票证结算　　1 920

　贷：应付账款　　1 920

［例 8-44］某航空公司由于比例分摊错误而多计运输收入 7 770 元，相应地多确认手续费 780 元。调整会计分录为：

借：运输收入　　7 770

　贷：票证结算　　6 990

　　销售费用　　780

［例 8-45］甲联运航空公司多向本公司开账 1 200 元，相应地多确认手续费收入 119 元。调整会计分录为：

借：应付账款——甲航空公司　　1 200

　其他业务收入——手续费收入　　119

　贷：票证结算　　1 319

［例 8-46］某航空公司由于汇率波动的原因造成销售票证完全配比后出现了借方差额，金额为 3 210 元。会计分录为：

借：财务费用——汇兑损益　　3 210

　贷：票证结算　　3 210

如果上述汇兑差异在贷方，则相应的会计分录为：

借：票证结算　　3 210

　贷：财务费用——汇兑损益　　3 210

［例 8-47］某航空公司票证经全部配比后，出现贷方余额，金额为 6 922 元，无法查明原因。两年后，该航空公司将其核销。会计分录为：

借：票证结算　　6 922

　贷：运输收入　　6 922

［例 8-48］本公司经审核确认应向丙公司补充开账（应收承运款），金额为 13 650 元，应付丙公司的客票代理手续费为 1 350 元。会计分录为：

借：应收账款——丙公司　　13 650

　销售费用——代理手续费　　1 350

　贷：运输收入　　15 000

（2）无效乘机联的处理。

运输收入是建立在提供运输服务基础之上的，但有时航空公司提供了运输服务却不一定能获得运输收入。在这种情况下，承运航空公司提供的乘机联往往都是无效的乘机联，因而，其运输服务是不被承认的。例如，以下几种情况的运输就是无效的：①承运了列入黑名单的机票；②承运后六个月之内没有及时向出票航空公司开账；③承运了不得签转的机票；④承运了已经倒闭航空公司的票证；⑤承运凭证已经丢失。如果出现了上述情况，即使航空公司已经根据乘机联等运输凭证确认了运输收入，但由于这部分的运输是无效的，所以，必须对已确认的运输收入进行调整开账。

[例8-49] 本公司承运丁航空公司销售的机票，在确认了运输收入后向丁公司开账。丁公司以所承运的机票已列入黑名单为由拒付，金额为6 825元，手续费为675元。经确认后，本公司接受丁公司调整开账。会计分录为：

借：运输收入　　7 500

　贷：应收账款——丁公司　　6 825

　　销售费用——代理手续费　　675

(3) 未使用乘机联的处理。

由于售出机票的销售条件及票价种类不同，机票所使用的期限也可能不同。一般情况下，机票的有效日期为一年，最长的期限是两年。但根据销售条款的限制，有的机票限定航班并且不可以签转，有的机票不可以退票，因此，有些售出的机票从未被使用或是部分未使用就已经失效了，并应该在失效时确认为运输收入。然而，未使用过的乘机联可能在两年之内都未能显现出来，这是由机票的有效期及旅客推迟旅行所决定的。未使用过的乘机联何时才能被确认为收入，取决于航空公司对历史统计数据的掌控能力。航空公司确认未使用过的乘机联的方法通常为：未使用过的乘机联于销售24个月后，如果有充分理由确认其不会被使用，那么这部分乘机联金额确认为收入。

[例8-50] 根据统计显示，某航空公司票证结算贷方余额中有4 200元是超过24个月未使用过的乘机联所产生的，因此，可以将其确认为运输收入。会计分录为：

借：票证结算　　4 200

　贷：运输收入　　4 200

未使用过的乘机联在确认为收入之前是企业的流动负债，应列入资产负债表。将未使用过的乘机联确认为收入时应遵照谨慎性的会计原则，并有乘机联和会计联的配比报告作为凭证进行处理。

5. 货运收入的确认

与客运收入的确认原则一样，航空运输业的货运收入也是以完成承运货物为前提的。由于在货物运输的过程中涉及托运人、代理人、航空公司和收货人等相关部门，因此，货运收入的核算也存在收入的分配问题。与客票代理销售业务一样，货运也可以由代理人代理出具出票航空公司货运单，并由承运公司承运。

货运运输收入的核算方法与旅客运输类似。在货物运输服务结束后，出票航空公司首先应根据承运货物重量及规定运价定期向货运代理人开账，收取全程运费，并确认为待结算销售款。然后，各承运航空公司根据货运单、货运舱单、中转舱单等运输凭据，按照双边分摊协议或多边分摊协议确认各自的运输收入。在多家航空公司参与了承运的情况下，运费应在承运航空公司之间按比例分配。

[例8-51] 某出票航空公司根据货运单及货运舱单的统计数据，确定本周应向货运代理人开账的金额为88 000元。会计分录为：

借：应收账款　　88 000

　贷：票证结算　　88 000

[例 8-52] 某航空公司代理人销售货运单金额为 5 万元。该公司自行承担了运输任务。根据协议规定，该航空公司应支付代理人 5% 的服务费。会计分录为：

借：票证结算　　47 500

　　销售费用　　2 500

　贷：运输收入　　50 000

[例 8-53] 某航空公司接到其他承运航空公司的开账，金额为 40 500 元。扣除 5% 的服务费后，应付账款金额为 38 475 元。会计分录为：

借：票证结算　　40 500

　贷：应付账款　　38 475

　　　其他业务收入　　2 025

如果货运的付款方式为货到付款，最终承运航空公司应负责向收货人收取全程运费。在这种情况下，由于前面航段承运人不知道谁是最终承运公司，因此，参加到付运费货物承运的各承运人往往实行“咬尾式”开账，即每个承运人向接运航空公司开账，而最终账单将开给交货航空公司。

[例 8-54] AA 航空公司销售一“到付”货运单，金额为 25 000 元。该项货运由 BB 航空公司和 CC 航空公司共同承运，并由 CC 航空公司承运至目的地后收取全程运费。有关资料如下：航程为 X—Y—Z，其中 X—Y 航段由 BB 公司承运，航段运费为 10 000 元；Y—Z 航段由 CC 公司承运，航段运费为 15 000 元。按到付运费的处理规则，AA 应向 BB 收取 X—Z 全程运输 5% 的服务费 1 250 元；BB 向 CC 收取 X—Y 航段运费 10 000 元和 Y—Z 航段 5% 的服务费 750 元；CC 向收货人收取 X—Z 段全程运费 25 000 元。有关会计分录如下：

(1) AA 公司的会计处理：

借：应收账款——BB 公司　　1 250

　贷：票证结算　　1 250

借：票证结算　　1 250

　贷：其他业务收入——代理手续费　　1 250

一般情况下，虽然出票航空公司并未参与货物运输，只收取代理服务费，但会计处理最好仍通过“票证结算”科目核算，这样可以将航空公司销售的所有货运单纳入销售管理系统。

(2) BB 航空公司的会计处理：

① 确认本公司的运输收入及应向 CC 收取的代理服务费收入：

借：应收账款——CC 公司　　10 750

　贷：运输收入　　10 000

　　　其他业务收入　　750

②确认本公司应付 AA 公司服务费：

借：销售费用　　1 250

　贷：应付账款——AA 公司　　1 250

(3) CC 航空公司的会计处理：

① 向收货人收取全程运费：

借：银行存款　　25 000
　贷：票证结算　　25 000

② 确认运输收入和代理服务费时：

借：票证结算　　14 250
　　销售费用　　750
　贷：运输收入　　15 000

③确认应付 BB 公司运费和代理服务费：

借：票证结算　　10 750
　贷：应付账款　　10 750

航空公司的营业收入除了客货运输收入之外，还有通用航空收入。通用航空业务所取得的收入应通过“通用航空收入”科目核算，其核算方法与一般企业收入的核算类似，这里不再赘述。

四、航空公司成本费用的核算

航空公司成本与费用的核算和一般企业成本与费用核算的基本原理基本相同，不同之处主要在于成本与费用的构成内容上。

（一）航空公司成本费用的种类

费用的分类有许多种，比如按照列支的方式不同，可以分为成本和期间费用；按照性态不同，可以分为变动费用和固定费用；按照与特定产品的关系不同，可以分为直接费用和间接费用；按照种类不同，可以分为材料费用、人工费用和制造费用；按照划归的期间不同可以分为本期费用和跨期摊派费用等。这里我们按照种类不同，将航空公司日常发生的费用归纳为以下三类：

1. 与飞机相关的费用

这是指与飞机的购置和执行正常的飞行任务直接或间接相关的各项成本。按照与飞机的利用率有无关系可将此类费用分为固定成本和可变成本。固定成本与飞机的利用率无关，包括初始成本和预备性成本。初始成本也称获取成本，指获取飞机时的购置费用和租赁费用。飞机的购置费用一般较高，每年以折旧的方式转移到运输成本中。财力不足的公司可以通过租赁的方式获取飞机，租赁费用直接计入运输成本中。预备性成本是指公司购进飞机以后，为了使飞机运行而投入的基础设施和培训投资，如飞机和发动机的备件、地面支援设备、人员培训费用和训练设施费用等。可变成本与飞机的利用率成正比，随着利用率的升高而加大。可变成本包括燃油费用、机组人员费用、维修费用、起降费用、导航费用、地面服务费用、保险费等。与飞机相关的费用是航空运输成本的主要组成部分。

2. 与运输业务相关的费用

这是指飞机在运输业务中发生的除与飞机相关的可变成本以外的直接或间接的运输成本，包括旅客服务的费用、食品的费用、付出的销售代理费用、机场费用、行李装卸费用等。此类费用也是运输成本的重要组成部分。

3. 与管理系统相关的费用

这是指航空运输企业各项管理活动中发生的、与运输活动不相关的各种期间费用，包括管理人员的工资、广告费用、公关费用及销售费用等。

（二）涉及的主要会计科目

为核算上述不同种类的费用，航空运输企业应当设置“（航空）运输成本”和“销售费用”、“管理费用”、“财务费用”等期间费用账户。开展通用运输业务的航空公司，还应该设置“通用航空成本”账户。其中“销售费用”、“管理费用”、“财务费用”等账户的核算方法与一般企业完全相同，这里只简单介绍一下“运输成本”和“通用航空成本”两个会计科目的核算内容。

1. “运输成本”科目

该科目核算企业在执行航空运输业务过程中所发生的各项费用。其包括：能直接计入机型成本的直接营运费用，如空勤人员、机务人员职工薪酬，取暖降温费，上下班交通补贴，制服费，航空油料消耗，国外加油价差，飞机（含发动机）折旧费，经营性租赁飞机的租赁费，修理费，保险费，高价周转件摊销，飞行训练费，国内外起降服务费，旅客餐宿供应品费，客舱服务费，赔偿费，运营过程货物、行李损失、丢失赔偿净损失以及其他直接飞行费用等；不能直接计入机型成本，需按照一定办法进行分摊的间接营运费用，如折旧费、维修费、办公费、水电费、差旅费、保险费、机物料消耗、劳动保护费、票证印制费、警卫消防费、职工教育经费、环境绿化费、地面运输费、租赁费等。企业发生各项运输成本时，借记本科目。期末，应将本科目的余额转入“本年利润”科目。结转后本科目无余额。本科目应按机型或机号、费用项目设置明细账，进行明细核算。

2. “通用航空成本”科目

该科目核算企业在执行通用航空业务过程中所发生的各项费用。其包括：可以直接计入机型成本的费用，如空勤人员、机务人员职工薪酬，取暖降温费，上下班交通补贴，制服费，航空油料消耗，国外加油价差，飞机（含发动机）折旧费，修理费，保险费，高价周转件摊销，飞行训练费，国内起降服务费，作业准备费，作业赔偿费及其他直接飞行费等；不能直接计入机型成本，需按一定办法进行分摊的间接费用，如折旧费、维修费、办公费、水电费、差旅费、机物料消耗、劳动保护费、票证印制费等。企业发生的通用航空成本，借记本科目。期末，应将本科目的余额转入“本年利润”科目，结转后本科目无余额。本科目应按机型或机号、费用项目设置明细账，进行明细核算。

（三）会计核算的基本模式

航空运输企业发生的各项运输成本和费用，应直接或经分配记入“运输成本”、“通用航空成本”、“销售费用”、“管理费用”、“财务费用”等账户。其会计分录模式如下：

借：运输成本
　　通用航空成本等
　　贷：航材消耗件
　　　　高价周转件
　　　　普通器材
　　　　应付职工薪酬等

五、机场的运营与核算

（一）机场的种类

机场可分为军用机场和民用机场，一般分类如图 8-7 所示。

- 机场
  - 军用机场
  - 民用机场
    - 航空港
      - 重要空港
      - 一般空港
      - 通用空港
      - 备用空港
  - 单位或私人机场

图 8-7　机场的种类

本教材只研究航空港。航空港指民用机场中用于商业性航空运输的机场。我国一般称大型的民用机场为航空港，称小型的民用机场为航站，但按照国际民航的惯例，民用机场无论大小一律称为空港。空港分为：重要空港，指一个国家在航空运输中占据核心地位的空港，在我国一般指年客流量在50万人次以上的大型机场；一般空港，指重要空港之外的小型空港，在我国一般指规模较小的航站；通用空港，指用于通用航空，为专业航空的小型飞机或直升飞机服务的空港；备用空港，指平时不安排航班，只为通用航空和航空爱好者服务，但一旦交通拥挤时，可以暂时为商业航空服务的空港。

（二）机场的主要业务

空港日常的主要业务有以下几项：

1. 飞机服务业务

这是指为各航空公司提供有偿起降、停航、加油等服务，并保证飞行区、地面运输区的安全运行。

2. 过港旅客服务业务

这包括为旅客提供检票、安检、候机、海关、检疫及各种公共设施服务和商业设施服务等。

3. 设备、地皮出租业务

这是指空港将候机楼内的场地租赁给他人用于办公、经营或将航空设施出租给航空公司等。

4. 安全运营保护业务

这是指为确保空港的安全运营所从事的道面维修、除雪和除冰，防止鸟撞，紧急援救，安全保卫，地面勤务，空港总体安全检查等。

（三）机场的财务管理特点

空港具有公共服务性质，投资较大，在财务运行上，一般都需要政府、航空公司的参与和补贴。空港的财务管理模式主要有以下四种：

1. 政府补贴管理方式

在实行计划经济体制的国家和一些发展中国家大多采用这种形式，我国在体制改革以前也采用这种形式，空港从建设投资起到随后的运行都由政府负责。财务上的亏空都由政府补足，盈余则上缴政府，这种做法的好处是空港不承担任何财务风险。在空港运量不足和经济基础薄弱时，这种方法是必要的。但它的经营效益不高，不能对市场变化作出迅速反应，资源配置不够合理。

2. 航空公司补贴管理方式

这种方法也叫净成本法，国外一些大型空港采用这种方法。空港和使用它的主要航空公司签订长期协议，在每年的结算中如果出现赤字由签约的航空公司予以补平；如果出现盈余，则于下一年在对航空公司的收费中给予回报。这种方法把空港的财务风险变为空港和航空公司共同承担，但与此同时航空公司也增加了对空港发展的控制权，航空公司可以审核空港的财务计划，按照少数服从多数的原则同意或否决它。这种方法的优越性是把空港的经营和发展与航空运输紧密联系在一起，而且有利于空港的稳定运行，不必担心财务上的风险。它的缺点是空港的独立发展常常受到制约，影响空港经营的灵活性。

3. 独立核算补贴管理方式

这种方式也称为补给法。使用这种方式的空港自己承担财务风险，独立核算，对航空公司的收费可以在政府规定的范围内浮动，如果空港亏损，就可以调整各项对航空公司的收费来补足，如果盈余就可以积累资金，扩大规模，参与竞争。这种方式的好处是空港可以独立地决定参与竞争和发展，但经营的风险较大，一旦破产，将会退回到由政府接管的方式。

在西方国家，过去只有中小空港采用这种方式。近年来，由于空运市场的强劲发展，越来越多的大型空港采用这种方式，有些原来采用航空公司补贴方式的空港也把原来签署的长期协议改为一年以内的短期协议，从而向这种方式过渡，我国的大部分空港都采用类似的运行方式。

4. 纯企业运行管理方式

这种方式目前只有在英国的私有化空港中实行。这种空港除受到国家民航当局的条例约束外，运作上和一般企业没有什么不同，它完全按市场经济的规则运行，无论集资还是经营方向上自由度都增加了，同时也使得竞争变得激烈起来，但纯企业的运行方式往往会忽视公众服务和利益，这种方式的运作还有待进一步的实践来检验。

（四）机场的会计核算方法

尽管空港的财务管理体制比较复杂，但其会计核算并不复杂，除了正常的资产、负债、所有者权益的核算之外，日常最主要的业务就是机场服务收入和机场服务费用的核算。为核算机场服务收入和机场服务费用，机场应该设置“经营收入”和“销售费用”或“机场服务收入”和“机场服务费用”等总分类账户，并按取得的收入和费用的种类设置明细账，进行明细分类核算。下面简单阐述机场服务收入和机场服务费用的核算内容。

1. 机场服务收入核算的内容

机场服务收入分为经营性收入和非经营性收入。其中，非经营性收入主要指政府的补贴、机场费和与空港运行无关的出租或出卖空港的财产等取得的收入。经营性收入主要包括：（1）飞机场地收入，直接和飞机运营相关的收入，主要指起降费、停机费、加油费等，这部分收入一般占机场总收入的30%左右；（2）候机楼出租收入，包括饮食店、旅行服务设施（包括保险、电信、出租车等）、商店、理发店、娱乐场所、广告、停车场等的出租收入，这部分收入在大空港中大约占收入的40%，在小空港中大约占收入的25%；（3）航空公司租用设施收入，包括租用的柜台、地面设施、货运中心、办公室、机库、维修设备等的租金收入；（4）其他出租收入，包括政府单位租用的房屋、空港工业或商业园区中出租的设施和房屋等的收入；（5）其他经营服务收入，如向租用者供水、供电、供热等的收入。

2. 机场服务费用核算的内容

空港的支出因空港的大小、位置和空港的管理体制不同而差别很大，如有些政府直属的空港的消防、警卫是由政府支出的，南方的空港无需支付除雪、除冰的费用等。机场服务费用也可以分为经营性支出和非经营性支出两类。其中，非经营性支出主要指负债利息和折旧以及其他一些杂项费用。经营性支出主要包括：（1）飞行场地支出，跑道、滑行道、机坪的维护费用，照明、服务车辆、救火设施的使用维护费用；（2）候机楼的支出，候机楼各种设施和建筑的维护，停车场的维护，候机楼的供电、供水、供热、废物的处理，候机楼的环境美化和绿化；（3）机库、货运设施等建筑和空港的地面设施的支出，空港环境保护和美化，机库等建筑的维护、空港进出道路的维护、各种管道（上水、下水、供热、供油）的维护；（4）经常性管理费用，行政人员、后勤人员的职工薪酬及其他管理费用。

补充阅读资料 8-2

飞机的起飞与降落属于空中管制工作，由国家民航总局负责。航空管制（Air traffic control，ATC）是指由在地面的空中交通管制员协调和指导空域或机场内不同航空器的航行路线和飞航模式以防止飞航器在地面或者空中发生意外和确保他们均可以运作畅顺，达至最大效率。除此之外，空中交通管制的系统还会提供例如天气、航空交通流量和机场特别安排等的资料以协助飞行员和航空公司等作出相应的安排。踏入21世纪，随着和航空活动有关的恐怖袭击的增加，空中交通管制系统还担当领空防卫和保护国土安全的角色，有些国家甚至是由空军来运作空中交通管制系统（例如巴西空军）。飞机没有空中交通管制制度仍可以飞行，空中交通管制的存在却确保了空中交通的秩序井然。

小知识 8-3

目前我国航空类上市公司有8家，包括东方航空（sh600115）、海南航空（sh600221）、南方航空（sh600029）、外运发展（sh600270）、中国国航（sh601111）、中信海直（sz000099）、海航B股（sh900945）、山航B股（sz200152）。另外，机场也有几家成功上市，比如深圳机场、厦门机场、白云机场、上海机场等。

典型案例一

2013年12月，M航空公司销售北京—大连客票150张，票价为880元/张。当月售票部门接受退票10张，退票时每张手续费费率为10%，支付退票款项7 920元。

问题：

（1）M航空公司在销售机票取得票款时，如何进行会计处理？

（2）M航空公司在支付退票款时，如何进行会计处理？

（3）若M航空公司自己承运上述发售票证，应如何进行会计处理？

（4）若M航空公司发售的上述票证由N航空公司承运，在收到N航空公司票证开账通知时，应如何进行会计处理？假设代理客票手续费率为15%。

[分析提示]

买票、退票款应通过“票证结算”科目核算；手续费收入可通过“其他业务收入”科目核算；自己承运的票款应确认为运输收入；其他公司承运的票款应确认为应付账款。

典型案例二

2013 年 12 月，A 铁路局运输收入进款总表中的收方、支方的运输进款金额见表 8-9。2013 年全年，A 铁路局的“应缴运输收入”累计结余为 130 500 万元，“已缴运输进款”累计结余为 102 150 万元。

表 8-9 A 铁路局运输收入进款总表 单位：万元

收方项目	金额	支方项目	金额
客运收入	1 200	应收军运进款	1 800
货运收入	5 000	报部集中结算款	2 800
行李收入	1 000	应收专运进款	1 000
邮运收入	1 300	应收邮运进款	1 200
其他收入	820	应收旅游局进款	1 670
应付代收外局款	890	应收外局款	1 300
应付国外铁路运费	660	应收国外铁路运费	1 100
合计	10 870	合计	10 870

问题：

(1) 根据表 8-9 的收方，A 铁路局财务部应如何编制会计分录？

(2) 根据表 8-9 的支方，A 铁路局财务部应如何编制会计分录？

(3) 年度终了，怎样结转“应缴运输收入”和“已缴运输进款”的累计结余额？

[分析提示]

铁路局运输收入进款总表收方表示铁路局已收、应缴或应付的运输进款，应在借方记录“运输进款”的同时，贷方记录“应缴运输收入”及“应付运营款”等账户；该表支方表示铁路局已付或应缴的运输进款，应在贷方记录“运输进款”的同时，借方记录“已缴运输收入”及“应付运营款”等账户；期末，全年累计确认的“应缴运输收入”和“已缴运输进款”应结转到“欠缴上级运输进款”账户，并反映在资产负债表中。

典型案例三

表 8-10 和表 8-11 是 A 股市场大秦铁路股份有限公司 2013 年度的利润表以及主营业务收入费用明细表。

表 8-10

利润表

编制单位：大秦铁路股份有限公司　　2013 年度　　单位：元

项目	附注	本期金额	上期金额
一、营业收入	四（25）	23 123 142 326	22 595 317 577
减：营业成本	四（25）	（11 932 465 796）	（11 708 828 992）
营业税金及附加	四（26）	（759 243 213）	（743 330 934）
管理费用	四（27）	（1 220 904 093）	（1 128 531 363）
财务费用——净额	四（28）	（443 388 357）	（152 553 237）
资产减值（损失）/转回	四（30）	（516 448）	29 120
加：投资收益	四（29）	1 539 000	0
二、营业利润		8 768 163 419	8 862 102 171
加：营业外收入	四（31）	17 072 317	161 097 584
减：营业外支出	四（32）	（59 275 726）	（103 172 784）
其中：非流动资产处置损失		（58 227 855）	（97 878 715）
三、利润总额		8 725 960 010	8 920 026 971
减：所得税费用	四（33）	（2 195 585 850）	（2 240 510 504）
四、净利润		6 530 374 160	6 679 516 467
五、每股收益			
基本每股收益	四（34）（a）	0.50	0.51
稀释每股收益	四（34）（b）	0.50	0.51
六、其他综合收益		0	0
七、综合收益总额		6 530 374 160	6 679 516 467

表 8-11

大秦铁路 2013 年度主营业务收入及费用表

单位：元

（一）主营业务收入		
项目	2013 年度	2012 年度
货运收入	20 315 529 379	20 525 368 057
客运收入	807 555 131	710 876 230
其他收入	1 616 135 332	697 979 264
合计	22 739 219 842	21 934 223 551

续表

(二) 主营业务成本		
项目	2013 年度	2012 年度
材料	961 072 675	389 243 991
电力及燃料	1 702 775 880	1 705 610 747
折旧	2 998 799 210	2 476 640 572
人员费用	1 851 589 562	1 793 218 019
大修支出	743 866 541	1 188 298 843
货车使用费	569 706 298	821 747 086
客运服务费	532 791 364	407 857 336
货运服务费	794 377 525	403 889 170
供热、供暖费	256 169 135	195 817 131
房屋维修费用	128 371 320	88 624 388
通信服务费	197 587 235	190 534 688
土地房屋租赁费	89 848 987	90 263 259
外购劳务	65 404 332	288 984 261
排空车费	155 997 000	430 516 800
其他	533 836 891	628 299 917
合计	11 582 193 955	11 099 546 208

根据表 8-10 和表 8-11，回答以下几个问题：

(1) 根据大秦铁路 2012 年度和 2013 年度净利润的组成，说明其结构是否合理。

(2) 大秦铁路 2012 年度和 2013 年度主要收入来源是什么？其收入来源是否合理？

(3) 通过表 8-11 了解铁路系统的主营业务成本构成。计算 2012 年度和 2013 年度大秦铁路的营业利润率和净利率，评价大秦铁路两年来的业绩。

[分析提示]

上市公司的利润由营业利润、利润总额、净利润（税后利润）和综合收益（含其他综合收益）构成。大秦铁路主要从事货运业务，所以货运收入应该构成其主要收入来源。

本章小结

本章主要介绍了运输企业中最具特色的两大行业：铁路运输企业和航空运输企业的会计核算特点及特色业务的会计核算方法。铁路运输企业会计核算的特色主要在于在铁路总公司领导下的铁路会计分级核算体制。铁路系统的会计核算分为基层站点的会计核算、铁路分局的会计核算和铁路局的会计核算。铁路运输系统运输收入进款实行统收统支制度，客货运输进款收入首先要层层上缴，然后再层层下拨，由此形成了铁路运输独特的运输收入进款的会计核算方法。航空运输企业会计核算的特色主要在于运输票证结算以及民航收入的会计核算上。航空运输企业区别于其他运输业的最大特点就是，独立核算的航空公司之间存在大量的联运业务，因此，所有票证在销售环节都只能先确认为负债，再根据实际的承运情况，通过国际航空业流行的双边或多边清算办法，在承运的航空公司之间进行分配。

第九章

邮政电信企业会计

第一节 邮政企业会计

一、邮政企业会计的特点

邮政企业是经营邮政业务的国有公用企业。在行业划分中属于第三产业。邮政企业提供的是信息流的传递服务，在一般情况下，邮政企业的服务至少涉及两个和两个以上的邮政企业才能完成，属于全程全网、联合作业、各项资源共享的生产方式，各核算单位的营业收入、成本费用一般不互相结转。

（一）邮政企业的生产与工业企业不同

邮政企业的生产与工业企业生产不同，其特点主要有：

1. 邮政企业生产提供的是信息流的传递服务

邮政企业是通过信息传递所产生的效用服务于社会的生产、分配、交换、消费各环节，在企业产生效益的同时，更能体现出其对全社会所产生的社会效益。

2. 邮政企业生产是全程全网、联合作业

由于信息、邮件的传递是根据双方在不同地区之间的需求所进行的业务联系，因此，必须要有两个或两个以上的邮政企业共同作业才能完成，具有全程全网、联合作业的特点。

3. 邮政企业的生产过程是用户的使用过程，二者不可分离

邮政企业的生产过程与销售过程一并完成，不需要工业产品的生产、加工、储藏、销售等多个环节，因为，通信效用是在邮政企业的生产过程中实现的。

4. 邮政业务服务对象具有不均衡性

邮政企业的劳动对象并不是企业自己决定的，而是取决于用户的需求，因此，业务的多少与企业外部的社会需求相关，其生产过程具有被动性和业务的不均衡性。

（二）邮政企业会计与其他企业不同

邮政企业会计与其他企业会计不同，其特点主要有：

1. 会计科目的设置具有特殊性

由于邮政业务是每当用户需要时才生产，所以没有产品的储备过程，没有实物形态的“在产品”和“产成品”，其生产过程与销售过程同时实现。因此，邮政企业会计科目的设置没有“原材料”等科目。

2. 成本、费用的计算具有专业性

为适应邮政企业生产的特点，其成本采用专业核算的办法，即按业务性质把主营业务划分为函件、包裹、汇票、特快专递、机要通信、报刊发行、储蓄、集邮、物流、代办业务 10 个专业，每个专业作为一个成本计算对象，分别计算总成本和单位成本。各项费用按专业进行分摊，并按照配比原则把主营业务成本与业务收入挂钩，计算专业的收支差额。

3. 业务收入具有全程全网性

邮政企业的业务收入是企业受理各类业务按规定资费标准收取的劳务收入。由于邮政企业是全程全网、联合作业，所以，每一个企业实现的收入都不是它自身企业的收入，而是属于全程全网的资费收入。

4. 会计核算规范的专门性

邮政企业所经营的业务种类多，除了一些函件、包裹、特快专递等传统的业务外，还有邮政储蓄、汇兑、报刊发行等业务，由于有些业务有专门的会计核算规范，因此，这类业务要单项核算，但最终经营成果仍纳入企业的统一核算。

二、邮政业务收入的核算

（一）邮政业务收入的内容

1. 函件收入

（1）国内普通函件收入：收寄国内普通信函、明信片、印刷品、回音卡的基本资费及挂号费收入，普通邮票、纪特邮票、风光邮资封片、邮筒、贺年（有奖）明信片（不包括企业金卡）的销售收入。

（2）国内商业函件收入:商业信函、企业明信片(含企业金卡)、邮送广告等业务的全部收入。

（3）国际及港澳台函件收入：收寄国际及港澳台信函、明信片、印刷品的基本资费及挂号费收入，航空邮件、小包、印刷品专袋资费收入及相关的挂号费，以及国际回信券的销售收入。

（4）其他收入：保险费、回执费、航空附加费、验关费、查询费、确认投递费、答复无法投递通知单费、进出口欠资函件处理费、撤回或修改更正收件人名址申请费、存局候领手续费、信箱租金以及销售混合信函邮资卡的手续费等收入。

2. 包裹收入

（1）国内普通包裹收入：收寄国内普通包裹基本资费及挂号费收入等。

（2）国内快递包裹收入：收寄国内快递包裹基本资费及挂号费收入等。

（3）国际及港澳台包裹收入：收寄国际及港澳台包裹基本资费及挂号费收入等。

（4）其他收入：保价费、查询费、航空附加费、确认投递费、答复无法投递通知单费、脆弱包裹附加费、保价包裹手续费、回执费、海关验关费、撤回或修改更正收件人名址申请费、逾期保管费、存局候领手续费、包裹破损重封费等收入。

3. 汇票收入

（1）国内汇票收入：各类国内汇票的汇费收入、礼仪汇款的汇费收入。

（2）国际及港澳台汇票收入：国际汇票的汇费收入、钞买汇卖差价收入、国际汇票结算收入、国际特快送款业务收入等。

（3）其他收入：撤回汇款手续费、查询费、退汇费、改汇费、礼仪汇款收取的吉祥卡服务费、兑款回贴费、展期签证费、存局候领手续费等收入。

4. 特快专递收入

（1）国内异地特快专递收入：收寄国内异地特快专递资费收入及国内异地邮政礼仪业务资费收入等。

（2）国内同城特快专递收入：收寄国内同城特快专递资费收入及国内同城邮政礼仪业务资费收入等。

（3）国际及港澳台特快专递收入：收寄国际及港澳台特快专递资费收入及国际礼仪

业务资费收入等。

（4）其他收入：撤回特快专递邮件申请费、揽收服务费、超远投递费、保价费、查询费、逾期保管费等收入以及电子信函业务收入、邮政礼仪业务的物品进销差价收入、代收货款业务手续费、收件人付费业务投递服务费、补付收据费等收入。

5. 机要通信收入

（1）机要通信业务收入：收寄各种机要邮件基本资费及挂号费、代发新华社《内参选编》的资费收入等收入。

（2）其他收入：相关的机要保密费、查询费等收入。

6. 报刊发行收入

（1）报纸收入：经营报纸发行、订阅及零售业务，按相应费率计算取得的收入。

（2）杂志收入：经营杂志发行、订阅及零售业务，按相应费率计算取得的收入。

（3）其他收入：经营图书等出版物发行、订阅业务，按相应费率计算取得的收入，以及停刊、减价退款手续费收入，退订、改寄和变动手续费收入，赠阅交换发行费收入，报纸增版、杂志增刊补收发行费收入，报纸延期出版损失补偿费收入等。

7. 储蓄收入

（1）储蓄业务收入：核算储蓄业务的利差收入。

（2）中间业务收入：利用储蓄网代发养老金、代发职工薪酬手续费收入、代办保险业务按规定手续费率计收的代办保险手续费收入和代收水电费、电话费等手续费收入等。

（3）其他收入:异地存取款手续费、查询费、绿卡储蓄卡工本费及手续费、储蓄存折及绿卡储蓄卡办理挂失手续费、办理邮政储蓄异地撤销挂失手续费、异地存取款手续费、查询费等收入。

8. 集邮收入

（1）集邮邮票收入：邮政总局的集邮服务处限量出售的集邮邮票的售价收入。

（2）集邮品收入：邮册和邮折等集邮制品及从市场购进的集邮票品等的售价收入。

（3）其他收入：除集邮邮票、集邮品以外的其他集邮收入。

9. 物流收入

物流收入是指企业经营直递业务、配送业务、仓储业务、货代业务等物流业务取得的收入，包括直接取得的收入和按比例结算分得的收入。

（1）一体化物流收入：企业经营一体化物流业务，即提供全过程物流服务取得的收入。一体化物流收入分营销收入、运输收入和配送收入。

（2）功能性物流收入：企业经营的功能性物流服务业务中运输服务业务和配送服务业务取得的收入，包括物流运输收入和物流配送收入。

（3）其他收入：除上述收入以外的其他收入，如代封装、代收货款、超时仓储等增值业务收入。

10. 代办收入

代办收入是指企业代办电信业务、代销商品、代理票务等手续费收入。

（1）代办电信收入：企业代办电信业务取得的收入，包括用户注册、代卖各类电信有价卡等取得的代理费收入。

（2）代销商品收入：企业代销商品取得的手续费收入。

（3）其他收入：企业代理票务等取得的手续费收入。

（二）邮政业务收入的核算

1. 邮政业务收入的总分类核算

邮政业务的总分类核算是指将本期实现的各项邮政业务收入汇集起来，进行总括核算，以便反映出企业的邮政业务收入总额。

市、县财务部门按审核后的“营业收入报告表”记账，也可以将“营业收入报告表”的数据先登入“主营业务收入汇总表”中，待月终时把“主营业务收入汇总表”汇总作转账处理。按汇总表的收方借记“营业款结算”科目，贷记“邮政业务收入”、“其他业务收入”、“应收账款——用户欠费”（收回）、“预收账款——用户预存款”等科目；按汇总表的贷方，借记“邮政业务收入”（退费）、“其他业务收入”（退费）、“应收账款——用户欠费”、“应收账款——其他（应缴国际回信券部分）”、“预收账款——用户预存款”（退回）等科目，贷记“营业款结算”科目。

报刊发行收入应按照报刊发行部门提供的当月报刊流转额及发行费率计算出报刊发行费收入。转账时，借记“预收账款——预收报刊发行费”科目，贷记“邮政业务收入——报刊发行收入”科目。

储蓄业务收入应于每月终了时根据邮政储蓄会计结转“储蓄利差收入通知单”，按照本月应转利差收入栏金额，借记“应收账款”科目，贷记“邮政业务收入——储蓄收入”科目。每季季末收到邮政会计划转储蓄收入时，借记“银行存款”科目，贷记“应收账款”科目。

“邮政业务收入”科目月终不结转，待年度终了时，按年终余额结转“收支差额”科目，结转后“邮政业务收入”科目应无余额。

2. 营业缴款核算

邮政企业各支局、所营业部门的营业缴款和报账，一般不能同步反映到市、县局，因此，市、县局应设置“营业款结算”科目来核算企业所属各营业部门、邮政分支机构应缴和已缴的营业收入款。

[例9-1] 某市邮政局财务部门收到营业部门缴来的营业款现金400元，银行收款回单1 600元，会计分录为：

借：库存现金	400	
贷：营业款结算		400
借：银行存款	1 600	
贷：营业款结算		1 600

[例9-2] 某市邮政局收到支局缴营业款银行进账单，其中甲支局2 400元，乙支局3 200元，丙支局4 800元，会计分录为：

借：银行存款	10 400	
贷：营业款结算——甲支局		2 400
——乙支局		3 200
——丙支局		4 800

3. 邮政业务收入的明细分类核算

邮政企业主营业务的种类比较多，而且营业网点分布面广，因此要做好邮政业务收入的明细分类核算。各级邮政营业部门必须认真按邮政业务收入的内容如实填报，财务部门根据邮政业务收入进行明细分类核算。

邮政企业可采用“主营业务收入汇总表”的形式进行明细分类核算。“主营业务收入汇总表”应根据市县局所属营业单位收支发生的项目内容设置格式。“主营业务收入汇总表”可代表记账凭证，根据汇总表中反映的借、贷方登记明细账，对于汇总表中反映的“应收账款——用户欠费”、“预收账款——用户预存款”和“营业款结算”科目，必须按所属营业单位分别设置明细账进行登记，以便核对所属营业单位营业缴款、用户欠费和用户预存款情况。

[例9-3] 月终，财务部门收到各营业点的营业日报单，经审核无误后，编制“主营业务收入汇总表”，作为登记明细账的依据，“主营业务收入汇总表”见表9-1。

按表9-1，作如下账务处理：

借：营业款结算——营业班（组）　320 872
　　　　　　——集邮柜台　67 280
　　　　　　——甲支局　6 208
　　　　　　——乙支局　5 572
　　　　　　——丙支局　12 708
　贷：邮政业务收入——函件收入　118 760
　　　　　　　　——包裹收入　84 520
　　　　　　　　——汇票收入　10 480
　　　　　　　　——特快专递收入　46 000
　　　　　　　　——集邮收入　72 080
　　　　　　　　——代办收入　12 800
　　其他业务收入——出售邮品收入　2 200
　　　　　　　　——出租收入　120
　　　　　　　　——商品购销收入　8 480
　　　　　　　　——其他劳务作业收入　400
　　应收账款——用户欠费（营业班（组））　36 000
　　　　　　——用户欠费（甲支局）　160
　　　　　　——用户欠费（乙支局）　240
　　　　　　——用户欠费（丙支局）　400
　　预收账款——用户预存款（营业班（组））　1 600
　　应付账款——代办电信业务款　8 000
　　　　　　——代销商品款　10 400

根据“主营业务收入汇总表”支出总计：

借：邮政业务收入——国内包裹收入　680
　　预收账款——用户预存款（营业班（组））　800
　　应收账款——用户欠费（营业班（组））　28 000
　　　　　　——用户欠费（甲支局）　80
　　　　　　——用户欠费（乙支局）　160
　　　　　　——用户欠费（丙支局）　160
　贷：营业款结算——营业班（组）　29 352
　　　　　　　——甲支局　128

贷：营业款结算——乙支局　212

——丙支局　188

表 9-1

主营业务收入汇总表

年　　月　　　单位：元　　代记账凭证第　　号

项目 \ 单位名称				营业班(组)	集邮柜台	甲支局	乙支局	丙支局	合计
邮政业务收入（贷）	函件收入	国内普通函件	贴票	48 000		800	1 600	2 400	52 800
			不贴票	60 000		80	160	240	60 480
		国内商业函件	贴票	2 400		160			2 560
			不贴票	400					400
		国际及港澳台函件	贴票	1 600			40	40	1 680
			不贴票						
		其他收入		800		8	16	16	840
	包裹收入	国内普通包裹	贴票						
			不贴票	48 160		240	720	360	49 480
		国内快递包裹	贴票						
			不贴票	32 000		160	320	320	32 800
		国际及港澳台包裹	贴票			1 600	80	80	1 760
			不贴票						
		其他收入		400			40	40	480
	汇票收入	国内汇票		8 640		240	320	400	9 600
		国际及港澳台汇票		800		80			880
		其他收入							
	特快专递收入	国内同城特快专递		22 400		320	400	480	23 600
		国内异地特快专递		11 200		640	720	800	13 360
		国际及港澳台特快专递		8 000					8 000
		其他收入		800		80		160	1 040
	机要通信收入	机要通信							
		其他收入							
	集邮收入	集邮邮票			30 400			1 600	32 000
		集邮品			36 800			3 200	40 000
		其他收入			80				80
	代办收入	代办电信收入		4 000		400	160	240	4 800
		代销商品收入		7 200		400		400	8 000
		其他收入							
	物流收入	一体化物流收入							
		功能性物流收入							
		其他收入							
	合计			256 800	67 280	5 208	4 576	10 776	344 640

续表

项目 \ 单位名称			营业班(组)	集邮柜台	甲支局	乙支局	丙支局	合计
其他业务收入（贷）	出售邮品收入	邮政编码簿	1 600		40	16	24	1 680
		信封	80		8	12	4	104
		包装物	160			16	40	216
		无面值明信片及贺年卡	120		8	12	20	160
		其他收入	40					40
	出租收入	出租设备	24			8	8	40
		出租音像制品	48		8	12	12	80
		其他收入						
	商品购销收入	出售商品	5 280		80	80	160	5 600
		出售音像制品	2 560		40		40	2 640
		出售图书出版物	160		16	40	24	240
	其他劳务作业收入		400					400
	合计		10 472		200	196	332	11 200
应收账款——用户欠费（收回）（贷）			36 000		160	240	400	36 800
预收账款——用户预存款（贷）			1 600					1 600
应收账款——收回国际特快到付款（贷）								
应付账款——应付国际特快到付款（贷）								
应付账款——应付代办业务款（贷）		代办电信业务	6 400		400	400	800	8 000
		代销商品款	9 600		240	160	400	10 400
收入总计（借：营业款结算）			320 872	67 280	6 208	5 572	12 708	412 640
退还业务收入（借：邮政业务收入）		保价信函						
		国内包裹收入	552		48	52	28	680
		国际包裹收入						
退还用户预存款（借：预收账款）			800					800
应收用户欠费（借：应收账款）			28 000		80	160	160	28 400
兑换国际回信券（借：应收账款）								
支出合计（贷：营业款结算）			29 352		128	212	188	29 880
本月已缴营业结算款			291 520	67 280	4 480	3 200	12 000	378 480
本月欠缴营业结算款					1 600	2 160	520	4 280

“主营业务收入汇总表”中“本月已缴营业结算款”是指各营业单位每月按规定事先已上缴入账的营业款，不必再登账；“本月欠缴营业结算款”是指当月应缴营业款减去支出和已缴营业款的差额，应仅限于营业缴款月终未达的在途款，待次月实际收到时再按实际额核对入账。

除上述“主营业务收入汇总表”中所发生的收入外，其他如报刊发行收入和储蓄业务收入的营业缴款和核算另有专用单式，不在“营业收入汇总表”中反映，而由市县局统一计算收入。因为报刊发行收入是根据每月实际的报刊流转额和规定的报刊发行费率计算出来的，而储蓄业务收入则按储蓄业务会计计算出的利差收入核算，银行一般按季度结算利息，但邮政企业执行权责发生制，要按月反映收入，因此每月根据储蓄会计预计的利差反映，季末再按银行确定所付的利息计算结清。

[例9-4] 某邮政局2013年12月份预收报刊发行费收入960 000元，报刊发行会计计算出2014年1月份该局报刊发行收入为88 000元，其中：征订报纸收入48 000元，零售报纸收入8 000元，征订杂志收入24 000元，零售杂志收入4 000元，由于报纸减价，退款手续费收入为4 000元，会计分录为：

①2013年12月份：

借：银行存款　　960 000

　贷：预收账款——预收报刊发行费　　960 000

②2014年1月份：

借：预收账款——预收报刊发行费　　88 000

　贷：邮政业务收入——报刊发行——报纸（征订报纸）　　48 000

　　　　——报刊发行——报纸（零售报纸）　　8 000

　　　　——报刊发行——杂志（征订杂志）　　24 000

　　　　——报刊发行——杂志（零售杂志）　　4 000

　　　　——报刊发行——其他收入　　4 000

[例9-5] 某邮政局2013年1、2月份由储蓄会计计算出利差收入分别为336 000元和360 000元。3月25日收到储蓄会计划入第一季度储蓄利差收入1 040 000元，会计分录为：

①1月份：

借：应收账款——应收邮储利差收入　　336 000

　贷：邮政业务收入——储蓄收入　　336 000

②2月份：

借：应收账款——应收邮储利差收入　　360 000

　贷：邮政业务收入——储蓄收入　　360 000

③一季度收到储蓄会计划入的利差收入1 040 000元（其中3月份收入344 000元）。

借：银行存款　　1 040 000

　贷：应收账款——应收邮储利差收入　　696 000

　　　邮政业务收入——储蓄收入　　344 000

[例9-6] 2013年12月份某邮政局收取用户预订2014年邮票预订款320 000元，会计分录为：

借：银行存款　　320 000

　贷：预收账款——集邮邮票预订款　　320 000

2014年1月份收到省局下发集邮预订邮票款40 000元。

借：预收账款——集邮邮票预订款　　40 000

　贷：通信业务收入——集邮收入（集邮邮票收入）　　40 000

[例9-7] 某邮政局受理本地生日礼仪业务一笔，金额为96元，其中资费部分为56元，购买生日蛋糕费用为40元，会计分录为：

①营业缴款时：

借：库存现金　96

　贷：营业款结算　56

　　　其他应付款——代购礼仪物品　40

②购生日蛋糕支出：

借：其他应付款——代购礼仪物品　40

　贷：库存现金　40

月终，根据收入汇总，将营业款结算转列“邮政业务收入——特快专递收入”。

[例9-8] 某邮政局2013年发行工商银行企业金卡一套，共10 000枚，收入14 400元，会计分录为：

借：银行存款　14 400

　贷：营业款结算　14 400

月终，根据收入汇总，将营业款结算转列“邮政业务收入——函件收入”。

三、邮政业务成本的核算

邮政业务成本是指邮政企业在生产经营过程中，为取得邮政通信业务收入而实际发生的与生产有直接关系的各项支出。其具体内容包括邮政企业直接从事生产人员的职工薪酬和再生产过程中发生的固定资产折旧费、修理费、固定资产租赁费（不含融资租赁）、邮件运输费、周转材料摊销及各种与生产有关的业务费用。

为准确反映各项邮政业务的成本费用情况，邮政企业按照专业设置了“函件”、“包裹”、“汇票”、“特快专递”、“机要通信”、“报刊发行”、“储蓄”、“集邮”、“物流”及“代办”等10个二级科目。同时又设置了“待转专业成本”二级科目对上述10个专业需共同负担的费用进行归集和分配，在各二级科目下，按成本项目分别设置了“职工薪酬”、“折旧费”、“邮件运输费”（储蓄专业成本不设）、“修理费”、“周转材料摊销”、“业务费”等明细核算科目。

“待转专业成本”科目的借方余额，在每月终了时按各项费用测定比例分摊至各专业，分摊后“待转专业成本”科目应无余额。

（一）职工薪酬的核算

邮政业务成本中的职工薪酬是企业支付给生产人员和辅助生产人员、生产管理人员的劳动报酬。邮政企业划分为实行工效挂钩企业和未实行工效挂钩企业两种，分别按照不同的办法核算。

1. 实行工效挂钩企业的职工薪酬核算

在实行工效挂钩的邮政企业中，由省邮政局按照国家邮政局制定的工效挂钩办法和每年核定的职工薪酬总额基数，计算当年的职工薪酬。在实务中，一般是由各级财务部门每月根据邮政总局制定的工效挂钩考核办法，预计本月应提取的职工薪酬总额，借记“邮政业务成本”和“管理费用”的相关明细科目，贷记“应付职工薪酬”科目，并于年底进行清算。

工效挂钩企业应计提职工薪酬总额由核定的职工薪酬总额基数和本年可提取的新增效

益职工薪酬等两部分组成。计算公式为：

挂钩应提职工薪酬=上级核定的职工薪酬总额基数+新增效益职工薪酬

$$\text{新增效益职工薪酬}=\text{上级核定的职工薪酬总额基数}\times\text{浮动比例}\times\text{根据工效挂钩办法计算得出的挂钩计提比例}$$

[例9-9] 某邮政局2013年核定的职工薪酬总额基数为1 680 000元，根据上级制定的工效挂钩办法计算出的挂钩比例为18.62%，当年挂钩浮动比例为65%。

现计提该局新增效益职工薪酬：

计提新增效益职工薪酬比例=65%×18.62%=12.10%

由于该比例超过10%，根据有关规定，超过10%的部分必须减半计提，因此实际新增效益职工薪酬计提比例=（12.10%-10%）×0.5+10%=11.05%，则：

实际计提新增效益职工薪酬=1 680 000×11.05%=185 640（元）

全年计提职工薪酬总额=1 680 000+185 640=1 865 640（元）

假定该局职工薪酬总额基数在邮政业务成本和管理费用之间的分配比例为8∶2，则邮政业务成本中应计列职工薪酬总额基数为1 344 000元；管理费用应计列职工薪酬总额基数为336 000元。会计分录为：

①计提职工薪酬总额基数时：

借：邮政业务成本——待转专业成本（职工薪酬）	1 344 000	
管理费用——职工薪酬	336 000	
贷：应付职工薪酬——计提职工薪酬		1 680 000

②计提新增效益职工薪酬时：

借：邮政业务成本——待转专业成本（职工薪酬）	148 512	
管理费用——职工薪酬增长费	37 128	
贷：应付职工薪酬——计提职工薪酬		185 640

2. 未实行工效挂钩企业的职工薪酬核算

未实行工效挂钩的企业，其职工薪酬根据核定的职工薪酬总额按月发放，月末根据当月应发数按照有关规定分摊计入相关专业成本、费用。

[例9-10] 某省邮政局直属单位未实行工效挂钩。该单位2014年1月按照核定的职工薪酬总额发放职工薪酬80 000元，代扣养老保险1 600元。职工薪酬全部在管理费用中列支，会计分录为：

①发放职工薪酬时：

借：应付职工薪酬	80 000	
贷：库存现金（银行存款）		78 400
其他应付款		1 600

②月末转账，将本月所发放的职工薪酬列入成本：

借：管理费用	80 000	
贷：应付职工薪酬		80 000

3. 职工薪酬的分摊

月末，列入“邮政业务成本——待转专业成本”中的职工薪酬总额应按照测定的专业分摊比例进行分摊。分摊时，借记“邮政业务成本——××专业成本（职工薪酬）”，贷记“邮政业务成本——待转专业成本（职工薪酬）”。

[例 9–11]　某邮政局 12 月份发放的职工薪酬总额为 800 000 元，职工薪酬分摊比例见表 9–2。

表 9–2　　某邮政局 12 月份职工薪酬分摊计算表　　金额单位：元

专业	分摊比例（%）	分摊额
合计	100	800 000
函件	15	120 000
包裹	5	40 000
汇票	5	40 000
特快专递	10	80 000
机要通信	2	16 000
报刊发行	10	80 000
储蓄	38	304 000
集邮	15	120 000

会计分录为：

借：邮政业务成本——函件专业成本（职工薪酬）　120 000
　　——包裹专业成本（职工薪酬）　40 000
　　——汇票专业成本（职工薪酬）　40 000
　　——特快专递专业成本（职工薪酬）　80 000
　　——机要通信专业成本（职工薪酬）　16 000
　　——报刊发行专业成本（职工薪酬）　80 000
　　——储蓄专业成本（职工薪酬）　304 000
　　——集邮专业成本（职工薪酬）　120 000
　贷：邮政业务成本——待转专业成本（职工薪酬）　800 000

（二）折旧费的核算

邮政企业按照各项在用固定资产月初原值乘以月分类折旧率计算并按月计提折旧，计入相关专业成本。如果某一固定资产由几个专业共同使用，其折旧费应通过“待转专业成本”中的折旧费科目分摊计入各相关专业成本。计提折旧时，借记“邮政业务成本——××专业成本（折旧费）”、“管理费用——折旧费”科目，贷记“累计折旧”科目。由几个专业共同使用的固定资产，在计提折旧时，借记“邮政业务成本——待转专业成本（折旧费）”，贷记“累计折旧”科目；分摊时，借记“邮政业务成本——××专业成本（折旧费）”科目，贷记“邮政业务成本——待转专业成本（折旧费）”科目。

[例 9–12]　某邮政局 9 月份计提折旧费共 29 200 元，其中共用房屋折旧费 4 960 元，综合机械设备折旧费 1 440 元。综合运输设备折旧费 4 480 元，邮政营业用计算机折旧费 7 360 元，储蓄营业用计算机折旧费 3 680 元，储蓄运输设备折旧费 2 320 元，报刊发行机械设备折旧费 2 080 元，其他设备折旧费 2 880 元。经测定的邮政业务成本和管理费用分摊比例为 94∶6。

①计提折旧：

借：邮政业务成本——储蓄专业成本（折旧费） 6 000

——报刊专业成本（折旧费） 2 080

——待转专业成本（折旧费） 20 822.40

管理费用——折旧费 297.60

贷：累计折旧 29 200

②月终分摊折旧费见表9-3。

表9-3 **折旧费分摊计算表** 金额单位：元

专业		房屋及建筑物	机械设备	运输设备	计算机	其他设备	合计
合计	比例	100%	100%	100%	100%	100%	
	折旧费	4 662.40	1 440	4 480	7 360	2 880	20 822.40
函件	比例	37%	22%	22%	29%	37%	
	折旧费	1 725.09	316.80	985.60	2 134.40	1 065.60	6 227.49
包裹	比例	12%	30%	30%	17%	12%	
	折旧费	559.49	432	1 344	1 251.20	345.60	3 932.29
汇票	比例	20%	16%	16%	29%	21%	
	折旧费	932.48	230.40	716.80	2134.40	604.80	4 618.88
特快专递	比例	2%	12%	12%	3%	2%	
	折旧费	93.25	172.80	537.60	220.80	57.60	1 082.05
机要通信	比例	1%					
	折旧费	46.62					46.40
报刊发行	比例	7%	19%	19%	6%	7%	
	折旧费	326.37	273.60	851.20	441.60	201.60	2 094.37
储蓄	比例	19%			16%	19%	
	折旧费	885.86			1 177.60	547.20	2 610.66
集邮	比例	2%	1%	1%		2%	
	折旧费	93.25	14.40	44.80		57.60	210.05

借：邮政业务成本——函件专业成本（折旧费） 6 227.49

——包裹专业成本（折旧费） 3 932.29

——汇票专业成本（折旧费） 4 618.88

——特快专递专业成本（折旧费） 1 082.05

——机要通信专业成本（折旧费） 46.40

——报刊发行专业成本（折旧费） 2 094.37

——储蓄专业成本（折旧费） 2 610.66

——集邮专业成本（折旧费） 210.05

贷：邮政业务成本——待转专业成本（折旧费） 20 822.40

（三）邮件运输费的核算

邮件运输费是指企业支付的通过自办和委办形式运输邮件所发生的费用，包括铁路运费、航空运费、自办汽车运费、委办汽车运费、自办或委办水运运费、其他运费以及国际联邮运费等。其中列入邮件运输费的汽车运费是指干线邮路的邮运汽车耗用的润料和燃料费、车辆保险费、养路费、过路过桥费等。

企业支付邮件运输费时，借记“邮政业务成本——待转专业成本（邮件运输费）”科目，贷记“银行存款”、“库存现金”、“库存材料”等科目。月终根据测定的比例进行分摊。分摊时，借记“邮政业务成本——××专业成本（邮件运输费）”科目，贷记“邮政业务成本——待转专业成本（邮件运输费）”科目。

［**例9-13**］某邮政局支付12月份铁路运费400 000元，会计分录为：

借：邮政业务成本——待转专业成本（邮件运输费）　　400 000

　贷：银行存款　　400 000

月末，对本月发生的“邮政业务成本——待转专业成本（邮件运输费）”按照测定的专业核算分摊比例进行分摊，见表9-4。

表9-4　　**某市邮政局12月邮件运输费分摊计算表**　　金额单位：元

专业	分摊比例（%）	分摊金额
合计	100	400 000
函件	20	80 000
包裹	30	120 000
汇票	10	40 000
特快专递	20	80 000
机要通信	2	8 000
报刊发行	18	72 000

会计分录如下：

借：邮政业务成本——函件专业成本（邮件运输费）　　80 000

　　　　　　　　——包裹专业成本（邮件运输费）　　120 000

　　　　　　　　——汇票专业成本（邮件运输费）　　40 000

　　　　　　　　——特快专递专业成本（邮件运输费）　　80 000

　　　　　　　　——机要通信专业成本（邮件运输费）　　8 000

　　　　　　　　——报刊发行专业成本（邮件运输费）　　72 000

　贷：邮政业务成本——待转专业成本（邮件运输费）　　400 000

（四）修理费的核算

修理费是指企业对各项固定资产，如机械设备、运输设备和房屋等进行小修、中修、大修所发生的支出，以及为维修固定资产而支付的维修材料费、运杂费，机动车辆耗用的燃料、油料、轮胎及蓄电池更换等费用。发生时，借记“邮政业务成本——××专业成本（修理费）”科目，贷记“银行存款”、“库存现金”、“库存材料”等科目。如果所发生的修理费需要在两个或两个以上的专业之间进行分摊，需通过“邮政业务成本——待转专业成本（修理费）”科目进行归集，并于月末按照测定的专业分摊比例，摊入各相关专业。

为加强对修理费的管理，企业对日常维修费应制定费用定额，对中修或大修费用必须编制修理费用预算进行监控，中修或大修以上固定资产修理工程完工后，要按照规定进行工程决算和审计。对各项修理费用特别是汽车的修理费用要进行定额管理和总量控制，并与相关资产管理和使用人员职工薪酬挂钩考核。

[例9-14] 某邮政局9月份发生各项修理费用如下：生产用汽车更换轮胎修理费2 400元，报刊发行用计算机维修费240元，储蓄运钞车修理费400元，从共同费用分摊至“待转专业成本”的房屋维修费1 200元，会计分录如下：

借：邮政业务成本——待转专业成本（修理费） 2 400
——报刊发行专业成本（修理费） 240
——储蓄专业成本（修理费） 400
贷：银行存款 3 040
借：邮政业务成本——待转专业成本（修理费） 1 200
贷：共同费用——修理费 1 200

上述各项修理费分摊计算表见表9-5。

表9-5 **修理费分摊计算表** 金额单位：元

专业		房屋及建筑物	机械设备	运输设备	计算机	其他设备	合计
合计	比例	100%	100%	100%	100%	100%	
	修理费	1 200		2 400			3 600
函件	比例	37%	22%	22%	29%	37%	
	修理费	444		528			972
包裹	比例	12%	30%	30%	17%	12%	
	修理费	144		720			864
汇票	比例	20%	16%	16%	29%	21%	
	修理费	240		384			624
特快专递	比例	2%	12%	12%	3%	2%	
	修理费	24		288			312
机要通信	比例	1%					
	修理费	12					12
报刊发行	比例	7%	19%	19%	6%	7%	
	修理费	84		456			540
储蓄	比例	19%			16%	19%	
	修理费	228					228
集邮	比例	2%	1%	1%		2%	
	修理费	24		24			48

会计分录如下：

借：邮政业务成本——函件专业成本（修理费） 972
——包裹专业成本（修理费） 864
——汇票专业成本（修理费） 624
——特快专递专业成本（修理费） 312
——机要通信专业成本（修理费） 12

借：邮政业务成本——报刊发行专业成本（修理费）　540
　　　　　　　　——储蓄专业成本（修理费）　228
　　　　　　　　——集邮专业成本（修理费）　48
　贷：邮政业务成本——待转专业成本（修理费）　3 600

（五）周转材料摊销的核算

周转材料摊销是指各专业用的各种周转材料的购置费、摊销额和修理费。周转材料费用一般采用一次摊销法列入成本，数额大且有必要的也可采用分次摊销的方法，摊销期在一年以上的通过“长期待摊费用”科目核算。属于某一特定专业使用的周转材料直接计入该专业成本，由两个或两个以上专业共同使用的周转材料则通过“待转专业成本”科目分摊计入各相关专业。企业领用或摊销周转材料时，借记“邮政业务成本——待转专业成本（周转材料摊销）”科目，贷记“周转材料”科目。

[例9-15] 某邮政局9月份邮政营业窗口领用铁皮柜一个，价值320元，分支机构领用电话机3部，共计240元，投递员领用自行车一辆，价值240元。会计分录为：

借：邮政业务成本——待转专业成本（周转材料摊销）　800
　贷：周转材料　800

将本月发生的上述费用分摊至各专业，见表9-6。

表9-6　**费用分摊表**　金额单位：元

专业	分摊比例（%）	分摊金额
合计	100	800
函件	15	120
包裹	10	80
汇票	5	40
特快专递	20	160
机要通信	40	320
储蓄	5	40
集邮	5	40

会计分录如下：

借：邮政业务成本——函件专业成本（周转材料摊销）　120
　　　　　　　　——包裹专业成本（周转材料摊销）　80
　　　　　　　　——汇票专业成本（周转材料摊销）　40
　　　　　　　　——特快专递专业成本（周转材料摊销）　160
　　　　　　　　——机要通信专业成本（周转材料摊销）　320
　　　　　　　　——储蓄专业成本（周转材料摊销）　40
　　　　　　　　——集邮专业成本（周转材料摊销）　40
　贷：邮政业务成本——待转专业成本（周转材料摊销）　800

（六）业务费的核算

业务费包括代办手续费、业务宣传费、业务材料和用品费、邮袋（容器）购置费、邮袋（容器）修理及改制费、邮票印制费、非干线邮运邮政生产用机动车辆耗用的润料和燃料费、过路过桥费、车辆保险费、养路费、生产用通信费用、业务损失补偿费、差旅费、劳动保护费、水电取暖费、生产用图书资料费以及由“待转专业成本”科目按比例分摊到各专业的其他业务费。

企业发生的业务费用，如明确为某专业所耗用时，借记“邮政业务成本——××专业成本（业务费）”科目，贷记相应科目。月终，将其按比例分摊至各专业。分摊时，借记“邮政业务成本——待转专业成本（业务费）”科目。

[例9-16] 某邮政局9月份支付通信费用共计4 000元，其中行政管理各部门电话费1 600元，绿卡机房通信费400元，报刊发行数据通信费160元，营业窗口及分支机构电话费1 840元，会计分录为：

借：管理费用——通信费　　1 600
　　邮政业务成本——储蓄专业成本（业务费）　　400
　　　　——报刊发行专业成本（业务费）　　160
　　　　——待转专业成本（业务费）　　1 840
　贷：银行存款　　4 000

[例9-17] 某邮政局9月份各部门向仓库领用材料及业务用品如下：营业窗口领用打印纸160元，分支机构领用业务材料用品400元，共计560元，会计分录为：

借：邮政业务成本——待转专业成本（业务费）　　560
　贷：库存材料　　560

月末，将本月所发生的待转专业成本中的业务费进行分摊，见表9-7。

表9-7　　**业务费分摊计算表**　　金额单位：元

专业		业务材料用品	通信费	合计
合计	比例	100%	100%	
	业务费	560	1 840	2 400
函件	比例	24%	20%	
	业务费	134.40	368	502.40
包裹	比例	18%	12%	
	业务费	100.80	220.80	321.60
汇票	比例	2%	10%	
	业务费	11.20	184	195.20
特快专递	比例	10%	15%	
	业务费	56	276	332
机要通信	比例	1%	5%	
	业务费	5.60	92	97.60
报刊发行	比例	10%	10%	
	业务费	56	184	240
储蓄	比例	30%	18%	
	业务费	168	331.20	499.20
集邮	比例	5%	10%	
	业务费	28	184	212

会计分录如下：

借：邮政业务成本——函件专业成本（业务费）　　502.40
　　　　——包裹专业成本（业务费）　　321.60
　　　　——汇票专业成本（业务费）　　195.20

借：邮政业务成本——特快专递专业成本（修理费） 332
——机要通信专业成本（业务费） 97.60
——报刊发行专业成本（业务费） 240
——储蓄专业成本（业务费） 499.20
——集邮专业成本（业务费） 212
贷：邮政业务成本——待转专业成本（业务费） 2 400

（七）年终结转

企业发生的“邮政业务成本”平时不必结转。在年终时，将总账余额结转到“收支差额”科目。结转后，“邮政业务成本”科目应无余额。

［例9-18］某邮政局全年发生的邮政业务成本共计1 200 000元，年终结转收支差额，会计分录为：

借：收支差额 1 200 000
贷：邮政业务成本 1 200 000

四、收支差额的核算

邮政企业在一定时期内，生产经营活动所取得的全部收入用于补偿全部支出和上缴税费后的差额，称为“收支差额”。收大于支，简称为“收差”；支大于收，简称为“支差”。由于邮政企业具有全程全网、联合作业的生产特点，每个企业的业务收入都是全程全网收入。因此，各个企业的收支差额并不是该企业的利润（或亏损），只有国家邮政局汇总的全国邮政企业所实现的收支差额总额，才是全国邮政企业的利润或亏损。

（一）收支差额的构成

收支差额的构成包括邮政业务收入、邮政业务成本、营业税金及附加、其他业务收入、其他业务成本、管理费用、财务费用、投资收益、补贴收入、营业外收入、营业外支出等项目。

邮政企业收支差额的计算公式如下：

收支差额净额=收支差额总额-所得税

收支差额总额=邮政营业收支差额+投资收益+补贴收入+营业外收入-营业外支出+附属企业利润

邮政营业收支差额=邮政业务收支差额+其他业务收入-其他业务成本-管理费用-财务费用

邮政业务收支差额=邮政业务收入-邮政业务成本-营业税金及附加

（二）收支差额的核算

根据收支差额构成中的“邮政业务收入”、“邮政业务成本”、“营业税金及附加”、“其他业务收入”、“其他业务成本”、“投资收益”、“营业外收入”、“营业外支出”、“管理费用”、“财务费用”等科目结算企业全年的收支差额。

年终结转企业收支差额时，借记“邮政业务收入”、“其他业务收入”、“营业外收入”科目，贷记“收支差额”科目；同时借记“收支差额”科目，贷记“邮政业务成本”、“营业税金及附加”、“其他业务成本”、“管理费用”、“财务费用”、“营业外支出”科目；并将“投资收益”科目的净收益转入“收支差额”科目，借记“投资收益”科目，贷记“收支差额”科目，如为投资损失，则作相反分录。

年度终了时，应将“收支差额”科目的余额全部转入“收支差额分配——未分配收支差额”科目，结转时，如为收差，借记“收支差额”科目，贷记“收支差额分配——

未分配收支差额”科目；如为支差，则借记“收支差额分配——未分配收支差额”科目，贷记“收支差额”科目。年终结转后，“收支差额”科目应无余额。

各省附属企业的利润（或亏损）由省局汇入全省利润表；邮政总局附属企业由邮政总局汇入全国利润表。

[例9-19] 某市邮政局2013年实现邮政业务收入40 000 000元，邮政业务成本30 400 000元，营业税金及附加1 320 000元，其他业务收入6 400 000元，其他业务成本2 400 000元，管理费用6 000 000元，财务费用80 000元，投资收益640 000元，营业外收入240 000元，营业外支出160 000元，年终分别计算企业的“邮政业务收支差额”、“邮政营业收支差额”和“收支差额总额”。

邮政业务收支差额=40 000 000-30 400 000-1 320 000=8 280 000（元）

邮政营业收支差额=8 280 000+6 400 000-2 400 000-6 000 000-80 000=6 200 000（元）

收支差额总额=6 200 000+640 000+240 000-160 000=6 920 000（元）

年终结转“收支差额”科目的分录：

①结转邮政业务收入。

借：邮政业务收入　　40 000 000

　贷：收支差额　　40 000 000

②结转其他业务收入。

借：其他业务收入　　6 400 000

　贷：收支差额　　6 400 000

③结转营业外收入。

借：营业外收入　　240 000

　贷：收支差额　　240 000

④结转邮政业务成本。

借：收支差额　　30 400 000

　贷：邮政业务成本　　30 400 000

⑤结转营业税金及附加。

借：收支差额　　1 320 000

　贷：营业税金及附加　　1 320 000

⑥结转其他业务成本。

借：收支差额　　2 400 000

　贷：其他业务成本　　2 400 000

⑦结转管理费用。

借：收支差额　　6 000 000

　贷：管理费用　　6 000 000

⑧结转财务费用。

借：收支差额　　80 000

　贷：财务费用　　80 000

⑨结转营业外支出。

借：收支差额　　160 000

　贷：营业外支出　　160 000

⑩结转投资收益。

借：投资收益　　640 000

　贷：收支差额　　640 000

第二节　电信企业会计

电信企业的会计核算内容在收入和成本方面较为特殊，在利润及利润分配的核算上则与其他企业大同小异。因此，本节着重介绍电信企业业务收入和业务成本的核算。

小知识 9-1

中国电信业在2008年进行重组，由原来的多家企业整合为中国移动、中国电信和中国联通三家运营商。重组后的电信业竞争环境变化巨大，企业运营发展的不确定性增加。各电信企业要保持竞争力，必须以战略管理为核心目标，围绕战略管理过程顺利运转，不仅要研究自身的资源和能力，还要研究外部环境，包括宏观政策、产业环境、竞争对手、客户等，并及时传递环境的变化信息。

一、电信业务收入的核算

（一）电信业务收入的内容

电信业务收入的内容主要包括：

1. 本地固定电话网业务收入

（1）本地电话业务收入：本地电话及用户中继线月租费收入，一线通补充业务功能收入，本企业固定电话用户主叫的区内、区间通话费收入（含公用电话通话费收入），电视会议、电话会议通话费收入，电话卡、被叫集中付费800业务、虚拟专用网600业务通话费收入，程控电话新服务项目使用费收入，特服号通话费收入，各项信息业务收入等。

（2）企业内网间结算收入：由企业内部其他通信网结入的结算收入。

（3）企业间网间结算收入：由其他电信企业结入的结算收入。

（4）出租电路及网元业务收入：出租本地网（含出租专线）音频电路、数字电路，出租光纤、光芯、波长、管道以及租杆挂线等租费收入。

（5）出租设备业务收入：出租本地网电话交换机、电源设备等租费收入。

（6）装移机收入：装移机工料费收入和手续费收入。

（7）其他收入：不属于以上各项的业务收入，如开户费收入，用户改名和过户手续费收入，电视会议、电话会议公用会议室使用费、服务费收入，各种代维费收入以及售卡预收沉淀资金转入等。

2. 长途电话网业务收入

（1）国内长途电话业务收入：本企业固定和移动用户拨打国内长途电话的通话费收入，电话卡、被叫集中付费800业务、一线通（N-ISDN）业务收入，公用电话通话费收入，电视会议、电话会议通话费收入，广播电视传送业务收入等。

（2）国际电话业务收入：国际电话的通话费收入（含国际被叫集中付费800业务通

话费收入和一线通业务收入），国际公众船舶电话通话费、陆线费收入，国际海事卫星电话通话费、陆线费收入，国际电视会议资费收入，国际电视节目传送费、多址传送附加费收入，公用电话、电话卡通话费收入，电视会议、电话会议的通话费收入以及国际电话账务结算收入等。

（3）港澳台电话业务收入：港澳台电话的通话费收入，被叫集中付费 800 业务、一线通业务收入，公用电话、电话卡通话费收入以及电视会议、电话会议业务收入等。

（4）企业内网间结算收入：由企业内部其他通信网结入的结算收入。

（5）企业间网间结算收入：由其他电信企业结入的结算收入。

（6）出租电路及网元业务收入：出租长途电话网音频电路租费收入，出租长途数字电路租费收入，出租长途光纤租费收入，出租长途波长租费收入，出租交换机端口、拨号服务器端口、信令网端口、同步网端口、管道管孔以及长途租杆挂线等租费收入。

（7）出租设备业务收入：出租交换机、无线电台收入，无线短波、发话机收入，话务员坐席等租费收入。

（8）其他收入：不属于以上各项的业务收入，如通信设备代维费收入，查询费、开户费、补开用户遗失长话收据证明的手续费收入，电视会议、电话会议公用会议室使用费、服务费收入以及售卡预收沉淀资金转入等。

3. 数据通信网业务收入

（1）国内数据业务收入：国内分组交换业务收入、因特网接入业务收入、因特网平台业务收入、多媒体网上新开展的应用业务收入、电子数据交换（EDI）收入、传真存储转发业务收入、电子信箱等增值业务收入、电报业务收入等。

（2）国际及港澳台数据业务收入：国际及港澳台分组交换业务收入、因特网接入业务收入、因特网平台业务收入、多媒体网上开展的其他应用业务收入、电子数据交换收入、传真存储转发业务收入、电子信箱业务收入等。

（3）企业内网间结算收入：由企业内部其他通信网结入的结算收入。

（4）企业间网间结算收入：由其他电信企业结入的结算收入。

（5）出租电路及网元业务收入：出租本地网、国内长途、国际及港澳台数字数据电路（DDN）专线业务收入，出租本地网、国内长途、国际及港澳台帧中继/ATM 业务收入，出租 ATM 端口费收入及出租网元租费收入等。

（6）出租设备业务收入：出租数据通信网各种设备的租费收入，如出租调制解调器等各种用户终端设备等租费收入。

（7）其他收入：不属于以上各项的业务收入，包括各项数据业务的一次性费用（包括开户费、安装调测费、工料费）收入、电报业务收入、设备代维费收入以及售卡预收沉淀资金转入等。

4. 移动通信网业务收入

（1）基本通话业务收入：移动本地电话通话费收入和漫游通话费收入，新功能服务项目（包括呼叫转移、主叫显示、呼叫限制、呼叫等待、多方通话、语音信箱等）的基本使用费收入。

（2）月租费收入：移动电话用户按月交纳的固定费用收入。

（3）移动数据业务收入：信息服务业务收入、短消息服务收入、手机上网通信费收入、通用分组无线业务（GPRS）收入、因特网业务收入等。

（4）企业内网间结算收入：由企业内部其他通信网结入的结算收入。

（5）企业间网间结算收入：由其他电信企业结入的结算收入。

（6）出租电路及网元业务收入：出租电路、出租网元业务的收入。

（7）出租设备业务收入：出租移动电信网各种设备租费收入。

（8）其他收入：不属于以上各项的业务收入，包括设备代维费收入，代收、过户、停开机手续费收入以及售卡预收沉淀资金转入等。

5. 卫星通信网业务收入

（1）出租电路及网元业务收入：出租卫星转发器租费收入等。

（2）卫星固定通信业务收入：甚小地球站（VSAT）通信收入，包括数据业务收入、语音业务收入、广播业务收入以及国际专线通信费收入等。

（3）卫星移动通信业务收入：卫星移动电话用户系统接入费收入、月租费收入、通话费收入（包括国内、国际长途电话通话费收入）、漫游通信费收入等。

（4）企业内网间结算收入：由企业内部其他通信网结入的结算收入。

（5）企业间网间结算收入：由其他电信企业结入的结算收入。

（6）出租设备业务收入：出租端站等各种设备租费收入。

（7）其他收入：不属于以上各项的业务收入，包括设备代维费收入、服务费收入等。

6. 无线寻呼网业务收入

（1）无线寻呼收入：服务费收入，指向无线寻呼用户按月收取的服务费收入，包括本地服务费收入、联播服务费收入、漫游服务费收入、增值业务收入等。

（2）电话信息收入：按规定收取的电话信息费收入等。

（3）计算机信息收入：按规定收取的计算机信息费收入等。

（4）其他收入：不属于以上各项的业务收入，如秘书服务等。

7. 专用通信网业务收入

专用通信网业务收入包括党政等专用通信网的各项业务收入，其他企业内部使用的通信网不在此项内。

（1）本地电话业务收入：本地电话及用户中继线的月租费收入、通话费收入及一线通补充业务功能收入等。

（2）国内长途电话业务收入：国内长途电话通话费收入，一线通业务收入，电视会议、电话会议通话费收入等。

（3）国际及港澳台电话收入：国际及港澳台长途电话的通话费收入，一线通业务收入及电视会议、电话会议的通话费收入、视图传送费收入等。

（4）数据业务收入：本地数据业务收入，国内、国际及港澳台数据业务收入。

（5）其他收入：不属于以上各项的业务收入。

（二）电信业务收入的核算方法

为了核算电信企业经营的基础电信业务和增值电信业务所取得的资费收入，以及电信企业之间网间互联电信业务的结算收入，应设置“主营业务收入”科目。

根据企业主营业务收入核算流程，账务处理可分为五种情况：

1. 营业厅收取现金的通信费收入的账务处理

(1) 收到营业窗口的“银行进账单”时：

借：银行存款

贷：营业款结算——××营业单位

(2) 月末，根据“营业报告单”：

借：营业款结算——××营业单位

贷：主营业务收入——××通信网业务收入

如有退费事项做相反会计分录：

借：主营业务收入——××通信网业务收入

贷：营业款结算——××营业单位

2. 普通签约记账用户通信费收入（包括先使用后交钱的欠费用户及预付费的记账用户）的账务处理

(1) 月末，根据当月计费系统（账务中心）出具的“主营业务收入汇总表”或“营业报告单”：

借：应收账款——用户欠费

预收账款——用户预存款

贷：主营业务收入——××通信网业务收入

(2) 根据收费网点（包括自营网点、银行网点）收取的上月记账用户通信费收入的“银行进账单”：

借：银行存款

贷：营业款结算——××营业单位

(3) 月末，根据各营业单位的“主营业务收入汇总表”或“营业报告单”收方项目和金额：

借：营业款结算——××营业单位

贷：主营业务收入——××通信网业务收入（收现费的）

应收账款——用户欠费

预收账款——用户预存款

按付方项目和金额：

借：主营业务收入——××通信网业务收入（业务退费等）

贷：营业款结算——××营业单位

3. 预付费卡实现通信收入的账务处理

(1) 营业单位售出预付费卡（电话卡、上网卡等）时，收到营业单位上缴的营业收入款时：

借：银行存款

贷：营业款结算——××营业单位

(2) 月末，根据“营业报告单”转账，按收方售卡金额：

借：营业款结算——××营业单位

预收账款——预付费卡款——××类卡（销售折扣）

贷：预收账款——预付费卡款——××类卡（面值）

(3) 持卡用户使用了通信服务后，根据计费账务中心出具的账单和按综合折扣率应结转的折扣金额转账：

借：预收账款——预付费卡款——××类卡（面值）

贷：预收账款——预付费卡款——××类卡（销售折扣）

主营业务收入——××通信网业务收入

4. 企业内网间结算收支的账务处理

根据“企业内网间结算明细表”所列数据：

借：主营业务收入——××通信网业务收入（企业内网间结算收入）（结出方）

贷：主营业务收入——××通信网业务收入（企业内网间结算收入）（结入方）

对于国际电话网从其他电信业务经营者结入的国际电话结算收入，按规定需要分割给国内长途电话网的长途电路使用费和本地固定电话网的接续费，应从国际电话网“企业间网间结算收入”科目冲转。按应结转金额合计：

借：主营业务收入——国际电话网业务收入（企业间网间结算收入）

贷：主营业务收入——国内长途电话网业务收入（企业间网间结算收入）

——本地固定电话网业务收入（企业间网间结算收入）

对于国内长途电话网结入的“企业间网间结算收入”需分割给本地固定电话网的接续费，也同样从国内长途电话网的“企业间网间结算收入”科目中冲转，按应结转的金额：

借：主营业务收入——国内长途电话网业务收入（企业间网间结算收入）

贷：主营业务收入——本地固定电话网业务收入（企业间网间结算收入）

5. 企业间网间结算收支的账务处理

一般企业间互联互通协议的周期为每月末结算一次。

(1) 根据“账务中心”出具的经双方确认的“企业间网间结算收入、支出明细表”收方项目及金额：

借：应收账款——企业间网间结算款（××电信公司）

贷：主营业务收入——××通信网业务收入（企业间网间结算收入）

根据“企业间网间结算收入、支出明细表”付方项目及金额：

借：主营业务收入——××通信网业务收入（企业间网间结算收入）

贷：应付账款——企业间网间结算款（××电信公司）

(2) 收到对方电信公司汇来结算收入款项时，根据“银行进账单”：

借：银行存款

贷：应收账款——企业间网间结算款（××电信公司）

支付给对方电信公司网间结算款时：

借：应付账款——企业间网间结算款（××电信公司）

贷：银行存款

期末，应将本科目余额转入“本年利润”；地、市分公司应将“主营业务收入”余额转入“应交上级资金——年度损益划转”科目，结转后本科目应无余额。

现举例说明电信业务收入的核算。

[例9-20] 某电信企业月末收到营业部门上报的“电信营业窗口报告单”，见表9-8。

根据表 9-8 中资料，作如下会计处理：

借：营业款结算　　1 731 920

　贷：主营业务收入——本地固定电话网业务收入（市话初装基金收入）　　567 200

　　　　　　　　——本地固定电话网业务收入（市话收入）　　551 200

　　　　　　　　——国内长途电话网业务收入（国内长途通信收入）　　360 000

　　　　　　　　——国际长途电话网业务收入（国际通信收入）　　190 400

　　　　　　　　——国内长途电话网业务收入（电报收入）　　9 520

　　　　　　　　——本地固定电话网业务收入（磁卡收入）　　53 600

表 9-8　**电信营业窗口报告单**

2013 年 9 月 30 日　　单位：元

收入			支出		
项目		金额	项目		金额
专用基金	市初装电话	567 200	收入退还	退市话初装费	
				退月租费	
代收款	省局移动电话			退市内通话费	
	计费电话费			退国内长话费	10 400
				退国际长话费	
通信业务收入	市内通话收入	551 200		退话机费	
	国内长话收入	360 000			
	国际长话收入	190 400			
	磁卡收入	53 600			
	电报收入	9 520	缴款	现金	460 000
				银行支票	1 261 520
				银行存款回单	
收入合计		1 731 920	支出合计		1 731 920

根据表 9-8“电信营业窗口报告单”的付方，作如下会计处理：

借：主营业务收入——长途电话网业务收入（国内长途通信收入）　　10 400

　贷：营业款结算　　10 400

企业本月收到营业部门缴款 1 721 520 元，作如下会计处理：

借：库存现金　　460 000

　　银行存款　　1 261 520

　贷：营业款结算　　1 721 520

年终，将“主营业务收入”科目贷方余额 284 800 000 元转入“本年利润”科目，作如下会计处理：

借：主营业务收入　　284 800 000

　贷：本年利润　　284 800 000

计算应交营业税为 8 544 000 元（284 800 000×3%），作如下会计处理：

借：营业税金及附加　　8 544 000

　贷：应交税费——应交营业税　　8 544 000

二、电信业务成本的核算

（一）电信业务的成本项目

电信业务成本是指电信通信的各项支出，包括本地固定电话网业务成本、长途电话网业务成本、数据通信网业务成本、移动通信网业务成本、卫星通信网业务成本、无线寻呼网业务成本和专用通信网业务成本。其成本项目包括：

（1）职工薪酬：生产人员职工薪酬和按规定支付的职工福利费。

（2）折旧费：固定资产按规定计提的折旧费。

（3）修理费：企业在用的固定资产（包括租入固定资产）发生的各种维护费、修理费，以及对固定资产进行大修理发生的支出。

（4）周转材料摊销：在用的各种周转材料的购置、摊销额和修理费等。

（5）业务费：支付通信生产的各种业务费用，包括频率占用费，卫星测控费，安全保卫费，号码资源费，设备耗用的外购电力费，自有电源设备耗用的燃料和润料费，水电取暖费，劳动保护费，保险费，交换机用电池费，业务材料、单式和用品费，因公使用名章刻制费，差旅费，图书资料费，委托代办手续费，物业管理费，车辆的养路费、燃料油料费、保险费、停车费、过桥费、过路费以及由“共同费用”科目按比例分摊到主营业务成本中的业务费。

（6）电路及网元租赁费：支付给其他电信企业的电路及网元等传输系统及设备的租赁费用。

（二）电信企业成本的核算方法

电信企业计提职工薪酬时，应按照“职工薪酬计算表”所列数据，作如下会计处理：

借：主营业务成本——××网业务成本（职工薪酬）

　贷：应付职工薪酬

企业每月按照“折旧费计算表”所列各通信网应计提折旧额提取固定资产的折旧费，作如下会计处理：

借：主营业务成本——××网业务成本（折旧费）

　贷：累计折旧

企业发生的与固定资产有关的后续支出，如果不能使流入企业的经济利益超过原先的估计，应当确认为费用，作如下会计处理：

借：主营业务成本——××网业务成本

　　管理费用

　贷：银行存款

企业发生的修理费、周转材料摊销、业务费、电路及网元租赁费等项开支，凡能直接计入各通信网业务成本的，应直接计入：

借：主营业务成本——××网业务成本

贷：库存材料

周转材料摊销

库存现金

银行存款

其中不能直接计入相关通信网业务成本的修理费和业务费，先归集记入“共同费用”科目，月份终了时再按确定的分摊标准，分摊计入相关通信网业务成本：

借：主营业务成本——××网业务成本

贷：共同费用

期末，应将“主营业务成本”科目的余额转入“本年利润”科目，结转后“主营业务成本”科目应无余额。

[例9-21] 某电信公司9月份的主营业务成本明细表，见表9-9。

表9-9

主营业务成本明细表

2013年9月

单位：元

主营业务成本项目	本地固定电话网	长途电话网	数据通信网	无线寻呼网	合计
职工薪酬	161 300	184 100	223 400	—	568 800
折旧费	261 000	342 000	453 000	—	1 056 000
修理费	32 400	46 100	40 800	—	119 300
周转材料摊销	16 000	18 300	22 400	—	56 700
业务费	28 000	32 500	38 400	—	98 900
电路及网元租赁费	—	—	68 300	—	68 300
合计	498 700	623 000	846 300	—	1 968 000

根据“主营业务成本明细表”（表9-9）和“职工薪酬计算表”（略）、“折旧费计算表”（略）所列数据，作如下会计处理：

①计提职工薪酬时：

借：主营业务成本——本地固定电话网业务成本（职工薪酬）　161 300

——国内长途电话网业务成本（职工薪酬）　184 100

——数据通信网业务成本（职工薪酬）　223 400

贷：应付职工薪酬　568 800

②企业提取固定资产的折旧费时：

借：主营业务成本——本地固定电话网业务成本（折旧费）　261 000

——国内长途电话网业务成本（折旧费）　342 000

——数据通信网业务成本（折旧费）　453 000

贷：累计折旧　1 056 000

③企业发生修理费（其中领用材料89 600元）、周转材料摊销、业务费、电路及网元租赁费等项开支时：

借：主营业务成本——本地固定电话网业务成本　　76 400
　　　　　　　——国内长途电话网业务成本　　96 900
　　　　　　　——数据通信网业务成本　　169 900
　贷：库存材料　　89 600
　　　周转材料——周转材料摊销　　56 700
　　　银行存款　　196 900

典型案例一

中国网通南山营业部2013年10月份的“业务收入汇总表”，见表9-10。

表9-10

业务收入汇总表

2013年10月31日

金额单位：千元

项目	收入					支出					应缴款
	业务收入	其他业务收入	用户预存款	收回用户欠款	收入合计	退月租费	退市内通话费	退国内长话费	退国际长话费	支出合计	
本地固定电话网	1 568		590	485	2 643	23	16	34	68	141	
长途电话网	2 163				2 163						
数据通信网	887				887						
无线寻呼网	462				462						
合计	5 080	—	590	485	6 155	23	16	34	68	141	6 014

月末，南山营业部已将应缴款6 014 000元通过银行缴存到企业账户。

请根据南山营业部2013年10月份的“业务收入汇总表”（表9-10）和缴款业务进行相应的账务处理。

典型案例二

宜昌市分行成功防范两起伪造军官证开户涉嫌诈骗案件

近日，宜昌分行事后监督及时发现并成功防范两起利用伪造军官证开户，诈骗储户资金的案件，为客户避免了经济损失，有效提高了邮储银行的信誉度和美誉度。

3月23日上午10时，宜昌分行事后监督人员在监督杨岔路支行的个人储蓄业务凭证时，对一笔活期开户的军官证复印件进行真伪鉴别，并在当日发现金东山支行和夷陵大道支行均有军官证开户。监督组对这三张以军官证开户的专用凭单进行了复核，三张开户专用凭单上照片、联系电话为同一人。监督组长判断该账户涉及诈骗可能性较高，立即向分行总审计师报告了异常情况。总审计师方年辉当即赶赴现场，经仔细核对后立即通知相关网点对三个可疑账户作止付处理，并在电子稽查系统查阅了城区19个网点的开户信息，发现同日在葛洲坝支行和沿江大道支行还有以袁某和张某姓名的开户信息。经调阅相关原始凭证，这两笔均以身份证开户，附有身份证复印件，且打印有身份证联网核查系统验证结果，确认号码与姓名一致。为维护邮储银行信誉，确保客户资金安全，23日上午11时与袁某、张某取得联系，告之所掌握的有关情况，袁某、张某发现自己手中的活期存折已被人调包。

经袁某讲述，经人介绍认识自称是宜昌军分区后勤处长李某，李某称手头有十几吨的塑料颗粒要出售，市场价格每吨1万多元，由于要调离本地到广州就职，急于出售，愿以每吨7 000元的价格出售，并将所带2包塑料颗粒样品给袁某过目，袁某当即表示愿意购买，最后达成了以11万元购买17吨货物的协议。李某提出要在邮储银行开户，便于货款进行转账，袁某应他要求在葛洲坝支行开户，并将开户活期存折交给他，李某验视后约定次日（23日）下午4时30分以前收货转账付款。另一存折被调包的张某与袁某受骗经过相似。

通过此案例，我们从中得到什么启示？

本章小结

邮政企业会计的特点主要体现在成本核算的特殊性和业务收入的全程全网性两个方面。

邮政业务收入主要包括函件收入、包裹收入、汇票收入、特快专递收入、机要通信收入、报刊发行收入、储蓄收入、集邮收入、物流收入和代办收入。

邮政业务成本是指邮政企业在生产经营过程中，为取得邮政通信业务收入而实际发生的与生产直接有关的各项支出。具体内容包括邮政企业直接从事生产人员的职工薪酬和再生产过程中发生的固定资产折旧费、修理费、固定资产租赁费（不含融资租赁）、邮件运输费、周转材料摊销及各种与生产有关的业务费用。

邮政企业在一定时期内，生产经营活动所取得的全部收入用于补偿全部支出和上缴税金后的差额，称为“收支差额”。

电信业务收入主要包括七大项，根据企业主营业务收入核算流程，账务处理可分为五种情况。电信业务成本是指电信通信的各项支出，包括本地固定电话网业务成本、长途电话网业务成本、数据通信网业务成本、移动通信网业务成本、卫星通信网业务成本、无线寻呼网业务成本和专用通信网业务成本。

第十章

旅游餐饮服务企业会计

第一节　旅游餐饮服务企业会计的特点

旅游业、餐饮业和服务业均是以服务设施为条件，向消费者提供劳动服务的服务性行业，包括旅行社、饭店（宾馆、酒店）、度假村、游乐场、歌舞厅、餐馆、酒楼、旅店、理发店、浴池、照相室、洗染店、修理店和咨询公司等各类服务企业。旅游餐饮服务企业是我国第三产业的重要组成部分。

一、旅游餐饮服务企业会计的概念

旅游饮食服务企业会计是企业会计的一个分支，是企业管理的重要组成部分。它以货币为计量单位，采用专门方法，收集处理经济信息，对经济活动进行组织、控制、调节和指导，是谋求优化经济效益的一种管理活动。

二、旅游饮食服务企业会计的核算范围

（1）旅游业是国民经济的一个重要部门。它凭借旅游资源，以旅游设施为条件，为人们的旅游游览服务，是一个资金周转快、换汇成本低的行业。

（2）餐饮业是利用一定的设施，通过职工的烹饪技术，将主、副原材料加工为菜肴或食品，同时提供消费设施、场所和服务，满足消费者的需要，直接为消费者服务。

（3）服务业是利用企业的场所和设施，如职工提供的服务和具有特殊技术的劳动，达到满足消费者住宿、卫生美容、精神文化生活及衣着等方面的需要，直接为消费者服务。

三、旅游餐饮服务企业会计的特点

（一）核算对象的多样性

旅游餐饮服务企业经营业务的开展往往带有系统性和配套性，如旅游业除了组团旅游外，有条件的旅行社同时还经营客房、餐饮、售货、娱乐及其他业务；餐饮业除了经营餐饮业务外，还开展娱乐、售货及其他业务；服务业也可同时经营文化娱乐、体育健身、美容美发、桑拿洗浴、照相、修理等多种业务。因此，为了分别提供各项经营业务的会计信息，就必须分门别类进行会计核算。

（二）核算方法的特殊性

与工业企业和商品流通企业相比，旅游餐饮服务企业会计的核算具有以下特点：

1. 核算方法不同

旅游企业和餐饮企业都执行生产、零售和服务三种职能，在会计核算上就必须分不同业务结合工业企业、流通企业的会计核算方法进行核算。例如，旅游活动，它是一种新型高级的综合消费。相应的，旅游企业则是一种新兴的综合性的社会服务企业。为了满足旅游者食、住、行、游、买多方面的消费，旅游业的经营涉及旅行社、旅游饭店、旅游商场、旅游娱乐场，以及各种旅游服务企业，也涉及民航、铁路、文物、园艺、工艺美术等

部门和行业。因此，许多旅游企业兼有生产、销售和服务职能。

餐饮业在业务经营过程中，同样执行生产、零售和服务三种职能，即一方面从事菜肴和食品的烹制；一方面将烹制品直接供给消费者。在供应过程中，为消费者提供消费场所、用具和服务活动。此外，饮食制品的质量标准和技艺要求复杂，在会计核算上也很难像工业企业那样，按产品逐次逐件进行完整的成本计算，一般只能核算经营单位或经营种类耗用原材料的总成本，以及营业收入和各项费用支出。

2. 收入和费用分布结构不同

以服务业为例，服务业通常由专门从业人员提供带有技艺性的劳动，以及运用与之相适应的设备和工具作为主要服务内容。在会计核算上，需反映按规定收费标准所得的营业收入，服务过程中开支的各项费用和加工过程中耗用的原材料成本。

3. 自制商品与外购商品分别核算

为了分别掌握自制商品和外购商品的经营成果，加强对自制产品的核算与管理，经营外购商品销售业务的企业，还要对自制商品和外购商品分开进行核算。

4. 成本核算的特殊性

旅游餐饮服务企业除向消费者提供劳动服务外，还从事商品的生产加工和销售，其经营过程具有生产、销售和服务三种职能。例如，餐饮业要根据消费者的要求加工烹调菜肴和食品，并将这些菜肴和食品直接出售给消费者，同时还要为消费者提供消费设施、场所和服务。但其整个生产、销售和服务过程均集中在较短的时间内完成，而且菜肴和食品的花色品种多、数量零星，因此不可能像工业企业那样按产品品种或类别逐批逐件的计算其总成本和单位成本，而只能计算菜肴和食品的总成本。而娱乐、美容、修理等服务业的成本很小，服务费用较大，因此，为简化会计核算，一般也不必单独计算服务成本，而只计算服务费用。

（三）货币核算的涉外性

我国旅游业的接待工作有三种类型：第一种是组织国内居民在国内旅游；第二种是组织国内居民出境旅游；第三种是接待外国人来华旅游。后两种类型的业务活动都具有涉外性质，在这两类接待工作中必然涉及外币收支业务。因此，涉外旅游餐饮服务企业的会计核算，应按我国的外汇管理条例和外汇兑换管理办法办理外汇的存入、转出和结算业务，并以人民币为记账本位币，采用复币记账，计算汇兑损益。

第二节　旅游经营业务的核算

一、旅游经营业务概述

旅游活动在我国有着悠久的历史，现代旅游业随着人民生活水平的日益提高更是发展迅猛。

目前，我国经营旅游业务的三大组织体系是中国国际旅行社（国旅）系统、中国旅行社（中旅）系统和青年旅行社（青旅）系统，如图 10-1 所示。

其中，“国旅”负责接待外国自费旅游者；“中旅”负责接待海外华侨、外籍华人、港澳及台湾同胞；“青旅”负责接待世界各国或地区的青年旅游者。

旅游业务的种类见表 10-1。

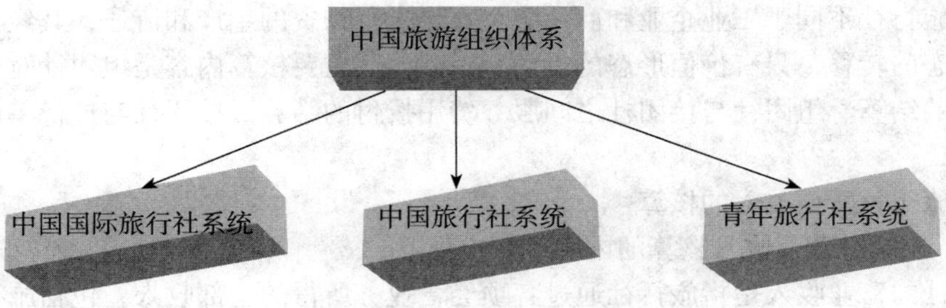

图 10-1　中国旅游组织体系

表 10-1　　**旅游业务的种类**

分类标准	项目		内容
按旅游者活动的空间范围不同	国际旅游业务	入境旅游业务	组织国外旅游者以团体或散客的形式在本国境内进行的旅游活动
		出境旅游业务	组织本国公民以团体或散客的形式自费前往国外进行的旅游活动
	国内旅游业务		组织本国公民在国家行使主权的疆域内所进行的旅游活动
按服务形式不同	组团旅游业务		旅行社预先制订包括旅游目的地、日程、交通或住宿服务内容、旅游费用的旅游计划，通过广告等推销方式招徕旅游者，组织旅游团队，为旅游者办理签证、保险等手续，并通过接待计划的形式与接团旅游业务进行衔接
	接团旅游业务		根据旅游接待计划安排，为旅游者在某一地方或某一区域提供翻译导游，安排旅游者的旅行游览活动，并负责订房、订餐、订票、各旅游目的地的联络等，为旅游者提供满意的综合服务
按组织形式不同	团体旅游业务		以团体为单位，通常设有导游或陪同
	散客旅游业务		以个人或少数人为单位，通常不设陪同

小知识 10-1

旅行社是招徕、联系、接待和组织旅游者外出游览，并为其提供交通、食宿、导游等服务的行业，是旅游业供需的媒介。旅行社通常承担下列代办业务：

（1）为旅游者配备翻译导游；

（2）为旅游者抵达或离开机场、车站、码头提供接送服务；

（3）为旅游者代订客房、代租汽车；

（4）为旅游者代办出入境、过境、居留和旅行所必需的证件，如护照、签证等；

（5）代购、订购、代签飞机、火车、轮船等交通运输工具票据；

（6）为旅游者接送行李；

（7）为旅游者向海关申报检验手续；

（8）为旅游者代办旅行意外事故保险等。

由于旅行社不同于工业企业和商业企业直接进行物资的生产和流通，其经营特点是没有物质形态的转移，只有价值形态的运动，因此，其主要核算内容是组团社对外收取旅游服务费用的结算、组团社与接团社之间服务费用拨付的结算、接团社与接待单位之间的费用结算。

二、旅行社营业收入的核算

（一）旅行社营业收入核算的内容及账户设置

旅行社的营业收入是指旅行社通过各项经营业务所得的全部收入，包括旅行社按照规定的旅游服务收费标准，在一定时期内提供各种劳务的全部收入。其具体包括综合服务收入、组团外联收入、零星服务收入、劳务收入、票务收入、地游及加项收入和其他服务收入。旅行社的营业收入应通过“主营业务收入”账户进行核算。旅行社平时取得的各项经营业务收入，记入该账户的贷方，月末，将其贷方余额通过借方转入“本年利润”账户，该账户月末应无余额。

补充阅读资料 10-1

“主营业务收入”账户应按经营业务的性质设置二级明细账，如“综合服务收入”、“组团外联收入”、“零星服务收入”、“劳务收入”、“票务收入”、“地游及加项收入”和“其他业务收入”等。企业如需提供更为详细的会计信息，还可根据具体情况设置三级明细账户，如在“综合服务收入”二级明细账下设置“房费收入”、“餐费收入”、“车费收入”、“其他收入”等。

由于组团社与接团社的业务内容不尽相同，因而其具体的营业收入核算方法也不完全相同，现分述如下。

（二）组团社营业收入的核算

组团社在收费方式上通常采用包价形式，与旅游者一次结算费用，旅行社同国外旅游机构的款项往来，称为“对外结算”。

对外结算的基本程序如图 10-2 所示。

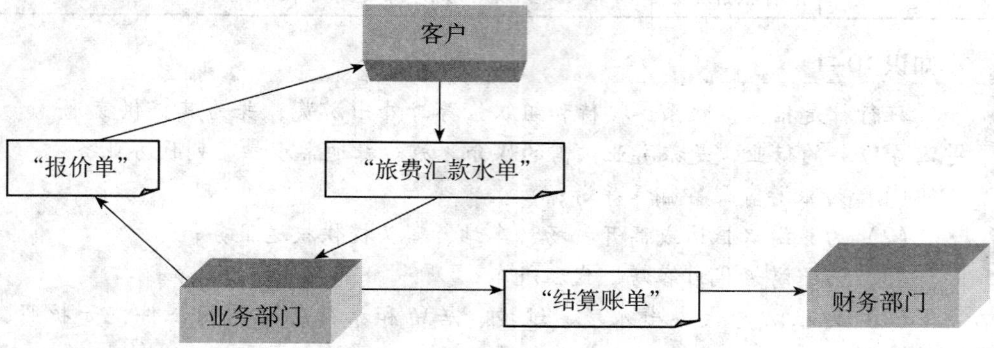

图 10-2　组团社对外结算程序

1. 编制“报价单”

报价是把确定的旅游价格通报给客户。根据国家旅游局的价格规定，按旅游日程及特殊需要项目，旅游价格一般由以下四个部分构成：

（1）综合服务费

综合服务费包括：

①餐饮费。提供一日早、午、晚三餐的收费标准。

②市内车费。市内交通费（含接送机场或车站行李运输费）。

③杂费。游览点门票、行李搬提、途中饮料等费用。

④领队减免费。只限于标准 A 等的 15 人以上团队，实行每 16 人减免 1 人综合服务费。

⑤劳务费。翻译和导游劳务费。

⑥接待手续费。计划变更时通知下站的通讯联络费。

⑦公差费。用于陪同人员的城市交通费、房费和共餐费。

⑧销售手续费。用于电话、传真等销售通讯费用。

（2）房费

房费是指按旅游者要求预订高、中、低档饭店或由旅游者自订房、委托代订房和委托代订指定房的收费标准。

（3）城市间交通费

城市间交通费是指飞机、火车、轮船、内河及古运河船和汽车客票价格。

（4）专项附加费

专项附加费包括：

①汽车超公里费。凡是去机场、车站、码头接送旅游者，接送各按一次（即一次实驶、一次空驶）单程公里数计费。几个旅游点在同一方向路线上，单程游览时按单项计算，多项游览时只取最远点计费，不能多项合并计算。

②游江游湖费。

③特殊游览点门票费。

④风味餐费。它是指在食用普通的中国餐食外，品尝地方风味的收费标准。

⑤专业活动费。

⑥旅游保险费。为了使旅游者在旅游期间发生伤亡、疾病、被盗等意外事件时能得到必要的补偿，在对外报价时每人加收保险费，并统一在中国人民保险公司投保。

⑦文娱费。

编制“报价单”时，首先，要掌握价格类区，如国家旅游局规定一类价格区为北京、广州、上海、桂林、西安、厦门、深圳、珠海、大连等 9 个城市，西藏为特类价格区，除上述地区外的其他城市均属二类价格区。不同的价格类区、同一价格类区的不同季节、不同的游览人数等，收费标准均有所不同。其次，要掌握综合服务包价计算的具体规定，如综合服务包价天数的计算，城市超公里、游江游湖、门票等收费的计算，对随父母旅行的儿童收费标准的规定，城市间交通工具价格的计算等。最后，根据旅游团旅游计划，计算出每个旅游者综合服务包价和按预订人数计算的全部旅游费用包价。旅游日程及收费表的格式见表 10-2。

2. 审核“旅费汇款水单”

按照国际惯例，国外旅游机构需于旅游者入境日 15 天前，通过中国银行将旅游包价费用汇到组团社。“旅费汇款水单”是中国银行办妥收汇后，通知组团社入账的存款单据，是组团社财务部门进行账务处理的重要凭据。因此，财务部门在收到“旅费汇款水单”后，应认真核对有关项目，审核无误后，及时记入相应旅游团的往来账户内。

表 10-2　　旅游日程及收费表

旅游团名称：　　　　人数：　　　　等级：

天数	日期	星期	车次、航班及其他	抵达		离开		城市交通费	宾馆名称	早餐费	餐费	房费	综合服务费
				时间	城市	时间	城市						
1													
2													
3													
4													
5													
6													
7													
8													
9													
10													
11													
12													
13													
14													
15													

过境费： 超公里费： 风味餐费： 游江游湖费： 特殊门票： 特殊项目费用： 保险费：	综合服务费（合计）： 城市间交通费（合计）： 房费（合计）： 餐费（合计）： 每人总报价： 报价人： 审核人： 报价时间：
备　注	

3. 编制“结算账单”

“结算账单”是旅游团在我国境内旅游的全部实际费用账单。组团社组织国外旅游团结束旅游后，应根据旅游团的实际来华人数及实际旅游项目等，编制“结算账单”送交财务部门入账，同时把“结算账单”的有关联寄给国外旅游机构，通过中国银行退还余款或补收欠款。结算账单的格式见表 10-3。

表 10-3 **结算账单**

年 月 日

贵方旅行社名称			
旅行团名称及代号			
访华日期	自 年 月 日至 年 月 日		
人数		每人旅行费用包价	
随员减免		取消费	
应收费用总计		实际收到费用总计	
尚余（欠）费用			
备注： 审核人：		经手人：	

旅行社的国际结算方式一般采用汇付法，即汇款结算方式。此外，旅行社还可以使用信用证、旅行支票和信用卡三种国际结算方式。

小知识 10-2

旅游业务中使用的信用证有三类：①旅行信用证。它是专供旅游者出国旅游支付旅杂费而签发，由旅游者自己携带，准予其在一定金额及有效期内，在指定的国外银行取款的一种信用证。②光票信用证。它是供常驻国外机构备付费用的一种支付方式，亦可用于贸易从属费用的结算。与前者的不同之处在于光票信用证限在一国、一个城市、一家银行兑取证款，限期一年。③环球旅行信用证。它也称通天信用证，凭证准许持证人在面额内和一定期限内，要求与开证行有往来关系的任何一家外国银行支付，不受银行和地点限制。

旅行支票是由大的银行、公司（旅行社或信用卡公司）印发的专供旅游者使用的一种定额支票，汇款人就是支票购买人，也是收款人和持票人。旅行支票具有面额固定、使用方便、安全可靠、流通时间长和用途多样等特点。

信用卡系银行或专门机构发给其认为可靠的客户，以供其购买商品和取得服务的一种短期消费信贷的凭证。信用卡分为两类：①旅游消费卡。它专为持卡人提供旅游、购物和娱乐之用。这种卡要求持卡人定期与发卡机构结算，付清用款，一般以月为单位，不能拖欠或赊欠，故又称支付卡。②财务卡。它又称银行卡，是专为持卡人提供购买商品和消费之用，且可凭卡透支一定限额的现金。这种卡先用后付款，近似银行贷款，持卡人由发卡机构给予授信限额，一般可享受分期偿还贷款的待遇，允许赊欠，但要计息，利率由发卡机构确定。信用卡根据流通范围还可以分为国际通用和地区通用两种。目前世界上较为流通的信用卡包括美国运通卡、大来卡、签证卡、万事达卡、发达卡、百万卡和日本的 JCB 卡。

为核算组团社的对外结算业务，企业可在“应收账款”账户下设置“应收国外结算款”、“应收国内结算款”、“应收联社结算款”和“应收港澳结算款”等明细账户。当企业收到“旅费汇款水单”时，应按其金额借记“银行存款”账户，贷记“应收账款”账户；当企业财务部门收到“结算账单”时，应按其金额借记“应收账款”账户，贷记“主营业务收入”账户；企业退多收的结算款时，应借记“应收账款”账户，贷记“银行存款”账户；收到应补收的结算款时，则进行同上相反的账务处理。

[例10-1] 华夏旅行社2013年3月6日收到美国S旅行社旅费汇款水单，金额为USD15 000，当日中国银行汇率为CNY7.70：USD1。4月3日该旅游团如期结束全部旅程离境。业务部报送的结算账单中，应收综合服务费等总计为人民币114 884元，按合同规定汇率CNY7.70元：USD1折合为USD14 920元。4月5日财务部将余下的USD80元预收款退回，当日中国银行汇率为CNY7.60：USD1。对于该项业务，华夏旅行社应作如下会计处理：

① 3月6日，收到汇款时：

借：银行存款——美元户（USD15 000×7.70）　　115 500

　贷：应收账款——应收国外结算款（美S旅行社）（USD15 000×7.70）　　115 500

②4月3日，收到业务部报送的结算账单时：

借：应收账款——应收国外结算款(美S旅行社)(USD14 920×7.70)　　114 884

　贷：主营业务收入　　114 884

③4月5日，退回余款时：

借：应收账款——应收国外结算款（美S旅行社）（USD80×7.70）　　616

　贷：银行存款——美元户（USD80×7.60）　　608

　　财务费用　　8

本例核算程序如图10-3所示。

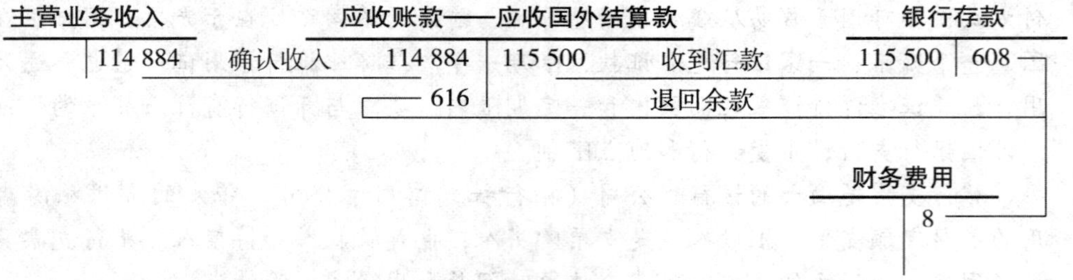

图10-3　组团社的对外结算业务核算程序图

（三）接团社营业收入的核算

接团社的营业收入是由组团社按拨款标准及规定，拨付的综合服务费、城市间交通费和加项服务费、全程陪同费等。拨付的款项对组团社来说是构成营业成本的一部分，对接团社来说则是营业收入。

接团社在旅游团离开本地后及时向组团社报送“旅游团（者）费用拨款结算通知单”（简称“拨款单”，格式见表10-4）。此拨款单一式三联，配有全程陪同的由全程陪同人员携带并填写；没有全程陪同的由地方陪同人员携带并填写。每到一地要将旅游团的名称、组团社计划号码、人数、等级、停留时间、提供项目等填写清楚，交接团社接待部再转财务部门。财务部门按照拨款标准计算出应拨费用后，自留一联，将其余两联寄给组团社财务部门。组团社财务部门经审核无误后及时拨款。

表 10-4 **中国国际旅行社分（支）社**

旅行团（者）费用拨款结算通知单

台核： 年 月 日 编号：

<table>
<tr><td colspan="2">总社计划号码</td><td></td><td>国别</td><td></td><td>旅行社名称</td><td rowspan="3">外宾人数</td><td colspan="4">成人 人</td></tr>
<tr><td colspan="2">旅游团（者）名称</td><td colspan="4"></td><td colspan="4">6—11 岁儿童 人</td></tr>
<tr><td colspan="2">旅行等级</td><td></td><td colspan="2">全陪姓名、性别</td><td></td><td colspan="4">2—5 岁儿童 人</td></tr>
<tr><td colspan="2">外宾到离时间</td><td colspan="9">月 日 时 机（车）到用 餐至 月 日 时用 后乘机（车）离</td></tr>
<tr><td colspan="6" rowspan="2">项目</td><td colspan="5">拨款结算</td></tr>
<tr><td>天数</td><td>单价</td><td>人数</td><td>金额</td></tr>
<tr><td rowspan="13">旅行团（或者综合服务费）</td><td colspan="5">综合服务费拨款</td><td></td><td></td><td></td><td></td></tr>
<tr><td colspan="5"></td><td></td><td></td><td></td><td></td></tr>
<tr><td colspan="5"></td><td></td><td></td><td></td><td></td></tr>
<tr><td colspan="5"></td><td></td><td></td><td></td><td></td></tr>
<tr><td colspan="5"></td><td></td><td></td><td></td><td></td></tr>
<tr><td colspan="5">夜房费</td><td></td><td></td><td></td><td></td></tr>
<tr><td colspan="5">晚餐后到达或未用早餐离开的接送费</td><td></td><td></td><td></td><td></td></tr>
<tr><td rowspan="6">计划内加拨款</td><td colspan="4">风味餐次数</td><td></td><td></td><td></td><td></td></tr>
<tr><td colspan="4">去 地汽车费</td><td></td><td></td><td></td><td></td></tr>
<tr><td colspan="4"></td><td></td><td></td><td></td><td></td></tr>
<tr><td colspan="4"></td><td></td><td></td><td></td><td></td></tr>
<tr><td colspan="4"></td><td></td><td></td><td></td><td></td></tr>
<tr><td colspan="4"></td><td></td><td></td><td></td><td></td></tr>
<tr><td colspan="6">旅行团（或者综合服务费合计）</td><td></td><td></td><td></td><td></td></tr>
<tr><td rowspan="3">外宾交通费</td><td colspan="5">（乘坐划√）飞机、火车、轮船去 地</td><td></td><td></td><td></td><td></td></tr>
<tr><td colspan="5"></td><td></td><td></td><td></td><td></td></tr>
<tr><td colspan="5">外汇差价</td><td></td><td></td><td></td><td></td></tr>
<tr><td colspan="6">外宾行李托运费</td><td></td><td></td><td></td><td></td></tr>
<tr><td rowspan="7">全程陪同费用</td><td colspan="5">全程行李托运费</td><td></td><td></td><td></td><td></td></tr>
<tr><td rowspan="2">交通费</td><td colspan="4">（乘坐划√）飞机、火车、轮船去 地</td><td></td><td></td><td></td><td></td></tr>
<tr><td colspan="4"></td><td></td><td></td><td></td><td></td></tr>
<tr><td>共餐费</td><td>早 人次</td><td>午 人次</td><td colspan="2">晚 人次</td><td></td><td></td><td></td><td></td></tr>
<tr><td rowspan="2">房费</td><td colspan="4">进饭店时间 月 日 时</td><td></td><td></td><td></td><td></td></tr>
<tr><td colspan="4">离饭店时间 月 日 时</td><td></td><td></td><td></td><td></td></tr>
<tr><td colspan="9">全程陪同费用合计</td></tr>
<tr><td colspan="11">拨款结算总计</td></tr>
<tr><td>备注</td><td colspan="10"></td></tr>
</table>

分（支）社 地 陪

汇款日期 年 月 日 公章 会计 （全陪）

为核算接团社的经营成果，应按照权责发生制原则，无论款项是否已收到，应以向有关组团社发出“拨款单”的时间和金额作出计算本期营业收入的依据。借记“应收账款”账户，贷记“主营业务收入”账户。实际收到组团社的拨款时，借记“银行存款”账户，贷记“应收账款”账户。

[例10-2] 春华旅行社（接团社）4月3日向华夏旅行社（组团社）发出拨款结算通知单，金额为96 400元。该笔款项于4月5日收到。根据有关凭证，会计处理如下：

①4月3日，发出拨款通知单时：

借：应收账款——应收国内结算款（华夏旅行社） 96 400

  贷：主营业务收入 96 400

②4月5日，收到款项时：

借：银行存款 96 400

  贷：应收账款——应收国内结算款（华夏旅行社） 96 400

本例核算的程序如图10-4所示。

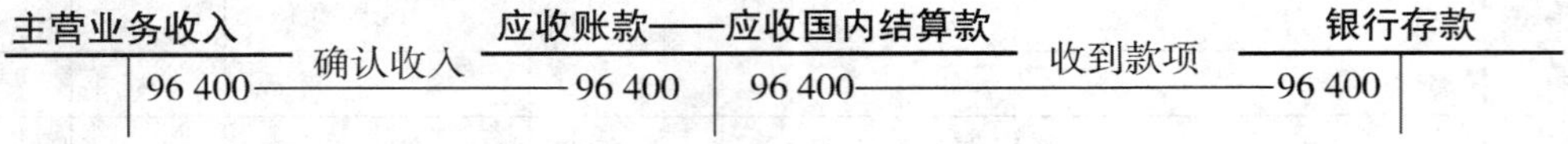

图10-4 接团社的对外结算业务核算程序图

三、旅游经营业务营业成本的核算

旅游经营业务的营业成本是指直接用于接待旅游者并为其提供各项服务所发生的全部支出，主要包括旅游者的膳食费、住宿费、游览船（车）票、门票以及交通费、文娱费、行李托运费、票务费、专业活动费、签证费、导游费、劳务费、宣传费、保险费、机场费等。如果由旅行社自行安排旅游车辆的，还包括其耗用的汽油费、车辆折旧费、司机工资等。

（一）营业成本核算的特点

（1）旅游服务企业经营的项目多，因而会计核算也有不同的内容和方法。经营项目有旅行社、客房、客车出租等服务业务，也有商品经销业务，还有餐饮生产服务性业务。对生产服务性业务，在成本费用核算上有归集成本费用的核算，对商品经营项目要核算经营成本，对旅行社、客房服务，则主要是核算营业费用和管理费用。

（2）旅游服务企业与工业企业比较，其主要特点在于后者为物质产品生产企业，会计核算的主要对象是生产制造过程，而前者为旅游服务性企业，会计核算的主要对象是商品经销和各项服务过程。因此，旅游服务企业的营业成本和费用核算有其自身的特点。

（3）旅游服务企业的成本项目和费用主要是按营业成本和营业费用划分的。管理费用和财务费用作为当期费用单独核算，从每期的营业收入中直接扣除。

（二）营业成本和费用核算的内容

旅游服务企业的成本和费用项目一般是按费用要素划分，即分为“主营业务成本”、“营业费用”、“辅助营业支出”、“管理费用”和“财务费用”五项。其中，辅助营业支出在期末要分配摊入各项营业费用中。因此，主要是使用“主营业务成本”和“营业费用”两个科目核算企业各营业部门成本费用开支。

1. 营业成本的明细项目

（1）餐饮营业成本：包括餐厅、酒吧、咖啡厅等部门在经营中耗用的各种食品原材料、饮料、调料、配料等的实际成本。

（2）商品销售成本：指售出商品的进价。

（3）汽车营业成本：应比照运输企业会计制度，即出租汽车经营中所产生的实际成本，包括司机工资、燃料费、材料费、轮胎费、折旧费、维修费、养路费、低值易耗品摊销、制服费和其他直接费用等。

（4）旅行社的营业成本，包括各项代收代付费用，如代收的房费、餐费、交通费、文娱费、行李托运费、票务费、门票费、专业活动费、签证费、陪同费、劳务费、宣传费、保险费、机场费等。

（5）照相、洗染、修理等服务企业营业成本主要指耗用的原材料成本。

2. 营业费用的明细项目

（1）职工工资：指部门管理人员和服务人员的工资，根据有关规定计提。

（2）职工福利费：指按国家规定企业应支付给职工的洗澡费、交通费、独生子女费、奶费、书报费、探亲路费等各项费用。

（3）工作餐费：指企业按规定为职工提供工作餐而支付的费用。

（4）物料消耗：包括企业的日常用品、办公用品、日常维修材料、零配件等支出。

（5）包装费：指旅游服务企业在销售商品等经营活动中消耗的包装物品开支。

（6）保管费：指旅游服务企业为客人提供行李、服装等物品的保管发生的开支。

（7）展览费：指企业为举办展览而发生的开支。

（8）清洁卫生费：指宾馆、饭店、酒店、酒楼等企业为保持服务场所和设备的清洁卫生而发生的开支。

（9）低值易耗品摊销：指企业使用的低值易耗品摊入本期的金额。

（10）折旧费：指企业内部按提供经营服务的固定资产和有关规定计算的折旧。各部门也可以不计提折旧费，由企业统一计提折旧，列入管理费用。

（11）燃料费：指餐饮部门烹饪食品实际支付的煤气费用，客车出租等所耗用汽油、柴油费用的实际支出等。

（12）修理费：指部门财产修理的支出。

（13）水电费：指企业内部各部门实际水电费支出。

（14）制服费：指各部门职工的工作服支出。

（15）洗涤费：指企业为洗涤窗帘、桌布、制服等各种织物的开支。

（16）租赁费：指部门向外单位租赁财产支付的费用，包括租赁的固定资产改良和大修理工程的支出。

（17）劳保用品费：指有关部门职工所需劳保用品支出。

（18）保险费：指部门财产向保险公司投保支付的费用。

（19）邮电费：指部门实际支付的邮电费。

（20）差旅费：指部门职工出差费用。

（21）运杂费：指部门购买物品支付的运输费、装卸费、包装费等开支。

（22）手续费：指部门在经营过程中支付给其他单位代销、代营手续费。

（23）广告费：为推广业务发生的各项支出。

（24）存货盘亏、盘盈：指部门存货发生的盘盈或盘亏。

（25）其他营业费用：一般包括报纸杂志费、车船使用牌照费、差旅费。

管理费用是核算公司管理机构的和非营业性的费用开支。“财务费用”则是核算企业的利息支出、汇兑损益和金融机构手续等费用开支。

(三) 营业成本和营业费用的核算

1. 营业成本的核算

企业的营业成本应当与其营业收入相互配比。当月实现的销售收入，应当与其相关的营业成本同时登记入账。旅行社之间的费用结算，由于有一个结算期，当发生的费用支出不能与实现的营业收入同时入账时，应按计划成本先行结转，待算出实际成本后再结转其差额。结转营业成本时，借记“主营业务成本”科目，贷记“原材料”、“库存商品”、“应付账款”、“银行存款”等科目。期末，应将“主营业务成本”科目余额转入“本年利润”科目。结转后本科目应无余额。“主营业务成本”科目的明细账应与“主营业务收入”科目的明细账设置相适应。

2. 营业费用的核算

营业费用是指企业各营业部门在经营中发生的各项费用。费用发生时，借记“营业费用”科目，贷记“库存现金”、“银行存款”、“累计折旧”、“应付职工薪酬”等科目。期末，应将“营业费用”科目余额转入“本年利润”科目。结转后该科目应无余额。“营业费用”科目应按费用项目设置明细账。

在实现营业收入的同时，应本着配比核算原则，将相应的旅行社代付的房费、餐费、车费、游览费等各项直接费用和导游工资、固定资产折旧费等间接费用计入营业成本。为核算旅游业务营业成本，企业应设置“主营业务成本”账户。月末，将“主营业务成本”账户的借方余额从其贷方转入“本年利润”账户。

[例10-3] 华夏旅行社3月份拨付给接团社综合服务费260 790元，支付城市间交通费24 500元、餐费7 320元、专项附加费12 960元。根据有关凭证，应作如下会计处理：

支付各种款项时，应及时分别记入有关账户：

借：主营业务成本——综合服务费	260 790	
——城市间交通费	24 500	
——餐费	7 320	
——专项附加费	12 960	
贷：银行存款		305 570

月末，结转营业成本时：

借：本年利润	305 570	
贷：主营业务成本		305 570

小思考10-1

由于旅游经营业务的营业成本大部分在外地发生，因此，当组团社直接派导游带团旅游时，一般可由带队导游携带现金支付各种支出。对导游携带的现金带队旅游的业务，会计上应如何处理？

第三节　餐饮经营业务的核算

一、餐饮经营业务概述

餐饮业又称饮食业，包括各种类型和各种风味的中餐馆、西餐馆、酒馆、咖啡馆、小吃店和冷饮店等，是国民经济中的一个重要行业。

餐饮业虽然也从事生产加工和销售，但同工业企业、商品流通企业相比，有其自己的经营特点：

（1）花色品种多，根据顾客的需求烹制加工，现制现卖，每个品种生产销售的数量不多；

（2）生产销售时间短促，而且集中在早、午、晚三餐时间；

（3）每一种饮食制品的规格质量不一，配料随季节变化而不同，烹制方法和风味也多种多样，色、香、味、形要求高。

以上经营特点决定了餐饮业的生产成本只能粗算，不能细算。它一般只算总成本，不算单位成本；只算原料成本，不算全部成本。

二、原材料和饮食制品成本的核算

餐饮业的原材料包括主食、副食和调味品三大类。对购进的原材料有两种管理方式：一种是入库管理，入库和出库都要办理必要的手续，并填制凭证和进行会计核算；另一种是购进后直接交付厨房使用，如新鲜的肉、禽、鱼、虾和蔬菜以及一部分低价调味品，此类原材料一般不办理入库手续，会计处理不经过“原材料”账户核算，而直接作饮食制品的成本处理，业内称其为“直出库”。

饮食制品成本的核算有两种方法：

1.“领料制”核算法

在采用领料制核算成本时，所有发出的原材料均需填制领料单，并据此借记“主营业务成本”账户，贷记“原材料”账户。但发出的原材料在制作过程中不一定全部用完，因此在计算饮食制品成本时，必须在月份终了对存放在操作间里已领用而未耗用的原材料和已制成但尚未售出的成品及半成品进行实地盘点，编制原材料、在制品和成品盘存表，并据此办理假退料手续，调整营业成本，借记“主营业务成本”账户（红字），贷记“原材料”账户（红字）。调整后的“主营业务成本”账户本期借方发生额合计数，即为本月耗用原材料总成本。下月初，再将假退料数额原数冲回，借记“主营业务成本”账户，贷记“原材料”账户。

［例 10-4］美食餐厅采用领料制核算成本，3 月份的原材料发出汇总表见表 10-5。

表 10-5　**3 月份原材料发出汇总表**

品名	数量（千克）	单价（元/千克）	金额（元）	备注
大米	3 000	2	6 000	
面粉	2 000	1.90	3 800	
色拉油	500	8	4 000	
鸡蛋	1 000	3.80	3 800	
肉	800	12	9 600	
鱼	600	10	6 000	
合计			33 200	

领用原材料时，会计处理为：

借：主营业务成本　　33 200

　贷：原材料　　33 200

月末，根据对操作间实地盘点编制的原材料盘存表见表10-6。

表10-6　　**3月份原材料盘存表**

品名	数量（千克）	单价（元/千克）	金额（元）	备注
大米	200	2	400	
面粉	150	1.90	285	
色拉油	50	8	400	
鸡蛋	10	3.80	38	
肉	20	12	240	
鱼	10	10	100	
合计			1 463	

将盘存的原材料作假退料时，会计处理为：

借：主营业务成本　　[1 463]

　贷：原材料　　[1 463]

下月初，将假退料冲回时，会计处理为：

借：主营业务成本　　1 463

　贷：原材料　　1 463

为简化核算手续，月末对盘存的原材料也可以不办理假退料手续，将其保留在“主营业务成本”账户中。但本月的原材料总成本则不再是“主营业务成本”账户的借方发生额合计数，而应根据下面的公式计算求得：

本月耗用原材料总成本＝操作间月初原材料结存额+本月原材料领用额−操作间月末原材料盘存额

对月末盘存的在制品和未售出的成品中所含原材料数量，可按配料定额折合计算。

采用领料制核算法的优点是核算手续完备，采购、保管和耗用各环节责任明确。但它要求企业建立健全的领退料制度，日常原材料的出入库要严格履行填单手续，月末要组织好各方面人员，认真做好盘点工作。

2. “以存计耗”核算法

采用“以存计耗”核算法的企业，购进的原材料记入“原材料”账户，操作间平时领用时，只办理领料手续，会计上不作账务处理。月末，将操作间剩余原材料的盘存金额加上库存原材料的盘存金额，倒挤出本月耗用的原材料总成本。计算公式为：

$$\text{本月耗用原材料总成本}=\text{月初原材料仓库和操作间结存额}+\text{本月购进原材料额}-\text{月末原材料仓库和操作间结存额}$$

月末，企业根据倒挤出的原材料总成本，借记“主营业务成本”账户，贷记“原材料”账户。

[例10-5] 新缘餐厅原材料账户3月初余额为2 640元，本月购进原材料总额为128 270元，月末实际盘点原材料库和操作间结存总额为2 230元。该餐厅采用“以存计耗”核算法计算成本，3月份耗用原材料总成本为：

3 月份耗用原材料总成本＝2 640+128 270−2 230＝128 680（元）

根据计算结果，应做如下会计处理：

借：主营业务成本　　128 680

　贷：原材料　　128 680

采用“以存计耗”核算法虽然较为简单，但它因平时原材料发出不记账，无法分清耗用成本和保管损失，会将各种损失、浪费甚至贪污统统计入成本，不利于加强企业管理。因此，它只适用于经营规模较小、没条件也没必要建立原材料库房的小型餐饮企业。

三、餐饮业成本的控制

众所周知，餐饮企业的日常经营消耗主要集中在菜品的原材料上，那么如何有效地降低原材料的成本和损耗？餐饮企业一般有一个共同点：在采购、出入库以及成本核算方面具有非常严格的流程和制度。

（一）成本控制的重要性

1. 餐饮成本控制关系到产品的规格、质量和销售价格

因产品的售价是以产品成本和规定的毛利率来计算的，成本的高低直接影响其售价，因此搞好成本控制是餐饮工作所必需的。

2. 成本控制有利于满足顾客需要并维护顾客的利益

顾客到店面就餐，不仅希望能够享受到精美的菜品和热情的款待，更希望产品物美价廉，而为保证这一点，就必须进行成本控制。

3. 成本控制直接关系到店面的营业收入和利润

店面在满足顾客的餐饮需求的同时，还担负着为店面提供盈利的任务。如果成本失控，就会影响店面的经营成果，甚至造成不应有的亏损。为了保证店面得到利益，就必须加强成本控制。

4. 成本控制可以改善店面的经营管理

成本控制的关键取决于店面的经营管理水平，经营管理水平越高，成本控制就越好，反之就会产生成本失控现象。因此，搞好成本控制也改善了餐厅的经营管理。

（二）餐饮业成本控制内容

餐饮成本，包括食品原料成本、劳动力成本和设备折旧费用。而餐饮成本控制主要是控制原料成本，原料成本随着营业收入的变化而变化。营业收入增加，原料成本也随之增加，营业收入降低，原料成本也随之减少，如果没有营业收入，也就没有成本可言。

而劳动力成本和设备的折旧费用等等，不随营业收入的变化而变化，因此在这里仅探讨食品、酒水的成本控制。

1. 食品成本控制

在店面的营业收入中，除去成本即为毛利。食品成本与营业收入之比，或 1 减去毛利率，就是食品成本率，用公式表示为：

食品成本率＝食品成本÷营业收入×100%

或　　＝1−毛利率

［例 10−6］××店 2013 年 8 月收入 90 万元，食品成本 41 万元，毛利率 54%。

食品成本率＝41÷90×100%＝46%

或　　＝1−54%＝46%

毛利率表见表 10-7。

表 10-7　　毛利率表　　单位：万元

收入	成本	毛利率	食品成本率
90	41	54%	46%

目标食品成本率确定以后，就必须加强日常成本核算，及时检查和监督实际成本有否偏离目标成本，如果偏离成本，要查出原因，及时采取相应措施给予调整。

净菜率和配量也是影响成本的重要因素，是隐藏在毛利率后的重要因素。净菜率主要针对菜品类，如土豆，需要先去皮才能够清洗、切配、上盘。净菜率就是指某一菜品达到可使用状态下的一个比率，要根据不同季节进行重新测量，所以采购质量是一关键。配量，即为一份菜品所需要的分量。

用土豆这一菜品进行分析：××店 2013 年 8 月土豆净菜率为 0.65，配量为一份 0.4 千克，实售盘数 985 盘，销售单价为 4 元/盘，实耗数量为 651 千克，土豆进价为 1.6 元/千克。商品销售毛利率对比表见表 10-8。

表 10-8　　商品销售毛利率对比表

品名	耗用数量（千克）	净菜率	配量（千克）	应售盘数（盘）	应售金额（元）	实售盘数（盘）
土豆	651	0.65	0.4	1 057.88	4 231.52	985
	实售金额（元）	销售成本（元）	标准毛利（元）	标准毛利率	实际毛利（元）	实际毛利率
	3 940	1 041.60	3 189.92	75.38%	2 898.40	73.56%

首先根据实际成本，净菜率和配量计算出标准消耗盘数。

应售盘数 = 651×0.65÷0.4 = 1 057.88（盘）

应售金额 = 1 057.88×4 = 4 231.52（元）

实售盘数 = 985 盘

实售金额 = 985×4 = 3 940（元）

销售成本 = 651×1.6 = 1 041.60（元）

标准毛利 = 应售收入 - 销售成本 = 4 231.52 - 1 041.60 = 3 189.92（元）

标准毛利率 = 3 189.92÷4 231.52×100% = 75.38%

实际毛利 = 实售收入 - 销售成本 = 3 940 - 1 041.60 = 2 898.40（元）

实际毛利率 = 2 898.40÷3 940×100% = 73.56%

通过以上计算我们不难看出实际毛利率比标准毛利率低 1.82%，也就是说此品项是盘亏的。导致这一原因的因素无非就是净菜率不够准确或是配量不标准，而这两个因素又恰恰是影响毛利率的重要因素。这一数据提醒我们要及时进行净菜率更新测量，以达到标准化。配量则在切配中分析。

在确定毛利率的同时也就决定了食品成本率。店面的食品成本率一旦确定，店面管理人员就应以此为依据，努力控制食品成本。

店面的业务活动从食品原料的采购，验收、贮存、发放、粗加工、切配、配锅、服务到收款，其经营环节较多，且每一环节都会影响到食品成本。因此，店面必须加强餐饮产品生产、服务、销售全过程的成本控制。

（1）采购

采购进货是店面经营的起点和保证，也是食品成本控制的第一个环节，要搞好采购阶段的成本控制工作，就必须做到：①制定采购规格标准，即对应采购的原料，无论从形状、新鲜度、包装要求等诸方面都要加以严格的规定。当然，并不要求对每种原料都使用规格标准，一般只是对那些影响食品成本较大的重要原料使用规格标准，如菜品。②餐厅只应采购即将需要使用的食品原料。采购人员必须按照店面提供的根据营业情况填写的采购单进行采购。③采购人员必须熟悉食品原料知识并掌握市场动态，按时、保质保量购买符合餐厅需要的原料。④对于菜品要做到货比三家，对于海产品及开袋食品选择固定供货商并定期进行市场询价以便以最低的价格采购到最优质的原料。同时要尽量足量地采购，以减少运输等采购费用。⑤对采购人员进行经常性的职业道德教育，使他们树立一切为店面的思想，避免以次充好或私拿回扣。⑥严格执行采购审批程序。需要原料的店面必须填写采购单由后厨店长签字确认，经财务人员审批后交采购部，如超过采购金额的最高限额时，须由采购经理签字确认。

（2）验收

店面应严格按照产品标准质量进行验收，验收一般分质、量和价格等三个方面的验收。①质：验收人员必须检查购进的食品原料是否符合原先规定的规格标准和要求。②量：对所有的食品原料查点数量或复核重量，核对交货数量是否与请购数量、发票数量一致。③价格：购进原料的价格是否和所报价格一致。如以上三方面有一点不符，餐厅应拒绝接受全部或部分原料，财务部门也应拒绝付款，并及时通知原料供应单位。如以上三方面都符合要求，则有验收人和店长在一式三联采购单上签字确认，店面保留一份，采购保留一份，交到财务部一份留底保存。

（3）贮存

贮存是食品成本控制的一个重要环节，如库存不当就会引起原料的变质或丢失等，从而造成食品成本的增高和利润的下降。为此，餐厅必须搞好仓库的贮存和保管工作。

原料的贮存保管工作必须由专人负责。保管人员应负责仓库的安保工作，未经许可，任何人不得进入仓库，另外，为防止偷盗原料，还必须定期换锁等。根据不同服务区的经营情况合理设置库存量的上下限，从降低库存数量、降低库存单位价格方面着手控制储存成本。因为库存不仅占用空间、资金，而且产生搬运和储存需求，侵蚀了单位资产。随着时间的推移，库存的腐蚀、变质会产生浪费，应及时分析滞销菜品情况，避免原材料变质造成的损失。食品原料一旦购进应迅速根据其类别和性能放到适当的仓库，在适当的温度中贮存。店面都有自己的仓库，如干货仓库、冷藏室、冰库等。原料不同，仓库的要求也不同，基本要求是分类、分室贮存。所有库存的食品原料都应注明进货日期，以便搞好存货的周转工作。发放原料时要遵循“先进先出”原则，即先存原料早提用、后存原料晚提用。

另外，保管人员还必须经常检查冷藏、冷冻设备的运转情况及各仓库的温度，搞好仓库的清洁卫生以防虫、鼠对库存食品原料的危害。每月月末，保管员必须对仓库的原料和仓库外零散原料进行盘存并填写库存盘存表，盘存时该点数的点数、该过秤的过秤，而不能估计盘点。盘点时应由后厨店长陪同参加。盘点结束后由店经理确认，一式两份，店面留存一份，另一份交财务部。应该说，各原料的库存金额应与财务部的账面金额相符，但实际上这是不可能的。店面采用库存管理软件，每购入原料便要根据采购单进行输入，月底盘点结束后根据盘点表数量和金额录入库存软件的实地盘存中，由软件自动生成本月领用数量。软件中分为供货商采购和现金采购两部分，为了准确地核算成本，财务根据店面提供的供货商明细表与每个供货商进行对账确认，根据店面提供的现金采购表与库存现金、银行存款日记账进行核对，若有异议及时与店面沟通，针对有异议的原料进行重新录入、审核和盘点，以便做到准确无误。

（4）发放

原料的发放控制工作有以下两个重要方面：①未经批准，不得从仓库领料。②只准领取所需的食品原料 。为此，餐厅必须健全领料制度，最常见的，就是使用领料单，领料单一式三份，一份留厨房，一份交仓库保管员，一份送交财务部。一般说来，厨房应提前将领料要求通知仓库，以便仓库保管员早作准备。

（5）粗加工

粗加工过程中的成本控制工作主要是科学、准确地测定各种原料的净料率。为提高原料的净料率，必须做到：

①粗加工时，严格按照规定的操作程序和要求进行加工，达到并保持应有的净菜率。

②对成本较高的原料，应先由有经验的厨师进行试验，提出最佳加工方法。

③对粗加工过程中剔除部分（肉骨头等）应尽量回收，提高其利用率，做到物尽其用，以便降低成本。

（6）切配

切配是决定主、配料成本的重要环节。切配时应根据原料的实际情况，整料整用，大料大用，小料小用，下脚料综合利用的原则，以降低食品成本。

店面都实行食品原料耗用配量定额制度，并根据菜单上菜点的规格、质量要求严格配菜。原料耗用配量定额一旦确定，就必须制定食品原料耗用配量定额计算表，并认真执行。严禁出现用量不足、过量或以次充好等情况。主料要过秤，不能凭经验随手抓，力求保证菜品的规格与质量，否则会导致毛利率不准确。

（7）配锅

锅底占成本的比例为 17% 左右，锅底走量大，一桌一锅制，配制所需物料也较多，控制好用量是控制成本的关键。

（8）服务

在服务过程中也会引起食品成本的增加，主要表现为以下几个方面：

①服务员在接受菜单时没有重复宾客所点菜肴，以致上菜时宾客说没有点此菜。

②服务人员偷吃菜品而造成数量不足，引起宾客投诉。

③服务人员在传菜或上菜时打翻菜盘、汤盆。

④传菜差错。如传菜员将 5 号桌宾客所点菜肴错上至 2 号桌，而 2 号桌宾客又没说明。

鉴于上述现象，店面必须加强对服务人员的职业道德教育，并进行经常性的业务技术培训，使他们端正服务态度，树立良好的服务意识，提高服务技能，并严格按规程为宾客服务，力求不出或少出差错，尽量降低食品成本。

（9）收款

店面不仅要抓好从原料采购到服务过程的成本控制，更要抓好收款控制，才能保证盈利。

收款过程中的任何差错、漏洞都会引起食品成本的上升。因此，店面店长必须控制好以下几个方面：

①防止漏记或少记菜点价格；

②在账单上准确填写每个菜点的价格；

③结账时核算正确；

④防止漏账或跑单；

⑤严防收款员或其他工作人员的贪污、舞弊行为。

2. 审核

每天营业结束后，餐厅收银员应该确保每笔菜单都与电脑中的结账单相符，在确认无误后进行现金盘点，填制营业额表，由填写人签字确认，并由店长再次确认签字，交由财务部审核留存，财务根据经过收银员和店长签字确认的营业额表及有关原始凭证，认真审核以确保餐厅的利益。

（三）酒水成本控制

酒水成本控制与食品成本控制一样，也应从采购、贮存等诸方面保证酒水的低成本、高效益。酒水包括酒和饮料两部分。酒水成本控制应该注意两方面：

1. 调配

店面主要的饮料为果汁和碳酸饮料，在配置果汁时要严格按照配量表进行配置，调配果汁应该由专人负责，严防丢失或员工偷喝。碳酸饮料要定时地调制饮料机的配比量，防止碳水化合物与糖浆比例失调导致配量不准确。

2. 盘存

酒水应由专人管理，要配有保管账簿，每天进行登记，待营业结束，负责酒水的人员应该进行盘点，登记结存数量。盘存的目的，一方面是为控制成本，另一方面也能根据盘存情况为第二天的营业做好准备。盘存的同时还应审核当日营业收入是否与点酒单及实际消耗相符，如发现问题应及时向上级汇报并查明原因。

四、饮食制品定价和销售的核算

（一）饮食制品的定价

由于饮食制品的花色品种繁多，且原材料价格多变，因而如何定价是饮食制品核算的一个重要问题。目前常用的定价方法有销售毛利率法和成本毛利率法两种。

1. 销售毛利率法

销售毛利率法又称内扣毛利率法。销售毛利率是指毛利额与售价的比率，计算公式为：

$$销售毛利率=\frac{毛利额}{售价}\times100\%=\frac{售价-原材料成本}{售价}\times100\%$$

由此可推导出售价的计算公式为：

$$售价=\frac{原材料成本}{1-销售毛利率}$$

[例 10-7] 西芹百合每盘的原材料成本为 6.84 元，规定的销售毛利率为 40%，则西芹百合每盘的售价应为：

西芹百合每盘售价 $=\frac{6.84}{1-40\%}=11.4$（元）

2. 成本毛利率法

成本毛利率法又称外加毛利率法。成本毛利率是指毛利额与成本的比率，计算公式为：

成本毛利率 $=\frac{\text{毛利额}}{\text{成本}}\times100\%$

在饮食制品原材料成本的基础上，按确定的成本毛利率加成，即可计算饮食制品的售价。计算公式为：

售价 = 原材料成本×（1+成本毛利率）

[例 10-8] 西芹百合每盘的原材料成本为 6.84 元，假定其成本毛利率为 66.67%，则西芹百合每盘的售价应为：

西芹百合每盘售价 = 6.84×（1+66.67%）= 11.4（元）

3. 销售毛利率与成本毛利率的换算

为便于核算和管理，在实际工作中销售毛利率与成本毛利率可以相互转换，换算公式为：

成本毛利率 $=\frac{\text{销售毛利率}}{1-\text{销售毛利率}}\times100\%$

销售毛利率 $=\frac{\text{成本毛利率}}{1+\text{成本毛利率}}\times100\%$

[例 10-9] 销售毛利率为 40%，将其换算为成本毛利率则为：

成本毛利率 $=\frac{40\%}{1-40\%}\times100\%=66.67\%$

（二）饮食制品销售的核算

1. 餐饮企业销售结算方式

常见的餐饮企业销售结算方式有先就餐后结算、一手钱一手货和先存款后就餐（划卡结算）三种。

（1）先就餐后结算。

在这种结算方式下，就餐者入座点菜后，由服务员填写点菜单一式两联，第一联送到操作间作为取菜凭证；第二联送到吧台（收款处）备查。待客人用完餐后，服务员凭第二联向顾客收款。每天营业结束后，收款员和操作间分别汇总销售额和发菜额，双方核对相符后，共同在当日销售日报表上签字。由于这种结算方式既方便顾客，又利于餐饮企业内部控制，因此，一般的中、西餐馆（饭店）大都采用这种结算方式。

（2）一手钱一手货。

在这种结算方式下，就餐者直接到柜台购买饮食制品并到交款机前结算，没有服务员到桌服务。经营品种简单且规格化的快餐类餐馆大都采用这种结算方式。由于这种结算方式手续简便，且交款机能自动记录销售的数量和金额，因此，每日营业结束后，交款机打出当日的销售汇总表，与操作间的加工数量核对相符后，即可作为财务入账的依据。

（3）先存款后就餐（划卡结算）。

在这种结算方式下，就餐者需事先在自己的磁卡中存入一定的款项，就餐时再凭此卡在收款机上划卡结算。由于这种结算方式利用了计算机就餐结算系统的硬件和软件，集中收款，管理严密，且不用找零，既方便就餐者，又加快了服务速度，避免了忙中出错，因此，它适用于就餐人数众多且就餐时间较为集中的学校餐厅。

小思考 10-2

为避免营业收入流失，在不同的结算方式下，应分别采取哪些内部控制措施？

2. 餐饮企业销售收入的核算

餐饮企业的销售收入应通过“主营业务收入”账户核算。在第一种和第二种结算方式下，收款员每天编制“主营业务收入日报表”（格式见表10-9），连同收到的现金、支票和签单报送给财务部门，财务部门据此借记“库存现金”（收现部分）、“银行存款”（支票部分）、“应收账款”（赊欠部分）等账户，贷记“主营业务收入”账户。

表10-9 **主营业务收入日报表**

年 月 日

项目	现金	支票	签单	合计
1. 中餐				
2. 西餐				
3. 快餐				
4. 盒饭				
合计				

在第三种结算方式下，磁卡存款处每日编制“库存现金收支日报表”，连同所收的现金报送财务部门，财务部门据此登记“库存现金”、“预收账款”、“主营业务收入”、“其他应收款”、“财务费用”等账户。

[例10-10] 某校学生餐厅2013年3月25日“库存现金收支日报表”见表10-10。

表10-10 **库存现金收支日报表**

2013年3月25日 单位：元

上日存款余额	本日存入	本日营业额	本日退款	本日余额
156 829	15 680	18 645	524	153 340

注：本日退款中包括退还押金40元。

此外，另收办理磁卡手续费50元、押金100元。

根据上述资料，该餐厅财务部门的会计处理为：

① 根据本日存入数额：

借：库存现金 15 680

　贷：预收账款 15 680

② 根据本日营业额：

借：预收账款 18 645

　贷：主营业务收入 18 645

③ 根据本日退款额：

借：预收账款 484

　其他应付款——押金 40

贷：库存现金 524

④ 根据收取的手续费：

借：库存现金 50

贷：财务费用 50

⑤ 根据本日收取的押金：

借：库存现金 100

贷：其他应付款——押金 100

第四节 服务经营业务的核算

服务业一般是指利用一定的场所、设备和工具提供服务劳动的行业。它的经营方式多样，服务项目繁多，而且所提供的往往是带有一定技艺的服务性劳动。服务过程就是消费过程，例如，美容、理发、沐浴使人们得以达到修饰整洁的目的，服务结束，消费也就终止了。有些服务业，如照相、洗染、修理等行业，除了具有服务的职能外，还有加工生产的职能。但它又不同于一般的生产加工企业，它是边生产边销售，其生产过程短，且直接与消费者见面，因此，服务经营业务同时具有生产、服务、销售三项职能。

一、旅馆经营业务的核算

旅馆业是为住宿的客人提供住房、生活设施和服务人员的劳动，并收取一定费用的行业。旅馆的客房是一种特殊商品，它不出卖所有权，只出售使用权，并可在不同时期反复经销，客人买到的仅是某一时期的客房使用权。客房的使用价值可出租但不能储存，如在规定时间内不出租，其效用就自然消失。因此，客房经营情况的好坏主要是看其出租和收入情况，反映这一信息的是客房出租率和租金收入率两个指标。

（一）客房出租率和租金收入率的计算

1. 客房出租率

客房出租率，又称客房利用率和客房开房率，是指已出租客房占可以出租客房的比例。其计算公式为：

$$客房出租率=\frac{计算期客房实际出租天数}{可出租客房数量\times计算期天数}\times100\%$$

客房出租率越高，说明经营效益越好；反之，则说明经营效益差。若是小旅店，可出租客房数量按出租床位数算。

[例 10-11] 悦来宾馆现有可供出租的客房 200 间，3 月份共出租 4 650 间天，则该宾馆 3 月份的客房出租率为：

$$客房出租率=\frac{4\ 650}{200\times31}\times100\%=75\%$$

2. 租金收入率

租金收入率是指在一定时期内客房的实收房租总额占应收房租总额的比例。其计算公式为：

$$租金收入率=\frac{报告期实收客房租金总额}{\sum(某类可出租客房数量\times该类客房日租金)\times报告期天数}\times100\%$$

[例 10-12] 悦来宾馆现有可供出租的总统套房一间，每间日租金 1 580 元；豪华套

房19间，每间日租金为880元；豪华标准间80间，每间日租金580元；普通标准间70间，每间日租金480元；单人间30间，每间日租金380元。3月份实收客房租金总额为2 448 504元，则该宾馆3月份的租金收入率为：

$$租金收入率=\frac{2\ 448\ 504}{(1\times1\ 580+19\times880+80\times580+70\times480+30\times380)\times31}\times100\%=72\%$$

考核这两个指标时，要注意将因维修或其他原因而暂时不能出租的客房在“可出租客房数量”中扣除。此外，还要注意客房出租率只能反映客房的利用情况，而不能全面反映客房收入和经营情况。在客房出租率完全相同的两个月份里，其客房的实际收入情况可能并不相同。这是因为宾馆出于经营的需要，会根据具体情况给客人以不同的优惠。如在不同的季节实行不同的价格，对在宾馆举行的大型会议、定点的旅游团体和与宾馆经营有关部门的客人，都会给予不同程度的优惠，甚至免费。在这种情况下，客房出租率可能很高，但租金收入率却不一定很高。不过，也有租金收入率高于客房出租率的时候，因为一般宾馆的当天宿费的结算时间是中午12点或者下午14点，在结算时间之后退房的客人要支付当天的宿费。而在旅游旺季，由于客人多，客房紧张，前一批客人在当晚退房后，宾馆又将这些客房当晚再次出租，使一间客房在同一天的不同时段入住了两批客人，这时客房出租率是100%，而租金收入率却会超过100%。

小思考 10-3

“客房出租率”与“租金收入率”在什么情况下相同？在什么情况下不同？在什么情况下前者大于后者？在什么情况下后者大于前者？

（二）客房营业收入的核算

客房营业收入的入账时间应为客房实际出租时间，即按权责发生制的原则进行核算。其入账价格应以实际出租价格为准。

宾馆的总服务台负责接待前来入住的客人，并负责为客人办理宿费结算。在一般情况下，客人入住时，办完登记手续后，要根据预计住宿的时间先预交一定的押金，客人退房时，再到总服务台办理结算，多退少补。每日营业终了，总服务台应编制“主营业务收入日报表”（其格式见表10-11）和“内部交款单”（其格式见表10-12），连同当日收到的现金及宿费发票记账联一并送交宾馆财务部，财务部对总服务台送交的报表、发票及款项审核无误后，据以入账。

表10-11 **主营业务收入日报表**

2013年3月9日 单位：元

预收房金	上日结存（预收款）	本日应收（当日收入）	本日交付		本日结存（预收款）
			预收款	补交款	
	236 900	78 980	63 900	0	221 820
实交现金（大写）：陆万叁仟玖佰元整					
备注：					

记账时，应按预收的押金，借记“库存现金”或“银行存款”账户，贷记“预收账

款”账户；按当日应收的客房租金（即已实现的营业收入）借记“应收账款”账户，贷记“主营业务收入”账户；同时，还应冲减结账客人预交的押金，借记“预收账款”账户，贷记“应收账款”账户。

表 10-12 **内部交款单** 金额单位：元

2013 年 3 月 9 日 收款员：王瑶

交纳现金			支票及信用卡	
种类	张数	金额	种类	金额
100 元	130	13 000	转账支票	
50 元	29	1 450	牡丹卡	14 700
20 元	24	480	长城卡	12 560
10 元	97	970	龙卡	11 280
5 元			金穗卡	9 460
2 元			一卡通	
1 元				
合计		15 900		48 000
	实交现金（大写）：陆万叁仟玖佰元整			

[例 10-13] 3 月 9 日，悦来宾馆财务部收到总服务台转来的“主营业务收入日报表”（见表 10-11）和“内部交款单”（见表 10-12）及现金。根据表中有关部门数据，财务部应作会计处理如下：

根据当日预收的押金（本日交付）：

借：银行存款 48 000

　　库存现金 15 900

　贷：预收账款 63 900

根据当日实现的营业收入（本日应收）：

借：应收账款 78 980

　贷：主营业务收入 78 980

同时，冲减预收押金：

借：预收账款 78 980

　贷：应收账款 78 980

二、理发、美容、浴池经营业务的核算

理发、美容、浴池经营业务是通过服务人员利用各种服务设施及工具，为消费者进行剪发、修面、烫发、焗油、文眉、洁身、按摩等项目的一种业务。随着科技水平的不断提高，理发、美容、池浴服务项目也在不断增加。理发、美容、浴池经营业务收入主要来自于为消费者提供上述服务项目的收入。由于各理发店、美容店和浴池的等级、设备、技术水平不同，收费标准的差距也较大，在管理上有先收款后服务和先服务后收款两种方式。

（一）先收款后服务

这种方式适用于大型理发店、美容店和大众浴池。顾客来理发、美容和洗浴时，需先到统一的收款处按自己要求服务的项目交款，然后凭票（牌）理发、美容和洗浴。每日营业终了，收款员将收到的现金与各个服务员收到的票（牌）核对相符后，编制“主营业务收入日报表”（理发、美容企业的主营业务收入日报表格式见表10-13，浴池业与此大体相同），连同收到的现金一并送交财务部，财务部据此记账。

表10-13

主营业务收入日报表

2013年3月12日

金额单位：元

收款员：王莉

项　目	单价	人数	金额	备注
一、理发收入				
男发	20	95	1 900	
女发	30	76	2 280	
烫发	50	43	2 150	
焗油	80	69	5 520	
⋮				
二、美容收入				
面膜	80	36	2 880	
文眉	120	25	3 000	
文眼线	100	22	2 200	
⋮				
三、其他收入				
⋮				
合计			19 930	
实收现金（大写）：壹万玖仟玖佰叁拾元整				

（二）先服务后收款

这种方式适用于中小型理发店、美容店和高档浴池。中小型理发店、美容店不设专门的收款台，而由理发员或美容师先为客人服务，然后再根据服务项目按标准收费，并随时登记到自己的“主营业务收入台账”上。每日营业终了，有专人负责统计每一服务人员服务的人次及收入的金额，经与现金核对无误后，填制“主营业务收入日报表”，报送财务部门入账。高档浴池则设总收款台，顾客在洗浴后，到总服务台根据消费的项目按标准交款。当日营业终了时，收款员将收到的现金与各个服务员转来的由顾客本人及服务员签字的消费单据核对相符后，编制“主营业务收入日报表”，报送财务部入账。

[例10-14] 怡圆美容美发厅财务部门3月12日收到统计员转来的“主营业务收入日报表”（见表10-13），经审核无误后，作会计处理如下：

借：库存现金　　19 930

　贷：主营业务收入——理发收入　　11 850

　　　　　　　　　——美容收入　　8 080

三、照相、洗染、修理经营业务的核算

照相业是利用摄影艺术和造型艺术，为顾客提供人物和实物影像的经营服务型行业。

照相业服务的项目有照相、着色、扩印、代客冲洗和出售胶卷、出租礼服等，有些照相企业还经营照相器材和相册零售、照相机出租和修理等业务。

照相企业在收入核算上是先收款后交件。顾客照相、洗印照片时，需先开票交款，收款员开出一式三联的“工作单”，一联交顾客凭单取件，一联是工作凭证，一联留作存根。每日营业终了，收款员将存根联汇总金额与收到的现金核对无误后，填制“主营业务收入日报表”（其格式与理发、美容企业的主营业务收入日报表格式大体相同），连同收到的现金一并报送财务部门入账。

随着照相业服务内容的不断丰富，其收费内容越来越细化，一些摄影业务预约服务的内容成为其收入的主要来源。现以某婚纱摄影“预约单”为例，进一步说明其服务收入的多样化（见表 10-14）。

表 10-14 **预约单** 单位：元

新郎：张立	联系方式：		新娘：王佳	联系方式：	
预约时间：2013 年 5 月 10 日		拍照时间：2013 年 5 月 15 日		取件时间：2013 年 7 月 15 日	
预约内容					
1. 包装设计	价格	4. 结婚当日	价格	6. 自由消费	价格
精莹海报	280	早妆造型	500	造型师：	
进口油画框	1 000	婚庆服装	3 000	摄影师：	
电子相册	360	套系名称	典藏玫瑰	设计师：	
		套系金额：	9 000	看样顾问：	
2. 摄影设计				加急消费：	
尊享铂金贵宾区	360				
外景	800				
3. 服装造型		5. 看样内容		售后服务	
室内白纱：	1 500				
室内晚礼：	1 200				
预约定金：2013 年 5 月 10 日　　¥6 000.00　　人民币（大写）陆仟元整					
预约尾款：2013 年 5 月 15 日　　¥3 000.00　　人民币（大写）叁仟元整					
预约声明：本预约单所承诺所有产品均已取件，质量满意。					
顾客确认：张立					

旗舰店地址：大连市中山区中山路 1809 号　　服务专线：+86-0411-52699988

洗染业是从事服装及纺织品的洗烫、染色、织补、干洗等业务的服务行业。洗染业的收款办法一般是先服务后收款。营业员在接收顾客送来的洗染物品时，开出一式三联的“取衣凭单”，一联交顾客作取件凭证，一联交业务部门保存，另一联作为存根，并据以登记“营业日记簿”。每日营业终了，营业员根据“营业日记簿”填制“主营业务收入日报表”（其格式与理发、美容企业的主营业务收入日报表格式大体相同）连同收到的现金一并报送财务部门入账。

修理业是从事修理的技术人员应用必要的设备和工具，对家用电器、钟表、照相机、文体用品等进行修复的行业。修理业的收款方式一般有先服务后收款、先收款后服务、上门服务和立等可取等。虽然收款方式不同，但其核算方法与同行业的其他企业大体相同。

四、娱乐经营业务的核算

娱乐业具体包括舞厅、音乐茶座、台球室、保龄球馆、网球场、游泳池、乒乓球房、溜冰场、健身房和游戏机房等。随着人民生活水平的提高，娱乐业也得到了较快的发展。

各种娱乐项目的价格是根据购置与维护固定资产和低值易耗品的费用、服务人员的工资、房租、水电费及各种直接费用，加上一定的利润制定的。其计算公式为：

$$\text{收费价格}=\left(\frac{\text{固定资产月折旧}+\text{月间接费用}}{\text{月接待能力}\times\text{上客率}}+\text{每次服务的直接费用}\right)\div(1-\text{毛利率})$$

［例 10-15］ 星海音乐茶座固定资产的各月份的折旧额均为 8 000 元，房租、水电费、员工工资等各种间接经营费用每月为 12 400 元，给每位客人赠送的饮料、瓜子、毛巾等成本为 2 元。该茶座的日接待能力为 200 人，每天一场，上座率为 90%。每场乐队和演唱人员的酬金为 500 元，毛利率为 60%，则该音乐茶座的门票价格应为：

$$\text{门票价格}=\left(\frac{8\ 000+12\ 400}{30\times200\times90\%}+\frac{500}{200\times90\%}+2\right)\div(1-60\%)=21.39\ (\text{元})$$

为了薄利多销，门票价格应定在 20 元。

娱乐业一般由专人售票，每日营业终了，售票员根据售出的门票和收到的现金，填制“主营业务收入日报表”，连同收到的现金一并报送财务部门入账。

典型案例一

东方酒楼 9 月份的“原材料”和“库存商品”总账记录见表 10-15。

表 10-15　　**总账记录表**　　单位：元

账户名称	月初结存	本月购进	本月发出	月末结存
原材料	13 000	158 000	162 000	9 000
库存商品	5 600	98 800	97 000	7 400

9 月份原材料购入后直接出库计入成本的总金额为 43 900 元。

9 月 30 日盘点的结果是：

原材料：仓库结存 8 200 元；操作间结存 1 460 元。

库存商品：仓库结存 7 300 元；前台结存 2 320 元。

问题：

请分别采用“领料制”和“以存计耗”两种核算方法计算东方酒楼 9 月份耗用的原材料总成本和库存商品的销售成本，并说明两种核算方法产生差异的原因，指出可能存在的问题。

[分析提示]

分别计算出在采用“领料制”和“以存计耗”两种核算方法时的销售成本，从计算过程中找出差异的原因，从管理的角度分析可能存在的问题。

典型案例二

凯旋旅行社接待一个香港旅游团，全团共有成年人 14 人，于 2013 年 5 月 10 日晚 21：30分抵达大连周水子机场。该团在大连市游览 1 天后于 5 月 12 日清晨用早餐（标准每人 20 元）后乘飞机离开大连。该旅行社到飞机场的接送费用为每人 20 元，该团的综合服务费为每人 200 元。在这期间旅行社指定一位导游全程服务，该导游的劳务费 300 元。

要求：计算该旅行社的收入和发生的费用成本，并进行账务处理。

本章小结

旅游、餐饮和服务企业会计具有核算对象多样性、成本核算特殊性和货币结算涉外性的特点。旅游业经营业务中旅行社可充当组团社与接团社等不同的角色。组团社的营业成本的一部分，对接团社来说则是营业收入。餐饮业饮食制品成本的核算有“领料制”和“以存计耗”两种核算方法；饮食制品定价可采用销售毛利率法或成本毛利率法。服务业的宾馆、理发、美容、浴池、照相、洗染、修理及娱乐业营业收入根据每日的“主营业务收入日报表”记账；营业费用则根据实际支出直接列入。月终二者均转入“本年利润”核算经营成果。

第十一章

村集体经济组织会计与农民专业合作社会计

第一节 村集体经济组织会计与农民专业合作社会计的特点

一、村集体经济组织会计的特点

村集体经济组织，产生于20世纪50年代初的农业合作化运动。它是指为实行社会主义公有制改造，在自然乡村范围内，由农民自愿联合，将其各自所有的生产资料（土地、较大型农具、耕畜等）投入集体所有，由集体组织农业生产经营，农民进行集体劳动，各尽所能，按劳分配的农业社会主义经济组织。我国现阶段的村集体经济组织是指按村或村小组设置的社区性集体经济组织。它既不同于企业法人，又不同于社会团体，也不同于行政机关，自有其独特的政治性质和法律性质。

由于农业生产及村集体经济组织的特殊性，我国财政部颁布《村集体经济组织会计制度》，该制度于2005年1月1日起实施。村集体经济组织的会计工作组织形式可以采用“村级会计委托代理制”，将村级财务工作委托代理机构办理，也可以采用“村财村管”的管理体制，自行组建村会计机构管理村集体经济组织财务及会计工作。

村集体经济组织会计，在确认、计量时仍然坚持“会计主体、持续经营、会计分期、货币计量”四大基本假设以及“权责发生制”这一会计基础，但在一些具体核算规则上则有着自身的特点。这些特点主要体现在以下三个方面：

（1）村集体经济组织集管理、核算于一身。由于村集体经济组织以发展经济为主，同时负有一部分街道管理职能，因此，在会计核算上不但要完成组织的收入、费用和收益的核算，同时也必须承担起作为基层政府对货币资金的提留、调拨、投放和收回的控制与运用职能。

（2）村集体经济组织会计实行两级核算体制。由于我国目前在农村地区推行的是以家庭联产承包责任制为主、其他责任制为辅的经济运作方式，所以村集体经济组织推行了与之相适应的统一核算与分散核算相结合的两级会计核算体制。具体而言，村集体经济组织与其下属的联产承包单位（大多数是农户家庭）实质上是发包方与承包方的关系。村集体经济组织不但要完成作为发包方自身的收支核算，还要对下属的各个承包单位实行灵活多样的分散核算。

（3）村集体经济组织会计要素的设置有特殊要求。从整体上来看，村集体经济组织也设置了六大会计要素，即资产、负债、所有者权益、收入、支出、收益，其各自涵盖的内容如图11-1所示。

二、农民专业合作社会计的特点

农民专业合作社以其成员为主要服务对象，提供农业生产资料的购买，农产品的销售、加工、运输、储藏以及与农业生产经营有关的技术、信息等服务。农民专业合作社的定义不包括农村地区现有的信用合作社、供销社和村集体经济组织。

- 资产类
  - 流动资产
  - 农业资产
  - 长期投资
  - 固定资产
  - 无形资产
- 收入类
  - 经营收入
  - 其他收入
- 负债类
  - 流动负债
  - 非流动负债
- 支出类
  - 经营支出
  - 管理费用
  - 其他支出
- 所有者权益类
  - 股金
  - 专项基金
  - 资本公积
  - 盈余公积
  - 本年盈余
  - 盈余分配
- 盈余类
  - 经营收益
  - 投资收益
  - 收益总额

图 11-1 村集体经济组织会计要素图

我国2007 年7 月1 日实施的《农民专业合作社法》，确立了农民专业合作社的市场主体地位，使其成为与机关法人、事业单位法人、企业法人和社团法人并列的第五种法人。它的一大重要特点就是在组织内部不以营利为目的，在外部则追求利润最大化。这种特殊的组织形式，不同于其他任何的市场主体，既不同于非营利性的社团法人，也不同于营利性的企业法人。

从上述定义可知，农民专业合作社会计与村集体经济组织会计和其他企业会计有着明显的区别，农民专业合作社会计更具备专业化经济组织的特点。我国由财政部颁布并于2008 年 1 月 1 日起实施的《农民专业合作社财务会计制度》，充分体现了以下特点。

1. 财务制度的特点

（1）农民专业合作社会计核算要为成员设立单独账户，准确记载成员的出资、量化到该成员的公积金份额以及该成员与本社的交易量等；

（2）将成员和非成员的交易分别核算；

（3）将国家财政补助、他人捐赠及当年依法提取的公积金按比例量化到每个成员，以明晰合作社与成员的财产关系，保护成员的合法权益；

（4）计算当年可分配盈余时，要根据法律和章程的规定分别计算，按交易量（额）计算可返还的数额，至少不能低于可分配盈余的 60%；

（5）在核算成员出资及股金时有特殊要求，不同股份的权利权益不同；

（6）会计核算的结果应定期向成员公开；

（7）退社成员财产关系处理具有特殊性。

2. 会计核算的特点

农民专业合作社财会制度设置了资产类、负债类、所有者权益类、成本类、损益类等 37 项会计科目，这些会计科目多数与企业的会计科目相似或相近，各个合作社都应按制度要求组织会计核算工作。但是，针对农民专业合作社法人的特殊性，《农民专业合作社财务会计制度》设置了一些富有特色的会计科目，如成员往来、委托加工物资、委托代销商品、受托代购商品、受托代销商品、应付盈余返还等科目。其会计要素的内容如图 11-2 所示。

- 资产类
  - 流动资产
  - 农业资产
  - 对外投资
  - 固定资产
  - 无形资产
- 收入类
  - 经营收入
  - 其他收入
- 负债类
  - 流动负债
  - 非流动负债
- 费用类
  - 经营支出
  - 管理费用
  - 其他支出
- 所有者权益类
  - 股金
  - 专项基金
  - 资本公积
  - 盈余公积
  - 本年盈余
  - 盈余分配
- 盈余类
  - 经营收益
  - 投资收益
  - 收益总额

图 11-2　农民专业合作社会计要素图

3. 会计报表的特点

根据《农民专业合作社财务会计制度》的规定，农民专业合作社除应编制资产负债表、盈余及盈余分配表、收支明细表外，还要求编制成员权益变动表、成员账户和财务状况说明书，并应按规定向有关部门及时报送财务报告。各级农村经营管理部门，应对所辖地区报送的财务报告进行审查，然后逐级汇总上报，并在规定时间内报送农业部。

第二节　村集体经济组织会计核算

一、村集体经济组织会计制度概述

根据 2005 年 1 月 1 日财政部颁布并实施的《村集体经济组织会计制度》的要求，村集体经济组织会计核算目前共设置 33 个一级会计科目，并为极少数可能涉及特殊业务的农村组织开设 3 个特殊科目。各科目具体核算内容见表 11-1。

表 11-1　**村集体经济组织会计科目核算表**

序号	会计科目名称	会计科目核算要求
	资产类	
1	现金	核算村集体经济组织的库存现金
2	银行存款	核算村集体经济组织存入银行、信用社或其他金融机构的款项
3	短期投资	核算村集体经济组织购入的各种能随时变现并且持有时间不准备超过一年（含一年）的股票、债券等有价证券投资
4	应收款	核算村集体经济组织与外单位、外部个人发生的各种应收及暂付款项
5	内部往来	核算村集体经济组织与所属单位、农户的经济往来业务
6	库存物资	核算村集体经济组织库存的各种原材料、农用材料、农产品、工业产成品等物资

续表

序号	会计科目名称	会计科目核算要求
7	牲畜（禽）资产	核算村集体经济组织购入或培育的牲畜（禽）的成本。本科目设置“幼畜及育肥畜”和“产役畜”两个二级科目
8	林木资产	核算村集体经济组织购入或营造的林木成本。本科目设置“经济林木”和“非经济林木”两个二级科目
9	长期投资	核算村集体经济组织不准备在一年内（不含一年）变现的投资，包括股票投资、债券投资和村集体经济组织兴办企业等投资
10	固定资产	核算村集体经济组织所有的固定资产原值
11	累计折旧	核算村集体经济组织为所有固定资产计提的累计折旧
12	固定资产清理	核算村集体经济组织因出售、报废和毁损等原因转入清理的固定资产净值，以及在清理过程中所发生的清理费用和清理收入
13	在建工程	核算村集体经济组织进行工程建设、设备安装、农业基本建设设施大修理等发生的实际支出。购入不需要安装的固定资产，不通过本科目核算
特1	无形资产	核算村集体经济组织可能购入的无形资产
特2	拨付所属单位资金	核算村集体经济组织可能发生的向其下属单位拨付的资金
	负债类	
14	短期借款	核算村集体经济组织从银行、信用社和有关单位、个人借入的期限在一年以下（含一年）的各种借款。村集体经济组织借入的期限在一年以上（不含一年）的借款在“长期借款及应付款”科目核算
15	应付款	核算村集体经济组织与外单位和外部个人发生的偿还期在一年以下（含一年）的各种应付及暂收款项等
16	应付工资	核算村集体经济组织应付给其管理人员及固定员工的报酬总额。上述人员的各种工资、奖金、津贴、福利补助等，不论是否在当月支付，都应通过本科目核算。村集体经济组织应付给临时员工的报酬，不通过本科目核算，而在“应付款”或“内部往来”科目中核算
17	应付福利费	核算村集体经济组织从收益中提取，用于集体福利、文教、卫生等方面的福利费（不包括兴建集体福利等公益设施支出），包括照顾烈军属、五保户、困难户的支出，计划生育支出，农民因公伤亡的医药费、生活补助及抚恤金等
18	长期借款及应付款	核算村集体经济组织从银行、信用社和有关单位、个人借入的期限在一年以上（不含一年）的借款及偿还期在一年以上（不含一年）的应付款
19	一事一议资金	核算村集体经济组织兴办生产、公益事业，按一事一议的形式筹集的专项资金
特3	专项应付款	核算村集体经济组织可能发生的接受具备专门用途的国家下拨资金

续表

序号	会计科目名称	会计科目核算要求
	所有者权益类	
20	资本	核算村集体经济组织实际收到投入的资本
21	公积公益金	核算村集体经济组织从收益中提取的和其他来源取得的公积公益金
22	本年收益	核算村集体经济组织本年度实现的收益
23	收益分配	核算村集体经济组织当年收益的分配（或亏损的弥补）和历年分配后的结存余额。本科目设置“各项分配”和“未分配收益”两个二级科目
	成本类	
24	生产（劳务）成本	核算村集体经济组织直接组织生产或对外提供劳务等活动所发生的各项生产费用和劳务成本
	损益类	
25	经营收入	核算村集体经济组织当年发生的各项经营收入
26	经营支出	核算村集体经济组织因销售商品、农产品、对外提供劳务等活动而发生的实际支出
27	发包及上交收入	核算农户和其他单位承包集体耕地、林地、果园、鱼塘等上交的承包金及村（组）办企业上交的利润等。本科目设置“承包金”和“企业上交利润”两个二级科目
28	农业税附加返还收入	核算村集体经济组织收到的乡（镇）农税征收部门返还的农业税附加、牧业税附加等资金。已免征农业税和牧业税的地区，不使用该科目
29	补助收入	核算村集体经济组织收到的财政等有关部门的补助资金
30	其他收入	核算村集体经济组织除“经营收入”、“发包及上交收入”、“农业税附加返还收入”和“补助收入”以外的其他收入。如罚款收入、存款利息收入、固定资产及库存物资的盘盈收入等
31	管理费用	核算村集体经济组织管理活动发生的各项支出，如管理人员的工资、办公费、差旅费、管理用固定资产的折旧和维修费用等
32	其他支出	核算村集体经济组织与经营管理活动无直接关系的其他支出，如公益性固定资产折旧费用、利息支出、农业资产的死亡毁损支出、固定资产及库存物资的盘亏、损失、防汛抢险支出、无法收回的应收款损失、罚款支出等
33	投资收益	核算村集体经济组织对外投资取得的收益或发生的损失

另外，村集体经济组织会计报表在设置上也与企业会计报表结构不同，具体构成见表11-2。

我们可以看出村集体经济组织会计制度与企业会计准则在会计核算过程中的明显不同。由于农户生产合作、农产品饲养培育的特殊性，村集体会计制度新增了“内部往来”、“牲畜（禽）资产”、“林木资产”等会计科目来准确反映、计量相关特殊资产；对于农村组织而言业务发生量比较少的投资业务、租赁业务、公积金业务等，村集体经济组织会计制度作了适当的简化处理。因此，对于“牲畜（禽）资产”和“林木资产”两大农业资产科目核算的理解与运用是真正理解村集体会计制度中资产要素的关键。另外，从我国农村现有的小规模生产方式来看，本村农户与村集体之间的内部交换业务是准确核算村集体资产的又一重点。我们通过“内部往来”科目不但理清了集体与个人之间的利益关系，同时也为今后进一步变革村集体生产关系奠定了基础。

表 11-2 **村集体经济组织会计报表体系**

<table>
<tr><th>报表名称</th><th>编报期间</th><th>编报时必须遵循的要求</th><th>报表编号</th></tr>
<tr><td>科目余额表</td><td>月度/季度</td><td rowspan="2">月度/季度报表的格式由各省、市、自治区、直辖市的财政部门或农村经营管理部门制定</td><td></td></tr>
<tr><td>收支明细表</td><td>月度/季度</td><td></td></tr>
<tr><td>资产负债表</td><td>年度</td><td rowspan="2">年度报表必须按照《村集体经济组织会计制度》在全国范围内统一格式、统一编号</td><td>村会 01 表</td></tr>
<tr><td>收益及收益分配表</td><td>年度</td><td>村会 02 表</td></tr>
<tr><td>各类内部管理报表</td><td>不定期</td><td>各村集体经济组织根据需要自行确定</td><td></td></tr>
</table>

为了突出重点，我们仅就村集体经济组织内部往来项目、农业资产项目、对外投资项目、一事一议资金项目等明显不同于其他行业会计核算的内容加以讲解，其他与通行企业会计准则核算要求近似的会计科目不再赘述。

二、应收款类

村集体经济组织应收款是指村集体经济组织在日常生产经营活动中发生的各种应收但尚未收到的款项。从其产生的来源看，可以区分为与外部单位、个人发生的应收款，以及其与内部下属承包单位、农户之间的应收款两种。本村与外单位之间的应收款直接使用“应收款”科目，本村与内部村民、组员、下属单位等的应收经济往来业务，则使用“内部往来”科目。

“内部往来”期末借方余额合计数反映下属单位、农户欠村集体经济组织的款项总额；期末贷方余额合计数反映村集体经济组织拖欠下属单位、农户的款项总额。

［**例 11-1**］大团结村集体经济组织销售 1 000 千克苹果给红火商业批发行，价格 2 500元，并代垫 200 元运杂费，款项尚未收到。

借：应收款——红火商业批发行　　2 700
　贷：经营收入　　2 500
　　　现金　　200

［**例 11-2**］上例中所述交易 4 日后，收到购货方交付的银行转账支票一张，用于偿付前欠款。

借：银行存款　　2 700
　贷：应收款——红火商业批发行　　2 700

[例 11-3] 村委会调查发现，某债务人张某因破产已无力归还拖欠 2 年的 1 800 元购货款，经批准转作坏账处理。

借：其他支出　　1 800
　贷：应收款——张某　　1 800

[例 11-4] 村技术员李旺到县城参加技术培训，预借差旅费 3 800 元；出售给村下属丰盛面粉加工厂大麦收入 8 200 元；结算出村民赵力承包果园应交承包金 30 000 元；为铺设有线电视网络，决定采用一事一议方式在全村筹资 120 000 元。

借：内部往来——李旺　　3 800
　　　　——丰盛面粉厂　　8 200
　　　　——赵力　　30 000
　　　　——全村农户　　120 000
　贷：现金　　3 800
　　经营收入　　8 200
　　发包及上交收入　　30 000
　　一事一议资金　　120 000

[例 11-5] 李旺出差回来报销差旅费，同时返还多余的现金 200 元。

借：管理费用　　3 600
　现金　　200
　贷：内部往来——李旺　　3 800

[例 11-6] 经动员，共收到用于铺设有线电视网络的一事一议资金 105 000 元，存入银行指定账户。

借：银行存款　　105 000
　贷：内部往来——相关农户名　　105 000

三、农业资产类

村集体经济组织的农业资产是《村集体经济组织会计制度》考虑农村生产特殊性新设置的一项资产类别，主要特指生物资产（活体动物、植物）中的牲畜（禽）资产和林木资产。

与其他资产相比较，农业资产具有以下特殊属性：

（1）农业资产是活体的动植物，本身具有生物生长及转化能力，因此在持有期间必然有自然价值增值的过程，这将是会计核算的一个重点。

（2）由于活体动植物的生命跨度相当大，既有几十天即可出笼屠宰的肉鸡，也有可以存活几十年甚至上百年的珍稀林木，因此，农业资产实际上兼具流动资产与固定资产双重属性，而且在一定条件下二者可以相互转化，这也使会计核算增加了难度。

（3）绝大多数的农业资产在存活期间都需要不断追加投资以保证其生长质量，因此如何区分不同存活期限的农业资产并采用不同方法分别进行后续支出计量，也成为该类资产所特有的会计业务。

（4）对于具备了长期资产性质的农业资产，考虑到其在以后若干期间产生收益、发生支出，我们必须对其成本进行分摊。《村集体经济组织会计制度》统一规定了计提折旧的预计净残值率为 5%，并要求按照扣除净残值后的余额直线摊销。

1. 牲畜（禽）资产

村集体经济组织取得的牲畜（禽）资产从寿命周期上看可以划分为两大类：未成年的不能立即投入到生产过程的幼畜及育肥畜，已经成年可以独立完成农业生产的成年产役畜。与此相对应，我们分设“牲畜（禽）资产——幼畜及育肥畜”以及“牲畜（禽）资产——产役畜”两个二级科目进行不同内容的核算。二者在核算过程中的差异如图11-3所示。

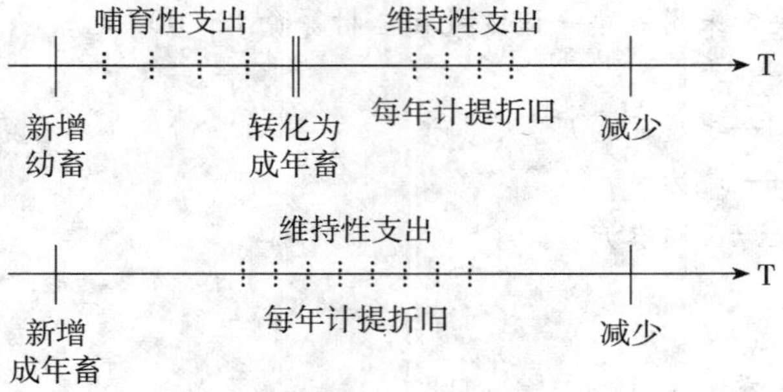

图11-3　幼畜与成年畜的不同核算内容

［例11-7］大团结村接受甲公司作为投资的成年奶牛50头，双方作价250 000元，预计可以产奶5年；接受某澳洲农场捐赠的成年绵羊100头，市场公允价值400 000元，预计可产羊毛5年；用银行存款购买种猪幼崽200只，共支付16 000元。

借：牲畜（禽）资产——产役畜（奶牛）　250 000
　　　　　　　　　——产役畜（绵羊）　400 000
　　　　　　　　　——幼畜及育肥畜（猪）　16 000
　贷：资本——甲公司　250 000
　　　公积公益金　400 000
　　　银行存款　16 000

［例11-8］第一年为饲养绵羊投入饲料、人工、资金等共计15 000元，同时根据5%的预计净残值率为绵羊计提年折旧。

借：经营支出　15 000
　贷：库存物资（应付工资、银行存款等）　15 000

绵羊的年折旧额=400 000×（1-5%）÷5=76 000（元）

借：经营支出　76 000
　贷：牲畜（禽）资产——产役畜（绵羊）　76 000

［例11-9］使用4年后，大团结村将该批绵羊以100 000元出售给某肉食品加工厂，款项收到存入银行。

确认收入：

借：银行存款　100 000
　贷：经营收入　100 000

结转该批绵羊的摊余成本：

400 000-4×76 000=96 000（元）（或76 000+400 000×5%=96 000（元）），即此时该批绵羊的摊余成本仅剩下第5年折旧额及净残值金额。

借：经营支出　　96 000

　贷：牲畜（禽）资产——产役畜（绵羊）　　96 000

［例 11-10］本年度为哺育该批种猪幼崽耗费库存饲料、人工、资金等共计10 000元。

借：牲畜（禽）资产——幼畜及育肥畜（猪）　　10 000

　贷：库存物资（应付工资、银行存款等）　　10 000

［例 11-11］购入的第 2 年年初，该批种猪幼崽已经成年，预计可以使用 4 年，转为成年产役畜处理，并从本年年末开始计提该批成年猪折旧。

该批种猪幼崽在转化为成年产役畜时，总成本等于初始采购成本及采购当年追加的哺育性支出之和，即：16 000+10 000＝26 000（元）。

借：牲畜（禽）资产——产役畜（猪）　　26 000

　贷：牲畜（禽）资产——幼畜及育肥畜（猪）　　26 000

在第 2 年年末该批种猪的年折旧额为：

26 000×（1-5%）÷4＝6 175（元）

借：经营支出　　6 175

　贷：牲畜（禽）资产——产役畜（猪）　　6 175

［例 11-12］第 3 年期间，作为维持性支出，大团结村为该批种猪共投入饲料、人工、资金等合计 6 400 元。

借：经营支出　　6 400

　贷：库存物资（应付工资、银行存款等）　　6 400

［例 11-13］第 4 年末，大团结村将该批种猪当中的 160 头以 6 200 元出售给肉食品加工厂，款项收到存入银行。

确认收入：

借：银行存款　　6 200

　贷：经营收入　　6 200

结转该批种猪 80%（160÷200×100%）的摊余成本：

（26 000-3×6 175）×80%＝5 980（元）

借：经营支出　　5 980

　贷：牲畜（禽）资产——产役畜（猪）　　5 980

2. 林木资产

林木资产是指村集体经济组织购入或自行营造的林木，一般分为经济林木和非经济林木两种。二者的区别之处在于经济林木主要用于生产果品、药材、工业原料及油制品等，而非经济林木主要是成年后木质本身可作为木材使用。从常见的树种来看，苹果树、桑树、橡胶树等是经济林木，槐树、松树、柳树等则是非经济林木。

根据制度要求，我们分别设置了“林木资产——经济林木”和“林木资产——非经济林木”两个二级科目进行不同内容的核算。从会计核算的角度来看，经济林木在投产成林、能够创造经济价值以后，应该视同为一项普通的长期资产在每期计提折旧；非经济林木在郁闭成林后，不需要每期计提折旧。二者在核算过程中的差异如图 11-4 所示。

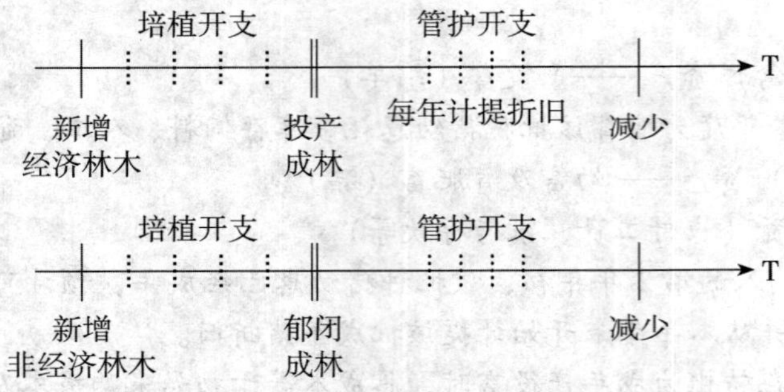

图 11-4 经济林木与非经济林木的不同核算内容

[**例 11-14**] 大团结村于本年年初购入梨树树苗一批，总价款 24 000 元，款项尚未支付；购买当年及次年分别投入培植费用 6 000 元；第 3 年年初，该批梨树苗投产成林，预计可正常产果 6 年，当年发生管护费用 7 600 元，并于当年末首次为该梨树林木计提折旧；第 7 年年末，因发生火灾造成该批梨树完全毁损，经调查认定应由保险公司按成本价赔偿 4 000 元，村护林员王某赔偿 2 500 元，余额计入当期支出。

(1) 第 1 年购入时：

借：林木资产——经济林木（梨树）　24 000

　贷：应付款　24 000

(2) 第 1 年培植开支：

借：林木资产——经济林木（梨树）　6 000

　贷：库存物资（应付工资、银行存款等）　6 000

(3) 第 2 年培植开支：

借：林木资产——经济林木（梨树）　6 000

　贷：库存物资（应付工资、银行存款等）　6 000

(4) 第 3 年年初，梨树苗已投产成林，此时该批林木总成本为：

24 000+6 000+6 000=36 000（元）

当年发生的管护费用：

借：经营支出　7 600

　贷：库存物资（应付工资、银行存款等）　7 600

当年年底应计提折旧为：36 000×（1-5%）÷6=5 700（元）

借：经营支出　5 700

　贷：林木资产——经济林木（梨树）　5 700

第 4 年至第 7 年折旧的会计分录与第 3 年相同。

(5) 截至第 7 年年末，该批梨树林木的摊余价值为：36 000-5×5 700=7 500（元），扣除应由保险公司及村护林员赔偿款项以外，差额部分计入其他支出。

借：应收款——保险公司　4 000

　　内部往来——王某　2 500

　　其他支出　1 000

　贷：林木资产——经济林木（梨树）　7 500

假定其他条件不变，保险公司按照市场价格应赔偿 8 000 元，则分录为：

借：应收款——保险公司　　8 000

　　内部往来——王某　　2 500

　贷：林木资产——经济林木（梨树）　　7 500

　　　其他收入　　3 000

[例 11-15] 大团结村于本年年初购入松树树苗一批，总价款 5 000 元，款项以银行存款支付；购买当年及次年分别投入培植费用 1 000 元；第 3 年年初，该批松树苗郁闭成林，支付现金管护费用 600 元；第 5 年年末，大团结村以该批松树对外长期投资，双方约定交易价格为 10 000 元。

(1) 第 1 年购入时：

借：林木资产——非经济林木（松树）　　5 000

　贷：银行存款　　5 000

(2) 第 1 年培植开支：

借：林木资产——非经济林木（松树）　　1 000

　贷：库存物资（应付工资、银行存款等）　　1 000

(3) 第 2 年培植开支：

借：林木资产——非经济林木（松树）　　1 000

　贷：库存物资（应付工资、银行存款等）　　1 000

(4) 第 3 年年初，松树苗已郁闭成林，此时该批林木总成本为：

5 000+1 000+1 000=7 000（元）

当年发生的管护费用：

借：其他支出　　600

　贷：现金　　600

(5) 截至第 5 年年末，该批松树林木的总成本仍然是第 3 年年初郁闭成林时的历史成本 7 000 元。

借：长期投资　　10 000

　贷：林木资产——非经济林木（松树）　　7 000

　　　公积公益金　　3 000

假定其他条件不变，如果双方约定该批松树的交易价格为 6 500 元，则分录为：

借：长期投资　　6 500

　　公积公益金　　500

　贷：林木资产——非经济林木（松树）　　7 000

四、对外投资类

《村集体经济组织会计制度》根据持有目的及时间将对外投资划分为短期投资与长期投资两种。短期投资指能够随时变现并且持有时间不准备超过一年（含一年）的股票、债券等有价证券投资。长期投资指不准备在一年内（不含一年）变现的有价证券投资。

在整个投资业务核算中，始终贯穿着一条简化核算的操作原则。这是因为对于村级组织而言，从事对外有价证券、实物投资的业务数量少、金额小，而且往往局限在与本村组织有直接生产上下游关系的企业、个人上。在不影响会计信息使用的大前提下，村集体经济组织会计对短期投资、长期投资业务均作出了适当简化的处理。

1. 短期投资

村集体经济组织在取得短期投资时，假如购买的股票、债券、基金实际支付价格中包含已宣告但尚未领取的现金股利、已到付息期但尚未收到的债券利息的，该部分股利、利息不再单独列示，而是直接记入短期投资的取得成本中；以后实际收到该股利、利息的，直接冲减对应金额的短期投资取得成本。

[例 11-16] 大团结村于 2013 年 3 月 6 日以银行存款购入 X 公司股票。该股票单价 2.7 元，共 10 000 股，另支付交易税费 2 600 元。购买时，该股票每股含有已宣告但尚未实际支付的股利 0.3 元。3 月 10 日，X 公司将上述股利存入大团结村组织银行账户中。4 月 10 日，大团结村以 27 400 元将 X 股票卖出。

(1) 2013 年 3 月 6 日，购入该股票的成本为：2.7×10 000+2 600=29 600（元）

借：短期投资——X 股票　　29 600

　贷：银行存款　　29 600

(2) 2013 年 3 月 10 日，收到股利为：0.3×10 000=3 000（元）

借：银行存款　　3 000

　贷：短期投资——X 股票　　3 000

(3) 2013 年 4 月 10 日，出售该股票时，总成本为：29 600−3 000=26 600（元）

借：银行存款　　27 400

　贷：短期投资——X 股票　　26 600

　　投资收益　　800

2. 长期投资

村集体经济组织在进行长期投资核算时，实质上采用了成本法的核算模式。对于发生的投资损益直接记入“投资收益”科目，不考虑投资收益是否冲减初始投资成本，收回投资时按实际收回价款或价值与原账面价值的差额记入“投资收益”科目。

[例 11-17] 大团结村于 2012 年 3 月 6 日以银行存款购入 Y 公司股票。该股票单价 2.7 元，共 10 000 股，另支付交易税费 2 600 元。2012 年 5 月 15 日，Y 公司宣告发放 2011 年股利，每股 0.2 元。2012 年 5 月 22 日，上述款项存入大团结村银行账户中。2013 年 4 月 10 日，大团结村以每股 31 500 元将 Y 股票卖出，另支付相关税费 2 400 元。

(1) 2012 年 3 月 6 日，购入该股票的成本为：2.7×10 000+2 600=29 600（元）

借：长期投资——Y 股票　　29 600

　贷：银行存款　　29 600

(2) 2012 年 5 月 15 日，Y 公司宣告发放股利后，应收到股利为：0.2×10 000=2 000（元）

借：应收款——应收股利　　2 000

　贷：投资收益　　2 000

(3) 2012 年 5 月 22 日，收到股利：

借：银行存款　　2 000

　贷：应收款——应收股利　　2 000

(4) 2013 年 4 月 10 日，出售该股票所得为：31 500−2 400=29 100（元）

借：银行存款　　29 100

　　投资收益　　500

贷：长期投资——Y股票　　29 600

五、应付工资类

在村集体经济组织进行薪酬核算时，将应该支付给管理人员、固定员工的报酬总额记入到“应付工资”科目；将来源于农村组织集体收益用于村集体科教文卫支出、生活困难补助、抚恤金等支出归入“应付福利费”科目核算。同时，针对在劳动过程中雇用的临时人员，一般通过“内部往来”或“应付款”科目进行核算。

[例11-18] 大团结村考核上月员工出勤情况，并分别计算出不同部门员工的薪酬如下：

(1) 本村固定在编人员工资为：管理人员6 200元，生产劳动人员12 000元，牲畜(禽)饲养人员3 500元，林木护理人员2 800元，村在建发电厂施工人员4 700元。

(2) 本期因自建发电厂导致务农人手短缺，临时雇用外来人员培植经济林木幼苗，工资1 200元。

应进行如下会计处理：

(1) 固定人员工资：

借：管理费用　　6 200
　　生产（劳务）成本　　12 000
　　牲畜（禽）资产　　3 500
　　林木资产　　2 800
　　在建工程　　4 700
　贷：应付工资　　29 200

(2) 临时外来务工人员工资：

借：林木资产　　1 200
　贷：应付款　　1 200

[例11-19] 大团结村研究决定从本年度实现的收益当中提取10 000元计入福利费，同时支付本村五保户赵某生活补助现金1 200元，支付吴某军烈属优抚款项1 500元。

(1) 提取福利费：

借：收益分配——各项分配　　10 000
　贷：应付福利费　　10 000

(2) 支付各种福利费：

借：应付福利费——五保户（赵某）　　1 200
　　　　　　　——军烈属（吴某）　　1 500
　贷：现金　　2 700

六、一事一议资金类

《村集体经济组织会计制度》中的一事一议资金，是指因兴办生产、公益事业，按照一事一议的原则由村集体经济组织出面筹集的专项资金，该筹资方案一经通过就形成了本村集体组织的长期负债。在我国不断进行农村地区税费改革的大前提下，通过一事一议的方式向广大村民筹资已经成为村集体公益事业开支的主要资金来源。

一事一议资金在用途上主要面向农村农田水利建设、村级公路修建、农村环保植树造林、村集体用生产设备等，在实务中存在筹资与筹劳两种类型。

通过一事一议资金筹集的款项，与流动负债下应付福利费的区别在于：应付福利费更倾向于直接补助到村民成员手中，金额小，补助行为瞬间完成，受众零星分散；一事一议资金用于村集体大型公用公益事业，金额大，收益持续时间较长，受众基本上涵盖了本村级单位的全体成员。

村集体组织使用一事一议资金后，可能购建某种有形资产，通过在建工程结转至固定资产；也可能完成某项修桥补路的具体劳务，不形成固定资产。二者的核算差异表现在前者最终会增加一项固定资产，而后者一般作为期间费用计入管理费用或其他支出；相似之处在于最终都要将一事一议资金结转至公积公益金科目。

［例 11-20］大团结村打算下半年购买 2 台风力发电机，用于满足本村日益增长的生产生活需求。于 7 月 1 日研究决定采取一事一议资金方式筹资 140 000 元。7 月 10 日村民将上述款项足额缴存到指定银行账户。7 月 16 日发电机运抵本村，共支付 117 000 元，其后发生安装调试费 23000 元，于 7 月 23 日投产使用。

(1) 7 月 1 日，通过一事一议资金方案：

借：内部往来——全体村民　　140 000

　贷：一事一议资金——发电机　　140 000

(2) 7 月 10 日，资金筹足：

借：银行存款　　140 000

　贷：内部往来——全体村民　　140 000

(3) 7 月 16 日，购入发电机：

借：在建工程——发电机　　117 000

　贷：银行存款　　117 000

(4) 发生安装调试费：

借：在建工程——发电机　　23 000

　贷：银行存款（应付款、库存物资等）　　23 000

(5) 7 月 23 日，正式投产使用：

借：固定资产——发电机（117 000+23 000）　　140 000

　贷：在建工程——发电机　　140 000

(6) 完工后，将实际使用的一事一议资金转入公积公益金账户：

借：一事一议资金——发电机　　140 000

　贷：公积公益金　　140 000

第三节　农民专业合作社会计

一、农民专业合作社业务与会计制度概述

实际上，专业合作社并非我国农村地区所特有。从全世界范围来看，目前国际上最大的“非政府组织”恰恰是“国际合作社联盟”。隶属于该组织体系内的数千个不同行业、产业的合作社，为全球尤其是经济欠发达地区的经济发展、社会进步作出了不可磨灭的贡献。联合国 2009 年 12 月 21 日通过一项决议，宣布 2012 年为“国际合作社年”。另外，在我国农民合作社发展较成熟的地区，已经尝到合作社甜头的社员正在筹建更高层次的

“农民专业合作社联社”。种种迹象表明，专业合作社这种特殊组织形式今后仍将具有长期的生命力。

农民专业合作社是在农村家庭承包经营的基础上，同类农产品的生产经营者或者同类农业生产经营服务的提供者、利用者，自愿联合、民主管理的互助性经济组织。经工商行政管理部门批准后，农民专业合作社取得法人资格。它与上述村集体经济组织的主要区别见表 11-3。

表 11-3 **村集体经济组织与农民专业合作社的主要区别**

	村集体经济组织	农民专业合作社
身份取得	先天性，只要是农村户口就一定隶属于某个村集体组织中	后天性，只有经过农户申请后才能加入
个体地位	村集体组织中农户不再具有自主地位	入社后的农户依然是独立的主体
管理方式	大多数情况下，由村委会代行职权	通过合作社成员大会，采取平等的一人一票民主管理方式
法律形式	村集体组织目前仍不能在工商管理部门注册，不是市场主体	合作社本身是依法注册成立的市场主体
组建基础	沿用原有的地域划分、行政划分	以经济业务为纽带，不局限于自然行政区域

我国在 2007 年 7 月 1 日实施了《中华人民共和国农民专业合作社法》的基础上，于 2008 年 1 月 1 日配套实行《农民专业合作社财务会计制度（试行）》，为变革农村生产关系提供了有力的法律保障。

根据《农民专业合作社财务会计制度（试行）》的要求，目前共设置 37 个一级会计科目，并为极少数可能涉及特殊业务的合作社设置 4 个特殊科目。考虑到大部分会计科目在名称、核算要求方面与《村集体经济组织会计制度》完全一致，仅列示农民专业合作社会计制度会计科目一览表，见表 11-4。

另外，农民专业合作社会计报表在设置结构上新增成员权益变动表及与之配套的成员账户，体现了对外经营、对内服务的特色。报表体系具体构成见表 11-5。

通过上述我们可以看出，农民专业合作社的会计核算必须分清合作社对内与对外两个层次。作为一种组织形式，合作社对外经济交往时采用的会计核算方法比村集体组织更接近普通企业，更具有业务核算的普遍性、可比性。同时在合作社对内部社员的业务操作上，则体现出了更加灵活的“人合与资合兼顾”的特点，更能激发农民的生产积极性。

另外，在进行负债业务核算时，我们需要注意如下两个方面：

1. 合作社应付款的核算范围

在合作社会计制度规定的应付款内容中，包含了“成员往来”贷方的余额合计数。严格地说，“成员往来”贷方表示合作社拖欠本社成员的款项，既有立即可偿还也有准备在长时间分次偿还部分，因此将“成员往来”贷方的余额按时间标准分别归集到流动负债、长期负债为宜。但是从简化操作的角度出发，在不影响信息使用的前提下，合作社会计制度规定“成员往来”期末贷方的余额直接以其合计数字归集到流动负债的“应付款”项目中。

表 11-4 **农民专业合作社会计科目表**

顺序号	科目编号	科目名称	顺序号	科目编号	科目名称
		一、资产类	18	201	短期借款
1	101	库存现金	19	211	应付款
2	102	银行存款	20	212	应付工资
特 1	109	其他货币资金	21	221	应付盈余返还
3	113	应收款	22	222	应付剩余盈余
4	114	成员往来	23	231	长期借款
5	121	产品物资	24	235	专项应付款
特 2	122	包装物			三、所有者权益类
6	124	委托加工物资	25	301	股金
7	125	委托代销商品	26	311	专项基金
8	127	受托代购商品	27	321	资本公积
9	128	受托代销商品	28	322	盈余公积
10	131	对外投资	29	331	本年盈余
11	141	牲畜（禽）资产	30	332	盈余分配
12	142	林木资产			四、成本类
特 3	149	其他农业资产	31	401	生产成本
13	151	固定资产			五、损益类
14	152	累计折旧	32	501	经营收入
15	153	在建工程	33	502	其他收入
16	154	固定资产清理	34	511	投资收益
17	161	无形资产	35	521	经营支出
特 4	171	长期待摊费用	36	522	管理费用
		二、负债类	37	529	其他支出

表 11-5 **农民专业合作社会计报表体系**

报表名称	编报期间	编报时必须遵循的要求	报表编号
科目余额表	月度/季度	月度/季度报表的格式由各省、市、自治区、直辖市的财政部门或农村经营管理部门制定	
收支明细表	月度/季度		
资产负债表	年度	年度报表必须按照《农民专业合作社财务会计制度（试行）》在全国范围内统一格式、统一编号	村农社 01 表
盈余及盈余分配表	年度		村农社 02 表
成员权益变动表	年度		村农社 03 表
各类内部管理报表	不定期	各村集体经济组织根据需要自行确定	

2. 关于合作社支付给成员的报酬

合作社会计制度规定，应支付给本社管理人员、固定成员的日常工资、奖金、津贴、补助等通过“应付工资”科目核算，不再单设“应付福利费”。在年末向本社成员分配盈余时，使用“应付盈余返还”、“应付剩余盈余”科目。

农民专业合作社会计制度在大多数核算方法与核算内容上近似于村集体经济组织会计制度，本节不再介绍日常会计核算。

二、应收款类

农民合作社在生产经营过程中发生的应收款按照对象可以划分为对外、对内两类。凡是本社与外单位、个人产生的应收预付款，均通过“应收款”科目核算。凡是本社与合作社社内农户、单位发生的应收应付款，均通过“成员往来”科目核算。对比村集体会计制度来看，对外业务从科目名称到核算内容保持一致；对内业务的科目名称则从“内部往来”变成了“成员往来”，另外，合作社会计还要使用“成员往来”科目完成对内部社员的盈余分配。

[例11-21] 新希望果蔬合作社本期销售给红火商业批发行苹果一批，成本12 000元，售价15 000元；销售给佳佳连锁超市蔬菜一批，成本6 600元，售价8 400元。

确认收入：

借：应收款——红火商行	15 000	
——佳佳超市	8 400	
贷：经营收入		23 400

结转成本：

借：经营支出	18 600	
贷：产品物资		18 600

[例11-22] 收到红火商行交付的转账支票15 000元，存入银行；接到法院通知，佳佳超市因经营不善破产，本社作为债权人可获得破产清偿财产1 400元，款项存入银行。

收到红火商行款项：

借：银行存款	15 000	
贷：应收款——红火商行		15 000

收到佳佳超市破产财产分配：

借：银行存款	1 400	
其他支出	7 000	
贷：应收款——佳佳超市		8 400

[例11-23] 新希望果蔬合作社向本社果农张有财销售化肥一批，成本3 600元，售价4 000元，款项尚未收到。

确认收入：

借：成员往来——张有财	4 000	
贷：经营收入		4 000

结转成本：

借：经营支出	3 600	
贷：产品物资		3 600

[例 11–24] 合作社用银行存款为果农张有财代垫优质果树苗采购款 10 200 元；张有财上月上交合作社的水果中有部分未达到本社收购协议，按约定对其处以 1 400 元的罚款。

借：成员往来——张有财　　11 600
　贷：银行存款　　10 200
　　　其他收入　　1 400

[例 11–25] 本月收购张有财水果一批，总价款 5 200 元。收购时支付 60%，余款待下月结清。

借：产品物资　　5 200
　贷：银行存款（5 200×60%）　　3 120
　　　成员往来——张有财　　2 080

[例 11–26] 年终结算前，确认本年度应该返还张有财盈余 18 250 元，分配剩余盈余 2 650 元，将上述款项转入张有财个人的成员账户。

借：应付盈余返还——张有财　　18 250
　　应付剩余盈余——张有财　　2 650
　贷：成员往来——张有财　　20 900

[例 11–27] 确认本年度合作社与张有财之间的“成员往来”科目借贷方发生额，并以银行存款为张有财结清相关款项（假定双方本年度只发生上述交易）。

合作社应收（成员往来借方）：4 000+11 600＝15 600（元）

合作社应付（成员往来贷方）：2 080+20 900＝22 980（元）

合作社尚拖欠张有财 7 380 元（22 980–15 600），以银行存款结清：

借：成员往来——张有财　　7 380
　贷：银行存款　　7 380

三、存货类

农民专业合作社会计制度在处理存货资产的问题上，主要侧重于分清存货的性质。凡是本社自产自用类存货，均使用“产品物资”科目，并根据不同的实物形态分设材料、低值易耗品、包装物、产成品等明细科目。凡是本社委托给外单位、个人代加工或代销售的存货，使用“委托加工物资”、“委托代销物资”科目核算。凡是属于本社接受下属社员委托代购、代销的存货，则使用“受托代购商品”、“受托代销商品”专属科目进行核算。

“产品物资”与村集体会计制度中的“库存物资”近似，“委托加工物资”与企业会计准则的核算要求类似，本节将重点讨论合作社与内部社员之间的存货交易。

[例 11–28] 新希望果蔬合作社接受村民赵某以稻谷进行投资，双方协商作价 12 000 元，赵某在合作社中享有 10 000 元的资本金份额。

借：产品物资——材料（稻谷）　　12 000
　贷：股金　　10 000
　　　资本公积　　2 000

[例 11–29] 合作社本期培育新品樱桃一批，共发生种肥农药、人工培植等支出 7 400 元，樱桃验收入库，结转生产成本。

借：产品物资——产成品（樱桃） 7 400

　贷：生产成本 7 400

［例 11-30］ 新希望果蔬合作社本月 4 日收到村民钱某 60 000 元存款，为其采购新品樱桃幼树一批。10 日采购完毕，共支付 50 000 元价款，合作社按本社协议收取 2% 的手续费。该批树苗验收后交付给钱某，同时返还剩余购货款。

（1）收到购货款：

借：银行存款 60 000

　贷：成员往来——钱某 60 000

（2）10 日，采购完毕，收到树苗：

借：受托代购商品 50 000

　贷：银行存款 50 000

（3）10 日，扣除手续费，返还多余金额，并结清内部交易：

借：内部往来——钱某 60 000

　贷：受托代购商品 50 000

　　经营收入 1 000

　　银行存款 9 000

［例 11-31］ 新希望果蔬合作社 5 日接受本社农户李某委托，为其代卖 3 吨大蒜，双方约定销售价格为 4 500 元。7 日该批大蒜售出，实际取得销售收入 4 800 元，款项存入银行。8 日，结清内部交易。

（1）5 日，接受代销委托：

借：受托代销商品 4 500

　贷：成员往来——李某 4 500

（2）7 日，收到销售款：

借：银行存款 4 800

　贷：受托代销商品 4 500

　　经营收入 300

（3）8 日，结清内部交易：

借：成员往来——李某 4 500

　贷：银行存款 4 500

（4）若 7 日实际销售收入为 4 400 元，则分录为：

借：银行存款 4 400

　　经营支出 100

　贷：受托代销商品 4 500

四、对外投资类

考虑到合作社实际发生的投资行为较少，合作社财务会计制度在规定投资业务核算时本着简化处理的原则，将村集体制度中的“短期投资”、“长期投资”合并表述为“对外投资”。

“对外投资”科目的使用与村集体会计制度的要求相同，并且不再区分投资行为的目的与持有期长短。合作社可以用于对外投资的资产类型包括货币资金、实物资产、无形资产等。

[例11-32] 新希望果蔬合作社8日在证券市场购入X股票20 000元，其中包含已宣告但尚未支付的股息2 000元，另支付手续费200元。次月10日，以21 000元的价格将该股票售出。

(1) 8日，购入股票：

借：对外投资——X股票　　20 200

　贷：银行存款　　20 200

(2) 下月10日，售出股票：

借：银行存款　　21 000

　贷：对外投资——X股票　　20 200

　　　投资收益　　800

五、无形资产类

农民专业合作社财务会计制度将无形资产固定为合作社必须列报的资产类一级科目，体现了合作社比村集体经济组织更接近于现代企业的特征。

合作社无形资产核算与企业会计准则明显不同之处在于合作社会计制度不考虑自行研制、开发无形资产的投入。凡是合作社自行研发的无形资产，直接按照依法申请取得无形资产时发生的注册费、律师费等实际支出，借记“无形资产”科目。

另外，为简化核算，合作社会计制度规定无形资产从使用之日起，按直线法分期平均摊销，摊销年限不超过10年。

[例11-33] 新希望果蔬合作社自行研究出一项新品樱桃树苗的嫁接培植技术，按法律程序向专利主管部门申请取得专利，支付相关注册费1 200元，律师费600元。

借：无形资产　　1 800

　贷：银行存款　　1 800

[例11-34] 接上例，新希望合作社认为该项培植技术可以领先同行5年，因此决定按照5年时间按直线法计提折旧，年折旧额为360元。

借：管理费用　　360

　贷：无形资产　　360

六、应付盈余类

合作社对本社成员进行盈余分配可分为两个阶段：首先按交易量（额）分配，其次按出资额、累积额分配。在不同的分配阶段使用不同的会计科目进行核算。

1. 按交易量（额）分配

“应付盈余返还”科目专门用来核算合作社可分配盈余中应按成员与本社交易量（额）返还给成员的金额。根据合作社会计制度的规定，按交易量（额）返还的盈余额度不得低于可分配盈余的60%。

[例11-35] 新希望果蔬合作社2013年度的可分配盈余为320 000元，本社章程规定按80%的比例分配。该年度本社与社员交易总额为1 000 000元，其中农户甲、乙、丙交易额分别为100 000元、52 000元、78 000元。合作社根据各自交易额占全社成员总交易额的比例分配盈余，并用银行存款结清。

(1) 本年可分配盈余中应返还社员的金额：

320 000×80% =256 000（元）

（2）甲、乙、丙农户各自的交易额比例：

甲：（100 000÷1 000 000）×100% =10%

乙：（52 000÷1 000 000）×100% =5.2%

丙：（78 000÷1 000 000）×100% =7.8%

（3）计算甲、乙、丙各自应分得盈余额度：

甲：256 000×10% =25 600（元）

乙：256 000×5.2% =13 312（元）

丙：256 000×7.8% =19 968（元）

（4）计提应分配盈余：

借：盈余分配——各项分配	58 880	
贷：应付盈余返还——甲		25 600
——乙		13 312
——丙		19 968

（5）用银行存款支付盈余：

借：应付盈余返还——甲	25 600	
——乙	13 312	
——丙	19 968	
贷：银行存款		58 880

2. 按出资额、累积额分配

“应付剩余盈余”科目是指合作社在按交易量（额）分配盈余以后，利用可分配盈余的剩余部分再次对社员进行分配的盈余。根据合作社会计制度规定，合作社应该综合考虑：①成员账户中记载的出资额；②成员账户中记载的公积金份额；③国家财政直接补助和他人捐赠形成财产平均量化到成员账户中的份额等标准进行分配。该次分配集中体现了农民专业合作社“资合”的特点。

[例11-36] 接上例，根据章程规定，新希望果蔬合作社将剩余盈余中的15%对社员进行再次分配。2013年年末，新希望果蔬合作社所有者权益合计300 000元。本社农户丁个人账户记载的出资额1 500元、资本公积与盈余公积之和1 000元、专项基金500元，入社企业A农资供销公司账户记载的出资额40 000元、资本公积与盈余公积之和18 000元、专项基金2 000元。合作社分别计提上述剩余盈余，并以银行存款结清。

（1）本年可供分配的剩余盈余金额：

320 000×15% =48 000（元）

（2）农户丁、企业A剩余盈余分配比例：

农户丁：（1 500+1 000+500）÷300 000×100% =1%

企业A：（40 000+18 000+2 000）÷300 000×100% =20%

（3）计算农户丁、企业A应分得剩余盈余金额：

农户丁：48 000×1% =480（元）

企业A：48 000×20% =9 600（元）

（4）计提剩余盈余：

借：盈余分配——各项分配　　10 080
　贷：应付剩余盈余——丁　　480
　贷：应付剩余盈余——A　　9 600

（5）用银行存款支付盈余：

借：应付剩余盈余——丁　　480
　　　　　　　　——A　　9 600
　贷：银行存款　　10 080

七、专项应付类

专项应付款是指合作社接受国家财政直接补助而收到的货币资金。根据合作社会计制度的要求，首先将该笔资金列为合作社的债务，以后在使用过程中结转为使用期当期费用或形成某项实物资产、无形资产。

［例 11-37］新希望果蔬合作社收到县政府下拨的农业补助资金 100 000 元，存入银行。

借：银行存款　　100 000
　贷：专项应付款　　100 000

［例 11-38］新希望果蔬合作社使用上述财政补助当中的 26 000 元为技术员秦某支付参加省农机技术培训班培训费。

借：专项应付款　　26 000
　贷：银行存款　　26 000

［例 11-39］新希望果蔬合作社使用上述财政补助当中的 45 000 元购买一台不需要安装的专用设备。

借：固定资产　　45 000
　贷：银行存款　　45 000

同时，按规定将该笔专项应付款项转入专项基金：

借：专项应付款　　45 000
　贷：专项基金　　45 000

八、专项基金类

与村集体组织会计制度相比，农民专业合作社会计制度再次恢复了资本公积与盈余公积两个一级科目，以此分别核算生产过程与非生产过程产生的公积金。

另外，合作社会计制度中完全不同于企业会计、村集体会计的一点是增设了“专项基金”科目，用来核算合作社接受国家财政补助或接受捐赠的内容。“专项基金”与前述负债类要素中“专项应付款”的区别在于二者是一项多环节复杂业务中的先后两个不同的核算步骤。合作社接受国家的货币性补助，首先作为一项负债记入“专项应付款”，在以后的使用过程中假如利用该资金形成了某项非货币资产，则应在增加某项非货币资产的同时转销“专项应付款”。该账务处理充分体现了国家财政对合作社的政策扶持。

［例 11-40］新希望果蔬合作社接受某国际粮农组织捐赠农用仪器一批，价值 250 000元。

借：固定资产　　250 000
　贷：专项基金——捐赠资金　　250 000

小思考 11-1

1. 为什么说目前我国农民专业合作社兼具“人合与资合”的双重属性？试从农民专业合作社会计核算的筹集资金、盈余分配等不同环节加以解释。

2. 纵观我国历次农村改革，结合目前国家解决“三农”问题的各项举措，试论今后农村地区会不会实现“政治村委会、经济合作社”的政治经济新格局。

3. 结合任课班级农户家庭实际生产经营情况，请分析该地区农村经济组织形式的特点。

典型案例一

朝阳县大团结村 2013 年 12 月初科目余额表以及 12 月份发生的经济业务及本年末村委会对收益结转与收益分配的决定见表 11-6。

表 11-6

科目余额表

2013 年 12 月 1 日　　金额单位：万元

科目编号	科目名称	期末余额		科目编号	科目名称	期末余额	
		借方	贷方			借方	贷方
	资产类				所有者权益类		
101	现金	3		301	资本		88
102	银行存款	120		311	公积公益金		35
111	短期投资	2		321	本年收益		0
112	应收款	36		322	收益分配		128
113	内部往来	28			成本类		
121	库存物资	210		401	生产（劳务）成本	10	
131	牲畜（禽）资产	64			损益类		
132	林木资产	81		501	经营收入		320
141	长期投资	36		502	经营支出	35	
151	固定资产	65		511	发包及上交收入		0
152	累计折旧		12	521	农业税附加返还收入		0
153	固定资产清理	0		522	补助收入		0
154	在建工程	4		531	其他收入		40
	负债类			541	管理费用	72	
201	短期借款		31	551	其他支出	24	
202	应付款		44	561	投资收益		9
211	应付工资		6				
212	应付福利费		5				
221	长期借款及应付款		65				
231	一事一议资金		7		（借方 / 贷方）合计	790	790

大团结村在 12 月份及年终决算前共发生以下业务事项：

(1) 1 日，接受甲公司人民币 10 万元投资，款项存入银行；接受县农业局以不需安装的专用农机设备投资，该设备公允价值15万元，双方协议按照12万元入股；接受乙农场以成年优质奶牛投资，双方协议作价28万元。

(2) 1日，接受X外资粮农组织捐赠人民币20万元，款项存入银行。

(3) 2日，归还本月到期的3年期银行长期借款，本金30万元，最后一期利息2万元。

(4) 2日，为筹措农副产品收购款，从丙信用社借入3个月借款6万元，规定年利率6%，到期一次还本付息。

(5) 3日，为准备越冬施肥，用银行存款14万元购买化肥一批，当日收到化肥，存入仓库。

(6) 4日，从丁物资公司赊购苹果树幼苗一批，约定价格19万元。幼苗运抵本村，并立即支付现金1万元用于培植费用。

(7) 5日，开出银行转账支票一张交付给丁物资公司，票面金额29万元，用于偿还本次购买苹果树苗款19万元以及上月拖欠款项10万元。

(8) 6日，收到本村上月购买的M短期债券分得的债券利息0.2万元，存入银行；卖出已持有2年的N公司股票，该股票账面价值15万元，本村以市价17.3万元售出，同时支付相关税费0.5万元。

(9) 7日，村技术员李旺到县城参加为期一周的农机技术培训班学习，预借差旅费现金0.5万元。

(10) 8日，村民吴某缴纳上月应交的违反计划生育指标罚款2万元，款项收到，存入银行。

(11) 10日，购入一台需要安装的活塞式抽水机，支付银行存款7万元；在安装过程中投入银行存款1万元，使用了价值2万元的库存零件。完工后正常投入使用。

(12) 11日，计提本月固定资产折旧2万元，其中属于农用生产设备1.7万元，村委会办公设备0.3万元。

(13) 12日，出售农用拖拉机一台。该设备原值4万元，已计提折旧3万元，出售前支付现金清理费0.2万元。经协商双方以2万元价格成交，款项收到存入银行。

(14) 14日，计提上月本村应支付的工资。其中固定在编人员工资为：管理人员1万元，生产劳动人员5万元，牲畜（禽）饲养人员2万元，林木护理人员3万元，临时雇用外来人员培植经济林木幼苗，其工资1万元。

(15) 15日，从银行提取现金14万元，除支付上述各项工资12万元外，还直接支付应发的各项福利费总计2万元。

(16) 16日，李旺出差回来，返还多余的现金0.1万元。

(17) 上月未完工空心砖一批，记在生产成本科目。本月17日完工，总成本7万元，转入库存商品科目（假定其他相关业务已处理完毕）。

(18) 18日，上半年以一事一议资金方式筹资铺设的通讯电缆正式完工，总造价6万元，结转该笔一事一议资金（假定其他相关业务已处理完毕）。

(19) 19日，收到上月销售农产品应收款项15万元，存入银行。

(20) 20日，销售库存优质大麦一批，成本40万元，售价55万元，款项收到存入银行。

(21) 21 日，计算出村民刘某应缴纳的鱼塘承包收入 8 万元，暂未收到款项。

(22) 22 日，收到县政府下发的自然灾害专项补助资金 5 万元，款项均存入银行。

(23) 31 日，在年度终了时，将本期所有收入账户余额转入“本年收益”账户的贷方，结转完毕，各收入账户无余额。

(24) 31 日，将本期所有费用支出账户余额转入“本年收益”账户的借方，结转完毕，各支出账户无余额。

(25) 31 日，将“本年收益”贷方余额结转至“收益分配”科目。结转完毕，“本年收益”账户无余额。

(26) 31 日，根据村委会决议，决定在本期实现的净收益中提取公积公益金 30 万元，提取福利费用 20 万元，向各投资方分配 110 万元，向本村农户分配 90 万元。

(27) 将收益分配科目的各项分配统一结转到未分配收益项目下。

要求：(1) 进行 12 月份业务的账务处理；

(2) 编制 12 月月末科目余额表；

(3) 编制 2013 年年度资产负债表。

[分析提示]

在 12 月份的业务处理的同时，考虑本年的结转业务，并根据期初（12 月 1 日）余额设置相关的账户，计算期末余额，并编制报表。

典型案例二

山西大兴农民专业合作社成立于 2013 年 1 月 1 日，注册资金 20 万元，现有成员 30 人，主要从事棉花生产、加工、出售等业务，现发生与成员往来业务如下：

(1) 4 月 1 日，合作社受成员张得利委托为其采购优质棉花籽，合作社收到张得利交来棉花籽款 1 000 元。合作社购进棉花籽价款 800 元，收取代购手续费 80 元，同时将棉花籽和剩余款交给成员张得利。

(2) 11 月 28 日，合作社接受其成员张得利委托为其代销棉花，双方协议约定价格为 20 000 元，合作社售出棉花，实际收到价款 21 000 元，合作社按双方协议价格 20 000 元支付给张得利。

要求：编制相关会计分录。

[分析提示]

主要根据合作社内部往来的业务特点，进行会计处理。

典型案例三

内蒙古自治区金星养殖合作社专门从事畜牧业生产、销售，2013 年发生下列部分业务：

(1) 1 月 6 日，合作社从种猪厂购回总价值为 50 000 元的种猪和育肥仔猪，其中，种猪价值 30 000 元，育肥仔猪价值 20 000 元，以银行存款支付 40 000 元，余款暂欠。合作社饲养生猪，从仓库中领取饲料价值 3 000 元，本月应付饲养人员工资 800 元，现金支付水费 600 元。

(2) 4 月份，本年累计共支付饲料价值 6 000 元，现金支付水电费 800 元，当月应付饲养人员工资1 800元。

(3) 合作社全年饲养的20头幼牛成龄转为役畜，在饲养过程中共发生费用35 000元，其中，饲养费用15 000元，购买费用20 000元。某养殖合作社饲养的幼猪成龄转为产畜，账面汇集成本共计30 000元，预计可生产5年，转为产畜。

(4) 养殖合作社出售奶牛两头，收价款24 000元，款存入银行，出售奶牛的账面价值16 000元。因病死亡育肥猪两头，其账面价值300元。

要求：编制相关会计分录。

[分析提示]

根据牲畜资产的特点及摊销方法，应用牲畜资产收入、费用的核算。

典型案例四

河南长江种植合作社，是一家2010年成立的农民专业合作社，2013年有关固定资产核算的部分经济业务如下：

(1) 1月5日，合作社以存款3 000元购买水泵一台，用现金支付运杂费、安装费350元。

(2) 2月10日，合作社购买电脑一台，用银行存款支付价款5 000元。

(3) 5月4日，合作社建办公室3间，用银行存款购各种材料价值30 000元，用现金支付工人工资6 000元、运杂费4 000元，现建成投入使用。

(4) 6月18日，合作社收到市科委捐赠的全新电脑一台，价值6 000元。

(5) 7月29日，合作社出售农用车一台，账面价值3 000元，已提折旧2 000元，出售时，用现金支付清理费400元，双方协议价1 000元，款项已收。

要求：编制相关会计分录。

[分析提示]

根据固定资产资产的特点及清理方法，应用固定资产资产取得、使用、清理的核算。

本章小结

作为我国广大农村的经济组织，村集体经济组织与农民专业合作社都具有旺盛的生命力，与之相应的村集体经济组织会计与农民专业合作社会计，作为特殊的行业会计，有其自身的特点。通过本章的学习，在重点掌握这两种会计核算特殊性的同时，结合其相关的会计制度，在深刻地理解和灵活运用会计核算的基本原理的基础上，本章重点核算内容为：成员内部往来、特殊资产核算、收益分配、专用基金的使用等方面。

主要参考文献

［1］中华人民共和国财政部．村集体经济组织会计制度［S］．财会〔2004〕12号，2005.

［2］中华人民共和国财政部．农民专业合作社财务会计制度（试行）［S］．财会〔2007〕15号，2008.

［3］中华会计函授学校．村集体经济组织会计［M］．北京：中国财政经济出版社，2009.

［4］中华人民共和国农业部．农村集体财务管理规范化管理办法［S］．农办经〔2006〕号，2006.

［5］中华人民共和国财政部、国家税务总局．关于将铁路运输和邮政业纳入营业税改征增值税试点的通知［S］．财税〔2013〕106号，2013.

［6］中华人民共和国农业部、监察部．村集体经济组织财务公开暂行规定［S］．农经发〔1997〕5号，1997.

［7］中华人民共和国国务院．国务院办公厅关于转发农业部村民一事一议筹资筹劳管理办法的通知［S］．国办发［2007］4号，2007.

［8］中华会计函授学校．村集体经济组织财务管理［M］．北京：中国财政经济出版社，2009.

［9］杜江．旅行社经营管理［M］．北京：旅游教育出版社，1999.

［10］赵泉雄，张敏华．邮政企业会计［M］．北京：人民邮电出版社，2003.

［11］于春红．银行会计学［M］．北京：对外经济贸易大学出版社，2009.

［12］李晓梅．商业银行会计实务［M］．北京：中国市场出版社，2010.

［13］温红梅．银行会计［M］.4版．大连：东北财经大学出版社，2013.

［14］于希文．金融会计学［M］．大连：东北财经大学出版社，2003.